# JE RÉINVENTE MA VIE

DISTRIBUTEURS EXCLUSIFS:

- Pour le Canada
  et les États-Unis:
  **MESSAGERIES ADP***
  955, rue Amherst
  Montréal, Québec
  H2L 3K4
  Tél.: (514) 523-1182
  Télécopieur: (514) 939-0406
  * Filiale de Sogides ltée

- Pour la France et les autres pays:
  **VIVENDI UNIVERSAL PUBLISHING SERVICES**
  Immeuble Paryseine, 3, Allée de la Seine
  94854 Ivry Cedex
  Tél.: 01 49 59 11 89/91
  Télécopieur: 01 49 59 11 96
  **Commandes:**  Tél.: 02 38 32 71 00
                      Télécopieur: 02 38 32 71 28

- Pour la Suisse:
  **VIVENDI UNIVERSAL PUBLISHING SERVICES SUISSE**
  Case postale 69 - 1701 Fribourg - Suisse
  Tél.: (41-26) 460-80-60
  Télécopieur: (41-26) 460-80-68
  Internet: www.havas.ch
  Email: office@havas.ch
  **DISTRIBUTION: OLF SA**
  Z.I. 3, Corminbœuf
  Case postale 1061
  CH-1701 FRIBOURG
  **Commandes:**  Tél.: (41-26) 467-53-33
                      Télécopieur: (41-26) 467-54-66

- Pour la Belgique et le Luxembourg:
  **VIVENDI UNIVERSAL PUBLISHING SERVICES BENELUX**
  Boulevard de l'Europe 117
  B-1301 Wavre
  Tél.: (010) 42-03-20
  Télécopieur: (010) 41-20-24
  http://www.vups.be
  Email: info@vups.be

Pour en savoir davantage sur nos publications,
visitez notre site: **www.edhomme.com**
Autres sites à visiter: www.edjour.com • www.edtypo.com
www.edvlb.com • www.edhexagone.com • www.edutilis.com

# JE RÉINVENTE MA VIE

J.E. Young et J.S. Klosko

Préface de Pierre Cousineau, Ph.D.

> *Vous valez mieux que vous ne pensez*

*Traduit de l'américain par Marie Perron*

LES ÉDITIONS DE L'HOMME

Données de catalogage avant publication (Canada)

Young, Jeffrey E.

Je réinvente ma vie

Traduction de: *Reinventing your life.*
Comprend des références bibliographiques et un index.

1. Défaitisme.    2. Gestion de soi.    I. Klosko, Janet.    II. Titre.
III. Collection.

RC455.4.S43Y6814    1995    158'.1    C95-940173-3

© 1995, Les Éditions de l'Homme,
une division du groupe Sogides,
pour la traduction française

L'ouvrage original américain a été publié par Dutton,
une division de Penguin Books USA Inc.,
sous le titre *Reinventing Your Life*
[ISBN: 0-525-93584-3]

Dépôt légal: 2e trimestre 1995
Bibliothèque nationale du Québec

ISBN 2-7619-1243-8

Pour Manny, Ethel et Hannes, qui m'ont aimé et appuyé sans condition.

JEFFREY YOUNG

À ma mère, à mon père, à Michael et à Molly, qui m'ont tous consenti la liberté d'écrire ce livre.

JANET KLOSKO

# PRÉFACE

Ma découverte, il y a plus de deux ans, de l'approche thérapeutique du Dr Jeffrey Young, psychologue, a été un véritable coup de foudre «professionnel». Et malgré le fait, comme vous l'apprendrez dans ce volume, que les attirances trop intenses peuvent constituer un signal de problèmes à venir, cela ne s'est pas avéré vrai dans ce cas-ci. L'approche centrée sur les schémas est un formidable outil thérapeutique. Grâce à la précieuse collaboration des Éditions de l'Homme, il m'est maintenant possible de partager mon coup de cœur avec vous.

Après avoir lu sur cette approche j'ai eu le privilège de rencontrer l'homme derrière elle. Jeffrey Young, en plus de posséder un bagage théorique et technique impressionnant, est réellement préoccupé par le destin de ses patients. Voilà réunies, à mon avis, les caractéristiques d'un grand thérapeute.

Le Dr Young est un psychologue cognitif de la première heure; il a travaillé avec le Dr Aaron Beck, psychiatre considéré comme étant le père de l'approche cognitive, alors que ce dernier était encore très loin de sa notoriété actuelle. Après avoir maîtrisé les techniques cognitives du traitement de la dépression et de l'anxiété, le Dr Young s'est attaqué à un très grand défi, celui du traitement des problèmes de la personnalité. Ses conceptualisations sur le trouble de la personnalité limite ont été parmi les premières en approche cognitive.

Pour comprendre les personnes présentant des troubles de la personnalité, il fallait arriver à identifier leurs stratégies habituelles d'adaptation et comprendre en quoi elles étaient inadéquates. Or, ces personnes évaluent la réalité comme monsieur et madame tout le monde, mais seulement d'une façon plus rigide, plus absolue, plus impérative. Ainsi le modèle de Young devient une source d'information extraordinaire sur notre mode de fonctionnement à tous. Il montre comment nous avons développé certains schémas précoces d'inadaptation, plus simplement appelés schémas dans le présent ouvrage. Ces schémas sont à la base de notre adaptation aux circonstances de la vie de tous les jours.

Le Dr Young a beaucoup publié sur l'approche cognitive. Pour ce faire il s'est régulièrement associé à d'autres thérapeutes. Dans le présent volume, l'association avec le Dr Janet Klosko, psychologue, donne un heureux résultat.

*Qu'y a-t-il donc d'original dans cet ouvrage?*

*1. Ce volume constitue un défi en ce sens où il a été écrit pour le grand public, mais il peut tout aussi bien constituer un ouvrage de référence pour les professionnels. L'identification précise d'un certain nombre de* schémas *fondamentaux chez l'être humain y est pour beaucoup dans ce tour de force. Cette notion de schémas permet d'expliquer d'une manière compréhensible le fonctionnement psychologique complexe d'un individu. Par exemple, qu'est-ce qui pousse certaines personnes à toujours répéter certains choix amoureux malheureux ou encore comment peut-on comprendre l'insatisfaction profonde de gens à qui, pourtant, tout semble réussir dans la vie?*

*On a souvent accusé certains psychologues d'entretenir un langage inutilement hermétique qui empêchait tout échange véritable avec leur patient sur la nature et les objectifs de la psychothérapie.* Je réinvente ma vie *pourrait servir, dans plusieurs cas, de base pour un tel échange.*

*Par ailleurs, plusieurs pistes intéressantes sont offertes à ceux qui décideraient de faire cette démarche de changement par eux-mêmes. Des questionnaires vous aideront à identifier vos schémas et des suggestions concrètes vous permettront de vous attaquer à vos modes habituels de pensée et de comportement. Il vous sera aussi indiqué, de manière honnête, que certains défis nécessitent l'aide d'un professionnel.*

Je réinvente ma vie *est une démonstration éclatante du fait que la clarté et la simplicité en psychologie ne sont pas synonymes de simplisme.*

*2. Plusieurs ouvrages de psychologie populaire ont choisi de réduire l'être humain à une seule dimension polarisée: la dépendance affective vs l'autonomie affective, l'image sociale vs l'authenticité... Ainsi, lorsque ces ouvrages ont du succès, les gens se retrouvent soudainement assignés à l'une ou l'autre de ces catégories distinctes. Cela offre peut-être un certain intérêt pour nos soirées entre amis durant lesquelles on peut s'amuser à s'étiqueter mutuellement, mais cela ne traduit pas la réalité. La complexité de l'être humain échappe facilement, et heureusement, à ce type de réductionnisme.*

*Vous retrouverez dans ce volume un portrait beaucoup plus juste du niveau de complexité de votre organisation personnelle. Onze schémas y sont décrits; vous pouvez présenter un ou, plus probablement, quelques-uns de ces schémas. De plus, vous pouvez composer avec chacun de ces schémas de trois façons différentes: la capitulation, la fuite ou la contre-attaque. Ainsi cet ouvrage vous ouvrira une fenêtre sur un type de modèle pouvant être utilisé par des psychologues pour arriver à comprendre la structure du comportement humain.*

*3. Onze chapitres de* Je réinvente ma vie *portent sur la description d'un schéma particulier. Dans chacun de ces chapitres se retrouvent des encadrés qui peuvent décrire les origines familiales possibles d'un schéma, ses manifestations dans votre comportement et dans vos relations avec les autres. Plusieurs chapitres comportent aussi une description du type de choix amoureux que nous amènent à faire nos schémas ainsi que des dangers potentiels de quelques-uns de ces choix. On y apprend à se méfier de certains coups de foudre annonciateurs de problèmes à venir, l'intensité affective étant ici liée à la réactivation d'un schéma qui nous entraîne dans la répétition de relations amoureuses malheureuses.*

*L'idée de décrire systématiquement les origines possibles et les manifestations de nos schémas dans différentes sphères de notre vie m'apparaît particulièrement heureuse. Les encadrés constituent, en quelque sorte, des cartes géographiques de notre fonctionnement psychologique. Ils sont faciles à retrouver, ils offrent une compréhension claire de nos modes habituels d'adaptation et ils permettent une révision fréquente de nos hypothèses sur nous-mêmes.*

*4. Un des apports essentiels de l'approche cognitive-béhaviorale au domaine de la psychothérapie a certainement été son insistance sur la participation active du patient au traitement. Le thérapeute partage avec ce dernier sa compréhension des problèmes présentés et il propose des exercices qui l'aideront à changer. En ce sens,* Je réinvente ma vie, *même s'il s'inscrit dans une perspective plus large que l'approche cognitive-béhaviorale classique, respecte ses origines. Les étapes nécessaires pour modifier les schémas sont clairement identifiées et expliquées. Les moyens proposés sont variés et ont comme objectif de favoriser le changement plutôt que de défendre une technique thérapeutique particulière au détriment de celui-ci. Le pragmatisme et le respect de la demande du patient sont des caractéristiques essentielles de cette approche.*

*Il est rare de retrouver dans un seul volume une description aussi diversifiée et détaillée de techniques de changement. La psychologie regorge d'ouvrages dont le souci principal est d'élaborer des conceptualisations cohérentes du comportement humain, mais qui offrent en bout de ligne peu de solutions concrètes à sa modification.* Je réinvente ma vie *offre un équilibre intéressant entre la compréhension et l'action.*

*5. Trois courants théoriques majeurs ont marqué l'histoire de la psychothérapie: l'approche psychanalytique, l'approche cognitive-béhaviorale, l'approche humaniste-existentielle. Comme cela est souvent le cas avec la pensée humaine, chaque théorie s'est à un moment définie en polarité à une autre et en se centrant sur un aspect spécifique de la réalité. On y a insisté tour à tour sur l'exploration de notre passé, sur l'inconscient, sur notre expression affective, sur la modification de notre comportement et sur nos évaluations cognitives. Or l'être humain n'est pas à ce point compartimenté. Son tempérament apparaît déterminé biologiquement; ses perceptions ont une histoire et un sens; il traite sans arrêt l'information en fonction de l'état de son système intérieur et extérieur; il éprouve des émotions et il est influencé par elles; il choisit les stratégies qui lui apparaissent les meilleures; il passe ou non à l'action... Beaucoup d'approches psychothérapeutiques ont choisi d'intervenir sur un ou quelques-uns de ces aspects.*

*L'approche centrée sur les schémas de Young fait partie de celles qui cherchent à intégrer les éléments intéressants de plusieurs écoles de psychothérapie. On y accorde donc une importance particulière aux dimensions suivantes: la compréhension des origines et du fonctionnement actuel de nos schémas, l'expression des affects et des besoins liés à des personnes significatives tant dans notre passé que dans notre présent, l'empathie et le respect de l'autre, la modification systématique de nos pensées et de nos comportements dysfonctionnels, l'importance de l'agir. L'être humain est ici considéré dans sa totalité.*

*La psychologie de l'avenir sera moins polarisée, plus dialectique, capable d'intégrer divers niveaux d'intervention. Elle sera à l'écoute de ceux qui consultent, tout en étant parcimonieuse dans ses moyens. Elle encouragera aussi les gens à faire des changements par eux-mêmes, dans la mesure du possible. L'ouvrage de Young et Klosko se situe dans cette voie.*

*Bonne lecture,*

*PIERRE COUSINEAU, PH.D.*

# PRÉFACE DE L'ÉDITION ORIGINALE

C'est pour moi une joie de constater que Jeffrey Young et Janet Klosko ont abordé la question difficile des problèmes de la personnalité en ayant recours aux techniques et aux principes de la thérapie cognitive. Ils ont fait œuvre de pionniers en ce qui a trait au développement et à la diffusion d'un ensemble capital de méthodes ayant pour but d'amener les individus à opérer d'importantes transformations dans leurs relations personnelles et professionnelles.

Les troubles de la personnalité suscitent à long terme chez l'individu des comportements autodestructeurs qui contribuent à le rendre malheureux. Les personnes souffrant de troubles de la personnalité éprouvent de la difficulté à vivre leur quotidien et, par surcroît, présentent des symptômes spécifiques telles la dépression et l'anxiété. Souvent, leurs relations intimes ne leur apportent pas de satisfaction et elles ne développent pas au maximum leurs aptitudes professionnelles. Dans l'ensemble, leur qualité de vie ne correspond pas à leurs aspirations.

L'expansion de la thérapie cognitive a permis de relever des défis dans le traitement de ces comportements chroniques complexes. En traitant les problèmes de la personnalité, nous n'abordons pas seulement un ensemble de symptômes (dépression, anxiété, crises de panique, dépendances, troubles alimentaires, problèmes sexuels et insomnie), mais aussi des schémas sousjacents, ou croyances fondamentales. La plupart des patients entrent en thérapie handicapés par des schémas profondément ancrés qui se manifestent dans un grand nombre de symptômes. La confrontation de ces schémas par la thérapie peut étendre ses bienfaits à de nombreux domaines de la vie du patient.

Les praticiens de la thérapie cognitive ont découvert que certains indices révèlent la présence de ces schémas. D'abord, le patient qui parle de ses difficultés précise que: «J'ai toujours été comme ça, j'ai ce problème depuis toujours.» Sa situation lui est «familière». Ensuite, le patient semble incapable d'effectuer, de retour chez lui, les exercices dont il a convenu avec son thérapeute pendant ses séances. Il a l'impression d'être «bloqué». Il veut changer, mais résiste à tout changement. En troisième lieu, le patient ne semble pas conscient de l'effet qu'il produit sur son entourage. Il ne pénètre pas suffisamment ses comportements voués à l'échec.

*Transformer des schémas est une entreprise difficile. Des éléments cogni-tifs, comportementaux et affectifs les étayent, et la thérapie doit tenir compte de tous ces éléments. Limiter les transformations à un ou deux de ces domaines est garant d'échec.*

Je réinvente ma vie *aborde onze de ces schémas dits «schémas précoces d'inadaptation». Les auteurs ont su rendre en termes simples et compréhensi-bles une matière éminemment complexe. Les lecteurs n'auront aucun mal à saisir le concept des schémas et à reconnaître ceux dont ils subissent eux-mêmes l'emprise. Les nombreuses histoires de cas, tirées de l'expérience pra-tique des auteurs, leur permettront d'établir un rapport entre ces schémas et leur propre vie. En outre, les techniques proposées ici sont génératrices de transformations. L'approche des auteurs en est une d'intégration: elle a recours à la fois aux thérapies cognitive, béhaviorale, psychanalytique et humaniste-existentielle, sans jamais perdre de vue la focalisation sur la réso-lution de problèmes de la thérapie cognitive.*

*Ce livre propose des techniques pratiques pour surmonter des problèmes douloureusement tenaces qui marquent toute notre vie. C'est un ouvrage qui reflète la très grande sensibilité, la compassion et la perspicacité profession-nelle de ses auteurs.*

*Aaron Beck, M.D.*

# 1

*dispositions*

# *LES SCHÉMAS PRÉCOCES*
# *D'INADAPTATION*

- Êtes-vous porté à rechercher la compagnie de personnes distantes? Avez-vous l'impression que même vos êtres chers ne s'intéressent pas à vous ou ne vous comprennent pas suffisamment?
- Éprouvez-vous un sentiment d'imperfection? Êtes-vous persuadé qu'il est impossible à quiconque vous connaît bien de vous aimer ou de vous accepter tel que vous êtes?
- Placez-vous les besoins d'autrui avant les vôtres, de sorte que vos besoins ne sont jamais comblés et que vous ignorez en quoi ils consistent?
- Craignez-vous qu'il vous arrive malheur au point que le moindre rhume vous fait appréhender des conséquences encore plus graves pour votre santé?
- Vous arrive-t-il, en dépit de la reconnaissance publique dont vous jouissez ou de vos réussites sociales, d'être malheureux, insatisfait, et d'être persuadé de ne pas mériter votre chance?

Ces attitudes reposent sur ce que nous appelons des schémas précoces d'inadaptation, indiqués simplement par schémas. Dans le présent ouvrage nous décrirons les schémas les plus fréquents et nous vous indiquerons les moyens à prendre pour les déceler, identifier leurs origines et les modifier.

Un schéma est une disposition qui prend sa source dans l'enfance et influence toute notre vie. Il est issu de ce que nous ont fait subir notre famille ou nos jeunes amis. Nous avons été abandonnés, critiqués, surprotégés, nous avons été victimes d'abus, du rejet de notre entourage ou de privations, toutes choses qui ont entraîné des traumatismes. Au bout d'un certain temps, le schéma s'intègre étroitement à notre personnalité. Longtemps après avoir quitté le foyer, nous continuons à créer des circonstances au sein desquelles nous sommes maltraités, ignorés, dénigrés ou dominés, et nous ne parvenons pas à réaliser nos aspirations les plus chères.

Les schémas exercent leur influence sur notre façon de penser et d'agir, et sur nos relations avec nos semblables. Ils éveillent de violents sentiments comme la colère, la tristesse et l'anxiété. Même lorsque nous semblons choyés parce que nous jouissons d'une situation sociale enviable, d'un mariage idéal, du respect de nos proches ou d'une carrière fructueuse, nous sommes incapables de jouir de la vie ou de croire à la réalité de notre réussite.

> **JEAN:** UN TRÈS PROSPÈRE COURTIER ÂGÉ DE TRENTE ANS. C'EST UN SÉDUCTEUR QUI NE PARVIENT PAS À S'ENGAGER. JEAN EST PRISONNIER DU SCHÉMA «CARENCE AFFECTIVE».

Au début de notre pratique de la thérapie centrée sur les schémas, nous avons été intrigués par un patient nommé Jean. Jean illustre parfaitement la nature stérile des schémas.

Jean butine d'une femme à l'autre et prétend qu'aucune ne rencontre ses désirs. Toutes le déçoivent tôt ou tard. En fait d'engagement, Jean n'a éprouvé que des toquades passagères pour des femmes envers lesquelles il ressentait une forte attirance sexuelle. L'ennui est que de telles relations ne durent pas.

Jean ne s'engage avec aucune femme. Il les conquiert. Elles cessent de l'intéresser dès qu'il les a «gagnées à sa cause», dès qu'elles tombent amoureuses de lui.

JEAN:
*Une femme qui colle à moi me refroidit. Quand elle s'accroche à moi, particulièrement en public, j'ai envie de fuir.*

Jean souffre de solitude. Il se sent vide. Il s'ennuie. Il ressent un profond vide intérieur et recherche frénétiquement la femme qui saura le combler. Jean est certain de ne jamais pouvoir trouver cette femme. Il a l'impression de toujours avoir été seul et il est persuadé qu'il le sera toujours.

Enfant, Jean souffrait beaucoup de solitude. Il n'a jamais connu son père, tandis que sa mère était une femme froide, dépourvue d'émotion. Aucun des deux parents n'a su combler ses besoins affectifs. Il a été privé d'affection dans son enfance et, devenu adulte, il recrée dans sa vie des circonstances propices au même détachement.

Pendant des années, Jean a reproduit le même scénario avec ses thérapeutes, en butinant de l'un à l'autre. Au début, chacun de ses thérapeutes parvenait à lui redonner espoir, mais, tôt ou tard, il le décevait. Jean n'établissait jamais de contact valable avec ses thérapeutes et leur trouvait invariablement une faille qui, selon lui, le justifiait de mettre fin à sa thérapie. Ces expériences le convainquirent que sa vie ne s'améliorait pas et sa solitude n'en fut que plus aiguë.

La plupart des thérapeutes de Jean étaient des personnes chaleureuses et empathiques. Le problème se situait ailleurs. Jean trouvait toujours une excuse qui lui permettait d'éviter une intimité qui lui était peu familière et qui le mettait mal à l'aise. Le réconfort émotionnel du thérapeute lui était nécessaire, certes, mais insuffisant. Ses thérapeutes n'affrontaient pas ses comportements autodestructeurs assez souvent ou avec suffisamment de vigueur. Pour être en mesure de s'affranchir du schéma «carence affective», Jean devait d'abord cesser de trouver des défauts aux femmes qu'il fréquentait et se prendre en charge en acceptant de combattre le malaise que causaient en lui la présence et les attentions d'un autre être.

Quand Jean nous a consultés, nous l'avons confronté encore et encore en nous efforçant de rogner le schéma qui l'accablait chaque fois que celui-ci reprenait de la vigueur. Il nous paraissait important de nous montrer sensibles au malaise qu'il ressentait dans ses relations d'intimité en raison de la froideur extrême de ses parents. Néanmoins, chaque fois qu'il déclarait que Ginette n'était pas assez belle, Isabelle pas assez intelligente, ou, plus sommairement, que Mélanie n'était pas une femme pour lui, nous le forcions à prendre conscience du fait qu'il cédait par lui-même à son schéma précoce en affublant les autres de tous les défauts du monde dans le but d'éviter d'éprouver un sentiment d'affection. Au bout d'un an de cette confrontation empathique au cours de laquelle nous nous sommes efforcés de doser réconfort et défi, nous avons pu constater une nette amélioration. Jean est maintenant fiancé à Nicole, une femme chaleureuse et affectueuse.

JEAN:
*Mes thérapeutes précédents étaient des personnes très compréhensives qui m'ont beaucoup aidé à fouiller mon enfance malheureuse, mais aucun ne m'a vraiment poussé à changer. Il m'était donc très facile de retomber dans mes vieilles habitudes. Votre approche a été radicalement différente.*

*J'en suis venu à prendre ma part de responsabilité dans le succès d'une relation. Je ne voulais pas que ma relation avec Nicole soit un autre échec, et j'avais l'impression que Nicole était ma dernière chance. Nicole n'était pas parfaite, mais je me trouvais devant un choix: m'engager avec quelqu'un ou me résigner à passer le reste de ma vie tout seul.*

Le travail sur les schémas oblige à constamment se regarder en face. Dans les pages qui suivent, nous vous indiquerons comment déceler ces schémas dans votre vie et comment leur opposer une résistance soutenue jusqu'à ce qu'ils relâchent leur emprise.

---

**HENRIETTE:** UNE FEMME DE QUARANTE ANS AU POTENTIEL CONSIDÉRABLE, PRISONNIÈRE DE SON FOYER EN RAISON DE SES TERREURS PARALYSANTES. BIEN QU'ON LUI ADMINISTRE DES TRANQUILLISANTS POUR SURMONTER SON ANXIÉTÉ, ELLE SOUFFRE DU SCHÉMA «VULNÉRABILITÉ».

En un sens, Henriette ne vit pas; elle a trop peur de faire quoi que ce soit. La vie est pour elle remplie de dangers. Elle préfère rester à la maison, où elle se sent «en sécurité».

HENRIETTE:

*Je sais bien qu'il y a plein de choses intéressantes à faire en ville. J'aime le théâtre et les bons restaurants. J'aime fréquenter mes amis. Mais tout cela est trop difficile. Je ne parviens pas à m'amuser. J'appréhende toujours quelque chose de terrible.*

Henriette a peur d'avoir un accident d'automobile, peur que le pont s'écroule, peur d'être attaquée, peur d'attraper une maladie tel le sida, peur de dépenser trop d'argent. Comment s'étonner que le fait d'aller en ville ne soit pas une distraction pour elle?

Son mari Wilfrid lui en veut beaucoup. Il aimerait sortir, avoir des activités. Il dit que ces privations sont une injustice pour lui. Il sort de plus en plus sans sa femme.

Les parents d'Henriette la protégeaient à l'excès. Survivants de l'Holocauste, ils vécurent une bonne partie de leur enfance dans les camps de concentration. Ils la traitaient, dit-elle, comme une poupée de porcelaine, la mettant sans cesse en garde contre toutes sortes de dangers possibles (mais peu probables): elle pourrait attraper une pneumonie, rester enfermée dans le métro, se noyer ou périr dans un incendie. Il n'est pas étonnant qu'elle ait développé une anxiété permanente et qu'elle s'efforce de rendre son univers le plus sûr possible. Entre-temps, elle se refuse tous les plaisirs de la vie.

Avant de nous consulter, Henriette avait fait l'essai, trois années durant, de plusieurs médicaments contre l'anxiété. (On traite le plus souvent l'anxiété par la médication.) Plus récemment, elle a consulté un psychiatre qui lui a prescrit un tranquillisant. Le médicament, pris tous les jours avec assiduité, lui a procuré un certain soulagement. Elle se sentait mieux, moins anxieuse. La vie lui paraissait plus agréable. Le médicament la rassurait, la rendait plus apte à affronter le quotidien. Mais elle persistait à éviter de sortir de chez elle. Son mari se plaignait que le médicament la rendait tout simplement plus heureuse de ne pas quitter la maison.

À son premier problème s'en était ajouté un autre: Henriette avait développé une dépendance à un tranquillisant.

HENRIETTE:

*J'ai l'impression que je vais devoir prendre ce médicament toute ma vie. À la seule pensée de devoir y renoncer, je panique. Je ne veux pas recommencer à avoir peur de tout.*

Lorsque Henriette parvenait à affronter certaines situations difficiles, elle en attribuait le mérite à son médicament. Elle n'apprenait pas à se dominer, à prendre sa vie en main. (Voilà pourquoi la plupart des patients rechutent lorsque leur médication est interrompue, en particulier dans les cas d'anxiété.)

Henriette fit des progrès relativement rapides en thérapie centrée sur les schémas. Un an après le début de ses séances, sa vie s'était sensiblement améliorée. Elle affrontait de plus en plus de situations anxiogènes. Elle pouvait voyager, fréquenter ses amis, aller au cinéma, et elle trouva un emploi à temps partiel qui l'obligeait à se rendre en ville.

Son traitement consistait en partie à apprendre à mieux évaluer les risques de danger. Nous lui faisions comprendre comment elle exagérait les probabilités de catastrophes dans des situations anodines et comment elle surestimait sa vulnérabilité et sa faiblesse en dehors du foyer. Elle apprit à prendre des précautions raisonnables. Elle cessa de vouloir sans cesse que son mari et ses amis la rassurent. Son mariage ne s'en porta que mieux. Sa vie devint plus agréable.

## L'ironie de la répétition

*la compulsion de répétition*

Jean et Henriette illustrent parfaitement deux des onze schémas: la carence affective et la vulnérabilité. Plus avant dans ce livre, nous vous mettrons en présence d'autres schémas: l'assujettissement, la méfiance et l'abus, le sentiment d'abandon, le sentiment d'imperfection, le sentiment que tout nous est dû, la dépendance, le sentiment d'échec, les exigences élevées et le sentiment d'exclusion. Vous vous reconnaîtrez sans doute dans quelques-uns d'entre eux.

Une des découvertes les plus importantes de la thérapie psychanalytique veut que nous revivions sans cesse les traumatismes de l'enfance. C'est la compulsion de répétition de Freud. Un enfant d'alcoolique aura tendance à épouser une personne alcoolique. L'enfant victime d'abus aura tendance à épouser une personne violente ou à abuser à son tour de ses enfants. L'enfant victime d'abus sexuels pourrait se prostituer à l'âge adulte. L'enfant dominé se laissera souvent dominer par les autres.

Que voilà un phénomène déconcertant! Pourquoi agissons-nous ainsi? Pourquoi revivons-nous notre souffrance, pourquoi perpétuons-nous notre malheur? Pourquoi ne cherchons-nous pas plutôt à nous construire une vie nouvelle qui nous permettra d'échapper à ces modes habituels de comportements? Il n'y a guère d'exceptions à cette répétition autodestructrice des scénarios qui ont marqué notre enfance. Les thérapeutes doivent composer avec cette étonnante réalité. Parvenus à l'âge adulte, nous parvenons à recréer des circonstances remarquablement similaires à celles qui, dans l'enfance, contribuaient à notre détresse. Un schéma englobe tous les moyens que nous prenons pour recréer ces scénarios.

Schéma est le terme scientifique pour décrire un concept provenant de la psychologie cognitive. Par schéma, on entend les croyances profondes sur nous-mêmes et sur le monde, croyances acquises dans la plus tendre enfance. Les schémas sont essentiels à notre sentiment d'identité. En renonçant à un schéma, nous renoncerions à la sécurité de savoir qui nous sommes et de quoi le monde est fait. Nous nous accrochons à un schéma même s'il nous fait souffrir. Ces certitudes tôt acquises, familières et rassurantes, privent l'avenir de ses aspects aléatoires et incertains. Étrangement, elles nous aident à nous sentir en sécurité. Voilà pourquoi les praticiens de la psychologie cognitive estiment que les schémas sont si difficiles à enrayer.

Voyons maintenant comment les schémas peuvent influencer la chimie amoureuse.

---

**Paul:** Contracteur en bâtiment, âgé de trente-cinq ans. Plus sa femme Francine le trompe avec d'autres hommes, plus il la désire. Paul est prisonnier du schéma «sentiment d'abandon».

---

Paul est profondément malheureux. Sa femme a de nombreuses aventures extraconjugales. Quand elle le trompe, il sombre dans le désespoir.

Paul:

*Je ferais n'importe quoi pour la reconquérir. C'est insupportable. Si elle me quittait, j'en serais dévasté. J'ignore pourquoi je tolère une telle situation: on dirait que je l'aime davantage quand je sais qu'elle n'est pas là. Je me dis alors: «Si j'étais à la hauteur, elle ne ressentirait pas le besoin d'agir de la sorte. Si j'étais à la hauteur, elle resterait avec moi.» Cette incertitude m'est insupportable.*

À chacune de ses incartades, Francine promet qu'elle sera désormais fidèle, et Paul la croit. Chaque fois, ses espoirs sont déçus.

Paul:

*Je n'arrive pas à croire qu'elle m'ait encore trompé. Je n'arrive pas à croire qu'elle puisse me faire une chose pareille. La dernière fois, j'étais certain que cela ne se reproduirait plus. Enfin, je veux dire, elle a bien vu l'état dans lequel j'étais. Presque suicidaire. Je ne peux pas croire qu'elle ait recommencé.*

Le mariage de Paul ressemble à des montagnes russes. Il passe malgré lui de l'espoir le plus fou au désespoir le plus vif, tour à tour il plane et est précipité en enfer.

Paul:

*Le plus difficile, c'est d'attendre. De savoir ce qu'elle est en train de faire et d'attendre son retour. Il m'est arrivé de l'attendre pendant des jours entiers. Je restais là, assis à ne rien faire, juste à attendre qu'elle rentre à la maison.*

En attendant Francine, Paul alterne entre les larmes et la colère. À son retour à la maison, une querelle éclate. Il est arrivé que Paul frappe sa femme pour ensuite la supplier de lui pardonner. Il ne veut plus de ces montagnes russes. Il aspire à la stabilité et à la paix. Mais c'est là le paradoxe du schéma «sentiment d'abandon»: plus l'attitude de Francine est imprévisible, plus Paul se sent proche d'elle affectivement. La chimie entre eux est plus forte quand elle menace de le quitter.

L'enfance de Paul fut marquée par la perte et l'incertitude. Son père abandonna sa famille quand Paul avait deux ans à peine. Avec ses deux sœurs, il fut élevé par une mère alcoolique qui cessait de s'occuper de ses enfants dès qu'elle était ivre. Paul a recréé ces circonstances familières en épousant Francine et en tolérant ses infidélités.

Paul a fait une psychanalyse (freudienne) d'une durée de trois ans, à raison de trois séances par semaine de cinquante minutes chacune, thérapie qui a considérablement grevé ses revenus.

PAUL:
*Je m'étendais sur le divan et je racontais tout ce qui me passait par la tête. Je me sentais très seul. Mon thérapeute n'a parlé que rarement au cours de ces trois années. Même quand je pleurais ou que je me mettais en colère contre lui, il ne réagissait pas. J'avais l'impression qu'il n'était pas là.*

Paul nous a beaucoup parlé de son enfance et des émotions qui le traversaient sur le divan du psychanalyste.

Cette psychanalyse le frustra grandement, ses progrès furent lents. Il comprenait mieux ses problèmes, mais ceux-ci ne s'estompaient pas. (On formule souvent cette plainte à propos de la psychanalyse: comprendre ne suffit pas.) Il souhaitait une thérapie plus rapide et plus directive. Il voulait être guidé.

Notre approche procura à Paul l'orientation dont il avait besoin. Loin de nous montrer distants et neutres, nous avons collaboré avec Paul. Nous l'avons aidé à prendre conscience de son mode habituel de comportement compulsif et à découvrir comment y mettre fin. Nous lui avons appris à devenir plus sélectif dans ses relations avec les femmes. Nous l'avons mis en garde contre le danger, dans ses relations amoureuses, de rechercher des partenaires destructrices envers lesquelles il ressent une forte attirance physique. Il a dû admettre la dure réalité: comme beaucoup d'entre nous, il était tombé amoureux d'une femme qui renforçait le schéma qui le maintenait prisonnier.

Un an et demi après le début de sa thérapie, Paul mit fin à son mariage avec Francine. Il lui avait entre-temps donné toutes les chances de se réformer. Il s'était en outre efforcé de modifier les comportements qui pouvaient porter atteinte à sa vie de couple et qui chassaient sa femme à son insu. Il avait cessé de vouloir la contrôler. Il lui avait consenti une plus grande liberté. Il s'était affirmé quand elle le bafouait. Mais Francine n'avait pas changé. En fait, leur vie de couple s'était détériorée encore davantage.

La première fois que nous avions demandé à Paul s'il avait jamais envisagé de quitter sa femme, il avait répondu avoir trop peur de sombrer dans un gouffre.

Mais quand il l'a quittée, Paul ne s'est pas écroulé. Il est au contraire devenu plus calme et plus sûr de lui. Il a compris qu'il était capable de vivre sans Francine. Selon nous, cette rupture a été une initiative positive.

Avec le temps, Paul a fréquenté d'autres femmes. Au début, il choisissait des femmes qui, comme Francine, se révélaient instables et incapables de l'appuyer. Le même cycle se répétait, en accéléré. Nous l'avons peu à peu aidé à choisir plus sainement ses partenaires, même si l'attirance entre eux n'était pas aussi forte. Il vit maintenant depuis six mois avec Sylvie, une femme très stable et fiable qui lui semble fort attachée. Bien qu'elle soit moins ravissante que Francine, Paul apprend enfin à apprécier la stabilité et l'affection dont sa vie est empreinte.

Notre approche veut vous aider à déceler avec exactitude le genre de relations qui vous conviennent et celles qu'il est préférable d'éviter compte tenu de vos schémas spécifiques. Ce n'est pas toujours facile. Comme Paul, vous serez peut-être appelé à faire des choix douloureux à court terme et même d'aller à l'encontre de votre instinct si vous voulez échapper aux ornières où votre vie s'est enlisée.

> **Charles:** Trente ans. Il travaille pour son père dans l'entreprise familiale de textiles. Il n'est pas très doué pour la gestion de personnel et préférerait de loin exercer un autre métier. Charles est pris au piège du schéma «assujettissement».

Charles s'efforce de plaire. Il place toujours les besoins des autres avant les siens. C'est toujours lui qui dit: «Ça m'est égal, c'est toi qui décides» quand on lui demande ce qu'il veut.

Charles s'efforce de plaire à sa femme en acquiesçant à tout ce qu'elle dit et demande. Il s'efforce de plaire à ses enfants en ne leur refusant rien. Il s'efforce de plaire à son père en travaillant dans l'entreprise familiale, même si cela signifie exercer un métier qu'il n'aime pas.

Il a beau tout faire pour se rendre aimable, il ne parvient qu'à irriter son entourage. Il fait montre de trop d'abnégation. Sa mollesse irrite sa femme. Ses enfants profitent de son laxisme et en même temps lui en veulent de manquer de rigueur à leur endroit. Son père lui reproche sans cesse sa faiblesse et son manque d'autorité au travail, surtout dans ses relations avec les employés.

Charles l'ignore, mais il éprouve, lui aussi, du ressentiment. Au fond de lui, il se reproche d'avoir si longtemps négligé ses propres besoins. Il a appris très jeune le renoncement. Son père est perçu comme un tyran qui prend plaisir à dominer et à contrôler les autres. Tous doivent faire ses quatre volontés. Enfant, si Charles était en désaccord avec son père ou s'il se querellait avec lui, ce dernier lui administrait une fessée et le dénigrait. Quant à sa mère, elle se montrait passive. Elle était déprimée la plupart du temps, de sorte que Charles devait prendre soin d'elle et s'efforcer de lui remonter le moral. Personne ne comblait ses besoins à lui.

Avant de nous consulter, Charles fit pendant deux ans une thérapie d'orientation existentielle-humaniste, la *Gestalt*. Son thérapeute l'encourageait à rester dans le présent et à entrer en contact avec ses émotions. Par exemple, il lui faisait faire des exercices d'imagerie mentale au cours desquels il se représentait son père et lui disait sa façon de penser. Cette technique fut positive. Il découvrit à quel point il était amer envers son père.

Mais la thérapie souffrait d'un manque d'orientation et de focalisation. Charles errait d'une séance à l'autre, explorant les émotions qui faisaient surface sur le moment. Son ressentiment envers ses proches resurgissait fréquemment, mais, sans savoir pourquoi, il ne faisait rien pour le contrer. Le thérapeute ne rassemblait pas toutes les composantes de son problème et ne l'éclairait pas sur les moyens à prendre pour surmonter son assujettissement.

La thérapie centrée sur les schémas procura à Charles une grille conceptuelle simple et directe qui lui permit de constater que l'assujettissement était un thème récurrent dans sa vie, et il apprit comment en venir à bout. Ses progrès furent très rapides. Nous avons souvent constaté que le schéma «assujettissement» est celui que l'on parvient à désarmer le plus rapidement.

Charles développa une notion accrue de sa propre identité. Il prit conscience de ses désirs et de ses sentiments si longtemps réprimés. Il eut des opinions, exprima des préférences. Il s'affirma davantage devant son père, ses employés, sa femme et ses enfants. Il s'efforça surtout d'extérioriser son ressentiment et d'exprimer ses besoins avec calme, en modulant ses émotions. Bien que sa femme et ses enfants aient au début manifesté une certaine résistance, tout rentra dans l'ordre quand ils constatèrent qu'ils ne parvenaient plus à le dominer. En vérité, ils ne l'en aimèrent que davantage. Ils surent apprécier son assurance.

Les rapports de Charles avec son père furent moins simples. Ce dernier eut beau tenter de mater la révolte de son fils et de renouveler son ascendant sur lui, Charles comprit qu'il détenait sur son père un pouvoir plus grand qu'il n'avait cru. Quand il menaça de démissionner de l'entreprise familiale si son père persistait à lui refuser un poste de plus grande responsabilité, ce dernier capitula. Charles assume maintenant une plus grande part des responsabilités jusque-là dévolues à son père, tandis que celui-ci s'apprête à prendre sa retraite. Charles est aussi en mesure de constater aussi que son père le respecte comme jamais auparavant.

Le cas de Charles démontre à quel point il est important d'entrer en contact avec nos sentiments. De nombreuses thérapies d'orientation existentielle-humaniste, comme celles qui amènent le patient à travailler avec son enfant intérieur contribuent à l'aider à percevoir les rapports qui existent entre ses expériences de vie actuelles et celles qui remontent à ses jeunes années. Mais elles vont rarement assez loin. Le patient éprouve un certain soulagement après une séance ou un atelier, mais il succombe souvent très vite à ses anciennes habitudes. Dans le cadre d'une thérapie centrée sur les schémas, le patient doit faire des exercices béhavioraux précis entre les séances et ne jamais cesser de se confronter. Ces exercices et ces confrontations constantes ont pour but de l'aider à progresser.

## La révolution de la thérapie cognitive

La thérapie centrée sur les schémas est issue de la thérapie cognitive, mise au point par le D$^r$ Aaron Beck dans les années soixante. Nous avons intégré à notre approche plusieurs aspects de son traitement.

La thérapie cognitive se fonde sur le fait que notre interprétation des événements de notre vie (cognition) a un effet déterminant sur notre façon de les ressentir (émotions). Les personnes qui souffrent de troubles émotionnels tendent à déformer la réalité. Par exemple, Henriette a appris de sa mère que les activités quotidiennes même les plus banales, comme voyager en métro, sont sources de menaces. Les schémas nous conduisent à voir certaines situations sous un angle erroné. Ils déclenchent nos modes cognitifs.

Les praticiens de la thérapie cognitive sont d'avis que s'ils parviennent à enseigner à leurs patients une perception plus juste des événements de leur vie, ceux-ci s'en porteront mieux. Si nous parvenons à convaincre Henriette qu'elle est capable de se déplacer seule sans encourir de danger, sa peur s'estompera et elle pourra mener une vie normale.

Le D$^r$ Beck préconise l'analyse rationnelle de nos pensées. Quand nous sommes bouleversés, exagérons-nous? Nous sentons-nous personnellement attaqués? Voyons-nous les choses pires qu'elles ne sont en réalité? Sommes-nous réalistes? Ne pouvons-nous pas examiner la situation sous un autre angle? Beck ajoute que nous devrions vérifier nos pensées négatives au moyen de petites expériences. Par exemple, nous avons demandé à Henriette de faire le tour du pâté de maison seule, en hiver, afin qu'elle constate que rien ne lui arrivera, bien qu'elle ait été persuadée qu'elle attraperait froid ou qu'on l'attaquerait.

La thérapie cognitive est maintenant bien reconnue. Les recherches dans ce domaine se multiplient et confirment son efficacité dans le traitement de certains troubles tels que l'anxiété et la dépression. Il s'agit d'une méthode active qui enseigne aux patients à maîtriser leurs émotions en contrôlant leurs pensées.

Les praticiens de la thérapie cognitive associent à leurs techniques certaines techniques béhaviorales conçues pour enseigner au patient des habiletés qu'il n'a sans doute jamais développées telles que la relaxation, l'affirmation de soi, le contrôle de l'anxiété, la résolution des problèmes, la gestion du temps et l'entraînement aux habiletés sociales.

Mais nous avons constaté avec le temps que, en dépit de leurs qualités, les méthodes cognitive et béhaviorale ne suffisent pas à modifier des modes de comportements ancrés depuis toujours. Nous avons donc développé la thérapie centrée sur les schémas, qui intègre des techniques cognitives et béhaviorales à des techniques psychanalytiques et des techniques existentielle-humaniste. Madeleine, la dernière patiente dont il sera question dans ce chapitre, nous offre un bon exemple des avantages et des limites d'une approche strictement axée sur la cognition et le comportement.

> MADELEINE: ACTRICE ET CHANTEUSE, ÂGÉE DE VINGT-NEUF ANS. SON BEAU-PÈRE A ABUSÉ D'ELLE SEXUELLEMENT. ELLE CONTINUE DE RESSENTIR LES EFFETS DE CETTE VIOLENCE. MADELEINE PERPÉTUE LE SCHÉMA «MÉFIANCE ET ABUS».

Madeleine n'a jamais connu de relation de couple stable. Elle a plutôt alterné entre un extrême et l'autre: la fuite systématique ou la promiscuité.

Jusqu'à ce qu'elle fréquente l'université, Madeleine évitait la compagnie des garçons. Elle ne les fréquentait pas, n'avait pas de petit ami.

MADELEINE:
*Je ne les laissais jamais s'approcher. Je me souviens de la première fois qu'un garçon m'a embrassée. J'ai fui à toutes jambes. Quand je me rendais compte qu'un garçon m'aimait, je devenais glaciale jusqu'à ce qu'il me laisse tranquille.*

Pendant ses deux premières années d'université, Madeleine se mit à boire et à prendre de la drogue. À cette époque, elle eut des relations sexuelles avec plus d'une trentaine de partenaires différents.

— Aucun d'eux ne comptait pour moi, dit-elle.

MADELEINE:
*À l'université, j'ai perdu les pédales. Je couchais avec tout le monde. J'ai couché avec tous les membres d'une certaine association d'étudiants. Je me sentais très malheureuse. Vulgaire et sale. J'avais l'impression qu'on se servait de moi. J'étais incapable de refuser les avances qu'on me faisait. Je sortais avec un type, et ça finissait toujours au lit même si je m'étais juré de ne pas recommencer. Je pensais que les garçons sortaient avec moi seulement pour ça. J'ignore pourquoi j'agissais ainsi. Tout ce temps, je n'avais aucun contrôle sur moi-même.*

Les abus sexuels dont son beau-père s'était rendu coupable avaient endommagé sa sexualité et son aptitude à l'intimité. À ses yeux, sexe et abus étaient inextricablement liés.

Madeleine s'est remise à fuir les hommes. Elle n'a été intime avec personne depuis plusieurs années et s'inquiète de ne jamais parvenir à se marier et à avoir des enfants.

Madeleine fit d'abord une thérapie cognitive conventionnelle. Sa thérapeute focalisait les séances sur le présent, sur l'habitude de Madeleine de fuir la compagnie des hommes. Par exemple, Madeleine parlait rarement de son enfance lors de ses séances de thérapie. Au contraire, sa thérapeute et elle mettaient au point des exercices à faire entre les séances, par exemple, engager la conversation avec un homme ou participer à des soirées entre amis. La thérapeute l'aida à combattre ses idées préconçues telles que «Les hommes ne s'intéressent qu'au sexe» en lui demandant de lui citer en exemple des hommes de sa connaissance qu'elle jugeait chaleureux et désireux de vivre une relation affective enrichissante.

La thérapie dura plusieurs mois. Madeleine se remit à sortir en couple, mais elle était toujours attirée par des hommes qui abusaient d'elle. Elle avait beau admettre que de nombreux hommes sont sensibles et affectueux, ceux qu'elle fréquentait démentaient cette affirmation. Madeleine comprit qu'il lui fallait trouver une autre façon de modifier ses modes de comportement bien enracinés.

MADELEINE:

*J'avais l'impression que ma thérapeute me demandait de changer, mais sans comprendre les causes de mes comportements. Je veux dire, je sais que je dois faire les changements qu'elle préconise. Je dois cesser de me méfier des hommes et de fuir à leur approche. Mais il y a des raisons qui font que je fuis les hommes. J'ai besoin de connaître ces raisons.*

Madeleine en voulait à tout homme qui tentait de lui témoigner de l'affection. Elle ne comprenait pas que son ressentiment avait pour origine la déformation de ses pensées. Elle devait apprendre à diriger sa colère vers son objet réel: son beau-père. Son ressentiment demandait à s'exprimer et à être validé.

Pendant la première année et demie de sa thérapie, nous avons aidé Madeleine à se rappeler des abus sexuels dont elle avait été victime par le biais d'exercices d'imagerie mentale. Nous l'avons incitée à exprimer sa colère envers son beau-père et à confronter ce dernier. Nous lui avons conseillé de se joindre à un groupe d'entraide pour victimes d'inceste. Nous lui avons aussi fait comprendre comment elle reproduisait ce scénario d'abus en choisissant des hommes portés à la violence sexuelle.

Madeleine se remit peu à peu à avoir des fréquentations. Bien qu'encore attirée par des hommes violents, elle suivit nos conseils et évita ces derniers, recherchant plutôt la compagnie des hommes qui la traitaient avec respect, en dépit du fait qu'elle ressentait pour eux une attirance moindre. Elle s'efforça d'exiger des hommes qu'ils la respectent plutôt que de leur laisser le choix de le faire ou non. Elle apprit à dire «non».

Environ un an plus tard, elle tomba amoureuse de Benoît, un homme doux et sensible. La présence de Benoît ne lui suffit cependant pas à surmonter ses inhibitions sexuelles. Mais Benoît s'étant montré disposé à l'aider à s'épanouir sexuellement, elle envisage maintenant de l'épouser.

Au chapitre 7, nous vous proposerons plusieurs façons de modifier le schéma «méfiance et abus». Nous tenons cependant à préciser que certains schémas, en particulier la méfiance et l'abus, sont longs à guérir et devraient être abordés avec le secours d'un thérapeute ou d'un groupe d'entraide.

Le cas de Madeleine montre comment notre optique thérapeutique tient compte de l'aspect pratique des thérapies cognitive et béhaviorale: elle aide au développement des habiletés et facilite les modifications du comportement. Mais nous visons plus que des modifications comportementales à court terme. Nous voulons résoudre des problèmes de longue date, surtout en ce qui a trait aux relations affectives, à l'estime de soi et aux problèmes professionnels. Certes, le comportement des gens nous préoccupe, mais aussi leur façon de ressentir et d'établir des rapports avec autrui.

Le chapitre qui suit s'ouvre sur un questionnaire, qui a pour but de vous aider à déceler vos propres schémas.

# 2

## QUELS SONT VOS SCHÉMAS?

Nous vous proposons dans ce chapitre différents moyens pour parvenir à déceler les schémas qui influencent le plus votre vie.

Donnez une note à chacun des vingt-deux énoncés qui suivent en fonction de leur pertinence dans votre vie, selon une échelle de un à six.

### Échelle de cotation

Dans mon cas, l'énoncé est:
1. Absolument faux.
2. Faux dans l'ensemble.
3. Plus faux que vrai.
4. Modérément vrai.
5. Vrai dans l'ensemble.
6. Absolument vrai.

En premier lieu, évaluez la véracité de l'énoncé par rapport à votre enfance. Si votre réponse peut varier selon les époques, choisissez la cote qui correspond le mieux à votre état général jusqu'à l'âge de douze ans. Ensuite, évaluez la véracité de chaque énoncé par rapport à vous maintenant, comme adulte. Si votre réponse peut varier selon les différentes époques de votre vie adulte, choisissez la cote qui correspond le mieux à votre état général des six derniers mois.

| QUESTIONNAIRE | | |
|---|---|---|
| ENFANCE | MAINTENANT | ÉNONCÉS |
| | | 1. Je m'accroche à mes proches, car j'ai peur qu'ils me quittent. |
| | | 2. J'ai très peur que les gens que j'aime me quittent pour quelqu'un d'autre qu'ils aimeront davantage. |
| | | 3. Je suis à l'affût de la moindre arrière-pensée; je n'accorde pas facilement ma confiance. |
| | | 4. Je dois toujours rester sur mes gardes pour éviter qu'on me blesse. |
| | | 5. La menace du danger me préoccupe plus que la moyenne des gens; j'ai peur de tomber malade ou qu'il m'arrive malheur. |
| | | 6. J'ai peur que moi ou ma famille subissions un revers de fortune, que nous devenions indigents et dépendants d'autrui. |
| | | 7. Je ne me sens pas capable de me débrouiller seul; j'ai besoin du secours des autres pour vivre. |
| | | 8. Mes parents et moi nous mêlons trop de nos vies et de nos ennuis respectifs. |
| | | 9. Personne n'a jamais été là pour prendre soin de moi, pour partager sa vie avec moi, ou pour se préoccuper vraiment de ce qui peut m'arriver. |
| | | 10. Personne n'a jamais été là pour me comprendre, pour me manifester de l'empathie, pour me guider, me conseiller et m'aider. |
| | | 11. Je n'ai pas de sentiment d'appartenance. Je suis différent. Je détonne. |
| | | 12. Je suis terne et ennuyeux. Je ne sais pas m'exprimer en présence d'autrui. |
| | | 13. Si les gens qui m'intéressent connaissaient vraiment tous mes défauts, ils ne pourraient pas m'aimer. |
| | | 14. J'ai honte de moi-même. Je ne suis pas digne de l'affection, de l'attention et du respect des autres. |
| | | 15. Je ne suis pas aussi intelligent ou doué pour le travail (ou pour l'étude) que la plupart des gens. |
| | | 16. Je me sens souvent inapte, car je ne suis pas à la hauteur des autres en termes de talent, d'intelligence ou d'aptitude au succès. |
| | | 17. J'ai l'impression d'être obligé d'obéir aux désirs de tout un chacun, sans quoi ils se vengeront ou me rejetteront. |
| | | 18. Mon entourage considère que je m'occupe trop des autres et pas assez de moi-même. |
| | | 19. Je m'efforce de faire de mon mieux. Je ne me contente pas de l'à-peu-près. Je veux être le meilleur en tout. |

| | | |
|---|---|---|
| | | 20. J'ai tant à faire qu'il ne me reste presque plus de temps pour me détendre et me divertir. |
| | | 21. Je suis d'avis que les règles et les conventions auxquelles adhèrent les autres devraient m'être épargnées. |
| | | 22. Je manque de discipline pour effectuer des tâches de routine, des tâches ennuyeuses ou pour maîtriser mes émotions. |

## La feuille de notation

Vous pouvez maintenant transférer ce pointage sur votre feuille de notation. Les exemples ci-dessous vous indiqueront la marche à suivre.

| EXEMPLE TIRÉ DU QUESTIONNAIRE | | |
|---|---|---|
| ENFANCE | MAINTENANT | ÉNONCÉ |
| 3 | 2 | 1. Je m'accroche à mes proches, car j'ai peur qu'ils me quittent. |
| 5 | 4 | 2. J'ai très peur que les gens que j'aime me quittent pour quelqu'un d'autre qu'ils aimeront davantage. |

| EXEMPLE TIRÉ DE LA FEUILLE DE NOTATION | | | | | | |
|---|---|---|---|---|---|---|
| √ | SCHÉMA | ENFANCE | MAINTENANT | ENFANCE | MAINTENANT | PLUS HAUTE COTE |
| √ | Abandon | 1.3 | 1.2 | 2.5 | 2.4 | 5 |

Les questions 1 et 2 se réfèrent au schéma «abandon». Voyons d'abord la question 1. Reportez la cote accordée à cet énoncé dans la colonne ENFANCE, dans la case située immédiatement à droite du mot ABANDON sur la feuille de notation, après le chiffre 1 (dans la colonne ENFANCE). Répétez l'opération avec la cote accordée au même énoncé dans la colonne MAINTENANT: reportez cette cote dans la case 1 de la colonne MAINTENANT.

Prenez maintenant la cote de la question 2, dans la colonne ENFANCE. Reportez-la dans la case 2 de la feuille de notation, toujours dans la colonne ENFANCE. Faites de même avec la cote accordée au même énoncé dans la colonne MAINTENANT: reportez-la dans la case 2 de la colonne MAINTENANT de la feuille de notation.

Observez les cotes correspondant à l'énoncé abandon. Laquelle est la plus élevée? Inscrivez la cote la plus élevée (1, 2, 3, 4, 5 ou 6) dans la dernière case de la ligne abandon. Si cette note est 4, 5 ou 6, cochez la case de la première colonne. Ce √ signifie que l'abandon est vraisemblablement un de vos schémas. Si votre cote la plus élevée ne dépasse pas 1, 2 ou 3, laissez la première case en blanc. Cela signifie que l'abandon n'est sans doute pas un schéma qui vous concerne.

Vous pouvez maintenant remplir la feuille de notation.

| | SCHÉMA | ENFANT | MAINTENANT | ENFANT | MAINTENANT | PLUS HAUTE COTE |
|---|---|---|---|---|---|---|
| | **FEUILLE DE NOTATION** | | | | | |
| | Abandon | 1. | 1. | 2 | 2. | |
| | Méfiance et abus | 3. | 3. | 4. | 4. | |
| | Vulnérabilité | 5. | 5. | 6. | 6. | |
| | Dépendance | 7. | 7. | 8. | 8. | |
| | Carence affective | 9. | 9. | 10. | 10. | |
| | Exclusion | 11. | 11. | 12. | 12. | |
| | Imperfection | 13. | 13. | 14. | 14. | |
| | Échec | 15. | 15. | 16. | 16. | |
| | Assujettissement | 17. | 17. | 18. | 18. | |
| | Exigences élevées | 19. | 19. | 20. | 20. | |
| | Tout m'est dû | 21. | 21. | 22. | 22. | |

## Interprétation des résultats

Nous procéderons ci-dessous à une brève description de ces onze schémas de manière à vous familiariser avec chacun d'eux. Référez-vous à votre feuille de notation: il est vraisemblable que chaque schéma précédé d'un √ vous concerne. Bien entendu, plus la cote que vous aurez accordée à chaque schéma sera élevée, plus grandes seront son emprise sur vous et son influence sur votre vie. Vous voudrez sans aucun doute en savoir davantage sur chacun des schémas qui vous affectent quand vous en aurez terminé avec la lecture des chapitres préliminaires.

Si vous n'êtes pas certain de la pertinence de tel ou tel schéma dans votre vie ou dans celle d'une personne qui vous est chère, ne vous en inquiétez pas pour le moment. Dans les chapitres où nous abordons chaque schéma isolément, nous vous proposerons un exercice beaucoup plus élaboré qui vous permettra d'en juger avec certitude.

## Bref aperçu des onze schémas

Deux schémas découlent du manque de sécurité qui a marqué votre enfance. Ce sont le sentiment d'abandon et la méfiance et l'abus.

### • LE SENTIMENT D'ABANDON •

Lorsque vous êtes sous l'emprise du schéma «sentiment d'abandon», vous avez l'impression que vos êtres chers vous quitteront, que vous resterez seul et isolé sur le plan affectif votre vie durant. Que vous craigniez que vos proches ne soient fauchés par la mort, qu'ils quittent à jamais le domicile, ou qu'ils vous abandonnent parce qu'ils vous préfèrent quelqu'un d'autre, vous pensez que la solitude sera votre lot. Pour cette raison, vous vous accrochez trop à vos proches; ce faisant, vous les repoussez. La moindre séparation, même normale, vous affecte et déclenche en vous une amertume exagérée.

### • LA MÉFIANCE ET L'ABUS •

Le schéma «méfiance et abus» vous fait appréhender d'être blessé ou trompé d'une manière ou d'une autre. Vous craignez la trahison, le mensonge, la manipulation, l'humiliation, la violence physique ou toute autre forme d'abus. Si vous présentez ce schéma, vous vous protégez en vous barricadant derrière un mur de méfiance. Vous ne permettez à personne de vous approcher. Vous vous méfiez des intentions de tous et vous soupçonnez le pire. Vous êtes certain que vos êtres chers vous trahiront. Soit que vous évitiez toute forme de relation affective en vous contentant de relations superficielles qui ne vous révèlent jamais complètement, ou encore vous vous attachez à des personnes qui vous maltraitent et, tôt ou tard, vous éprouvez envers elles un fort ressentiment et un désir de vengeance.

Deux schémas sont liés à votre capacité d'autonomie. Ce sont la dépendance et la vulnérabilité.

### • LA DÉPENDANCE •

Si votre schéma est la dépendance, vous êtes incapable de faire face au quotidien sans le secours constant d'autrui. Les autres sont vos béquilles et vous dépendez d'eux. Dans l'enfance, toute tentative de votre part pour affirmer votre autonomie était accueillie par un rappel de votre incompétence. En tant qu'adulte, vous recherchez des modèles rassurants, vous vous reposez sur eux et vous leur permettez de diriger votre vie. Au travail, vous fuyez la moindre initiative. Bien entendu, vous piétinez.

### • LA VULNÉRABILITÉ •

Le schéma «vulnérabilité» vous oblige à vivre dans la terreur d'une catastrophe imminente, qu'il s'agisse d'une catastrophe naturelle, criminelle, médicale ou financière. Vous ne vous sentez pas en sécurité. Si tel est votre cas, on vous aura fait croire dans votre enfance que le monde est rempli de dangers. Il se peut que vos parents vous aient surprotégé ou que votre bien-être les ait préoccupés à l'excès. Vos peurs sont déraisonnables et irréalistes, mais vous les laissez dominer votre vie en mettant toute votre énergie à vous assurer que vous êtes en sécurité. Vous craignez peut-être la maladie: faire une crise de panique, attraper le virus du sida, devenir fou. Ou bien, vos peurs se rapportent à l'argent: la ruine et l'indigence. Vous êtes peut-être vulnérable à d'autres phobies encore: la peur de prendre l'avion, d'être attaqué, ou celle des tremblements de terre.

Deux schémas sont directement liés à la qualité de vos liens affectifs: la carence affective et le sentiment d'exclusion.

### • LA CARENCE AFFECTIVE •

Le schéma «carence affective» repose sur la croyance que vos besoins affectifs ne seront jamais comblés. Vous avez l'impression que personne ne vous aime vraiment ou ne vous comprend. Vous êtes attiré par des personnes distantes et égoïstes, ou encore c'est vous qui êtes égoïste et froid. Par conséquent, vous créez des liens qui ne vous apportent aucune satisfaction. Vous vous sentez trahi, vous alternez entre le ressentiment, la souffrance et la solitude. Paradoxalement, votre ressentiment contribue à éloigner les autres et intensifie votre vide affectif.

Les patients qui nous consultent pour cause de carence affective portent en eux une solitude qui reste perceptible même après leur départ. Il s'agit d'un vide intérieur, d'une absence d'émotion. Ces personnes ignorent ce qu'est l'amour.

### • LE SENTIMENT D'EXCLUSION •

Le schéma «sentiment d'exclusion» concerne vos relations avec vos amis et avec différents groupes sociaux. Vous vous croyez aliéné, marginal. Enfant, vous vous sentiez rejeté par vos pairs. Vous n'aviez pas d'amis, vous n'étiez mêlé à aucun groupe. Peut-être aviez-vous l'impression de détonner. Devenu adulte, vous préservez ce schéma en fuyant la compagnie des autres. Vous ne fréquentez personne et vous ne cherchez pas à vous faire des amis.

Peut-être vous sentiez-vous isolé en raison de certaines caractéristiques qui portaient les autres enfants à vous rejeter. Vous vous croyiez socialement peu désirable. Adulte, vous vous trouvez laid, sexuellement repoussant, vous vous jugez socialement inférieur, peu doué pour la conversation, ennuyeux ou autrement inapte. Vous revivez le rejet subi dans votre enfance, vous vous sentez socialement inférieur et vous vous comportez comme tel.

Le schéma «sentiment d'exclusion» n'est pas toujours apparent. De nombreuses personnes qui éprouvent un sentiment d'exclusion sont tout à fait à l'aise dans une ambiance d'intimité et semblent posséder de bonnes habiletés sociales. Leur schéma n'est pas immédiatement détectable quand nous sommes seuls avec eux. Nous nous étonnons souvent de leur anxiété et de leur réserve lors de réceptions mondaines, en classe, dans des réunions de travail ou dans le cadre de leur profession. Elles sont agitées, comme si elles cherchaient sans cesse un lieu où elles puissent se sentir chez elles.

Deux schémas sont reliés à l'estime de soi: le sentiment d'imperfection et le sentiment d'échec.

### • LE SENTIMENT D'IMPERFECTION •

Le schéma «sentiment d'imperfection» vous fait vivre la sensation d'être imparfait, mauvais, indigne. Vous estimeriez normal qu'on ne vous aime pas si on vous connaissait vraiment. Vos imperfections éclateraient alors au grand jour. Enfant, vous pensiez qu'on ne vous respectait pas. Au contraire, la moindre de vos «lacunes» vous attirait des tas de critiques. Vous vous blâmiez, vous vous jugiez indigne de l'affection de vos proches. Adulte, l'amour vous fait peur. Vous parvenez difficilement à croire qu'on puisse vous apprécier, et vous anticipez le rejet.

### • LE SENTIMENT D'ÉCHEC •

Le schéma «sentiment d'échec» vous persuade que vous ne connaîtrez jamais le succès tant à l'école qu'au travail ou dans les sports. Vous ne vous jugez pas à la hauteur de vos pairs. On vous a inculqué un sentiment d'infériorité dans votre enfance. Peut-être aviez-vous des problèmes d'apprentissage, ou encore n'êtes-vous pas parvenu à acquérir la discipline nécessaire au développement de certaines aptitudes telle la lecture. Les autres enfants réussissaient toujours mieux que vous. On vous accusait d'être «stupide», «nul», ou «paresseux». Adulte, vous vous enfermez dans ce schéma en exagérant vos échecs et en fuyant toute possibilité de réussite.

Les deux schémas suivants concernent l'expression de soi, c'est-à-dire l'aptitude d'un individu à exprimer ses désirs et faire en sorte que ses besoins soient comblés: l'assujettissement et les exigences élevées.

### • L'ASSUJETTISSEMENT •

Le schéma «assujettissement» vous porte à sacrifier vos propres désirs et besoins pour plaire aux autres ou pour répondre à leurs besoins. Vous permettez aux autres de vous dominer. Vous agissez ainsi par culpabilité (par crainte de blesser autrui en pensant d'abord à vous-même) ou par peur des représailles ou de l'abandon. Enfant, un proche, vraisemblablement un parent, vous assujettissait. Adulte, vous vous engagez sans cesse dans des relations de dominant-dominé avec des personnes qui contrôlent tous vos gestes et auxquelles vous vous soumettez, ou bien vous recherchez les personnes dont la faiblesse et les lacunes les empêchent de vous rendre ce que vous leur donnez.

### • LES EXIGENCES ÉLEVÉES •

Vous présentez le schéma «exigences élevées» si vos aspirations personnelles sont démesurément élevées. Vous attachez trop d'importance au rang social, à l'argent, à la réussite, à la beauté, à l'ordre, à la reconnaissance, tout cela au détriment du bonheur, du plaisir, de la santé, du sentiment d'accomplissement et des relations enrichissantes. Vous êtes tout aussi exigeant envers les autres et vous ne leur ménagez pas vos critiques. Quand vous étiez enfant, on s'attendait que vous soyez premier en tout. Tout autre résultat était considéré comme un échec. Vous n'étiez jamais tout à fait à la hauteur.

### • LE SENTIMENT QUE TOUT NOUS EST DÛ •

Le dernier schéma, le «sentiment que tout nous est dû», est associé à votre aptitude à accepter des limites réalistes. Les personnes qui présentent ce schéma se croient uniques. Elles s'estiment en droit de tout faire, de tout dire, et de tout obtenir sur-le-champ. Elles n'ont aucune notion de ce qui est déraisonnable ou de ce qui est acceptable, elles n'ont que faire de la patience ou du temps requis pour parvenir à un résultat, et ce qu'il peut en coûter aux autres pour parvenir à leurs fins leur importe peu. Elles ont peu de discipline personnelle.

Un grand nombre de ceux qui possèdent ce schéma ont été des enfants gâtés. On ne leur a pas appris à se dominer ou à accepter les limites imposées aux autres enfants. Devenus adultes, ils se fâchent quand ils n'obtiennent pas ce qu'ils veulent.

Vous avez une idée assez juste, maintenant, des schémas qui vous concernent. Le chapitre suivant vous éclairera sur leurs origines et sur la façon dont nous les façonnons à notre insu au cours de nos premières années de vie.

# 3

# LA NATURE DES SCHÉMAS

Les schémas possèdent trois caractéristiques qui nous permettent de les identifier.

> ### Caractéristiques des schémas
>
> 1. Il s'agit de modes habituels de comportement, de thèmes qui existent depuis l'enfance.
> 2. Ils sont autodestructeurs.
> 3. Ils luttent pour leur survie.

Nous avons dit, dans le premier chapitre, qu'un schéma est un motif ou un thème qui prend racine dans l'enfance et se répète tout au long de la vie. Il peut s'agir du «sentiment d'abandon», de la «méfiance», de la «carence affective» ou de n'importe quel des autres schémas décrits. Le résultat est que, devenus adultes, nous recréons les circonstances les plus néfastes qui ont marqué notre enfance.

Un schéma est un mécanisme autodestructeur. C'est précisément cette caractéristique qui le rend si bouleversant pour le thérapeute. Nous voyons un homme comme Paul souffrir d'abandon une fois de plus, une femme comme Madeleine subir toutes sortes d'abus. Les situations qui resserrent autour d'eux leur schéma attirent les patients comme la flamme attire les papillons de nuit. Un schéma nous atteint dans notre identité, notre santé, nos relations interpersonnelles, notre travail, notre bonheur, nos humeurs, bref, dans tous les domaines de notre existence.

Les schémas luttent pour leur survie. Nous éprouvons un besoin difficilement répressible de les préserver, car l'être humain est doté d'un fort instinct de cohérence. Un schéma est quelque chose de familier; nous nous y sentons en sécurité en dépit du mal qu'il nous fait. Il devient par conséquent très difficile de le changer. En outre, ces schémas prennent forme dans notre enfance pour

nous permettre de nous adapter à notre situation familiale. De tels
étaient réalistes dans notre jeune âge, mais le problème surgit quand nous continuons de les reproduire alors qu'ils ont perdu leur utilité.

## La formation des schémas

Un certain nombre de facteurs contribuent à la formation d'un schéma. Le
tempérament d'une personne est le premier de ces facteurs. Le tempérament
est inné. Il signe notre portrait affectif, les qualités qui nous prédisposent à réagir aux événements.

Il existe plusieurs types de tempéraments, comme c'est le cas pour toute
caractéristique innée. Ce que l'on nomme tempérament englobe un vaste éventail de caractéristiques affectives. Voici quelques exemples de traits de caractère que, selon toute vraisemblance, nous héritons à la naissance.

---

*Traits de caractère qui contribuent à définir le tempérament*

Timidité — Extroversion
Passivité — Dynamisme
Restriction émotionnelle — Intensité émotionnelle
Appréhension — Intrépidité
Sensibilité — Invulnérabilité

---

Votre tempérament constitue la somme des échelons de cette gamme qui se
rapportent à vous, ainsi que d'autres traits de caractère que nous ignorons ou
ne comprenons pas encore suffisamment.

Bien entendu, le milieu contribue à agir sur le comportement d'un individu.
Un milieu affectueux et sûr peut faire d'un enfant naturellement timide un
enfant moyennement extroverti. Par ailleurs, des circonstances gravement
néfastes pourraient même abattre un enfant relativement invulnérable.

L'hérédité et le milieu de vie nous façonnent et exercent une influence sur
nous. Cela est aussi vrai (dans une moindre mesure) de caractéristiques pure-
ment physiques telles que la taille. Nous naissons avec un potentiel de croissance spécifique, mais notre milieu de vie est en partie responsable de notre
taille réelle: alimentation, conditions sanitaires, etc.

Le facteur le plus important de notre milieu de vie est notre famille. La
dynamique familiale a, dans une large mesure, façonné notre tout premier
univers. Lorsque nous ravivons un schéma, il s'agit presque toujours de la
reconstitution d'un drame familial de notre enfance. Paul, par exemple, revit
l'abandon de sa mère, Madeleine revit l'abus dont elle a été victime.

Dans la plupart des cas, l'influence de la famille est à son point culminant
au moment de notre naissance puis décline progressivement avec les années.
D'autres éléments acquièrent peu à peu un certain poids: les amis, l'école, etc.
Mais la famille demeure le moteur le plus important de cette influence. Les

schémas prennent forme quand le milieu familial de l'enfant est destructeur. En voici quelques exemples:

---

### Exemples de milieux destructeurs

1. L'un des parents est violent, l'autre passif et impuissant.
2. Les parents sont froids, distants et ont des critères de réussite élevés.
3. Les parents se querellent sans cesse. L'enfant est écartelé entre les deux.
4. L'un des parents est malade ou dépressif, l'autre est absent. L'enfant doit prendre charge de la famille.
5. L'enfant s'engrène à l'un des parents, se voit contraint de se substituer à l'autre conjoint.
6. L'un des parents est phobique et surprotège l'enfant. Ce parent s'accroche à son enfant par peur de la solitude.
7. Les parents sont exagérément critiques. L'enfant les déçoit toujours.
8. Les parents gâtent l'enfant. Ils n'exercent sur lui aucune discipline.
9. L'enfant est rejeté par ses pairs, ou se sent différent des autres.

---

L'hérédité et le milieu de vie agissent l'un sur l'autre. Les influences néfastes de notre enfance et notre tempérament propre s'unissent pour former les schémas dans lesquels nous nous enlisons. Notre tempérament régit en partie la façon dont nos parents nous traitent. Il arrive fréquemment, par exemple, qu'un seul enfant de la famille soit victime d'abus. Notre tempérament détermine aussi notre réaction à ce traitement. Deux enfants peuvent réagir différemment à une situation identique. Deux enfants victimes d'abus pourraient avoir des réactions opposées: la passivité ou l'autodéfense (la contre-attaque).

## Conditions nécessaires
## à l'épanouissement de l'enfant

Il n'est pas nécessaire que notre enfance soit parfaitement heureuse pour que nous devenions des adultes relativement équilibrés. Ainsi que le déclare D. W. Winnicott, il suffit qu'elle soit «suffisamment bonne». L'enfant a des besoins fondamentaux dans des domaines divers: la sécurité de base, les relations interpersonnelles, l'autonomie, l'estime de soi, l'expression de soi, des limites réalistes. L'enfant qui voit ces besoins comblés s'épanouira sur le plan psychologique. Au contraire, des déficits sévères dans ces différents domaines peuvent entraîner des problèmes majeurs. Ces sont ces déficits qui contribuent à la formation des schémas.

---

### Conditions nécessaires à notre épanouissement

1. Sécurité de base
2. Relations interpersonnelles
3. Autonomie

4. Estime de soi
5. Expression de soi
6. Limites réalistes

---

• SÉCURITÉ DE BASE •

(SCHÉMAS: SENTIMENT D'ABANDON, MÉFIANCE ET ABUS)

Certains schémas son plus fondamentaux que d'autres. Les plus fondamentaux sont ceux qui se rapportent à la sécurité de base. Ils prennent forme très tôt. Ils peuvent même affecter un nourrisson. Le sentiment de sécurité est essentiel au nourrisson: c'est pour lui une question de vie ou de mort.

Les schémas reliés à la sécurité de base sont tributaires de la façon dont un enfant est traité par les membres de sa famille. Les menaces d'abandon ou d'abus nous viennent de nos proches, de ceux qui sont censés nous aimer, prendre soin de nous, nous protéger.

Les personnes victimes d'abus ou abandonnées dans leur enfance sont celles dont les traumatismes sont les plus aigus. Elles ne se sentent en sécurité nulle part. Un danger imminent les menace sans cesse: un être cher les quittera ou leur fera du mal. Elles sont fragiles et vulnérables. Un rien suffit à les déséquilibrer. Elles sont d'humeur capricieuse et passent d'un extrême à l'autre, elles sont impulsives et autodestructrices.

L'enfant a besoin d'un milieu familial stable et sûr, au sein duquel les parents sont toujours disponibles, présents tant physiquement que sur le plan affectif. Dans un tel milieu, nul ne subit de mauvais traitements. Les querelles restent raisonnables. Personne ne meurt, personne ne laisse l'enfant seul pendant de longues périodes.

Paul, dont l'épouse multipliait les infidélités conjugales, avait eu une enfance instable auprès d'une mère alcoolique.

PAUL:
*Certains soirs, elle ne rentrait pas à la maison. On ne la voyait pas. Nous savions où elle était, mais nous n'en parlions pas. De toute façon, quand elle était à la maison, ça ne changeait rien. Elle était déjà ivre, elle relevait d'une cuite, ou elle était en train de boire.*

Si l'un de vos parents était alcoolique, vous ne vous sentiez probablement pas en sécurité.

L'on peut dire que, maintenant adulte, Paul est accoutumé à l'instabilité. Les situations instables l'attirent avec la force d'un aimant. Il est particulièrement sensible aux femmes instables, une chimie puissante le pousse vers elles, et il en tombe amoureux.

Un enfant qui se sent en sécurité est capable de se détendre et d'avoir confiance en ceux qui l'entourent. Ce sentiment de sécurité fondamental sous-tend tout le reste. Sans lui, peu de choses deviennent possibles, l'enfant ne peut travailler à son épanouissement. Il consacre tant d'énergie à s'inquiéter qu'il ne lui en reste plus suffisamment pour voir au reste de sa vie.

Recréer les insécurités de l'enfance est extrêmement dangereux. L'individu fonce tête baissée dans une série interminable de relations autodestructrices, ou bien il fuit toute forme de relations, comme ce fut le cas de Madeleine après ses études.

## •  RELATIONS INTERPERSONNELLES  •
### (SCHÉMAS: CARENCE AFFECTIVE ET SENTIMENT D'EXCLUSION)

L'amour, l'attention, l'empathie, le respect, l'affection, la compréhension et les conseils prodigués à l'enfant sont essentiels au développement de relations interpersonnelles satisfaisantes. Il revient à sa famille et à ses pairs de les lui procurer.

Il existe deux types de relations interpersonnelles. Le premier est la relation d'intimité. Ce sont habituellement nos relations familiales, amoureuses et de très grande amitié, bref, nos liens affectifs les plus étroits. Ces relations intimes sont similaires à notre rapport à la mère ou au père. Le deuxième type est la relation sociale. Les relations sociales nous procurent un sentiment d'appartenance, celui d'occuper une place bien à nous dans le tissu social. Ce sont les liens que nous développons avec notre cercle d'amis et de connaissances.

Les problèmes interpersonnels sont parfois subtils. En apparence, vous ne détonnez pas. Vous avez une famille, des amis, un groupe social. Mais foncièrement, vous vous sentez marginal et seul, vous n'établissez pas les rapports humains auxquels vous aspirez. Il faut être perspicace pour déceler l'écart qui vous sépare des personnes de votre entourage. Vous maintenez toujours une certaine distance entre elles et vous. Vous ne permettez pas qu'on vous approche de trop près. Le problème peut aussi être plus aigu. Vous êtes solitaire. Vous avez toujours été seul.

Jean, l'homme déçu par les femmes que nous vous avons présenté dans le premier chapitre, souffre de graves problèmes d'intimité. Il recule devant l'intimité. Même ses relations les plus étroites sont superficielles. Au début de sa thérapie, il ne pouvait nommer une seule personne avec laquelle il puisse se sentir proche.

Jean a grandi dans un vacuum ou vide affectif. Il a à peine connu son père, et sa mère était une femme froide et distante. Il n'y avait entre eux aucune tendresse, aucune démonstration de chaleur. Selon nous, trois déficits relationnels peuvent affecter un enfant: le manque de chaleur et d'attention, le manque d'empathie et le manque de supervision (conseils). Jean a souffert de ces trois manques.

Si vous éprouvez de la difficulté dans vos relations interpersonnelles, la solitude peut devenir un problème. Vous croyez peut-être que personne ne vous connaît vraiment ou qu'on ne vous apprécie pas (carence affective). Ou encore, vous vous sentez isolé, vous avez l'impression de détonner (sentiment d'exclusion). Vous ressentez un grand vide intérieur, vous aspirez à former des attachements.

## • AUTONOMIE: INDÉPENDANCE •
### (SCHÉMAS: DÉPENDANCE ET VULNÉRABILITÉ)

On entend par autonomie l'aptitude à se détacher des parents pour vivre de façon indépendante, comme les autres personnes de notre âge. C'est notre capacité à quitter le nid familial, à avoir une vie propre, une identité, des buts et une orientation qui ne dépendent pas uniquement du soutien ou des conseils de nos parents. C'est l'aptitude à agir en tant qu'individu, à être soi-même.

Si vous avez grandi dans un contexte familial qui favorisait l'autonomie, vos parents vous ont appris à vous débrouiller seul, à prendre vos responsabilités, à exercer votre jugement. Ils vous ont incité à découvrir le monde extérieur et à interagir avec les gens de votre génération. Loin de vous couver, ils vous ont appris que le monde n'est pas menaçant et ils vous ont donné les moyens de veiller sur votre sécurité. Ils vous ont poussé à développer votre propre identité.

Mais vous avez peut-être grandi dans un milieu familial plus malsain où l'on favorisait la dépendance et la fusion. Vos parents ne vous ont pas inculqué la débrouillardise. Ils ont tout fait à votre place et sapé vos tentatives d'autonomie. Ils vous ont enseigné que le monde extérieur est risqué en insistant sur des menaces de danger ou de maladie. Ils vous ont empêché de réaliser vos ambitions. Ils vous ont fait croire que vous ne pouviez vous fier à votre jugement ou à vos décisions.

Henriette, la femme phobique du premier chapitre, était une enfant couvée. Ses parents la mettaient sans cesse en garde contre tout, car eux-mêmes appréhendaient le moindre danger. Ils lui ont appris à se sentir vulnérable.

Leur attitude partait d'une bonne intention. Leurs peurs inhérentes les poussaient à vouloir protéger leur fille. C'est un cas fréquent. Les parents qui couvent leurs enfants sont très affectueux. Le schéma de Henriette est la vulnérabilité. Son aptitude à l'autonomie est réduite, car elle appréhende de s'adonner à des activités dans le monde extérieur.

Le fait de se sentir en sécurité dans le monde extérieur est l'un des aspects de l'autonomie. Le fait de se sentir capable de faire face au quotidien et d'avoir une identité en sont d'autres. Ces deux derniers aspects sont davantage reliés au schéma «dépendance».

La dépendance entrave le développement, chez l'enfant, de son aptitude à faire face aux vicissitudes de l'existence. Vos parents vous ont peut-être couvé: ils prenaient vos décisions à votre place, ils assumaient vos responsabilités. Ils vous ont dénigré avec subtilité, ou critiqué quand vous tentiez de vous affirmer.

Devenu adulte, vous vous sentez inapte à vous débrouiller sans l'aide, les conseils et l'appui financier de personnes que vous jugez plus sages et plus fortes que vous ne l'êtes. Même si vous quittez le toit familial (plusieurs de ces personnes ne quittent jamais la maison de leurs parents), vous vous attachez à une figure de père ou de mère. Votre employeur ou la personne qui partage votre vie devient un parent substitut.

L'identité de la personne dépendante est souvent embryonnaire ou fusionnelle. Elle se fond à celle d'un parent ou d'un conjoint. L'exemple le plus frappant est l'épouse qui s'absorbe entièrement dans la vie de son mari au point de ne plus savoir qui elle est. Elle fait les quatre volontés de son mari. Ses amis, ses intérêts, ses opinions sont ceux de son conjoint. Toutes ses conversations tournent autour de la vie de son époux.

L'autonomie consiste à se sentir suffisamment en sécurité pour affronter le monde extérieur, à avoir un sens développé de ses aptitudes et de son identité.

### • L'ESTIME DE SOI •
#### (SCHÉMAS: SENTIMENT D'IMPERFECTION ET SENTIMENT D'ÉCHEC)

L'estime de soi consiste à être conscient de sa valeur personnelle, sociale et professionnelle. Elle prend forme chez l'enfant qui se sent aimé et respecté par les membres de sa famille, ses amis, ses camarades de classe et ses enseignants.

Idéalement, l'enfance devrait favoriser le développement de l'estime de soi. L'enfant devrait se sentir apprécié et aimé de sa famille, accepté de ses camarades, connaître des succès scolaires. Il devrait être louangé en temps opportun et recevoir des encouragements, ne pas subir de critiques indues ni se sentir rejeté.

Ce n'est peut-être pas votre cas. Peut-être avez-vous essuyé les critiques d'un parent, d'un frère ou d'une sœur parce qu'à ses yeux vous faisiez tout de travers. Peut-être vous êtes-vous senti rejeté par vos camarades qui vous traitaient comme un indésirable. Peut-être aviez-vous l'impression de n'avoir aucune aptitude pour l'étude ou le sport.

Adulte, vous souffrez d'insécurité dans certains domaines de votre vie. Vous n'êtes pas sûr de vous dans les circonstances qui vous rendent vulnérable: vos relations personnelles, votre vie sociale, votre travail. Vous souffrez alors d'un sentiment d'infériorité. Vous êtes hypersensible à la critique et au rejet. Le moindre défi vous rend anxieux. Vous l'évitez ou vous l'affrontez avec maladresse.

Les deux schémas reliés à l'estime de soi sont le «sentiment d'imperfection» et le «sentiment d'échec». Ils prennent forme chez les personnes qui ne s'estiment pas méritantes, tant dans leurs relations personnelles qu'au travail. Au sentiment d'échec correspond un sentiment d'inaptitude au succès et au travail. Vous avez l'impression de moins bien réussir que vos congénères, d'être moins talentueux ou moins intelligent qu'eux.

Le sentiment d'imperfection est associé à la certitude d'être imparfait: plus on vous connaît, moins on vous aime. Ce schéma est souvent assorti d'autres schémas. En plus de leur schéma fondamental, le sentiment d'imperfection affecte trois des cinq patients dont il a été question dans le premier chapitre, Madeleine, Jean et Charles.

Madeleine fut molestée sexuellement par son beau-père. La méfiance et l'abus vont souvent main dans la main avec le sentiment d'imperfection. Les enfants molestés croient souvent que c'est de leur faute, qu'on les moleste parce qu'ils sont méchants ou indignes d'être aimés.

Jean, le séducteur, éprouve un sentiment aigu d'imperfection qu'il camoufle sous ses dehors hautains. Charles, qui veut plaire à tout prix, se sent également inapte. Si Charles nie ses propres besoins, c'est qu'il ne croit pas mériter qu'on en tienne compte.

Les atteintes à notre estime de soi débouchent sur la honte. La honte en est l'émotion fondamentale. Si vous ressentez un sentiment d'imperfection ou d'échec, vous avez honte de vous-même.

## • EXPRESSION DE SOI •
### (SCHÉMAS: ASSUJETTISSEMENT ET EXIGENCES ÉLEVÉES)

Il est question ici de s'exprimer librement, d'exprimer ses besoins, ses émotions (y compris la colère) et ses dispositions naturelles. Cela suppose que nos besoins sont à nos yeux aussi importants que ceux d'autrui. Nous sommes libres d'agir avec spontanéité, sans inhibitions excessives. Nous nous permettons d'avoir des activités et des intérêts qui nous rendent heureux, qui ne sont pas uniquement centrés sur le bonheur de notre entourage. Nous prenons le temps de nous détendre et de nous amuser au lieu de travailler sans interruption et de courir après la réussite.

Un contexte familial favorable à l'expression de soi facilite la découverte de nos intérêts et de nos préférences. Les décisions se prennent en tenant compte de nos besoins et de nos désirs. Les émotions telles que la tristesse et la colère peuvent s'exprimer librement dans la mesure où elles ne risquent pas de blesser autrui. On a le droit d'être ludique, sans inhibitions, enthousiaste. L'équilibre entre travail et loisirs est favorisé. Les attentes sont réalistes.

Dans un contexte familial qui, au contraire, décourage l'expression de soi, la punition ou la culpabilité sont le lot des enfants qui s'efforcent de faire connaître leurs besoins, leurs préférences ou leurs sentiments. Les besoins et les sentiments des parents l'emportent sur ceux des enfants. Ceux-ci développent un sentiment d'impuissance. Les comportements ludiques ou dépourvus d'inhibition sont jugés honteux. On accorde plus d'importance au travail et à la réussite qu'au jeu et au plaisir. Les parents ne tolèrent rien de moins que la perfection en tout.

La famille de Charles, l'homme complaisant, a brimé son besoin de s'exprimer. Son père était un homme critique et dominateur, sa mère était souvent dépressive ou malade.

CHARLES:

*Mon père n'était jamais content de moi. Il s'efforçait toujours de me changer, de faire de moi quelqu'un que je n'étais pas. Ma mère était souvent malade et gardait le lit. J'ai fait ce que j'ai pu pour lui venir en aide.*

L'identité de Charles n'avait aucune importance. Ses parents se servaient de lui à leurs fins. Il apprit à ne pas tenir compte de ses besoins pour éviter de provoquer leur colère ou leur dépression. Il eut une enfance morose et centrée sur autrui.

— J'ai l'impression de n'avoir jamais eu d'enfance, dit-il.

Trois indices révèlent qu'on a brimé votre expression de vous-même. D'abord, vous êtes très serviable. Toujours disposé à faire plaisir, toujours disposé à vous occuper des autres. Votre abnégation confine au martyre. Vos besoins ne semblent pas vous préoccuper. Vous ne supportez pas la souffrance d'autrui et vous n'hésitez pas à sacrifier vos désirs pour leur venir en aide. Vous vous dévouez tant aux autres qu'ils finissent par se culpabiliser en votre présence. Il se peut que vous ayez l'impression d'être faible et passif ou même que vous éprouviez du ressentiment quand on n'apprécie pas votre altruisme. Vous êtes à la merci des besoins de votre entourage.

Un autre indice de la présence de problèmes dans ce domaine est votre inhibition et votre contrôle excessifs. Vous êtes ergomane (bourreau de travail), obsédé par vos responsabilités. Ces responsabilités peuvent être celles de votre carrière professionnelle ou être liées à d'autres secteurs de votre vie. Vous déployez beaucoup d'efforts à être toujours belle, à tenir maison, à faire en sorte que tout soit toujours parfait, par exemple.

Vous êtes peut-être indifférent. Votre vie n'a aucune spontanéité. Vous réprimez vos réactions naturelles face aux événements. Que ce soit parce que vous devez faire les quatre volontés des gens qui vous entourent (assujettissement) ou parce que vous vous mesurez à des exigences irréalistes (exigences élevées), vous n'appréciez pas beaucoup votre existence. Vous êtes morose, sans joie. Vous vous refusez les plaisirs de la vie, la détente et les loisirs.

La colère réprimée est le troisième indice. Un ressentiment chronique bouillonne en vous, fait parfois irruption à l'improviste sans que vous n'y puissiez rien. Vous êtes déprimé et prisonnier d'une routine qui ne vous apporte aucune satisfaction. Votre vie vous semble terne. Vous faites tout ce que vous devriez faire, mais vous n'en retirez aucun plaisir.

## • LES LIMITES RÉALISTES •
### (SCHÉMA: LE SENTIMENT QUE TOUT NOUS EST DÛ )

Les difficultés à tolérer des limites constituent en quelque sorte l'antithèse des problèmes d'expression de soi. Quand l'expression de soi est brimée, l'individu se restreint à outrance. Il comble les besoins d'autrui au détriment des siens. Lorsqu'il éprouve des problèmes avec les limites, l'individu se préoccupe de ses besoins au point de se désintéresser d'autrui. Dans les cas plus sérieux, il sera perçu comme égoïste, exigeant, tyrannique, égocentrique et narcissique. Il peut aussi ne pas savoir se dominer. Il est si impulsif et émotif qu'il éprouve de la difficulté à atteindre les buts qu'il s'est fixés à long terme. Il recherche une gratification immédiate. Il ne tolère pas les tâches routinières ou ennuyeuses. Il se croit privilégié et autorisé à agir à sa guise.

Tolérer des limites personnelles réalistes consiste à accepter de se fixer intérieurement et extérieurement des contraintes raisonnables, notamment à posséder la faculté de comprendre les besoins d'autrui, d'en tenir compte dans tous nos actes, de parvenir à un juste équilibre entre nos besoins et ceux des autres. Cela consiste aussi à savoir se maîtriser et s'autodiscipliner pour atteindre nos buts et éviter les sanctions de la société.

Dans un contexte familial qui octroie à l'enfant une latitude réaliste, les parents récompensent les comportements qui font preuve de maîtrise de soi et d'autodiscipline. Ils ne se montrent pas indulgents à l'excès et n'accordent pas à l'enfant une trop grande liberté. L'enfant apprend à devenir un être responsable. Il fait ses devoirs et participe aux tâches domestiques. Ses parents l'aident à comprendre le point de vue des autres et à se montrer sensible à leurs besoins. Il apprend à ne pas blesser inutilement autrui, à respecter les droits et libertés de ses semblables.

Peut-être vous a-t-on accordé une trop grande latitude? Vos parents ont-ils été trop indulgents ou même laxistes? Ils ont satisfait tous vos caprices. Ils ont récompensé vos tendances à la manipulation: vous obteniez tout ce que vous vouliez en piquant des crises. Vos parents n'exerçaient pas sur vous une surveillance et une autorité adéquates. Votre colère pouvait s'exprimer sans restriction. Vous n'avez jamais appris le sens du mot réciprocité. On ne vous encourageait pas à comprendre les émotions des autres ni à en tenir compte. On ne vous enseignait ni la maîtrise de soi ni l'autodiscipline. De telles circonstances favorisent la formation du sentiment que tout nous est dû.

Dans un autre scénario, vos parents étaient peut-être froids et vous infligeaient des privations. Ils vous abreuvaient de critiques et vous dénigraient. Avec le temps, vous avez développé une attitude revendicatrice dans le but de compenser ou d'éviter les privations et le mépris.

Le sentiment que tout vous est dû est néfaste. Tôt ou tard, les gens se lassent de vous. Ils vous quittent ou se vengent. Votre conjoint vous abandonne, vos amis vous délaissent, votre patron vous congédie. Si vous avez grandi dans un milieu laxiste où vous n'avez pas appris à vous autodiscipliner ou à vous maîtriser, votre équilibre général en sera affecté. Vous pourriez céder au tabagisme ou à la toxicomanie, ne pas faire suffisamment d'exercice, vous suralimenter. Vous pourriez même commettre des actes criminels, par exemple, perdre la tête et assaillir quelqu'un ou conduire en état d'ébriété. Les problèmes d'autodiscipline peuvent aussi vous empêcher de réaliser vos ambitions. Vous n'avez aucune discipline de travail.

Les personnes qui croient que «tout leur est dû» tendent à blâmer les autres pour leurs ennuis, elles ne peuvent admettre être à la source de ceux-ci. Il serait étonnant qu'une telle personne lise le présent ouvrage, car elle est d'avis que ce sont les autres qui ont des problèmes, pas elle. En revanche, il est fort probable que plusieurs lecteurs connaissent des individus qui estiment que tout leur est dû. Aucun des cinq patients décrits dans le premier chapitre n'avait ce schéma, mais plusieurs vivaient une relation autodestructrice avec une telle personne.

## Résumé

Le tableau ci-dessous énumère les différentes catégories regroupant les schémas.

---

### Les onze schémas

I.   Sécurité de base
  1. Sentiment d'abandon
  2. Méfiance et abus

II.  Relations interpersonnelles
  3. Carence affective
  4. Sentiment d'exclusion

III. Autonomie
  5. Dépendance
  6. Vulnérabilité

IV.  Estime de soi
  7. Sentiment d'imperfection
  8. Sentiment d'échec

V.   Expression de soi
  9. Assujettissement
  10. Exigences élevées

VI.  Limites réalistes
  11. Sentiment que tout nous est dû

---

Dans le chapitre suivant, nous expliquons le fonctionnement de ces différents schémas et les moyens à mettre en œuvre pour en venir à bout.

# 4

## CAPITULATION, FUITE ET CONTRE-ATTAQUE

Les schémas régentent notre vie. Ils influencent ouvertement ou subtilement notre façon de penser, de ressentir et d'agir.

Chaque individu réagit aux schémas d'une façon qui lui est propre. Voilà pourquoi des enfants éduqués dans un milieu pourtant similaire peuvent sembler si différents. Par exemple, deux enfants élevés dans la violence familiale réagiront différemment à cette violence. L'un d'eux deviendra une victime passive, terrorisée, et le demeurera toute sa vie. L'autre se rebellera ouvertement, prendra une attitude de défi ou même s'enfuira de chez lui et deviendra un enfant des rues.

Chaque enfant naît doté d'un tempérament qui lui est propre: il est craintif, actif, extroverti ou timide. Il suivra donc une voie différente, selon son tempérament. Cela est dû au fait que l'enfant est en mesure de choisir lequel de ses parents lui servira de modèle. Puisqu'une personne violente épousera le plus souvent une personne aux traits de victime, l'enfant, dès sa naissance, dispose de deux modèles: il imitera soit le parent violent, soit le parent victime.

### Trois attitudes face aux schémas: la capitulation, la fuite et la contre-attaque*

Examinons le cas de trois individus: Alexandre, Bernard et Maximilien. Chacun d'eux éprouve un sentiment d'imperfection. Tous les trois se consi-

---

* En thérapie centrée sur les schémas, ces attitudes correspondent aux trois processus de perpétuation des schémas: le maintien, l'évitement et la compensation.

dèrent imparfaits, indignes d'être aimés, et ils ont honte d'eux-mêmes. Mais ils font face à ce sentiment d'imperfection d'une manière très différente. Ces attitudes sont celles de la capitulation, de la fuite et de la contre-attaque.

---

**Alexandre:** Il capitule devant son sentiment d'imperfection.

---

Alexandre est un étudiant de dix-neuf ans. Il ne regarde pas son interlocuteur dans les yeux. Il garde sans cesse la tête baissée. Quand il parle, on peine à l'entendre. Il rougit et bégaye, se déprécie devant les autres et se confond toujours en excuses. Il se tient responsable de tout ce qui cloche, même quand ce n'est pas sa faute.

Alexandre a l'impression d'être «un cran au-dessous», d'être inférieur, et il se compare toujours désavantageusement aux autres. Il est convaincu que tous lui sont supérieurs. Il est mal à l'aise en société pour cette raison. Pendant sa première année d'université, il participait à des fêtes mais sa timidité l'empêchait de faire la conversation.

— Je ne savais pas quoi dire, dit-il.

Depuis le début de sa deuxième année d'études, il n'a participé à aucune fête d'étudiants.

Alexandre fréquente une jeune femme qui loge dans la même résidence que lui. Elle le juge sévèrement, tout comme le meilleur ami d'Alexandre. Alexandre appréhende la critique, et ses appréhensions se concrétisent.

> THÉRAPEUTE:
> *Pourquoi êtes-vous un juge aussi sévère de vous-même?*
> ALEXANDRE:
> *Je veux sans doute damer le pion aux autres, me juger avant qu'ils n'aient une chance de le faire.*

Alexandre a honte de lui-même. Il rougit et marche tête baissée. Il croit déceler partout des preuves de son imperfection, de son incapacité à se faire aimer, de son manque de valeur.

> ALEXANDRE:
> *Je me sens rejeté socialement. Nous voici parvenus au milieu du deuxième semestre et je ne connais encore aucun de mes camarades de cours. Les autres se regroupent pour discuter, et moi je reste à l'écart. Je suis comme un grumeau dans la sauce. Personne ne m'adresse la parole.*
> THÉRAPEUTE:
> *Vous arrive-t-il d'engager la conversation?*
> ALEXANDRE:
> *Non. Qui pourrait avoir envie de bavarder avec moi?*

Alexandre pense, ressent et agit comme s'il était une personne inadéquate. Son schéma affecte toutes ses expériences. Telles sont les conséquences de la capitulation. Nous ne parvenons pas à nous dégager du schéma dans lequel nous sommes enlisés. Alexandre est on ne peut plus conscient de son sentiment d'imperfection.

Quand nous capitulons, nous déformons notre point de vue d'une situation spécifique de manière à renforcer notre schéma. Chaque fois qu'il est réactivé, nous réagissons vivement. Nous choisissons des partenaires et créons des situations qui lui redonnent de la vigueur. Nous le maintenons actif.

Alexandre déforme ou perçoit sans cesse de travers les circonstances de sa vie, ce qui a pour conséquence de renforcer son schéma. Son point de vue est faussé: il croit qu'on l'agresse et qu'on l'humilie quand, en réalité, c'est faux. Son interprétation des événements se teinte de préjugés défavorables qui tendent à démontrer son imperfection en exagérant les aspects négatifs et en minimisant les aspects positifs d'une situation. Il fait preuve d'illogisme. Quand nous capitulons, nous jugeons incorrectement les gens et les circonstances, ce qui a pour effet de préserver l'existence de notre schéma.

Nous grandissons avec l'habitude de jouer un certain rôle dans notre environnement social et d'être perçus d'une certaine façon par les autres. Si nous grandissons dans une famille où les parents abusent de nous, nous négligent, usent avec nous de violence verbale, nous critiquent sans répit ou nous dominent, nous nous habituons à un tel contexte. Si malsain que cela soit, la plupart des gens recherchent ou recréent les contextes familiers où ils ont grandi. Dans son essence, la capitulation consiste à organiser notre vie de manière à reproduire les scénarios qui ont marqué notre enfance.

Alexandre a grandi dans une famille où on le critiquait et le dépréciait, contexte propice à la formation du sentiment d'imperfection. Devenu adulte, il se comporte de telle sorte qu'on continue de le critiquer et de le déprécier. Il provoque des circonstances propices au dénigrement et choisit ses amis en fonction de leur potentiel critique. Il s'humilie et se confond en excuses. Il se juge défavorablement en présence des autres. Quand les gens se montrent aimables, il prend ses distances ou se débrouille pour entraver ses relations avec eux. Alexandre s'efforce de préserver le statu quo. Si on lui exprime de la solidarité, il modifie les circonstances de façon à ranimer son sentiment de honte et de rejet. A-t-il brièvement l'impression d'être égal ou supérieur, il fait en sorte de raviver son sentiment d'infériorité.

La capitulation englobe tous nos comportements autodestructeurs récurrents, tous les moyens à notre disposition pour reproduire les scénarios de notre enfance. L'enfant que nous avons été persiste en nous, affronte sans répit les mêmes souffrances. La capitulation prolonge l'enfance dans la vie adulte. C'est pour cette raison que nous développons un sentiment d'impuissance à changer. Nous ne connaissons rien d'autre que le schéma dont nous ne parvenons pas à nous dégager. La capitulation est un cercle vicieux.

> **BERNARD:** IL FUIT SON SENTIMENT D'IMPERFECTION.

Bernard, quarante ans, a toujours fui l'intimité. Il occupe ses loisirs à plaisanter avec ses copains au bar du quartier. Bernard ne se sent à l'aise que dans les relations amicales superficielles où l'on n'aborde jamais des questions d'ordre plus personnel.

Bernard est marié à une femme plutôt insensible. Elle attache beaucoup de prix aux apparences. Pour elle, être mariée est plus important qu'être l'épouse de Bernard. Elle a quelques amies intimes, mais n'attend pas d'intimité de la part de son mari. Le mariage n'a pour elle d'autre but que lui permettre d'être une épouse conventionnelle. Leur vie de couple est fondée sur les rôles traditionnels d'époux et d'épouse, aucune intimité ne vient la grandir. Ils se confient rarement l'un à l'autre.

La vie adulte de Bernard a été tout entière marquée par l'alcoolisme. Sa famille et ses amis lui ont conseillé d'entrer chez les Alcooliques Anonymes, mais il n'en a fait aucun cas. Il prétend n'avoir aucun problème d'alcool, boire uniquement pour se détendre et savoir s'arrêter. Il boit au bar du quartier ainsi que dans des réunions mondaines où il se croit entouré de gens qui valent mieux que lui.

Bernard était en dépression quand il nous a consultés. Mais au contraire d'Alexandre, il n'était pas conscient de son schéma. Il faisait toujours en sorte de ne pas en être conscient. Au début de sa thérapie, il se rendait à peine compte de son sentiment d'imperfection. Quand nous lui avons demandé de nous dire ce qu'il pensait de lui-même, il nia avoir honte de lui et se mésestimer. (Mais ces sentiments éclatèrent au grand jour plus loin dans sa thérapie.)

Nous avons dû contrer sa réaction de fuite sur tous les fronts. Nous lui avons demandé d'inventorier ses pensées négatives, mais il ne l'a pas fait.

— À quoi cela sert-il de penser à certaines choses? déclara-t-il; je me sens encore moins bien après.

Quand nous lui demandions de fermer les yeux et de se visualiser enfant, il répondait: «Je ne vois rien. Mon cerveau est vide.» Ou bien, il imaginait une photo de lui, dépourvue d'émotion. Quand nous lui demandions ce qu'il ressentait en pensant à son père et à la violence dont il était victime, il prétendait ne pas lui en vouloir: «Mon père était un brave homme», disait-il.

Bernard cherche à fuir ses sentiments d'imperfection. En fuyant, nous chassons le schéma de nos pensées. Nous l'expulsons de notre cerveau. Nous évitons aussi d'être sensibles à ce schéma. Toute émotion est amoindrie. Nous trouvons un refuge dans la drogue, la nourriture, la manie de la propreté ou le travail. Nous évitons toute situation qui risquerait de déclencher le fonctionnement du schéma. Nos pensées, nos sentiments et nos comportements nient son existence même.

De nombreux individus fuient les occasions de vulnérabilité ou de sensibilité. Si vous présentez le schéma «sentiment d'imperfection», il se peut que, comme Bernard, vous évitiez la moindre relation d'intimité et ne permettiez à personne de vous approcher de trop près. Si vous présentez le schéma «sentiment d'échec», vous fuyez peut-être le travail, les études, les promotions, les nouveaux projets. Si vous présentez le schéma «sentiment d'exclusion», vous fuyez probablement les rassemblements, les mondanités, les réunions de travail, les congrès. Si vous souffrez de dépendance, vous évitez peut-être toute situation où vous devez faire preuve d'autonomie. Vous pourriez aussi souffrir de phobie des lieux publics.

La fuite est une réaction naturelle aux schémas. Quand nous sommes sous l'emprise de ces schémas, nous sommes la proie de sentiments négatifs: la tristesse, la honte, l'anxiété et la colère. Nous nous efforçons d'échapper à la souffrance. Nous refusons de regarder nos sentiments en face, car cet affrontement nous fait trop souffrir.

L'ennui est que la fuite nous empêche de nous dégager de notre entrave. Le refus de voir la réalité en face nous emprisonne. Toute transformation s'avère impossible dès l'instant où nous ne reconnaissons pas l'existence d'un problème. Nous persistons au contraire dans nos relations et nos comportements destructeurs. Plus nous nous efforçons de vivre sans souffrir, plus nous nous privons des moyens de mettre fin à nos souffrances.

La fuite nous pousse à conclure un marché avec nous-mêmes. Si nous parvenons à éviter de souffrir à court terme, à long terme nous subissons les conséquences de nos dérobades répétées. Tant qu'il fuira, Bernard n'obtiendra pas ce qu'il désire le plus au monde: aimer et être aimé par un être qui le comprend. L'enfance de Bernard a été privée d'affection.

Fuir équivaut à renoncer à nos émotions. Nous ne ressentons pas. Nous nous déplaçons dans une sorte d'engourdissement, incapables de faire l'expérience tant du plaisir que de la douleur. En nous dérobant devant nos problèmes, nous blessons souvent notre entourage. Nous devenons en outre plus vulnérables aux drogues ou à l'alcool.

---

**MAXIMILIEN:** IL CONTRÔLE SON SENTIMENT D'IMPERFECTION PAR LA CONTRE-ATTAQUE.

---

Maximilien est un courtier en valeurs mobilières de trente-deux ans. Il semble sûr de lui et plein d'assurance. En réalité, il est snob. Il affiche un air de supériorité. Il juge ses semblables mais ne se reconnaît aucun défaut.

Maximilien a consulté quand sa femme l'a menacé de le quitter. Il la rendait responsable de leurs malheurs.

THÉRAPEUTE:
*Votre femme est très en colère contre vous, n'est-ce pas?*
MAXIMILIEN:
*Si vous voulez savoir, tout est de sa faute. Elle exagère tout, elle m'en demande trop. C'est elle qui devrait consulter.*

Maximilien a choisi d'épouser une femme passive, douée d'abnégation, et qui l'adore. Avec le temps, sa violence verbale et son égoïsme ont poussé cette dernière à lui poser un ultimatum: la thérapie ou la séparation.

Maximilien provoque des situations où il a le dessus. Il opte pour des amis ou des relations de travail qui le flatteront au lieu de le confronter et le mettre au défi. Il aime se sentir supérieur. Il consacre beaucoup d'énergie à son prestige et à sa situation sociale. Il manipule les gens pour parvenir à ses fins.

Il a tenté d'avoir le dessus en thérapie également. Il a remis en question notre crédibilité, notre méthode, nos compétences, notre taux de succès et notre âge. Il n'a cessé de nous signaler ses succès. Quand nous lui avons dit qu'il malmenait sa femme, il s'est mis en colère. Il a prétendu que nous ne le comprenions pas. Il a voulu que nous restions en tout temps à sa disposition parce qu'il est un homme important. Il a réagi violemment à notre refus. Il ne recevait pas le traitement de faveur auquel il prétendait avoir droit.

Maximilien n'est pas conscient du schéma qui l'affecte. Son sentiment de supériorité est à l'opposé de ce qu'il a ressenti dans son enfance. Il cherche à se démarquer le plus possible de l'enfant qu'il fut, en qui ses parents ne voyaient aucune qualité. L'on peut dire qu'il s'efforce de le maintenir en échec et de résister aux attaques de tous ceux qui pourraient le malmener ou le critiquer.

La contre-attaque nous permet de déjouer notre schéma en nous convainquant que la réalité réside dans son contraire. Nos sentiments, nos actes et nos pensées sont ceux d'une personne unique, supérieure, parfaite et infaillible. Nous nous agrippons désespérément à ce personnage.

Le réflexe de la contre-attaque présente une alternative au mépris, au jugement critique et à l'humiliation. Il offre une porte de sortie à la vulnérabilité. Nos contre-attaques nous aident à composer avec le quotidien. Mais lorsqu'elles sont trop violentes, elles peuvent se retourner contre nous et nous faire souffrir.

La contre-attaque peut être une réaction saine en apparence. La plupart des gens qui suscitent notre admiration y font appel: certaines vedettes de cinéma, des chanteurs rock, des hommes politiques. Bien qu'ils apparaissent à l'aise en société et que leur vie soit un succès aux yeux de plusieurs, ils sont souvent en conflit avec eux-mêmes et souffrent fréquemment d'un sentiment d'infériorité.

Ils font face à ce sentiment d'imperfection en provoquant des situations où on les applaudira. Leur quête d'éloges compense leur mépris d'eux-mêmes. Ils s'efforcent de contre-attaquer en camouflant leurs défauts sous une apparence de succès pour éviter d'être découverts et dénigrés.

Contre-attaquer nous isole. Nous déployons une telle énergie à nous montrer parfaits que peu nous importe de blesser les autres par nos agissements. Nous persistons, quoi qu'il en coûte à autrui. Naturellement, une telle attitude produit forcément des effets négatifs. On nous fuit ou on se venge.

La contre-attaque nuit à l'intimité. Elle nous empêche d'avoir confiance, d'être vulnérable, de communiquer avec les autres en profondeur. Nous avons connu des patients qui préféraient tout perdre, même leur mariage ou l'être aimé, plutôt que de se laisser aller à devenir vulnérables.

Nous avons beau chercher à atteindre la perfection, nous ne sommes pas à l'abri de l'échec. Les personnes qui contre-attaquent n'apprennent jamais à composer avec la défaite. Elles ne prennent pas la responsabilité de leurs échecs et refusent de reconnaître leurs limites. Mais devant un échec majeur, elles cessent de contre-attaquer. Quand cela se produit, elles sont dévastées et sombrent dans la dépression.

La personne qui contre-attaque est habituellement très fragile. Son sentiment de supériorité est vulnérable. Si son armure de protection en vient à se fissurer, elle aura l'impression que le monde entier s'écroule autour d'elle. C'est alors que son schéma se ravive avec violence et que s'en trouvent renforcés ses sentiments d'imperfection, de carence affective, l'impression qu'elle a d'être rejetée ou maltraitée.

Les trois hommes dont nous avons parlé, Alexandre, Bernard et Maximilien, possèdent tous un schéma «sentiment d'imperfection». Chacun d'eux se croit méprisable, indigne d'être aimé et inférieur. Mais leur façon de faire face à ce sentiment diffère grandement de l'un à l'autre.

Alexandre, Bernard et Maximilien sont des cas rares, en ce sens que leur réaction correspond parfaitement aux styles d'adaptation primaires. La plupart des gens ont recours à un mélange de capitulation, de fuite et de contre-attaque. Nous devons apprendre à changer notre façon de réagir si nous voulons nous dégager de nos entraves et recouvrer la santé.

Le chapitre suivant vous montre comment lutter contre les schémas sans capituler devant eux, sans les fuir et sans contre-attaquer.

# 5

## LA TRANSFORMATION
## DES SCHÉMAS

Les schémas sont des modes habituels de comportement de longue date. Ils sont profondément ancrés en nous et, comme les dépendances ou les mauvaises habitudes, difficiles à changer. Pour y parvenir, il faut accepter de souffrir. Il faut regarder un schéma en face et le comprendre. S'en débarrasser requiert aussi beaucoup de discipline. Il faut être à l'affût de ses comportements et les modifier jour après jour. On ne saurait réussir du premier coup: le succès ne nous est donné qu'à force de travail et de persévérance.

### Marche à suivre pour remédier
### aux schémas

Nous allons décrire ci-dessous, étape par étape, ce qu'il convient de faire pour modifier les schémas en nous basant sur le cas de Danielle. Danielle présente le schéma «sentiment d'abandon». Âgée de trente et un ans, elle vit une relation avec Robert, qui refuse de s'engager. Ils sont ensemble depuis onze ans, mais en dépit des demandes répétées de Danielle, il refuse de l'épouser.

De temps à autre, Robert rompt. Ces ruptures dévastent Danielle. Elle est entrée en thérapie à la suite d'une de ces ruptures.

DANIELLE:
*Je n'en peux plus de souffrir ainsi. Je n'en peux plus. Je ne cesse de penser à Robert. Il m'obsède. Il faut qu'il me revienne.*

Cette obsession est typique du schéma «sentiment d'abandon». Lorsque Robert rompt avec elle, Danielle fréquente parfois d'autres hommes, mais aucun ne l'intéresse. Les hommes stables et rassurants l'ennuient.

Voici quelles étapes Danielle a franchies pour parvenir à modifier son comportement. C'est la marche à suivre que nous conseillons à nos patients.

## • 1. DÉCELEZ VOS SCHÉMAS ET IDENTIFIEZ-LES •

Le premier pas consiste à déceler vos schémas. Vous pouvez y parvenir à l'aide du questionnaire du chapitre 2. Quand vous saurez déceler un schéma et que vous aurez découvert la façon dont il affecte votre vie, vous serez mieux en mesure de le modifier. En lui donnant un nom, par exemple, sentiment d'imperfection ou dépendance, et en lisant la description que nous en faisons dans la seconde moitié de cet ouvrage, vous comprendrez mieux la personne que vous êtes. Votre vie vous apparaîtra plus clairement. Cette connaissance est la première étape de la marche à suivre.

Danielle a mis plusieurs moyens en œuvre pour déceler le sentiment d'abandon qu'elle éprouvait. Au début de sa thérapie, nous lui avons fait remplir le questionnaire relatif aux schémas. Le total de ses points dans la section abandon était très élevé.

DANIELLE:
*Je suppose qu'à certains égards être abandonnée m'a toujours inquiétée. Cela m'a toujours fait peur, j'ai toujours appréhendé cette éventualité.*

Nos patients ont souvent ce sentiment quand ils parviennent à déceler un schéma. Ils voient clairement ce qui n'était jusque-là qu'une vague intuition.

Danielle prit facilement conscience de la récurrence du thème de l'abandon dans sa vie. Elle vivait une relation de longue date centrée sur l'appréhension de l'abandon. La visualisation de son passé a également contribué à lui faire reconnaître la présence de ce schéma. Quand nous lui avons demandé de fermer les yeux et de visualiser des scènes de son enfance, des images d'abandon ont envahi ses pensées.

DANIELLE:
*Je me revois, debout à côté du canapé dans le salon. Je m'efforce d'attirer l'attention de ma mère, mais elle est ivre. Elle ne s'occupe pas de moi.*

D'aussi loin que se souvienne Danielle, sa mère était alcoolique. Quand Danielle était âgée de sept ans, son père quitta le foyer familial pour épouser une autre femme. Il eut des enfants avec sa nouvelle épouse et s'éloigna de plus en plus de sa première famille. Danielle et sa sœur furent laissées au soin d'une mère manifestement incapable de les élever.

Danielle fut abandonnée tant par son père, qui quitta la carrément la maison, que par sa mère, qui lui préféra l'alcool. Ce double abandon fut au centre de son enfance.

Avec le recul, Danielle put déceler la présence de sa peur de l'abandon tant dans sa vie passée que dans sa vie présente. La notion de schéma lui permit de mettre de l'ordre dans son histoire personnelle et de comprendre.

Votre schéma est votre ennemi. Nous voulons vous apprendre à connaître votre ennemi.

## • 2. COMPRENEZ QU'UN SCHÉMA SE FORME DANS L'ENFANCE. SOYEZ SENSIBLE À L'ENFANT BLESSÉ EN VOUS •

La deuxième étape consiste à ressentir les effets d'un schéma. Nous avons constaté qu'il est très difficile de guérir une douleur ancienne sans d'abord la revivre. Nous disposons tous de mécanismes de défense. Mais en anesthésiant la souffrance, nous nous rendons insensibles au schéma qui paralyse notre vie.

Pour ressentir les effets d'un schéma, il faut nous remémorer notre enfance. Nous vous demanderons de fermer les yeux et de laisser les images vous envahir. Ne les forcez pas, contentez-vous de les laisser émerger. Entrez le plus profondément possible en chacune d'elles. Efforcez-vous de les voir clairement. Si vous répétez cet exercice à quelques reprises, vos sensations d'enfant deviendront plus claires. Vous ressentirez la souffrance ou les autres émotions associées à votre schéma.

Ces visualisations sont douloureuses. Si une telle expérience vous bouleverse ou vous effraie, cela montre que la thérapie vous serait bénéfique. Vous avez trop souffert dans votre enfance pour entreprendre ce voyage de retour sans l'aide d'un guide, d'un allié. C'est le rôle du thérapeute.

Quand vous aurez retrouvé l'enfant en vous, nous vous demanderons d'engager un dialogue avec lui. L'enfant intérieur est paralysé. Nous voulons le ranimer, lui redonner une vie où croissance et transformation sont possibles. Nous voulons que cet enfant guérisse.

Nous vous demanderons de lui parler. Vous pouvez le faire à voix haute ou par écrit. Vous pouvez lui écrire de la main droite (si vous êtes droitier) et faire en sorte qu'il vous réponde en écrivant avec votre main gauche (ou vice versa si vous êtes gaucher). Nous avons découvert que l'enfant en nous peut s'exprimer de cette façon.

L'idée de vous adresser à l'enfant en vous vous paraîtra sans doute étrange au début. À mesure que vous avancerez dans la lecture du présent ouvrage, vous comprendrez mieux ce phénomène. Voici un exemple de Danielle s'adressant à l'enfant en elle. Ce monologue concerne la même scène qu'elle décrivait précédemment, lorsqu'elle s'efforçait d'attirer l'attention de sa mère.

THÉRAPEUTE:
*Je veux que vous parliez à votre enfant intérieure. Aidez-la.*
DANIELLE:
*Eh bien... (silence) J'entre dans l'image et j'assois la petite Danielle sur mes genoux. Je lui dis: «Je suis désolée de ce qui t'arrive. Tes parents n'ont pas été là pour toi. Je vais t'aider à surmonter cette épreuve et je vais m'assurer que tout ira bien pour toi.»*

Nous vous demanderons de réconforter l'enfant en vous, de l'orienter et le conseiller, et de lui manifester de l'empathie. Ces exercices vous paraîtront ridicules au début et ils vous intimideront sans doute, mais nous sommes en mesure de constater qu'ils produisent des résultats très positifs.

### • 3. EXPOSEZ LES FAITS; INVALIDEZ VOTRE SCHÉMA PAR LE RAISONNEMENT •

Les circonstances de votre vie vous ont convaincu de la validité du schéma qui vous handicape. Danielle croit fermement que les personnes qu'elle aime l'abandonneront. Tant émotionnellement qu'intellectuellement, elle accepte son schéma.

À cette étape de la transformation, vous devez attaquer ce schéma rationnellement. Vous devez démontrer la fausseté de cet état de choses, ou du moins prouver qu'il y a là matière à changement. Vous devez douter de la validité de votre schéma. Tant que vous y croirez, vous serez dans l'impossibilité d'y mettre fin.

Pour invalider un schéma, vous devez avant tout énumérer tous les arguments pour et contre lui et ce, depuis votre naissance. Par exemple, si vous croyez être peu désirable socialement, énumérez tous les arguments qui entérinent ce schéma. Énumérez ensuite les arguments qui l'infirment.

Dans la plupart des cas, cet exercice fera la preuve de l'invalidité d'un schéma. Il montrera que vous n'êtes ni inapte ni incompétent, ni raté ni victime. Mais il arrive aussi parfois que le schéma soit authentique. Par exemple, il se peut qu'on vous ait rejeté et fui au point où vous n'ayez pu apprendre à vous comporter en société et que vous soyez vraiment devenu un marginal. Ou bien, en fuyant les défis scolaires et professionnels, vous vous êtes refusé la réussite.

Observez bien la liste des arguments en faveur du schéma. Certains de ces arguments sont-ils inhérents ou avez-vous plutôt été amené à leur prêter foi par les membres de votre famille et par votre entourage? Par exemple, êtes-vous né inapte ou les jugements sévères de vos parents vous ont-il convaincu de votre incompétence (dépendance)? Étiez-vous vraiment un enfant exceptionnel ou vos parents vous ont-il gâté, cajolé, et convaincu du fait que vous aviez droit à des traitements de faveur (sentiment que tout nous est dû)? Demandez-vous si ces arguments reflètent encore la personne que vous êtes, ou s'ils ne correspondent qu'à l'enfant que vous avez été.

Si, à la suite de cette analyse, vous persistez à croire à la validité de votre schéma, posez-vous la question suivante: «Comment pourrais-je transformer cet aspect de ma personnalité?» Efforcez-vous de trouver des moyens de remédier à la situation.

Voici, en guise d'exemple, la liste d'arguments de Danielle en faveur de son schéma «sentiment d'abandon»:

---

### *Preuves que les gens que j'aime m'abandonneront*

| Argument | Est-ce inhérent ou dû à un lavage de cerveau? | Comment Changer |
|---|---|---|
| 1. Si je ne m'accroche pas à Robert, il me quittera. | Faux. Quand je m'accroche à Robert, il se dérobe. Il se fâche et cherche à fuir. J'agis ainsi parce que je n'ai pas réussi à empêcher mon père de nous quitter. | Cesser de m'accrocher et laisser Robert respirer. Apprendre à me détendre quand je suis seule et ne pas ruminer ma peur de l'abandon. |

---

Voici une liste partielle des arguments de Danielle qui invalident son schéma:

---

### *Preuves qu'on ne m'abandonne pas toujours*

1. Ma sœur et moi sommes proches depuis toujours.
2. J'ai eu plusieurs amoureux qui appréciaient ma compagnie, mais je suis si obsédée par Robert que je ne leur ai jamais donné de chance.
3. Mon thérapeute est là pour moi.
4. Une de mes tantes s'est toujours préoccupée de moi et m'est venue en aide.
5. J'ai des amis fidèles depuis de très nombreuses années.
6. Robert et moi sommes ensemble depuis onze ans, en dépit des hauts et des bas de notre relation.

---

Quand vous en aurez terminé, faites une fiche des arguments qui invalident votre schéma. Voici la fiche qu'a rédigée Danielle:

---

### *Fiche du sentiment d'abandon*

J'ai beau penser que tout le monde m'abandonne, c'est faux. J'ai cette impression parce que mes parents m'ont abandonnée quand j'étais petite.

J'ai souvent été abandonnée dans ma vie, c'est vrai, mais à bien des égards, cela s'est produit parce que je suis attirée par des hommes et des amis qui éprouvent de la difficulté à s'engager.

Il n'est pas nécessaire que les gens qui m'entourent soient ainsi. Je peux chasser de ma vie ce genre de personnes et leur préférer la compagnie de gens qui seront là pour moi et qui sauront s'engager.

Quand j'ai l'impression qu'on m'abandonne, je devrais m'inquiéter de savoir si ce n'est pas plutôt de ma part une réaction excessive. Quand je crois qu'on m'abandonne, peut-être n'est-ce que le schéma «sentiment d'abandon» qui s'enclenche? Quelque chose vient me rappeler les événements de mon enfance. Les gens ont le droit de respirer. Je ne dois pas les étouffer.

Lisez cette fiche tous les jours. Gardez-la sur vous. Ayez-en une copie sur votre table de chevet ou ailleurs, toujours à portée du regard.

### • 4. ÉCRIVEZ AU PARENT, AU FRÈRE OU À LA SŒUR, À L'AMI QUI A CONTRIBUÉ À LA FORMATION DU SCHÉMA QUI VOUS PARALYSE •

Il est très important que vous extériorisiez la colère et la tristesse engendrées par ce qui vous est advenu. Vos émotions réprimées contribuent à paralyser l'enfant en vous. Nous voulons permettre à cet enfant de parler, d'exprimer sa souffrance.

Nous vous demanderons d'écrire à toutes les personnes qui vous ont blessé. Nous savons que vous devrez, pour ce faire, surmonter votre culpabilité, surtout eu égard à vos parents. Ce n'est pas facile d'attaquer les personnes qui nous ont donné le jour. Elles pouvaient ne pas avoir d'intentions malveillantes et être animées du désir de bien faire. Mais nous ne voulons pas que vous vous préoccupiez de cela dans un premier temps: contentez-vous de dire les choses telles qu'elles sont.

Exprimez-leur vos sentiments par lettre. Dites-leur qu'ils vous ont fait du mal, dites ce que vous ressentiez alors. Dites-leur qu'ils ont eu tort d'agir ainsi. Dites-leur comment vous auriez aimé que les choses se produisent.

Vous déciderez sans doute de ne pas leur faire prendre connaissance de cette lettre. Ce qui compte, c'est que vous l'écriviez, que vous exprimiez vos sentiments. Il n'est du reste pas souvent possible de modifier les sentiments ou le comportement de nos parents, et nous devons tenir compte de ce fait dès le départ. Cette lettre n'a pas pour but de changer vos parents, mais de faire de vous à nouveau une personne à part entière.

Voici la lettre que Danielle a écrite à sa mère:

*Chère maman,*
*Je t'ai toujours connue alcoolique. Il faut que je te dise quel mal cela m'a fait.*
*J'ai l'impression de n'avoir jamais pu être une enfant. Au contraire, j'ai sans cesse dû m'inquiéter de choses auxquelles les autres enfants ne*

*pensaient même pas. Je ne savais jamais si j'aurais de quoi me nourrir. Je devais voir à tout moi-même. Quand les autres enfants jouaient et s'amusaient dehors, je faisais la cuisine et le ménage.*

*Tu ne peux pas savoir à quel point tu m'as humiliée. Je me souviens d'avoir appris à faire le repassage à l'âge de six ans pour que les autres enfants ne se moquent pas de moi et de mes vêtements froissés. Et je ne pouvais jamais inviter mes amis à la maison.*

*Tu n'étais jamais là comme les autres mères. Tu ne venais jamais à l'école. Je ne pouvais pas te confier mes problèmes. Tu restais étendue sur le canapé, à boire jusqu'à perdre conscience. J'ai tout tenté pour que tu te lèves et que tu assumes ton rôle de mère. Mais tu ne l'as jamais fait.*

*J'ai tant de peine à cause de tout ce qui m'a manqué. Tu as parfois été là pour moi, et je garde un précieux souvenir de ces moments. Je me souviens, par exemple, du jour où mon petit ami m'avait fait de la peine; tu t'es levée et tu m'as parlé. J'aurais aimé que nous partagions plus souvent de tels moments d'intimité.*

*J'ai grandi, au contraire, avec un vide là où il y aurait dû y avoir une mère. J'éprouve encore ce vide en moi. Tu as mal agi. Ce que tu as fait était mal.*

Une telle lettre peut contribuer à remédier à la situation. Elle vous permet de raconter votre histoire, peut-être pour la première fois.

### • 5. ANALYSEZ EN DÉTAIL LE SCHÉMA QUI PARALYSE VOTRE VIE •

Nous voulons que vous analysiez en détail les manifestations, dans votre vie, du schéma qui vous affecte. Les chapitres qui traitent de chacun en particulier vous aideront à déceler les habitudes autodestructrices qui contribuent à en augmenter l'efficacité.

Nous vous demanderons d'énumérer vos comportements néfastes et les moyens à mettre en œuvre pour les changer. Vous trouverez, page suivante, en guise d'exemple, une des listes rédigées par Danielle.

### • 6. CHANGEZ VOS MODES DE COMPORTEMENTS •

Quand vous aurez rempli le questionnaire du chapitre 2 et identifié vos schémas, vous en choisirez un sur lequel concentrer votre attention. Optez de préférence pour celui qui a le plus d'impact sur votre vie actuelle. Si cela vous semble trop difficile, choisissez-en un avec lequel vous savez pouvoir composer plus facilement. Les étapes à franchir ne doivent pas dépasser vos capacités.

Plus d'un schéma affectait la vie de Danielle. Elle éprouvait, outre le «sentiment d'abandon», un «sentiment d'imperfection». Elle se croyait responsable du départ de son père et de l'inaptitude de sa mère. Nous avons dit précédemment que les enfants négligés ou victimes d'abus en assument fréquemment le blâme.

Mais le «sentiment d'abandon» était le schéma fondamental de Danielle, et elle décida de le prendre en main. Elle disait avoir besoin d'une assise solide pour mieux affronter ses schémas secondaires. Nous étions du même avis.

En vous basant sur les tableaux que vous aurez rédigés à l'étape 5, choisissez deux ou trois comportements qui contribuent à accroître l'efficacité de votre schéma. Efforcez-vous de mettre en pratique les moyens visant à modifier ces comportements. Optez pour des actions réalistes. Nous voulons que cette expérience soit positive.

| *Comportements qui accroissent de jour en jour l'efficacité de mon schéma* | *Comment les modifier* |
|---|---|
| 1. Je m'accroche à Robert et tente de le contrôler. | Je pourrais lui accorder plus de temps libre sans lui poser des tas de questions sur ses allées et venues. Je pourrais le laisser me dire ce qui le fâche ou le déçoit dans notre relation, au lieu de m'écrouler ou de me quereller avec lui. Je pourrais cesser de lui demander sans arrêt s'il m'aime toujours et s'il veut rester avec moi. Je pourrais cesser de lui en vouloir quand il a besoin d'air. Je pourrais cesser de croire que tout ce qui lui arrive de bien est une menace pour moi. |
| 2. Je me fâche quand mes amis ne retournent pas immédiatement mes appels. | Je pourrais laisser mes amis respirer sans me sentir menacée s'ils sont occupés à vivre leur vie. |
| 3. Je suis obsédée par la vie de Robert au point d'en oublier la mienne. | Je pourrais m'occuper davantage de ma propre vie et de ce qui compte pour moi. Je pourrais voir mes amis, peindre, lire, écrire des lettres. Je pourrais sortir et m'amuser. Je pourrais m'offrir une gâterie. |

Danielle a commencé par changer d'attitude envers ses amis. Elle s'est efforcée de ne plus osciller entre la possession et la colère. S'ils ne retournaient pas ses appels ou ne répondaient pas à ses invitations, elle patientait un certain temps, puis elle les relançait, au lieu de les rappeler immédiatement en les abreuvant de reproches ou en leur exprimant du ressentiment. Elle a aussi fait en sorte de resserrer les liens qui l'unissait à ses amis plus intimes et relâcher ceux qu'elle avait noués avec des amis de moindre importance. Elle a en outre décidé de rompre avec ses amis plus instables (des alcooliques pour la plupart). Ce fut une perte pour elle, mais une perte dont elle avait assumé le choix.

Ayez recours aux techniques que nous décrivons dans les chapitres sub-séquents pour déjouer vos schémas spécifiques. Mettez en pratique un à un les moyens que vous vous êtes donnés pour renforcer vos comportements positifs. Quand vous saurez maîtriser suffisamment le premier de vos schémas, passez au suivant.

## • 7. PERSISTEZ •

Ne capitulez pas, ne vous laissez pas décourager. Il est possible de modifier un schéma quand on y met le temps et les efforts nécessaires. Persévérez. Tenez-vous tête encore et encore.

Danielle est en thérapie avec nous depuis plus d'un an. Il arrive encore que des événements surviennent et déclenchent son sentiment d'abandon, mais ces circonstances sont de plus en plus rares, ses réactions moins intenses, et la solution se fait moins attendre. En outre, pour que le schéma agisse, il lui faut maintenant un déclencheur plus puissant, par exemple, une rupture. Sa vie a changé.

Les changements les plus marquants concernent sa relation avec Robert. Elle a appris à lui laisser davantage ses coudées franches. Danielle l'étouffait, et Robert consacrait beaucoup d'efforts à s'éloigner d'elle. En grande partie, son refus de s'engager était une tentative pour se dégager de la possession excessive de Danielle. Maintenant, si quelque chose l'irrite, elle en fait part calmement à Robert, sans fureur. Elle s'efforce de l'écouter s'il exprime son mécontentement ou parle de ce qu'il vit. Elle s'efforce aussi d'accepter qu'il prenne ses propres décisions.

Il y a quelques mois, Danielle a donné un ultimatum à Robert: le mariage ou la rupture définitive. Il a choisi le mariage. Bien entendu, les choses ne se passent pas toujours ainsi, et il arrive que la rupture l'emporte. Mais nous croyons préférable de mettre fin à une relation sans espoir plutôt que de demeurer la proie du schéma «sentiment d'abandon».

## • 8. PARDONNEZ À VOS PARENTS •

Pardonner à vos parents n'est pas une nécessité absolue. S'ils vous ont gravement négligé ou s'ils ont beaucoup abusé de vous, il se peut que vous ne puissiez jamais le faire. C'est votre droit. Mais nous avons pu constater que, dans la plupart des cas, le pardon vient de lui-même à mesure que progresse la guérison.

Peu à peu, les patients cessent de voir en leurs parents des êtres plus grands que nature, des personnages menaçants, et les envisagent de plus en plus comme des personnes semblables aux autres, affligées de problèmes et d'inquiétudes de toutes sortes. En comprenant que leurs parents ont eux-mêmes subi les effets de schémas, en reconnaissant qu'ils ont été des enfants vulnérables plutôt que des géants, ils parviennent à leur pardonner.

Encore une fois, ceci ne se produit pas forcément toujours. Vous pourriez connaître un autre dénouement. Vous pourriez décider de ne pas leur pardonner en raison de ce qu'ils vous ont fait subir. Vous pourriez opter pour rompre définitivement avec eux. Que le pardon soit ou non au bout de la route, vous devrez décider d'agir au meilleur de vos intérêts. Nous vous appuierons, quelle que soit votre décision.

## Les obstacles au changement

Notre expérience auprès de nombreux patients nous a amenés à dresser une liste des obstacles les plus courants au processus de changement. Nous avons aussi énuméré un certain nombre de solutions.

• OBSTACLE 1 : VOUS CONTRE-ATTAQUEZ AU LIEU
D'ADMETTRE L'EXISTENCE D'UN SCHÉMA
ET D'EN ASSUMER LA RESPONSABILITÉ •

Si vous résistez au changement, il se peut que ce soit parce que vous persistez à blâmer les autres pour vos problèmes et pour la lenteur de vos progrès. Vous ne parvenez sans doute pas encore à admettre vos erreurs ou à prendre la responsabilité des changements qui s'imposent. Ou encore, vous compensez en travaillant encore plus fort, en vous efforçant d'impressionner encore plus votre entourage, en accumulant encore plus d'argent, en étant encore plus complaisant, et ainsi de suite. (Pour plus de détails concernant le mode de la contre-attaque, consulter le chapitre 4.)

Jean, le séducteur, a beaucoup lutté pour vaincre sa tendance à la contre-attaque. Ses jugements sévères concernant les femmes, son insistance sur la nécessité qu'elles correspondent à son idéal de beauté et de standing, son insatiable besoin de stimulation contribuaient à rendre sa solitude plus tolérable. Il devait vaincre sa tendance à la contre-attaque pour être en mesure de communiquer d'égal à égale avec une femme, sans porter sur elle de jugement de valeur et sans chercher à l'éblouir. Il devait approcher son schéma d'assez près pour être en mesure de voir au-delà de lui.

Voici quelques façons de surmonter cet obstacle:

*Solution 1:* Tentez une expérience. Énumérez tous les mauvais choix que vous avez faits dans votre vie. Et si c'était votre faute? Que ressentiriez-vous? Et si l'opinion d'autrui avait quelque fondement? Qu'est-ce que cela révèle de votre personnalité?

Efforcez-vous d'accepter vos imperfections. Reconnaissez votre enfance malheureuse, vos désirs frustrés.

*Solution 2:* Réduisez graduellement votre charge de travail, acceptez une diminution de vos revenus. Retenez-vous de chercher à impressionner vos semblables. Faites l'expérience d'être comme tout le monde plutôt qu'unique ou supérieur. C'est seulement en vivant cette expérience que vous vous rendrez sensible aux possibilités de changement.

## • OBSTACLE 2: VOUS RÉAGISSEZ PAR LA FUITE •

La fuite est un problème fréquent auquel de nombreux patients peinent à résister. Peut-être est-ce votre cas? Vous vous empêchez de penser à vos difficultés, à votre passé, à votre famille ou à vos habitudes de vie. Vous endormez vos sentiments ou vous refusez de les voir en buvant ou en vous adonnant aux drogues.

Nous comprenons pourquoi vous cherchez à fuir, à éviter ce qui vous rend vulnérable à l'angoisse et à la souffrance. Les cinq patients dont nous avons parlé dans le premier chapitre durent lutter contre cette tendance à la fuite. Paul dut cesser d'éviter ses problèmes causés par ses préoccupations excessives au sujet de Francine. Madeleine dut cesser de fuir la douleur que ranimait en elle une intimité sexuelle authentique. Henriette dut cesser d'éviter les activités qu'elle jugeait dangereuses. Jean dut cesser de fuir l'intimité affective. Et Charles dut cesser de fuir ses besoins et ses préférences.

Parvenir à vaincre cette tendance à la fuite requiert une grande motivation. Il faut accepter de regarder son avenir en face, de voir qu'on a le choix entre rester prisonnier ou s'affranchir.

*Solution 1:* Vous devez réfléchir à vos problèmes et revivre les blessures de l'enfance avant d'être en mesure de changer.

Imposez-vous de recourir aux exercices d'imagerie mentale que nous décrivons dans le chapitre où il est question du schéma qui vous concerne. Notez quelques-uns des reproches que vous adressaient vos parents, certaines de vos lacunes et de vos faiblesses.

Répétez cet exercice quotidiennement.

*Solution 2:* Énumérez les avantages et les inconvénients qui résultent de l'évitement de vos émotions. Consultez votre liste chaque jour, afin de vous remémorer pourquoi vous agissez de la sorte.

*Solution 3:* Évitez de fuir dans l'alcool, l'abus de la nourriture, les drogues ou le travail pendant quelques jours. Notez vos impressions dans un journal. Adonnez-vous aux exercices d'imagerie mentale décrits dans le chapitre où il est question de votre schéma. Faites de la thérapie de groupe (les douze étapes).

## • Obstacle 3: vous n'avez pas remis votre schéma en question. Vous persistez à tolérer rationnellement son existence.

Un autre obstacle consiste à continuer à croire à la réalité d'un schéma. Si vous tolérez rationnellement l'existence de ce schéma, vous ne ferez rien pour le contrer. Vous devez douter suffisamment de sa validité pour être disposé à le tester et le changer.

Henriette, par exemple, a longtemps souffert d'anxiété face à chaque nouvelle circonstance de sa vie, car elle croyait au danger et se persuadait de l'imminence d'une catastrophe. Elle vivait dans un état de vigilance extrême, toujours à l'affût.

Henriette obéissait à son schéma. Elle se croyait vulnérable à l'excès. Elle devait d'abord modifier ses convictions, ce qu'elle fit de plusieurs façons: elle apprit à évaluer le danger de façon réaliste, s'efforça de minimiser les risques de chaque situation et prit des précautions raisonnables. Elle apprit à se détendre. Ses convictions peu à peu l'abandonnèrent.

Un schéma ne saurait céder d'un coup. Il faut, au contraire, l'ébrécher peu à peu, l'affaiblir graduellement.

*Solution 1:* Consultez le chapitre qui concerne votre schéma et refaites les exercices qui visent à remettre sa validité en question. Engagez-vous à lutter contre vos croyances.

Il vous sera peut-être utile de demander l'aide d'une personne de confiance qui pourra vous procurer un point de vue plus objectif.

*Solution 2:* Fouillez votre vie à la recherche de faits qui pourraient remettre en question la validité de votre schéma. Tentez de trouver des issues. Existe-t-il des circonstances atténuantes qui pourraient invalider ce schéma? Avez-vous été victime d'abus? La crainte d'être rejeté ou de subir un échec vous a-t-elle empêché de persister? Vos choix amicaux, affectifs, professionnels, etc., ont-il contribué à renforcer votre schéma? Faites-vous l'avocat du diable dans ce débat.

*Solution 3:* Rédigez une fiche aide-mémoire et lisez-la plusieurs fois par jour.

## • Obstacle 4: vous avez amorcé ce travail en vous attaquant à un schéma trop difficile à modifier •

Si vous présentez plusieurs schémas, vous vous êtes sans doute attaqué à celui qui vous bouleverse le plus. Il se peut que sa gravité freine votre progression.

Ou bien, vous avez choisi de combattre un schéma approprié, mais votre plan de combat est trop ambitieux, votre stratégie est dès le départ trop complexe. Charles, conciliant à l'excès, en est un bon exemple. Au début, il a tenté de s'affirmer auprès de son père. Ce fut une erreur: la tâche était au-dessus de ses forces. Charles devenait anxieux et incapable de s'exprimer. Ce face à face avec son père était voué à l'échec.

Charles est venu à bout de s'affirmer devant son père, mais pour y parvenir, il a dû développer ses habiletés et sa confiance en s'affirmant d'abord devant des personnes moins menaçantes. Il l'a fait d'abord avec des inconnus, commerçants ou serveuses de restaurant, puis petit à petit avec des collègues et des personnes de sa connaissance. Ensuite seulement, s'est-il concentré sur ses êtres chers.

Ceci est d'importance capitale: n'assumez pas des tâches au-dessus de vos forces.

*Solution 1:* Subdivisez votre stratégie en plus petites étapes.

*Solution 2:* Commencez doucement. Développez votre assurance. Allez du plus simple au plus difficile.

### • Obstacle 5: rationnellement, vous réalisez que votre schéma est erroné, mais émotionnellement, vous en reconnaissez toujours la validité •

Cette attitude est très fréquente. De nombreux patients nous avouent que, pendant plusieurs mois, ils demeurent convaincus intérieurement de la validité de leur schéma, en dépit des preuves du contraire que leur dictent la raison et l'évidence.

Paul, l'homme à l'épouse infidèle, était l'un de ces patients. Quand il vivait une relation saine auprès d'une femme stable sur laquelle il pouvait compter, il avait néanmoins l'impression qu'elle le quitterait. Si elle se montrait temporairement distante ou songeuse, il était pris de panique et s'efforçait désespérément de la reconquérir. Il l'étouffait.

Paul dut apprendre à ne pas s'accrocher à elle, à la laisser respirer. Il ne la perdrait pas. Il dut apprendre qu'il ne courait aucun risque à ne pas l'étouffer.

*Solution 1:* Rappelez-vous que la prise de conscience est l'affaire d'un instant, mais que le changement est un long processus. Votre partie saine s'affermira et votre schéma s'affaiblira avec le temps. Soyez patient. Vos sentiments vont changer.

*Solution 2:* Vous pouvez accélérer ce processus par des exercices. Rédigez des dialogues entre votre partie saine et votre schéma. Mettez-vous en colère contre votre schéma. Pleurez d'avoir été maltraité dans votre enfance. Ressentez les injustices subies.

*Solution 3:* Vous pouvez également accélérer ce processus en vous efforçant davantage de modifier ceux de vos comportements qui donnent plus de force à votre schéma. En transformant d'anciens modes, vous serez davantage conscient des faits qui le démentent. Votre nouvelle façon de percevoir influencera grandement la manière dont vous ressentez les choses.

### • Obstacle 6: votre processus de changement pèche par manque de discipline et d'organisation.

Vous vous fiez peut-être trop au hasard. Vous manquez de constance dans vos efforts. Vous sautez les étapes. Vous errez d'un schéma à l'autre. Vous n'écrivez pas autant que nécessaire.

Nous sommes d'avis que «qui veut voyager loin ménage sa monture». Votre schéma est un roc qu'il vous faut ébrécher petit à petit. Si vous ne vous y attaquez que de temps en temps, un peu par-ci et un peu par-là, sans y mettre tout votre cœur, il résistera longtemps. Il est beaucoup plus efficace de le marteler systématiquement et avec vigueur.

*Solution 1:* Relisez le chapitre qui concerne votre schéma et assurez-vous de faire tous les exercices que nous préconisons. Avez-vous eu recours à l'imagerie mentale? Avez-vous fait une liste des pour et des contre? Avez-vous rédigé une fiche aide-mémoire, écrit à vos parents, planifié une stratégie de modification de vos comportements? Avez-vous fait tous ces exercices par écrit et non pas mentalement?

*Solution 2:* Consacrez quelques minutes par jour à l'analyse de vos progrès. Relisez vos fiches. Votre schéma a-t-il été réactivé aujourd'hui? Avez-vous cédé à vos modes? Forcez-vous à penser, à ressentir et à agir différemment chaque jour.

### • OBSTACLE 7: IL MANQUE UN ÉLÉMENT ESSENTIEL À VOTRE STRATÉGIE •

Vous ne saisissez peut-être pas clairement toutes les pensées, les émotions et les comportements qui servent à renforcer l'action de votre schéma. Il manque une étape essentielle à votre stratégie qui freine votre progrès.

Charles illustre bien cet obstacle. Bien qu'il se soit montré plus ferme avec sa femme et ses enfants, il était toujours aussi en colère et malheureux. Il leur exprimait calmement son mécontentement, il répondait par «non» à leurs exigences déraisonnables, il leur demandait de changer d'attitude quand celle-ci l'irritait. Mais il conservait toujours une impression de soumission et de ressentiment.

Nous avons mis le doigt sur son problème. C'était en fait très simple. Il n'exprimait pas ses désirs, ses opinions et ses préférences. Il ne disait pas aux autres ce qu'il attendait d'eux, et il était mécontent quand il n'obtenait pas ce qu'il voulait. Dans le cas de Charles, la communication de ses besoins était déficiente.

*Solution 1:* Demandez à une personne de confiance d'analyser votre schéma et votre stratégie avec vous. Cette personne remarquera peut-être un détail qui vous a échappé.

*Solution 2:* Réexaminez attentivement la liste des comportements que vous dicte votre schéma (reportez-vous, pour ce faire, au chapitre correspondant). Un élément de ce profil qui vous concerne en propre vous a-t-il échappé?

### • OBSTACLE 8: VOTRE PROBLÈME EST TROP ANCRÉ, TROP PROFONDÉMENT ENRACINÉ POUR QUE VOUS PUISSIEZ Y REMÉDIER PAR VOUS-MÊME •

Avant de consulter, bon nombre de patients s'efforcent sincèrement d'améliorer leur vie par eux-mêmes. Quand ils y échouent, ils entrent en thérapie.

Il est possible que ce soit votre cas. Vous avez suivi toutes les étapes décrites dans cet ouvrage sans pour autant parvenir à transformer votre vie. En dépit de tous vos efforts, votre schéma vous garde sous son emprise.

Il se peut que vous ne puissiez changer seul. Dans ce cas, recourez à la thérapie. Vous avez peut-être besoin d'une relation étroite avec une personne de confiance. Un thérapeute peut vous rassurer, vous confronter, vous aider objectivement à mieux prendre conscience de vos problèmes.

*Solution:* Obtenez de l'aide d'un thérapeute professionnel ou d'un groupe de soutien.

Maintenant que vous avez planifié votre stratégie générale, nous examinerons chaque schéma séparément. Le processus de transformation pourra ainsi s'enclencher.

# 6

## «JE T'EN SUPPLIE, NE ME QUITTE PAS!» LE SCHÉMA «SENTIMENT D'ABANDON»

| |
|---|
| **ANITA:** VINGT-HUIT ANS. ELLE VIT DANS LA PEUR DE PERDRE SON MARI. |

Anita me confia en premier lieu que son père était décédé quand elle était petite.

ANITA:
*J'avais sept ans quand c'est arrivé. Il a eu une crise cardiaque à son travail. J'ai mal de l'avouer, mais je ne conserve de lui qu'un vague souvenir. Et des photos, bien sûr. Il était costaud et chaleureux. Il me prenait souvent dans ses bras. Après sa mort, je me tenais à la fenêtre et j'attendais son retour. (Elle pleure.) J'imagine que je ne parvenais pas à accepter ce qui était arrivé. Je n'oublierai jamais ce que je ressentais à l'attendre ainsi.*
THÉRAPEUTE:
*Éprouvez-vous encore cette sensation?*
ANITA:
*Oui, je l'éprouve encore. C'est ce que je ressens quand mon mari part en voyage.*

Anita et son mari Claude sont en conflit en raison des nombreux voyages d'affaires de Claude. Chaque fois qu'il quitte la maison, Anita en est bouleversée.

ANITA:
*Je fais une scène. Je me mets à pleurer et il s'efforce de me rassurer, mais c'est inutile. Pendant son absence, ou bien j'ai peur, ou bien je pleure. Je me sens si seule.*

*Quand il revient, je lui en veux de ce qu'il m'a fait subir. Voilà le paradoxe de toute l'affaire. Quand il rentre à la maison, je suis si furieuse contre lui que je ne veux même pas le voir.*

Claude appréhende de rentrer chez lui. Anita l'appelle aussi trop souvent au téléphone pendant ses absences. Un jour, elle a interrompu une importante réunion d'affaires parce qu'elle voulait entendre sa voix.

PAUL: TRENTE-CINQ ANS. IL EST MARIÉ À UNE FEMME INFIDÈLE.

Paul n'a pas eu à subir des pertes aussi dramatiques. Il s'est senti abandonné par degrés, un peu plus chaque jour. Jusqu'à ce qu'il ait l'âge de huit ans, sa mère buvait.

PAUL:
*Au pire, elle prenait des cuites. Elle disparaissait pendant deux ou trois jours. Je ne savais jamais si elle reviendrait.*
*Au mieux, quand elle buvait à la maison, elle n'était pas là pour moi. Qu'elle soit ou non à la maison, quand elle buvait, j'étais seul.*

Paul a épousé Francine, une femme qui le trompe régulièrement. Elle promet toujours de s'amender, mais elle n'y parvient pas. Elle sort, multiplie les explications, jure qu'elle est innocente, mais Paul sait qu'elle ment.
Avant même d'entrer en thérapie, Paul avait été frappé par la similitude entre ce qu'il ressent maintenant à attendre sa femme, et ce qu'il ressentait enfant, à attendre sa mère.

PAUL:
*C'est une chose qui me préoccupe. Même si Francine ne boit pas, je revis avec elle la même situation qu'avec ma mère. Je n'y comprends rien. Quand j'attends le retour de Francine, j'éprouve la même solitude.*

LUCILLE: TRENTE-DEUX ANS. ELLE VA D'UNE RELATION À L'AUTRE SANS PARVENIR À SE FIXER.

Au premier abord, Lucille est aimable et intense. Pour la plupart, nos patients mettent un certain temps à s'apprivoiser, mais ce ne fut pas le cas de Lucille. Elle laissa rapidement libre cours à ses émotions. Au bout de quelques séances seulement, nous avions l'impression d'être ses thérapeutes depuis toujours.
Lucille nous dit le but de sa visite dès la première consultation.

LUCILLE:
*J'aimerais trouver l'homme de ma vie, celui qui m'épousera, avec lequel je resterai jusqu'à la fin de mes jours, mais ça n'arrive jamais.*

THÉRAPEUTE:
*Alors, que se passe-t-il?*
LUCILLE:
*Je vais d'un homme à l'autre.*

Les relations amoureuses de Lucille sont turbulentes. Elle s'engage très vite, avec beaucoup d'intensité. Elle a peur, mais elle exulte. Parfois, dès les premières semaines de la relation, elle n'hésite pas à dire «je t'aime», elle recherche sans cesse la compagnie de l'homme, parle de vie commune. En fait, en s'engageant trop vite, elle fait peur aux hommes.

Lucille est une femme passionnée. Ses émotions ont toujours été plus intenses que celles de la moyenne des gens. Dans ses relations amoureuses, elle perd tout sens de la mesure et se laisse dominer par ses émotions. Dès que l'homme qu'elle aime s'éloigne un peu, elle l'accuse de vouloir la quitter. Elle le met au défi, tente de voir jusqu'où elle pourra aller avant qu'il ne la quitte, affecte parfois des comportements extravagants. Par exemple, elle se rend un jour à une fête pour l'anniversaire de son ami et part avec un autre homme.

Quand une relation prend fin et qu'elle se retrouve seule, elle éprouve un sentiment d'ennui et de vide intérieur. Des affects négatifs prennent le dessus, de sorte qu'elle fonce aussitôt dans une nouvelle relation. Ses amours sont de courte durée; à la fin, c'est toujours l'homme qui prend l'initiative de la rupture. Tous ses amoureux l'ont quittée.

## Questionnaire relatif au schéma «sentiment d'abandon»

Ce questionnaire vise à mesurer la portée de votre schéma «sentiment d'abandon». Répondez aux questions qui suivent en utilisant l'échelle ci-dessous. Répondez en fonction de votre façon de réagir (émotions, comportements) en général pendant votre vie adulte. Si vos réactions ont beaucoup varié selon les époques, concentrez-vous sur la dernière ou les deux dernières années.

### Échelle de cotation

Dans mon cas, l'énoncé est:
1. Absolument faux.
2. Faux dans l'ensemble.
3. Plus vrai que faux.
4. Modérément vrai.
5. Vrai dans l'ensemble.
6. Absolument vrai.

Si vos réponses comportent des 5 ou des 6, il se peut que ce schéma s'applique à vous, même si votre score total est bas.

| Pointage | Énoncés |
|---|---|
| | 1. J'ai peur que les gens que j'aime meurent ou m'abandonnent. |
| | 2. Je m'accroche aux gens, de peur qu'ils me quittent. |
| | 3. Je ne peux m'appuyer sur rien de solide. |
| | 4. Je tombe sans cesse amoureux avec des gens qui ne veulent pas s'engager. |
| | 5. Dans ma vie, les gens ne font que passer. |
| | 6. Je sombre dans le désespoir quand une personne que j'aime s'éloigne de moi. |
| | 7. Je suis à ce point obsédé par l'idée que les gens que j'aime vont me quitter, que j'en arrive à les éloigner. |
| | 8. Mes proches sont imprévisibles. Ils sont là pour moi, et la minute suivante, ils n'y sont plus. |
| | 9. J'ai trop besoin des autres. |
| | 10. Au bout du compte, je resterai seul. |
| | VOTRE TOTAL: (Additionnez vos points pour les questions 1 à 10.) |

### Interprétation des résultats

10-19    Très bas. Ce schéma ne vous affecte sans doute pas du tout.

20-29    Assez bas. Ce schéma vous affecte sans doute à l'occasion.

30-39    Modéré. Ce schéma est un problème pour vous.

40-49    Élevé. Ce schéma joue un rôle important dans votre vie.

50-60    Très élevé. Il s'agit d'un schéma fondamental dans l'organisation de votre personnalité.

## Le sentiment d'abandon

Vous croyez profondément que vous perdrez les gens que vous aimez et que vous vivrez dorénavant dans l'isolement affectif. Que ces personnes meurent, qu'elles vous chassent ou vous quittent, vous appréhendez de rester seul. Vous vous attendez qu'on vous abandonne, et vous croyez cette solitude irrémédiable. Vous êtes persuadé que vous ne pourrez jamais retrouver la personne qui vous a quitté. Vous êtes convaincu que vous êtes destiné à rester seul.

PAUL:

*Parfois, en conduisant la voiture, cette pensée m'assaille. Je sais que Francine me quittera un jour. Elle va tomber amoureuse d'un de ces types, et ce sera fini. Je n'aurai plus que son absence.*

Ce sentiment vous précipite dans le désespoir. Vous pensez qu'en dépit des apparences, vos relations sont vouées à l'échec.

Il vous est difficile de croire qu'on restera auprès de vous, difficile de croire qu'on est là pour vous malgré l'absence. La plupart des gens ne souffrent pas d'être séparés de l'être cher pour une brève période. Ils savent que leur relation survivra à cette absence. Mais cette sécurité manque au schéma «sentiment d'abandon». Ainsi que le dit Anita: «Quand je vois Claude refermer la porte de la maison sur lui, j'ai l'impression qu'il ne reviendra jamais.» Vous vous accrochez trop aux personnes qui vous sont chères, vous vous fâchez sans raison valable lors d'un départ, vous appréhendez la moindre séparation. Vous dépendez particulièrement de l'autre personne dans vos relations amoureuses, la perte d'intimité est ce qui vous terrifie le plus.

Le schéma «sentiment d'abandon» précède chez l'enfant l'apparition du langage: il prend forme dans la plus tendre enfance, avant que l'enfant n'apprenne à parler. (Le cas d'Anita est une exception. Son sentiment d'abandon a pris forme plus tard, à la mort de son père quand elle était âgée de sept ans. Par conséquent, il a acquis moins de force qu'en d'autres circonstances.) Dans la plupart des cas, l'abandon a lieu très tôt, avant que l'enfant ne dispose de mots pour décrire ce qui se produit. C'est pour cette raison que, même adulte, le patient ne peut concevoir de lien entre son schéma «sentiment d'abandon» et l'expérience qui l'a engendré. Toutefois, le patient aura des expressions telles que «Je suis seul», «Personne n'est là pour moi». Un schéma qui prend forme aussi tôt dans la vie est très puissant sur le plan affectif. Une personne qui possède le schéma «sentiment d'abandon» réagit à la moindre séparation comme un jeune enfant qu'on délaisse.

Ce sont principalement les relations d'intimité qui déclenchent le sentiment d'abandon, et celui-ci n'est en général pas décelable dans les relations sociales de moindre importance. Le déclencheur le plus efficace consiste en la séparation d'avec un être cher. Cependant, il n'est pas nécessaire que la séparation ait réellement lieu pour produire un effet, ni qu'il s'agisse d'une séparation physique. Si vous présentez ce schéma, vous êtes hypersensible, vous interprétez les remarques les plus anodines comme une menace d'abandon. Par contre, une séparation ou une perte réelle, tels un divorce, un départ ou un déménagement, la mort, agissent avec force; le plus souvent cependant, le schéma «sentiment d'abandon» est réactivé à l'occasion d'un événement beaucoup plus subtil.

Vous vous sentez souvent abandonné affectivement. Il se peut que votre conjoint ou la personne qui vous est chère ait l'air de s'ennuyer, soit distant, distrait, ou plus attentif à quelqu'un d'autre. Ou encore, votre conjoint ou la personne qui vous est chère suggère un projet qui nécessiterait une séparation de courte durée. Tout ce qui entraîne une perte de contact peut réactiver le schéma «sentiment d'abandon», même si cela n'a rien d'une perte ou d'un abandon réel.

Lucille, par exemple, a un jour quitté brusquement une soirée entre amis parce que son amoureux n'avait pas prêté attention à l'une de ses remarques.

LUCILLE:
*Grégoire et moi étions en train de dîner chez des amis, et il conversait avec la femme assise à ses côtés. Il n'a pas entendu ce que je lui disais. Je me suis levée et je suis partie. J'étais dévastée. Quand il m'a téléphoné le lendemain, je me suis mise en colère.*
THÉRAPEUTE:
*Qu'est-ce qui vous a tant bouleversée?*
LUCILLE:
*J'avais remarqué qu'il avait regardé cette femme plus tôt. J'étais certaine qu'elle l'attirait.*

Grégoire, qui n'avait pas entendu ce que Lucille lui disait, ne comprenait pas sa réaction extrême. Cet épisode le convainquit que Lucille n'était pas une femme pour lui. Au bout du compte, il la quitta (comme Lucille avait toujours su qu'il le ferait).

## Le cycle de l'abandon

Une fois le schéma «sentiment d'abandon» déclenché, du moment que la séparation dure assez longtemps, il s'ensuit un cycle d'émotions négatives: la peur, le chagrin et la colère. C'est le cycle de l'abandon. Si vous possédez ce schéma, vous le reconnaîtrez.

En premier lieu, vous êtes la proie d'un sentiment de panique, comme un enfant qu'on a laissé seul au supermarché, qui cherche sa mère et ne la retrouve pas tout de suite. Vous vous dites, hors de vous: «Où est-elle, je suis seul, je suis perdu.» L'anxiété peut se transformer en panique, durer des heures, des jours même. Si elle dure assez longtemps, elle diminue, puis s'estompe, puis vous en venez à accepter l'absence de l'autre personne. Ensuite, votre solitude vous rend triste, vous avez l'impression que cette personne ne reviendra jamais. La tristesse peut se changer en dépression. Enfin, surtout quand la personne absente revient, vous lui en voulez de vous avoir quitté, et vous vous en voulez à vous-même d'être aussi dépendant.

### • LES DEUX TYPES DE SENTIMENT D'ABANDON •

Il existe deux types de sentiment d'abandon, engendrés par deux types de milieu familial. Le premier est le produit d'une enfance surprotégée. C'est un amalgame de schémas «sentiment d'abandon» et «dépendance». L'autre trouve sa cause dans l'instabilité affective. L'enfant n'a jamais personne sur qui compter.

---

### Les deux types de sentiment d'abandon

1. Le sentiment d'abandon dû à la dépendance
2. Le sentiment d'abandon dû à l'instabilité ou à la perte

---

De nombreuses personnes présentant le schéma «dépendance» possèdent aussi le schéma «sentiment d'abandon». En fait, il est difficile d'imaginer une personne dépendante sans crainte d'abandon. Les personnes qui ont le schéma «dépendance» se croient sincèrement incapables de survivre seules. Elles requièrent un guide dans toutes leurs activités quotidiennes. Elles ont besoin d'aide. Anita constitue un exemple de personne possédant ces deux schémas.

THÉRAPEUTE:
*Que vous arriverait-il, selon vous, si Claude vous quittait vraiment?*
ANITA:
*Je ne sais pas. Je ne peux pas me passer de lui. Je ne pourrais pas vivre. Je ne peux pas imaginer ma vie sans lui.*
THÉRAPEUTE:
*Seriez-vous capable de survivre, de manger, de vous vêtir, d'avoir un toit sur votre tête?*
ANITA:
*Non. Je ne peux pas fonctionner seule. (Pause.) Je crois que sans lui je mourrais.*

Si vous êtes convaincu que votre vie dépend d'une autre personne, la possibilité de perdre cette personne peut s'avérer terrifiante. Certes, pour une personne dépendante, la crainte de l'abandon sera également un problème.

L'inverse n'est pas forcément vrai. Pour de nombreuses personnes qui présentent le schéma «sentiment d'abandon», la dépendance n'est pas nécessairement un problème. Elles appartiennent au deuxième type, celles dont le «sentiment d'abandon» est dû à l'instabilité des contacts affectifs entre l'enfant et les personnes qui lui étaient les plus intimes: sa mère, son père, ses frères et sœurs, ses amis. Tant Paul que Lucille craignent que les personnes qui leur sont chères les abandonnent, mais ils peuvent fonctionner sans elles. Ils dépendent de leur conjoint dans une certaine mesure, mais cette dépendance est affective, non pas fonctionnelle.

Si votre schéma «sentiment d'abandon» est dû à l'instabilité, cela signifie que vous avez fait l'expérience d'un contact affectif qui a ensuite été rompu. Vous ne supportez pas d'être séparé des personnes qui vous sont chères en raison de ce que vous ressentez en leur absence. C'est votre façon de vous sentir en contact avec le reste de l'humanité. Quand ce contact est rompu, vous êtes précipité dans le néant.

Lucille:

*Après le départ de Grégoire, j'étais complètement seule. Je ressentais physiquement la solitude, comme une douleur. Il n'y avait rien autour de moi, que du vide.*

Vous avez besoin des autres pour vous sentir bien dans votre peau. Ceci diffère du sentiment d'abandon dû à la dépendance. Vous avez alors besoin que quelqu'un s'occupe de vous, comme un enfant a besoin de ses parents. Dans un cas, vous recherchez un guide, une orientation, du secours; dans l'autre, vous recherchez l'affection, l'amour, un lien.

Il existe une différence supplémentaire entre ces deux types de sentiment d'abandon. Les personnes dépendantes s'appuient sur un certain nombre de substituts qui peuvent immédiatement prendre la relève si leur soutien principal vient à partir, ou bien, elles trouvent immédiatement quelqu'un d'autre et s'engagent illico dans une relation de dépendance. Peu de personnes seules souffrent de dépendance. Les personnes dépendantes ne tolèrent pas la solitude, elles manifestent un talent certain pour trouver quelqu'un qui s'occupera d'elles. Elles vont d'une personne à l'autre, laissant rarement s'écouler entre chaque relation un délai de plus d'un mois.

Ceci n'est pas forcément le cas des personnes qui appréhendent l'abandon affectif. Elles peuvent rester seules très longtemps. Elles peuvent mettre fin à une relation d'intimité parce qu'elles ont souffert et craignent de souffrir encore. Elles ont connu la solitude dans leur enfance et savent qu'elles peuvent survivre. Le problème n'est pas là. Le processus du deuil est ce qui les déchire. La rupture de contact est ce qui leur est pénible, devoir revivre leur solitude une fois de plus.

## Les origines du schéma «sentiment d'abandon»

Pour parler des origines possibles des schémas, nous nous concentrons principalement sur le milieu de vie de l'enfant. Nous disposons de bon nombre de données sur les familles dysfonctionnelles dans lesquelles règnent l'abus, la négligence et l'alcoolisme, qui semblent un facteur important dans la formation des schémas. Nous minimisons le rôle que joue l'hérédité dans cette formation, en partie parce que les chercheurs ignorent encore beaucoup de choses sur la part que prend la biologie dans l'évolution de la personnalité. Nous supposons que l'hérédité influence le tempérament qui, à son tour, influence la façon dont nous sommes traités dans notre enfance ainsi que la façon dont nous réagissons à ce traitement. Mais nous disposons rarement de moyens pour déceler la façon dont le tempérament d'un enfant agit sur la formation de schémas spécifiques.

Le sentiment d'abandon constitue une exception à cette règle générale. Les chercheurs qui étudient les nourrissons ont pu observer que certains bébés réagissent plus intensément que d'autres à la séparation. Ce fait laisse supposer que certaines personnes seraient biologiquement prédisposées à développer le schéma «sentiment d'abandon».

Notre réaction à la séparation d'avec une personne qui prend soin de nous semble en partie innée. La séparation d'avec la mère est un facteur vital dans la vie du nouveau-né. Dans tout le règne animal, la survie du nouveau-né dépend de la mère et, le plus souvent, un nouveau-né qui perd sa mère est condamné à mourir. Les nourrissons agissent d'instinct, de façon à prévenir toute séparation d'avec la mère. Ils pleurent et crient leur angoisse. Ils «protestent», comme le dit si bien John Bowlby dans son ouvrage devenu un classique, *La séparation, angoisse et colère*.

Bowlby s'est intéressé aux nourrissons et aux jeunes enfants temporairement séparés de leur mère, placés dans des pouponnières avec d'autres bébés. Une observation rigoureuse a permis de déceler chez tous ces bébés un processus de séparation en trois phases.

---

*Les trois phases du processus de séparation selon Bowlby*

1. Anxiété
2. Désespoir
3. Détachement

---

En premier lieu, les bébés «protestaient», ainsi que nous l'avons souligné, et manifestaient un degré élevé d'anxiété. Ils cherchaient leur mère. Si une autre personne tentait de leur apporter un réconfort, ils demeuraient inconsolables. Ils avaient parfois des mouvements de colère violente envers leur mère. Mais avec le temps, si la mère ne revenait pas, ils se résignaient et traversaient une période de dépression pendant laquelle ils devenaient apathiques et repliés sur eux-mêmes. Ils se montraient indifférents aux efforts déployés par le personnel pour leur témoigner de l'affection. Cependant, quand cette phase se prolongeait, les bébés sortaient de leur dépression et formaient d'autres liens affectifs.

À ce stade, si la mère revenait, le bébé entrait dans la troisième phase, celle du détachement. Le bébé se montrait froid envers sa mère, refusait de l'approcher et ne s'intéressait pas à elle. Avec le temps, ce détachement aussi prenait fin, et le bébé se rapprochait à nouveau de sa mère. Si elle s'éloignait, il cherchait à se coller à elle et montrait de nouveaux signes d'anxiété: dans les termes de Bowlby, il manifestait envers elle un «attachement anxieux».

Selon Bowlby, ce processus d'anxiété, de désespoir et de détachement est universel. C'est la réaction de tous les jeunes enfants à la séparation d'avec leur mère. On peut en outre remarquer une réaction similaire chez les animaux. Les bébés de toutes les espèces animales, et pas seulement les petits de l'homme, manifestent un comportement semblable. La généralisation de ce comportement permet de croire à une prédisposition biologique.

Vous noterez sans doute une similitude entre le processus de séparation de Bowlby et ce que nous avons appelé le cycle de l'abandon: anxiété, chagrin et colère. Certaines personnes, par exemple Lucille, semblent posséder une disposition innée à subir avec une extrême intensité les phases de ce cycle. Lorsqu'une séparation survient, l'anxiété, le chagrin et la colère sont pour elles si violents qu'elles ne parviennent pas à se rasséréner, et elles éprouvent un sentiment de rupture et de désespoir absolu dont elles ne parviennent pas à s'extraire, sinon pour une brève période. Sans la présence de l'autre personne à leurs côtés, elles ne parviennent pas à être calmes ni à se sentir en sécurité. Elles sont hypersensibles aux pertes. Leur attachement aux autres est profond (c'est une de leurs vertus), mais la solitude leur est insupportable.

Les personnes dotées à la naissance d'une tendance à réagir aussi intensément à la séparation et qui sont incapables de bonheur en l'absence d'un être cher sont sans doute plus portées à développer le schéma «sentiment d'abandon». Ceci ne signifie pas, cependant, que toute personne qui manifeste en naissant une telle prédisposition développera nécessairement ce schéma. D'autres facteurs reliés au milieu de vie de l'enfant entrent aussi en ligne de compte.

Si vous avez bénéficié d'un attachement affectif stable dans votre tendre enfance, surtout avec votre mère mais aussi avec d'autres personnes importantes, vous pourriez ne pas développer le schéma «sentiment d'abandon» en dépit de certaines prédispositions biologiques. D'autre part, certains milieux de vie sont si instables ou si marqués par des pertes successives que même en l'absence d'une telle prédisposition, ce schéma pourrait se développer.

Quoi qu'il en soit, tout porte à croire que plus une personne est biologiquement prédisposée, plus elle devient vulnérable aux traumatismes, même mineurs, qui pourraient déclencher son schéma. Il devient alors difficile, voire impossible, de fouiller son passé pour déceler les motifs d'une telle intensité.

---

### Les origines du schéma «sentiment d'abandon»

1. Vous êtes peut-être biologiquement prédisposé à l'angoisse de la séparation, à la difficulté d'être seul.
2. Votre père ou votre mère est mort ou a quitté le foyer familial quand vous étiez enfant.
3. Votre mère a été hospitalisée ou vous en avez été séparé sur une longue période quand vous étiez enfant.
4. Vous avez été élevé par des gouvernantes ou dans une institution par toute une série de mères substituts, ou bien vous avez été pensionnaire très jeune.
5. Votre mère était une personne instable. Elle sombrait dans la dépression ou l'alcool, elle était irascible, ou, pour quelque raison, elle se détachait de vous périodiquement.
6. Vos parents ont divorcé quand vous étiez très jeune ou se querellaient tellement que vous appréhendiez qu'ils ne se séparent.

7. L'un de vos parents s'est désintéressé de vous. Par exemple, à la naissance d'un autre enfant ou à l'occasion de son remariage.
8. Votre famille était extrêmement liée et vous avez été couvé. Vous n'avez jamais appris à affronter les difficultés de la vie dans votre enfance.

Certes, la perte d'un parent à l'âge tendre est la cause la plus grave du sentiment d'abandon. Ce fut le cas pour Anita. Il se peut qu'un parent soit tombé malade et que vous ayez dû vous en séparer pour une longue période. Ou encore, vos parents ont divorcé, l'un des deux s'est éloigné de vous et a rompu peu à peu tout contact. Le décès d'un parent, la maladie, la séparation et le divorce, tout cela fait partie des relations importantes qui se soldent par une séparation. La perte d'un parent est particulièrement dévastatrice durant les premières années de vie d'un enfant. En règle générale, plus tôt elle survient, plus l'enfant lui est vulnérable, et plus le schéma prendra de l'importance.

La violence de votre réaction à la perte d'un parent dépend d'un certain nombre d'autres facteurs. Bien entendu, la qualité des autres rapports intimes que vous avez connus a son importance. Anita, par exemple, avait avec sa mère une relation affectueuse et stable qui la soutenait et faisait obstacle, dans une certaine mesure, aux effets de son schéma. Ainsi, son shéma «sentiment d'abandon» est relativement circonscrit. Il se déclenche uniquement dans ses relations amoureuses. Si vous êtes en mesure d'établir des rapports avec un parent substitut, par exemple, avec des beaux-parents, ce ne peut être que bénéfique. Il en va de même quand il devient possible de renouer avec l'être cher perdu, par exemple quand le parent guéri rentre à la maison, quand des parents séparés se réconcilient, ou quand un parent alcoolique devient sobre. De nombreux types d'expérience peuvent contribuer à apaiser votre sentiment d'abandon. Toutefois, le souvenir de l'abandon reste vivant. Si vous avez vécu suffisamment d'expériences réparatrices, il se peut qu'un événement majeur soit maintenant requis pour réactiver votre «sentiment d'abandon», par exemple le décès d'un être cher. Si vous avez perdu un parent lorsque vous étiez en bas âge, vous avez une perception aiguë du deuil et vous appréhendez de le subir une fois de plus.

C'est là que se situe la différence entre le sentiment d'abandon et la carence affective. Dans les cas de carence affective, le parent a toujours été présent physiquement, mais la qualité affective de votre relation laissait à désirer. Le parent ne savait pas aimer, se montrer attentif, faire preuve d'empathie suffisante. Le contact avec les parents était stable, mais pas assez intime. Dans le cas du sentiment d'abandon, le contact a d'abord existé, puis a été rompu. Ou encore, le parent s'absentait et revenait de façon intermittente ou inattendue. Malheureusement, les parents de certains enfants étaient à la fois inadéquats et instables sur le plan affectif. Dans un tel milieu de vie, fort fréquent au demeurant, les enfants développent à la fois les schémas «carence affective» et «sentiment d'abandon».

Outre la perte d'un parent, l'absence d'un modèle maternel stable peut favoriser un sentiment d'abandon chez l'enfant, par exemple chez les enfants dont les parents ne s'en occupent pas, qui sont élevés par une suite de gouvernantes ou qui vont d'une garderie à l'autre, ou encore chez les enfants placés en pension dans des institutions où le personnel change sans cesse. La présence continuelle d'un seul protecteur, pas forcément un parent, est essentielle dans les premières années de vie d'un enfant. Si cette personne n'est jamais la même, une rupture s'ensuit, et l'enfant a l'impression de vivre avec des étrangers.

Le schéma «sentiment d'abandon» peut aussi avoir une origine plus subtile. Il se peut que votre mère (ou toute autre figure maternelle) soit une personne stable, mais que ses rapports avec vous ne le soient pas. Par exemple, la mère de Paul, une alcoolique, pouvait être très affectueuse un jour et tout à fait indifférente le lendemain. Quant à la mère de Lucille, peut-être parce qu'elle possédait les mêmes prédispositions biologiques que sa fille, elle était sujette à des changements brusques d'humeur. Physiquement présente, elle était néanmoins imprévisible dans ses rapports avec Lucille.

LUCILLE:
*Ma mère était là pour moi, ou, devrais-je dire, elle était présente. Parfois, elle était heureuse, pleine d'enthousiasme, et elle s'intéressait à moi. À d'autres moments, elle sombrait dans la dépression, gardait le lit toute la journée et ne réagissait à rien de ce que je faisais.*

Cette origine particulière du schéma «sentiment d'abandon» reflète bien les interactions successives entre mère et enfant. Si ces interactions se révèlent instables, l'enfant développera ce schéma.

La mère de Paul n'était pas une personne violente quand elle buvait. Elle était indifférente. L'abus de la part des parents n'est pas essentiel au développement du schéma «sentiment d'abandon». Si l'un de vos parents, en raison de son alcoolisme ou de ses changements brusques d'humeur, se montrait tour à tour affectueux et violent, il se peut que vous ayez développé ou non le schéma «sentiment d'abandon», selon que vous avez ou non ressenti cette violence comme une perte de contact affectif. L'enfant que les parents se contentent de punir peut considérer ces punitions comme une forme de contact. Les parents abusifs peuvent être soit attachés, soit distants. Voilà pourquoi les schémas «méfiance et abus» et «sentiment d'abandon» ne constituent pas forcément un seul et unique problème.

D'autres circonstances de la vie de l'enfant peuvent favoriser le développement du schéma «sentiment d'abandon». Il se peut que vos parents se soient querellés régulièrement et que, devant cette instabilité, vous ayez appréhendé l'éclatement de la famille. Ou encore, vos parents ont divorcé et ont refait leur vie avec un conjoint qui avait déjà des enfants. L'engagement de vos parents au sein d'une famille reconstituée peut avoir été perçu par vous comme une forme d'abandon. Ou bien, vos parents vous ont quelque peu délaissé pour concentrer leur attention et leur affection sur un nouveau petit frère ou une nouvelle petite sœur. Bien entendu, une nouvelle naissance n'est pas toujours traumatisante pour l'enfant et ne donne pas nécessairement lieu à un schéma. Tout dépend du degré de rupture de contact. Pour qu'un schéma prenne forme, le sentiment d'abandon déclenché par les événements doit être particulièrement puissant.

Souvent, l'enfant qui sent qu'un parent l'abandonne le suivra partout. Il devient son ombre, il l'observe, il reste à ses côtés en tout temps. Vue du dehors, cette relation parent-enfant semble particulièrement étroite, alors qu'en réalité, elle pèche par insuffisance, de sorte que l'enfant doit garder son parent à vue pour se rassurer sur ses rapports avec lui. Préserver ce contact peut devenir l'aspect le plus important de la vie de l'enfant et l'empêcher de s'intéresser à qui que ce soit d'autre.

Enfin, comme nous l'avons dit précédemment, le schéma «sentiment d'abandon» peut prendre forme dans un milieu de vie où l'enfant est couvé et s'amalgamer à la dépendance. L'enfant dépendant appréhende l'abandon. C'est ce qui s'est produit dans le cas d'Anita.

ANITA:

*Après le décès de mon père, ma mère ne voulait pas que je m'éloigne d'elle. Elle craignait qu'il m'arrive quelque malheur, elle avait peur de me perdre aussi. J'ai toujours voulu demeurer à ses côtés. Je me souviens que je ne voulais pas aller à l'école et que je préférais rester à la maison plutôt que d'aller jouer dehors avec mes petits camarades.*

Ce besoin d'être proche de sa mère a sapé l'autonomie d'Anita. Elle n'était pas libre d'explorer le monde et d'apprendre à prendre soin d'elle-même avec assurance. Elle a toujours compté sur sa mère pour orienter sa vie et la conseiller. Sans doute sa mère le voulait-elle ainsi et ne supportait-elle pas l'idée de perdre un autre être cher.

D'autres enfants réagissent à la perte d'un parent en devenant plus autonomes. Puisque personne ne s'occupe d'eux, ils apprennent à se débrouiller seuls.

## Le sentiment d'abandon et les relations amoureuses

Habituellement, si vous présentez le schéma «sentiment d'abandon», vos relations amoureuses ne sont ni calmes ni stables, mais turbulentes. Vous avez toujours l'impression que la catastrophe les guette. Lucille nous a fait part de ses sentiments au cours d'un exercice d'imagerie mentale. Elle relatait une dispute avec Grégoire qui s'était terminée comme d'habitude: Lucille le suppliait et Grégoire se montrait froid et distant.

THÉRAPEUTE:
*Fermez vos yeux et décrivez une scène qui exprime ce que vous ressentez.*
LUCILLE:
*Je me vois tomber à la renverse. On dirait que je tombe dans une cave obscure où je serai seule pour toujours. Grégoire me pousse dans la cave, il va fermer la porte, et je vais être toute seule.*
THÉRAPEUTE:
*Qu'est-ce que vous ressentez?*
LUCILLE:
*Je suis terrifiée.*

Si le schéma qui affecte votre vie est très prononcé, vous réagissez de la sorte au moindre bouleversement dans vos relations amoureuses. Vous avez l'impression que si le contact avec l'être cher était rompu, vous seriez plongé dans une solitude extrême.

Certaines personnes qui ont le schéma «sentiment d'abandon» réagissent en évitant toute relation amoureuse. Elles préfèrent rester seules que vivre un autre deuil. Ce fut longtemps le cas de Paul avant son mariage avec Francine.

THÉRAPEUTE:
*Vous avez été seul longtemps.*
PAUL:
*Je n'en pouvais plus. C'était trop douloureux. Je ne parvenais jamais à trouver quelqu'un qui soit là pour moi. Je préférais rester seul. Au moins, j'étais en paix.*

Si vous acceptez de vivre une relation amoureuse, vous n'êtes sans doute pas en paix. Vos relations vous paraissent instables. La peur de perdre l'être cher est suspendue au-dessus de votre tête telle une épée de Damoclès.

Vous supportez avec difficulté le moindre retrait de la part d'une personne chère. Les plus petits changements vous affectent, vous exagérez le risque de rupture. Lucille interprète la moindre expression d'insatisfaction de son ami du moment comme une intention de rupture. Quand il se fâche, qu'il lui en veut, qu'il sent que leur relation laisse à désirer, bref qu'il laisse croire à la possibilité d'une rupture, elle est certaine que c'est fini. Elle est hantée par la jalousie et la possessivité. Elle accuse sans cesse son ami de vouloir la quitter, manie agaçante s'il en est. Ses prophéties déclenchant l'événement, Lucille vit des relations amoureuses marquées par les ruptures fréquentes et les réconciliations tumultueuses.

Quant à Anita, chaque fois que son mari la quitte pour un voyage d'affaires, elle est hantée par l'idée que son mari trouvera la mort dans un écrasement d'avion. À d'autres occasions, elle craint que sa mère tombe malade ou que ses enfants meurent. Il lui arrive d'être obsédée par la mort et par la certitude de ne pouvoir se débrouiller seule.

Vous vous accrochez très tôt dans une relation nouvelle. Cet attachement excessif renforce votre schéma, car il renforce la peur de perdre l'être cher. L'éventualité d'un abandon est ainsi maintenue en vie dans la relation.

La possessivité est un acte désespéré. Lucille en est un bon exemple. Tout comme sa relation avec sa mère, sa relation avec son amoureux n'est jamais assez solide à ses yeux. Elle se sent seule et perdue, de sorte qu'il n'y a pas de place pour autre chose dans sa vie que pour sa relation. Elle s'y donne entièrement. Elle admet être obsédée, fermée au reste du monde. Elle consacre toute son énergie à préserver le contact avec l'être cher, car il lui est d'une importance capitale.

## Signaux de danger au début d'une relation

Vous êtes sans doute attiré par des personnes qui pourraient vous abandonner. Voici quelques signes avant-coureurs de cette situation. Ils indiquent que la relation dans laquelle vous êtes engagé déclenche votre «sentiment d'abandon».

---

### Signaux de danger à surveiller chez un partenaire potentiel

1. Il est peu probable que votre partenaire s'engage, car il est marié ou déjà engagé avec quelqu'un d'autre.
2. Votre partenaire n'est pas toujours disponible (il voyage beaucoup, habite au loin, vit pour son travail).
3. Votre partenaire est une personne instable (alcoolique, toxicomane, dépressif, incapable de conserver un emploi) et ne vous procure pas une présence affective constante.
4. Votre partenaire est un éternel Peter Pan, qui veut rester libre d'aller et venir à sa guise, qui refuse de se fixer, qui ne souhaite pas vivre une relation exclusive.
5. Votre partenaire est ambivalent. Il veut vous garder, mais montre peu d'empressement; ou encore, il semble très amoureux un jour, et le lendemain, il agit comme si vous n'existiez pas.

---

Vous ne recherchez pas des partenaires qui n'offrent aucune stabilité, vous cherchez ceux qui offrent un certain espoir de stabilité, incomplet, un mélange d'espoir et de doute. Selon vous, il est possible que cette personne s'engage avec vous en permanence, ou du moins que vous parveniez à créer avec elle une meilleure stabilité.

Vous êtes attiré par des personnes relativement stables, capables d'un certain degré d'engagement, mais pas suffisamment pour que vous soyez sûr qu'elles resteront. L'instabilité amoureuse vous est familière, c'est un terrain connu. Vous n'avez jamais fait l'expérience d'autre chose. L'instabilité réactive votre schéma, stimule votre attirance. Vous restez passionnément amoureux. En choisissant des partenaires qui ne sont pas tout à fait disponibles, vous reproduisez l'abandon dont vous avez été victime quand vous étiez enfant.

## Comment nuire à une bonne relation

Même en présence d'un partenaire amoureux stable, vous devrez éviter certains pièges. Vous êtes encore susceptible de renforcer votre schéma «sentiment d'abandon».

---

### Les manifestations du sentiment d'abandon dans la relation amoureuse

1. Vous fuyez tout engagement amoureux même en présence d'un partenaire convenable, car vous appréhendez de perdre cette personne ou de trop vous attacher et ensuite souffrir.
2. Vous appréhendez à l'excès la mort ou la perte de votre partenaire, et alors, que deviendriez-vous?
3. Vous réagissez violemment aux paroles et aux actes peu importants de votre partenaire et vous les interprétez comme un désir de rupture.
4. Vous êtes extrêmement jaloux et possessif.
5. Vous vous accrochez à votre partenaire. Le garder est une obsession.
6. Vous ne tolérez aucune séparation, ne serait-ce que de quelques jours.
7. Vous n'êtes jamais certain que votre partenaire restera auprès de vous.
8. Vous vous mettez en colère et accusez votre partenaire de déloyauté et d'infidélité.
9. Vous devenez parfois distant, vous partez, vous rompez dans le but de punir votre partenaire de vous avoir laissé seul.

---

Il se peut que vous viviez une relation stable et saine, mais que vous persistiez dans votre impression qu'elle ne durera pas. C'est le cas d'Anita. Nous avons rencontré Claude à plusieurs reprises, et nous le croyons sincère dans son engagement et son mariage. Nous ne décelons aucun désir de rupture; au contraire, il semble très amoureux de sa femme. Mais Anita n'est jamais rassurée. Claude en ressent de la frustration, car il ne parvient pas à gagner sa confiance.

CLAUDE:

*Quoi que je fasse, elle doute de moi. Elle me rend fou. Elle me soupçonne surtout quand je pars en voyage d'affaires. Elle croit, à tort, que j'ai des aventures. J'en viens à me demander si ce n'est pas elle qui rêve de me tromper avec d'autres hommes. Pourquoi en parle-t-elle tout le temps?*

Vous pourriez affronter d'autres pièges du schéma «sentiment d'abandon», avoir des comportements qui repoussent votre partenaire. Par exemple, Lucille grossit les moindres différends au point qu'ils mettent sa relation amoureuse en péril. Elle exagère le sens des disputes tout comme Anita exagère le sens de ses séparations d'avec son mari quand il est en voyage d'affaires.

Lucille et Anita répètent sans cesse la même chose à leur partenaire: «Tu ne m'aimes pas vraiment», «Je sais que tu vas me quitter», «Je ne te manque pas», «Tu es content que nous soyons séparés». Nous savons que Lucille et Anita leur tiennent ces propos, car elles nous les tiennent aussi; elles semblent s'attendre que nous mettions fin à leur thérapie ou que nous déménagions notre pratique dans un lieu éloigné. Elles accusent constamment leur partenaire d'être indifférent, de vouloir partir. Lucille et Anita repoussent les personnes qu'elles aiment tout en s'accrochant désespérément à elles.

Devant la moindre menace à la stabilité de votre relation, vous avez une réaction émotive exagérée. Tout ce qui rompt le contact avec votre partenaire vous affecte: une séparation provisoire, la mention d'une personne qui éveille votre jalousie, une dispute, un changement d'humeur chez votre partenaire. Votre partenaire pense invariablement que votre réaction est excessive et vraisemblablement s'en étonne. Pourquoi en faire un tel plat? Claude nous décrit cette situation:

Claude:
*Elle m'accompagne à l'aéroport, et tout à coup, la voilà en larmes. On dirait que quelqu'un est mort. Tout cela me bouleverse. Je pars pour deux jours à peine, et elle réagit comme si nous divorcions.*

Une telle réaction peut sembler très exagérée aux yeux de quelqu'un qui ne possède pas un tel schéma.

Quand vous êtes seul, vous n'êtes pas bien dans votre peau; vous êtes anxieux, déprimé, distant. Vous avez besoin de sentir un contact avec votre partenaire. Dès qu'il s'absente, ce contact est rompu. Ce sentiment d'abandon persiste habituellement jusqu'à son retour. Vous pouvez vous en distraire, mais l'impression de rupture imminente demeure présent, à l'affût, prêt à vous engloutir. La majorité des personnes qui présentent le schéma «sentiment d'abandon» peuvent se distraire de leur anxiété jusqu'à un certain point, mais pas au-delà.

Plus vous savez vous distraire, plus vous êtes en mesure de rester seul longtemps. Moins vous y parvenez, plus vite l'autre personne vous manque, plus vite vous vous sentez perdu et ressentez le besoin de renouer le contact.

Anita:
*J'étais en train de faire du jardinage, je m'efforçais d'oublier que Claude était parti, et ma voisine est arrivée. En lui parlant, je me suis rendu compte qu'à première vue j'avais l'air de m'amuser, comme si j'appréciais vraiment ces moments de solitude.*

*Mais je ne m'amusais pas le moins du monde. J'avais plutôt l'impression de fuir,*
*et que lorsque je serais trop fatiguée pour fuir encore, mes émotions me rattra-*
*peraient.*

Le détachement est une façon de contre-attaquer le sentiment d'abandon.
Détachée, vous niez votre besoin de contact. C'est un défi que vous lancez: «Je
n'ai pas besoin de toi.» Une certaine colère, destinée en partie à punir, se mêle
habituellement à ce détachement. Vous punissez votre partenaire de s'être
éloigné de vous, de ne pas combler tous vos besoins. Si cela vous aide à affronter votre sentiment d'abandon, vous devez néanmoins en payer le prix: vous
réprimez vos émotions et devenez la proie d'une froide indifférence.

Une perte réelle, telle une rupture, est pour vous une expérience dévastatrice. Cela confirme votre intuition selon laquelle, quoi que vous fassiez, vous ne
connaîtrez jamais une relation stable. Il se peut que vous hésitiez à vous
engager de nouveau. Une partie de vous recherche le contact, une autre
appréhende l'abandon. Une partie de vous veut se rapprocher, l'autre est en
colère avant même que cette colère n'ait de cause. La relation commence à
peine, et vous avez l'impression que votre partenaire vous a déjà quitté.

## Les relations amicales

Si votre schéma «sentiment d'abandon» est très présent, il affecte
probablement vos autres relations, telles vos relations amicales. Les mêmes problèmes se présentent en amitié comme en amour, quoique avec moins d'intensité.

Vous doutez de la stabilité de vos amitiés. Vous ne croyez pas qu'elles
dureront. Vos amis entrent et sortent de votre vie. Vous êtes particulièrement
vulnérable à tout ce qui pourrait menacer vos contacts avec vos amis: un déménagement, une séparation, le fait qu'on ne retourne pas vos appels ou qu'on ne
vous rende pas la politesse de vos invitations, les différends, ou le fait qu'une
personne développe d'autres intérêts et d'autres amitiés.

LUCILLE:

*Je suis furieuse contre ma copine Valérie. Je l'ai appelée lundi; on est mercredi, et*
*elle n'a toujours pas retourné mon appel. J'ai l'intention de la rappeler et de lui dire*
*ma façon de penser. Elle n'a pas le droit de me traiter de cette façon!*

## Comment modifier votre schéma «sentiment d'abandon»

1. Analysez l'abandon dont vous avez été victime dans votre enfance.
2. Soumettez vos sentiments d'abandon à un contrôle. Sachez déceler votre vulnérabilité face à la perte d'êtres chers; votre terreur de la solitude; votre besoin de vous accrocher.
3. Analysez vos relations passées, faites la lumière sur les modes récurrents. Énumérez les pièges du sentiment d'abandon.
4. Évitez les partenaires incapables d'engagement, instables ou ambivalents même si vous ressentez pour eux une forte attirance.
5. Quand vous trouvez un partenaire stable et disposé à s'engager, ayez confiance en lui. Persuadez-vous qu'il sera toujours disponible et qu'il ne vous quittera pas.
6. Ne vous accrochez pas, ne soyez pas jaloux, ne réagissez pas à l'excès aux séparations normales de toute relation saine.

*1. Analysez l'abandon dont vous avez été victime dans votre enfance.*

En premier lieu, efforcez-vous de savoir si vous êtes biologiquement prédisposé à ce schéma. Avez-vous toujours été facile à émouvoir? Trouviez-vous pénible d'être séparé des êtres chers quand vous étiez enfant? Commencer l'école, dormir chez un camarade posait-il problème? Quand vos parents sortaient le soir ou s'absentaient pour quelques jours, en étiez-vous indûment bouleversé? Dans un lieu inconnu, vous accrochiez-vous davantage à votre mère que les autres enfants? L'intensité de vos émotions est-elle encore aujourd'hui un problème pour vous?

Si vous avez répondu à plusieurs de ces questions par l'affirmative, il se pourrait que la médication puisse vous venir en aide. Plusieurs de nos patients sont parvenus à contrôler leurs émotions à l'aide de médicaments. Si vous consultez un thérapeute, abordez cette question avec lui, ou demandez à un psychiatre d'évaluer votre cas.

Que vous ayez ou non une prédisposition biologique, vous devez vous efforcer de comprendre les circonstances qui ont contribué dans votre enfance à la formation de ce schéma. Choisissez un moment calme et serein et laissez émerger vos souvenirs d'enfance. Au début, n'essayez pas de les orienter, laissez les images surgir d'elles-mêmes.

Il vaut mieux partir d'un sentiment d'abandon que vous éprouvez dans votre vie actuelle. Lorsqu'un événement déclenche ce sentiment d'abandon, fermez les yeux et essayez de vous rappeler quand vous l'avez éprouvé auparavant.

LUCILLE:

*Depuis que Grégoire m'a dit qu'il songeait à rompre, je ne cesse d'y penser. Je m'impatiente avec tout le monde, même au travail. Je suis si furieuse. Je ne peux pas croire qu'il me ferait une chose pareille. Je l'appelle tout le temps. Je ne peux pas m'en empêcher. Il est de plus en plus fâché avec moi, mais je n'y peux rien.*

THÉRAPEUTE:

*Fermez les yeux et visualisez Grégoire. Que voyez-vous?*

LUCILLE:

*Je vois son visage, il me regarde, dégoûté, on dirait qu'il me trouve pathétique de vouloir tant m'accrocher à lui.*

THÉRAPEUTE:

*Que ressentez-vous?*

LUCILLE:

*Je le hais et en même temps je l'aime.*

THÉRAPEUTE:

*Visualisez une occasion où vous avez déjà ressenti cela. Remontez le plus loin possible dans votre passé.*

LUCILLE:

*(Pause.) Je me souviens d'être allée rendre visite à ma mère à l'hôpital. J'ai huit ans. Mon père m'amène voir ma mère à l'hôpital. Il me dit qu'elle a accidentellement avalé trop de pilules. Mais je sais qu'il se passe quelque chose. J'entre dans sa chambre, j'aperçois ma mère. Je la déteste, mais en même temps, je voudrais qu'elle rentre à la maison.*

Reliez le passé et le présent par l'imagerie mentale. Essayez de vous rappeler quand vous vous êtes senti abandonné pour la première fois.

### 2. *Soumettez vos sentiments d'abandon à un contrôle.*

Devenez conscient des sentiments d'abandon que vous ressentez maintenant dans votre vie. Habituez-vous à déceler les moments où le schéma «sentiment d'abandon» est activé. Subissez-vous une perte? Un membre de votre famille est sans doute malade, votre conjoint part en voyage, une relation a pris fin, un amant se montre instable, bouleverse votre vie, ou encore, vous fuyez toute éventualité de perte au point d'être complètement seul.

Voyez si vous pouvez reconnaître ce cycle d'abandon dans votre vie. Anita, Paul et Lucille l'ont tous clairement décelé dès qu'ils se sont efforcés de le chercher.

PAUL:

*C'est toujours la même chose. D'abord, je me rends compte que Francine ne rentrera pas à la maison, et je suis pris de panique. J'ai peur qu'il lui soit arrivé malheur, qu'elle ait eu un accident de voiture. Une seconde plus tard, je lui en veux tellement de me faire ça encore une fois que j'ai envie de la tuer quand elle rentrera.*

*Cela dure des heures, jusqu'à ce que je sois épuisé. Je m'étends, complètement déprimé, et j'essaie de dormir.*

*Quand elle se décide enfin à rentrer, la plupart du temps ça m'est devenu égal. Mais il arrive aussi que je me mette de nouveau en colère. Dans ces moments-là, j'ai du mal à ne pas la frapper.*

Laissez-vous éprouver tous les sentiments propres à ce cycle. Soyez conscient des phases du cycle que vous traversez.

Il importe que vous vous accordiez des moments de solitude si vous ne le faites pas déjà. Décidez de rester seul plutôt que de fuir. Anita dut apprendre à le faire. Au début de sa thérapie, elle s'efforçait frénétiquement d'éviter la solitude. Quelqu'un était toujours disponible, en personne ou au bout du fil, pour s'occuper d'elle quand elle en ressentait le besoin. Anita dut apprendre à supporter la solitude. Plus tard, elle apprit à l'apprécier.

ANITA:
*C'est si bon de ne pas toujours devoir manigancer pour ne pas être seule. Cela m'a beaucoup demandé, mais… je me dis que je peux très bien fonctionner seule, que je peux m'occuper de moi-même, que je ne risque rien à rester seule.*

Allez-y doucement. Passez du temps seul. Faites de ces moments de solitude des moments privilégiés. Adonnez-vous à des activités qui vous plaisent. Vos peurs s'estomperont. Si vous le faites assez souvent, votre peur vous quittera et vous connaîtrez la sérénité.

*3. Analysez vos relations passées, faites la lumière sur les modes récurrents. Énumérez les pièges du sentiment d'abandon.*

Énumérez vos relations amoureuses (liste). Qu'est-ce qui a mal tourné? La personne aimée vous couvait-elle? Vous accrochiez-vous à elle à tout prix? Cette personne était-elle instable? Quittiez-vous la personne aimée de peur qu'elle ne vous quitte d'abord? Êtes-vous attiré par des personnes susceptibles de vous quitter? Étiez-vous si jaloux et si possessif que vous faisiez fuir la personne aimée? Quel mode habituel de comportement ressort de cette analyse? Quels sont les pièges que vous devez éviter?

En préparant sa liste, Lucille a pu constater qu'elle avait multiplié les relations instables. En fait, sa relation avec nous lui procurait pour la première fois une présence sur laquelle elle pouvait compter. Selon nous, cette relation rassurait Lucille. Nous avons pu constater encore une fois combien une relation solide peut être importante, combien elle peut permettre à une personne de se fixer, de se recentrer, de se concentrer davantage sur sa vie.

*4. Évitez les partenaires incapables d'engagement, instables ou ambivalents même si vous ressentez pour eux une forte attirance.*

Efforcez-vous d'entrer en relation avec des personnes stables. Évitez les personnes qui vous entraîneront sur des montagnes russes, même si ce sont justement les personnes qui vous attirent le plus. Rappelez-vous que nous ne vous disons pas de ne fréquenter que des personnes qui ne vous attirent pas, mais qu'un désir sexuel intense pourrait bien être l'indice que ce partenaire réactive votre schéma «sentiment d'abandon». Si c'est le cas, la relation sera problématique et vous devriez y réfléchir à deux fois avant de vous y engager.

Au milieu de sa deuxième année de thérapie, Lucille s'est mise à fréquenter Richard, un collègue de travail (elle enseigne les beaux-arts dans une école secondaire). Avec lui, Lucille connut sa première relation amoureuse stable. Richard ne cacha pas ses sentiments à Lucille. Vers la fin de la deuxième année de thérapie de Lucille, il lui demanda de l'épouser. Autrefois alcoolique, il était sobre depuis douze ans. Il était toujours disponible affectivement pour Lucille. En fait, c'était un homme pondéré, aux sautes d'humeur rares et d'une patience infinie. Les personnes émotives se lient souvent à des personnes calmes et rationnelles. La constance de l'amour que Richard éprouvait pour Lucille a aidé cette dernière à contrôler l'intensité de ses émotions, tout comme sa relation avec nous.

Au début de sa relation avec Richard, Lucille était modérément attirée par lui, mais son désir s'accrut avec le temps. Contrairement à ce qui avait toujours été le cas, leur relation fut amicale pendant plusieurs mois avant qu'ils ne deviennent amants. La relation s'en trouva stabilisée. Lucille était moins vulnérable, elle ne s'accrochait pas autant et était moins portée à accuser son partenaire d'infidélité.

Paul s'est séparé de Francine. Il a fini par comprendre qu'elle ne changerait jamais, quoi qu'il fasse pour lui plaire. Bien qu'il ait prétendu ne jamais pouvoir s'intéresser à une autre femme, il a maintenant de nouvelles amies de cœur. Il apprend à se connaître dans le contexte d'une relation amoureuse. Mieux, il apprend à se protéger dans ses relations amoureuses. Il s'était toujours donné en entier, de sorte qu'il n'avait rien et l'autre personne avait tout. Si vous donnez tout de vous à l'autre, quand cette personne vous quitte, la catastrophe est inévitable. Paul apprend à garder une part de pouvoir dans une relation.

PAUL:

*J'avais toujours pensé qu'aimer une personne signifiait m'accrocher à elle. J'aurais fait n'importe quoi pour la garder. Mais je vois maintenant que je peux laisser partir une femme et que je survivrai quand même. Je peux permettre aux gens de partir. Au bout du compte, tout ira bien.*

5. *Quand vous trouvez un partenaire stable et disposé à s'engager, ayez confiance en lui. Persuadez-vous qu'il sera toujours disponible et qu'il ne vous quittera pas.*

Il est difficile d'avoir confiance quand on a souvent été abandonné. Mais c'est la seule façon de parvenir à rompre le cycle de l'abandon et à trouver l'amour. Quittez les montagnes russes. Oubliez l'amour sauvage et instable au profit d'un amour solide et constant.

Nos trois patients durent apprendre à avoir confiance. Anita dut apprendre que Claude était vraiment disponible, même pendant ses absences.

ANITA:

*C'est étrange, j'ai l'impression de vivre le dénouement du* Magicien d'Oz. *Ce que je cherchais était là, sous mon nez. Avec Claude, j'ai ce que j'ai toujours voulu, un homme disponible qui respecte mon indépendance.*

Paul et Lucille durent eux aussi apprendre à faire confiance à leur partenaire dans une relation amoureuse saine et engagée.

6. *Ne vous accrochez pas, ne soyez pas jaloux, ne réagissez pas à l'excès aux séparations normales de toute relation saine.*
Si votre relation avec un partenaire stable et engagé est bonne, dominez votre tendance à réagir à l'excès au moindre manque d'égards. Le mieux est de faire un travail sur vous-même. Analysez vos ressources, sachez que vous pouvez vous épanouir même si vous êtes seul. Pour vivre au jour le jour, rédigez des fiches, des aide-mémoire. Si vous consultez ces fiches chaque fois que votre schéma se manifeste, vous l'ébrécherez et en affaiblirez la portée.

Nous avons aidé Lucille à rédiger une fiche (voir ci-dessous) pour lui permettre de mieux vivre sa relation avec Richard. Elle s'en est servie pour éviter de s'accrocher à lui et de l'accuser, et pour renforcer sa confiance en lui et en elle-même quand elle sentait celle-ci faiblir.

---

### Fiche relative au schéma «sentiment d'abandon»

En ce moment, je suis dévastée parce que Richard s'éloigne de moi; je suis sur le point de me mettre en colère et de devenir exigeante.

Mais je sais que c'est mon schéma «sentiment d'abandon» qui se manifeste, que le moindre éloignement peut le déclencher. Je dois me rappeler que les gens s'éloignent parfois les uns des autres dans une bonne relation, que le retrait fait partie du rythme naturel des relations saines.

Si je me fâche ou m'accroche, je repousserai Richard encore davantage. Richard a le droit de prendre parfois ses distances.

Je devrais plutôt travailler sur mes pensées, et m'efforcer d'envisager notre relation à long terme. Compte tenu de la réalité, l'intensité de mes sentiments est excessive. Ce que je ressens est tolérable; je dois me rappeler que Richard et moi sommes toujours ensemble et que nous avons une bonne relation.

Le mieux serait que je m'occupe de ma propre vie, de ma propre évolution. Plus je serai heureuse par moi-même, plus je serai heureuse avec quelqu'un d'autre.

---

Si votre schéma «sentiment d'abandon» est très prononcé, si vous ne parvenez pas à entrer dans une relation satisfaisante, envisagez la thérapie. Une bonne relation avec un thérapeute peut favoriser l'émergence de relations satisfaisantes dans d'autres domaines de votre vie.

# 7

## «JE NE PEUX PAS TE FAIRE CONFIANCE»
## LE SCHÉMA «MÉFIANCE ET ABUS»

FRANÇOIS: TRENTE-DEUX ANS. IL EST MÉFIANT, TANT DANS SA VIE PERSONNELLE QUE DANS SA VIE PROFESSIONNELLE.

François consulte avec son épouse Adrienne. Ils ont des problèmes conjugaux.

FRANÇOIS:
*Je sais qu'elle m'aime, mais je n'ai pas confiance en elle. Je me dis que tout ça est une supercherie, qu'elle va un jour me regarder et dire: «O.K. c'est fini, je ne t'ai jamais vraiment aimé; je t'ai menti tout ce temps.»*
ADRIENNE:
*L'autre jour, j'étais à l'épicerie. J'ai rencontré mon amie Mélinda. Nous sommes allées prendre un café ensemble. Nous avons bavardé une demi-heure environ.*
*Quand je suis rentrée à la maison, François était hors de lui. «Où étais-tu, avec qui, qu'est-ce que vous avez fait?» Il m'a pris le bras et il s'est mis à me secouer. Il hurlait. J'ai eu très peur.*
FRANÇOIS:
*Oui. Je sais. Il faut que je me contrôle.*

François n'a pas davantage confiance en nous. Nous avons mis beaucoup de temps à gagner sa confiance. Après plusieurs mois de thérapie, il était encore très méfiant.

FRANÇOIS:
*Hier, au travail, je discutais avec mon patron. Il s'est mis à me dire que j'étais trop insistant avec les clients. Je ne voudrais pas sembler paranoïaque, mais cela ressemblait étrangement à ce dont nous avons parlé lors de notre dernière séance.*
*Je me suis dit: «Est-il possible que vous connaissiez mon patron, que vous ayez discuté de mon cas avec lui?»*
THÉRAPEUTE:
*Nous ne le connaissons pas. Et vous savez que nous ne parlerions de vous à personne sans votre permission écrite.*
FRANÇOIS:
*La coïncidence était étonnante. J'aurais juré que mon patron était au courant de nos conversations quand il m'a parlé.*
THÉRAPEUTE
*Nous ne ferions jamais une chose pareille. Souvenez-vous que nous sommes de votre côté.*

François et Adrienne ont deux enfants. Au cours de leur première séance, nous leur demandons si François a du mal à contrôler son humeur avec ses enfants.
— Non, répondent-ils.
François est merveilleux avec les enfants.

FRANÇOIS:
*Non. Pour ça, non. J'ai eu une enfance terrible. Mon père me battait. Je me suis juré que mes enfants auraient une vie meilleure. Je n'ai jamais levé la main sur eux et je ne le ferai jamais.*

En fait, François n'a perdu patience qu'une seule fois depuis qu'il est adulte, il y a quatre ans, quand il buvait. Depuis, il n'a plus touché à l'alcool.
Nous sommes très bien disposés envers François. Il s'efforce beaucoup d'être une bonne personne, en dépit d'une enfance qui risquait de le faire mal tourner.

> **MADELEINE:** VINGT-NEUF ANS. ELLE N'A JAMAIS CONNU DE RELATION AMOU-
> REUSE DE LONGUE DURÉE.

Madeleine consulte pour ses problèmes de relations avec les hommes.

MADELEINE:
*Je suppose que je suis ici parce que je me demande si je connaîtrai jamais une relation amoureuse normale.*
*Au début de la vingtaine, je buvais beaucoup et j'avais des relations sexuelles avec des types que je connaissais à peine. Je n'avais aucun discernement. J'ai arrêté de boire il y a deux ans et, depuis, je n'ai pas eu un seul amant.*
*L'autre soir, j'étais à une réunion d'amis. Je parlais à un type. Il avait l'air très bien. Plus tard, pendant que nous dansions, il m'a serrée contre lui et il m'a donné*

*un petit baiser. Je me suis mise en colère et je suis partie. Ce soir-là, j'ai décidé de consulter un thérapeute.*

Madeleine croit que les hommes ne cherchent qu'à se servir d'elle, à abuser d'elle.

Thérapeute:
*D'où vient cette façon d'être avec les hommes?*
Madeleine:
*Oh, je sais d'où cela vient. Cela remonte à quand j'avais neuf ans. Ma mère a épousé mon beau-père. Il a abusé de moi sexuellement pendant les trois années de leur mariage. (Elle pleure.) Excusez-moi. Je n'ai pas l'habitude de parler de ces choses-là.*
Thérapeute:
*Où était votre mère?*
Madeleine:
*Elle était trop engourdie par les calmants pour savoir ce qui se passait.*

Madeleine voudrait se marier et avoir des enfants, mais elle craint de ne jamais pouvoir laisser un homme s'approcher d'elle.

# Questionnaire relatif au schéma «méfiance et abus»

Ce questionnaire vise à évaluer l'importance de ce schéma. Répondez aux questions qui suivent en utilisant l'échelle ci-dessous.

## Échelle de cotation

Dans mon cas, l'énoncé est:
1. Absolument faux.
2. Faux dans l'ensemble.
3. Plus vrai que faux.
4. Modérément vrai.
5. Vrai dans l'ensemble.
6. Absolument vrai.

Si vos réponses comportent des 5 ou des 6, il se peut que ce schéma s'applique à vous, même si votre score total est bas.

| Pointage | Énoncés |
|---|---|
| | 1. Je m'attends qu'on me blesse ou qu'on se serve de moi. |
| | 2. Les personnes proches de moi ont abusé de moi toute ma vie. |
| | 3. Ce n'est jamais qu'une question de temps avant que les personnes que j'aime me trahissent. |
| | 4. Je dois me protéger et rester sur mes gardes. |
| | 5. Si je ne me méfie pas, on profitera de moi |
| | 6. Je teste les gens pour vérifier s'ils sont de mon côté. |
| | 7. Je me hâte de blesser les autres avant qu'eux-mêmes ne me blessent. |
| | 8. J'ai peur de laisser les gens s'approcher, car je crains qu'ils me fassent du mal. |
| | 9. Je suis furieux de ce qu'on m'a fait. |
| | 10. Les personnes en qui j'aurais dû avoir confiance ont abusé de moi physiquement, verbalement ou sexuellement. |
| | VOTRE TOTAL: (Additionnez vos points pour les questions 1 à 10.) |

### Interprétation des résultats

10-19   Très bas. Ce schéma ne vous affecte sans doute pas du tout.

20-29   Assez bas. Ce schéma vous affecte sans doute à l'occasion.

30-39   Modéré. Ce schéma est un problème pour vous.

40-49   Élevé. Ce schéma joue un rôle important dans votre vie.

50-60   Très élevé. Il s'agit d'un schéma fondamental dans l'organisation de votre personnalité.

## L'abus

L'abus engendre un ensemble complexe d'émotions: la douleur, la peur, la rage, la peine. Ces émotions sont puissantes et bouillonnent à la surface. En présence de patients qui ont été victimes d'abus, nous sommes conscients de ces émotions. Ces patients ont beau être calmes en apparence, leur présence dans la pièce dégage une grande intensité. Ils semblent sur le point d'éclater comme une digue qui se brise.

Vos humeurs sont sans doute volatiles. Subitement, vous êtes bouleversé, vos larmes ou votre colère subite stupéfient votre entourage. Les éclats de colère de François envers sa femme et les crises de larmes subites de Madeleine en témoignent.

À d'autres moments, vous décrochez, c'est ce qu'on appelle la dissociation. Vous semblez être ailleurs. Tout ce qui vous entoure vous paraît irréel. Vos émotions s'engourdissent. Cette réaction vous a permis d'échapper psychologiquement à l'abus.

ADRIENNE:
*Quand François n'a pas envie de parler, on dirait qu'il s'éteint. Clic, il est parti. Je n'existe plus.*

FRANÇOIS:
*Je sais ce qu'elle veut dire. Je sais que j'agis ainsi. Ce n'est pas délibéré, ça arrive tout seul. On dirait que je ne veux pas faire face à quelque chose, alors mes émotions sont coupées.*

Toute relation est douloureuse pour vous. Elle n'est pas une occasion de détente et d'abandon. Elle est le règne du danger et de l'imprévisible. On vous blesse, on vous trahit, on se sert de vous. Vous devez constamment rester sur vos gardes. Il vous est difficile de faire confiance aux autres, même à vos proches. En fait, les personnes les plus proches de vous sont celles en qui vous avez le moins confiance.

Vous supposez que tout le monde vous veut secrètement du mal. Lorsqu'on a un geste délicat envers vous, vous cherchez l'arrière-pensée qui le motive. Vous vous attendez qu'on vous mente et qu'on profite de vous.

MADELEINE:
*D'habitude, je me dis peu importe que le type soit gentil. Je sais ce qui l'intéresse vraiment.*

THÉRAPEUTE:
*Et qu'est-ce qui l'intéresse?*

MADELEINE:
*Le sexe. Rien que le sexe.*

La méfiance et l'abus engendrent l'hypervigilance. Vous êtes sans cesse sur vos gardes. La menace peut surgir à tout instant. Vous devez être à l'affût du moment où l'on se retournera contre vous. Vous guettez, et vous attendez.

Cette attitude vise la société en général ou certains types de personnes. Par exemple, François avait tendance à se méfier de tout le monde, alors que Madeleine se méfiait surtout des hommes. (Elle avait des problèmes avec les femmes aussi, mais ils étaient davantage liés au sentiment d'abandon.)

Le type de souvenir que vous gardez des abus subis dans votre enfance est important. Vous pouvez n'avoir rien oublié, vos souvenirs vous hantent. Tout vous rappelle ce que vous avez vécu.

MADELEINE:
*Le plus souvent, je déteste faire l'amour. Des images de mon beau-père me reviennent tout le temps en tête. Dans ces moments-là, j'ai des bouffées de dégoût.*

Vous pourriez d'autre part n'avoir qu'un vague souvenir de ces abus. Des plages entières de votre enfance sont floues et nébuleuses.

MADELEINE:

*Il y a un tas de choses que j'ignore à propos de cette époque. Je ne sais pas combien de temps cela a duré, par exemple. Je dis que cela a duré tout le temps de leur mariage, mais en réalité, je n'en sais rien. Mais j'ai l'impression que tout a duré très longtemps.*

Il se peut que vous n'ayez pas de souvenir direct, mais que vous vous remémoriez ces incidents dans vos rêves, vos cauchemars, vos fantasmes, dans les images inattendues qui surgissent à votre esprit, ou lorsqu'un événement vous bouleverse parce qu'il réveille vos souvenirs. Votre corps se souvient, même lorsque vous-même avez oublié.

FRANÇOIS:

*Quelque chose de bizarre s'est produit l'autre jour. Je suis entré dans le casier de rangement que j'ai construit, et quand j'ai voulu faire de la lumière, l'ampoule était grillée. Je suis resté là, dans l'obscurité, et soudain j'ai eu des sueurs froides. J'étais pétrifié.*

THÉRAPEUTE:

*Pouvez-vous fermer les yeux et revivre cet instant?*

FRANÇOIS:

*Oui.*

THÉRAPEUTE:

*Maintenant, décrivez-moi l'image d'une situation antérieure associée au même sentiment.*

FRANÇOIS:

*Je me revois enfant, je suis dans un placard, il fait noir, je tremble.*

THÉRAPEUTE:

*De quoi avez-vous peur?*

FRANÇOIS:

*Mon père me cherche. C'est étrange. Je n'avais pas fait le lien. C'est pour cela que j'avais si peur.*

Il se peut que se produise parfois un rappel du passé, que votre souvenir soit si tangible que vous avez l'impression de revivre le même incident. Mais c'est dans vos relations présentes que le fait de vous remémorer cet abus comporte le plus de dangers. Vous revivez la violence subie dans votre enfance.

L'anxiété et la dépression sont des conséquences fréquentes de l'abus. Votre vie vous jette peut-être dans un désespoir profond. Vous ne vous estimez guère et vous êtes convaincu de votre indignité.

## Les origines du schéma «méfiance et abus»

Ce schéma est issu des abus, des manipulations, des humiliations, des trahisons subies dans l'enfance.

1. Durant votre enfance, un membre de votre famille vous a infligé des violences physiques.
2. Durant votre enfance, un membre de votre famille a abusé de vous sexuellement, ou a eu des nombreux attouchements inconvenants.
3. Un membre de votre famille vous a souvent humilié, taquiné, ou déprécié (violence verbale).
4. Vous ne pouviez faire confiance à certains membres de votre famille. (Ils trahissaient vos secrets, exploitaient vos faiblesses à leur avantage, vous manipulaient, vous faisaient des promesses qu'ils n'avaient pas l'intention de tenir, vous mentaient.)
5. Un membre de votre famille semblait prendre plaisir à vous voir souffrir.
6. On vous forçait à obéir en vous menaçant des pires punitions.
7. Un de vos parents vous enjoignait toujours de ne jamais faire confiance à quelqu'un qui ne soit pas de la famille.
8. Votre famille était contre vous.
9. Un de vos parents recherchait votre affection physique d'une manière inconvenante ou qui vous rendait mal à l'aise.
10. On vous injuriait d'une manière très blessante.

Toute forme d'abus est une violation des frontières de l'individu. On ne respectait pas vos limites physiques, sexuelles ou psychologiques. Un membre de votre famille qui avait le devoir de veiller sur vous vous a délibérément blessé. Enfant, vous étiez sans défense.

Dans le cas de Madeleine, on a violé ses frontières sexuelles. L'amour entre sa mère et son beau-père s'étant refroidi, sa mère a développé une dépendance aux tranquillisants. (Les drogues et l'alcool interviennent souvent dans les milieux violents.) Son beau-père s'est tourné vers elle pour apaiser sa soif d'affection.

MADELEINE:
*Tout était normal au début, il me serrait dans ses bras et il m'embrassait. J'aimais beaucoup mon beau-père. Il semblait se préoccuper de moi. Au début, j'aimais bien qu'il m'étreigne et m'embrasse.*

Voilà un scénario fréquent. Les parents sont en conflit ou se distancent l'un de l'autre, et l'un d'eux cherche un substitut auprès de l'enfant. L'enfant peut apprécier au début l'attention qu'il reçoit, réaction dont il pourrait se culpabiliser plus tard.

L'affection du beau-père versa dans l'inceste. Madeleine n'en fut pas immédiatement consciente.

MADELEINE:
*Mais j'ai fini par me rendre compte que quelque chose clochait. Je me souviens qu'il avait pris l'habitude de faire la sieste avec moi sur le canapé. Il m'entourait de ses bras, et il me touchait, comme par inadvertance, ou il se frottait contre moi.*

Il importe de savoir qu'il existe toute une gamme d'abus sexuels. Dans certains cas, l'acte sexuel est complet, dans d'autres, l'abus se limite aux attouchements et aux caresses. Le facteur le plus important est sa conséquence sur la victime. Si celle-ci éprouve un réel malaise à de simples attouchements, l'on peut dire presque certainement qu'il y a abus sexuel.

Lorsque l'enfant est persuadé d'avoir permis ou encouragé cet abus, ou d'y avoir pris plaisir, il peut s'en culpabiliser plus tard. Madeleine a permis à son beau-père de la toucher.

MADELEINE:
*Je restais étendue. On aurait dit que j'étais incapable de bouger.*
THÉRAPEUTE:
*Vous aviez l'impression de ne pas pouvoir vous défendre et vous en étiez terrifiée.*

En outre, Madeleine ressentait une certaine excitation sexuelle lors de ces rapports incestueux. Elle en était troublée, se sentait sale et honteuse.

Vous devez comprendre que vous n'êtes aucunement responsable. Le fait d'avoir permis l'abus ou d'en avoir ressenti du plaisir ne fait pas de vous une personne coupable. Votre jeune âge vous absout. Si les adultes de votre famille, qui sont plus grands et plus forts, outrepassent vos frontières personnelles, vous n'y pouvez pas grand-chose. De telles situations sont extrêmement complexes. Vous n'aviez pas la responsabilité de votre propre protection; cette responsabilité incombait à votre famille.

Le fait que personne n'ait veillé sur elle est extrêmement douloureux pour Madeleine.

MADELEINE:
*Ils se fichaient pas mal de ce qui pouvait m'arriver. Tous les deux. Ils étaient ma mère et mon beau-père, et ils se fichaient de ce qui m'arrivait.*

L'abus sexuel viole autant votre esprit que votre corps. Peu importe ce que vous ressentiez, vous étiez innocent. On a trahi votre innocence et votre confiance.

Le secret qui entoure l'abus sexuel est une autre source de culpabilité et de honte. Le beau-père de Madeleine lui enjoignait de ne pas dévoiler leur petit secret.

THÉRAPEUTE:

*Pourquoi n'avez-vous rien dit à votre mère?*

MADELEINE:

*Dès le début, il m'avait dit de ne rien dire. Et aussi, j'avais trop honte pour avouer quoi que ce soit à ma mère. Vous êtes la première personne à qui j'avoue ces choses. Je ne pouvais pas en parler à ma mère. Et puis, j'avais peur que cela détruise notre famille.*

*Je m'efforçais d'empêcher ma mère de prendre des calmants. Il le faisait surtout quand elle était assommée par les calmants. Je la suppliais de ne pas en prendre. Elle aurait dû s'apercevoir de quelque chose. Mais elle ne pouvait pas se passer de ses pilules.*

Dans presque toutes les formes d'abus, la victime a le sentiment de n'être pas protégée. Un parent abuse de vous, l'autre ne fait rien pour empêcher cette situation. Tous les deux vous laissent tomber.

Nous savons tous comment réagir si un inconnu en vient à abuser de nous. Nous devons nous défendre, appeler à l'aide, tenter de fuir. Toutes ces options sont problématiques quand on est un enfant et que l'agresseur est un être cher. Au fond, vous toldériez l'abus parce qu'il vous fallait préserver la relation que vous aviez avec la personne chère. Il s'agissait de votre père ou de votre mère, de votre frère ou de votre sœur. Il se peut qu'un rapport basé sur l'abus ait été la seule relation possible avec cette personne, sans quoi la solitude aurait été votre lot. Pour la plupart des enfants, un contact, quel qu'il soit, même un contact fondé sur l'abus, vaut mieux que pas de contact du tout.

Les trois formes d'abus — physique, sexuel et verbal — comportent plus de similitudes que de différences. Tous trois se composent d'un mélange étrange d'amour et de souffrance. Psychologiquement, François et Madeleine ont fait de l'abus une expérience similaire. Mais puisque dans le cas de François cet abus provenait de son père naturel, qu'il était en très bas âge et que la violence s'est exercée plus longtemps, le schéma de François est plus sévère que celui de Madeleine.

François se souvient d'avoir vécu dans un état de terreur perpétuelle. Les fureurs de son père étaient imprévisibles.

FRANÇOIS:

*On ne savait jamais quand il éclaterait. Nous avions une conversation normale et, subitement, il se mettait à hurler ou à brandir le poing. Parfois il s'en prenait à mon frère, parfois à moi. Nous avions l'impression de vivre dans la maison d'un géant fou.*

*Même quand tout semblait normal, ça ne l'était pas. Nous n'avions aucune zone de sécurité.*

À ce jour, François ne se sent pas en sécurité. Cette question l'occupe sans cesse et l'empêche de se concentrer sur autre chose. Une part de lui est toujours à l'affût d'une menace.

Il n'est pas aisé de faire comprendre combien le monde semble chaotique et menaçant à un enfant victime de l'envahissement et du préjudice d'un être proche. Le sentiment de sécurité fondamental que nous tenons si facilement pour acquis n'existe pas.

Dans tous les cas d'abus que nous avons rencontrés en notre qualité de thérapeutes, l'acteur de l'abus fait en sorte que l'enfant se sente méprisable. Il le blâme, et l'enfant accepte ce blâme.

FRANÇOIS:

*Je croyais que cela se produisait parce que j'étais méchant. J'étais maladroit, j'avais des tas d'ennuis. Mon père me disait que je brûlerais en enfer. Je le croyais. Je pensais que toutes ces choses m'arrivaient parce que j'étais un enfant méprisable.*

Le mauvais traitement engendre un sentiment d'intense imperfection. Vous avez honte de ce que vous êtes. Vous n'êtes digne de rien. Vous n'avez aucun droit, pas même celui de vous affirmer. Vous n'avez d'autre choix que laisser votre bourreau abuser de vous et se servir de vous. Vous avez l'impression que c'est tout ce que vous méritez.

La défense ultime de l'enfant est d'ordre psychologique. Quand la réalité est trop éprouvante, il lui reste la possibilité de fuir mentalement. Selon la sévérité de l'abus dont vous avez été victime, il se peut que vous ayez présenté un état dissociatif pendant une partie de votre enfance. Sans doute avez-vous appris à utiliser la dissociation quand la violence s'exerçait. C'était une façon adéquate de vous adapter compte tenu des circonstances.

MADELEINE:

*Quand il se mettait dans cet état, j'imaginais que j'étais un ballon orange qui flottait dans l'espace. Rien n'était vrai et rien ne pouvait m'affecter.*

La dissociation vous permettait peut-être de vous retirer émotionnellement d'une situation pour être en mesure de passer au travers.

La dissociation agit de telle sorte que les événements semblent avoir lieu dans un monde à part, en dehors du reste de votre vie. Ainsi, vos relations avec la personne qui abusait de vous pouvaient apparaître relativement normales dans d'autres circonstances.

MADELEINE:

*C'était si étrange, bien que, sur le coup, je n'y aie pas pensé. Nous avions des relations sexuelles le soir, et le lendemain matin, je me levais, je descendais à la cuisine et je bavardais avec lui et avec ma mère au petit déjeuner. On aurait dit que la nuit précédente s'était déroulée dans un autre univers.*

Dans les cas d'abus extrême, la dissociation peut engendrer la formation de personnalités multiples.

Les crises de colère de François sont des contre-attaques qui lui permettent de faire face aux menaces de violence. Parfois il ressemble à son père. L'enfant imite le comportement de la personne qui l'a violenté. Ainsi, il se sent plus fort.

FRANÇOIS:
*J'avais l'habitude de tabasser mon petit frère. Je le regrette beaucoup. Je le tabassais exactement comme mon père me tabassait.*

Une des contre-attaques les plus fréquentes chez les personnes dont le schéma est celui de la méfiance et de l'abus consiste à violenter une tierce personne, perpétuant ainsi le cycle de l'abus. La victime devient parfois bourreau. De fait, la majorité des agresseurs d'enfant ont été eux-mêmes abusés comme enfants. Le cas du père de François est exemplaire:

FRANÇOIS:
*Je sais pourquoi mon père a agi ainsi avec moi. Il a lui-même été victime de violence. Son père le battait.*

Par ailleurs, l'inverse n'est pas nécessairement vrai. La plupart des victimes d'abus ne deviennent pas forcément violentes à l'âge adulte. Malgré ses crises de colère, François n'abuse pas de ses enfants. Il a rompu le cycle.

Mais plusieurs victimes d'abus qui ne recourent pas elles-mêmes à la violence, rêvent de violenter ou de blesser quelqu'un.

FRANÇOIS:
*Je me souviens, quand j'étais petit, il y avait un instituteur qui me donnait du fil à retordre. Il me méprisait devant toute la classe. Je le détestais. J'avais l'habitude de m'imaginer que je le ligotais à une chaise et que je lui donnais des coups de poing dans l'estomac jusqu'à ce qu'il me supplie d'arrêter.*

Il se peut que vous vous montriez agressif envers vos semblables de temps à autre, que vous preniez plaisir à les voir souffrir, que vous soyez manipulateur ou injurieux. C'est votre côté sadique, un côté que vous trouvez certes méprisable. C'est ce côté qui contre-attaque en imitant la personne qui vous a fait du mal.

Le père de François usait aussi de violence verbale. La sévérité qui favorise la formation du schéma «sentiment d'imperfection» peut verser dans la violence verbale lorsque intervient un désir de blesser. On vous humilie délibérément et l'on cherche à vous avilir.

FRANÇOIS:

*Il adorait me faire pleurer. Il trouvait ça drôle. Je résistais tant que je pouvais, mais il s'acharnait sur moi.*

THÉRAPEUTE:

*Que vous disait-il?*

FRANÇOIS:

*Il m'insultait, il me traitait de lavette, de taré, de nul. Il le faisait devant mes frères et devant mes amis. Il prenait plaisir à me mettre au supplice. Je jure que c'est la vérité.*

Le père de François semblait haïr son fils. On comprend mal comment un père peut éprouver une telle haine pour son enfant. La vulnérabilité de François lui était en quelque sorte intolérable. Il ressentait le besoin de la détruire, de l'effacer. Le père de François était dominé par son propre schéma «méfiance et abus». Il avait appris à compenser pour sa propre enfance, placée sous le signe de la violence, en devenant l'agresseur.

L'enfant d'un parent sadique a de graves problèmes. Il lui est difficile d'émerger indemne d'une telle situation. Certains parents peuvent se servir froidement de leur progéniture et lui faire du mal. De tels parents passent habituellement à l'attaque quand l'enfant est encore en bas âge, quand il n'a pas cinq ans, par exemple. Ainsi, ils n'ont pas à craindre que l'enfant les dénonce ou qu'on s'aperçoive de quelque chose.

Une forme moins grave de ce schéma consiste à reproduire un comportement abusif ou méfiant dont on a été non pas tant victime, mais témoin. L'un de vos parents était peut-être une personne manipulatrice, dépourvue de sens moral en amitié ou en affaires. Ou bien, un parent vous aura manipulé ou aura trahi vos secrets. Vous avez appris que les gens sont ainsi faits et vous vous attendez que tout le monde agisse de la sorte.

## Signaux de danger dans vos relations amoureuses

Vous ressentez peut-être une forte attirance pour des personnes abusives ou qui ne méritent pas votre confiance. Voici les signaux de danger à surveiller.

1. Il a un tempérament explosif qui vous effraie.
2. Il perd tout sens de la mesure quand il abuse de l'alcool.
3. Il vous déprécie devant vos amis et les membres de votre famille.
4. Il vous rabaisse, vous critique, vous rend méprisable à vos propres yeux.
5. Il ne respecte pas vos besoins.
6. Il ferait n'importe quoi, du mensonge à la manipulation, pour obtenir ce qu'il veut.
7. Il est plutôt arnaqueur en affaires.

> 8. Il est une personne sadique ou cruelle et semble prendre plaisir à vous voir souffrir ou à voir souffrir les autres.
> 9. Il vous frappe ou vous menace quand vous ne lui obéissez pas.
> 10. Il vous force à avoir des rapports sexuels même quand vous ne voulez pas.
> 11. Il exploite vos faiblesses à son avantage.
> 12. Il est infidèle (a des aventures à votre insu).
> 13. Il est peu fiable et profite de votre générosité.

Une des caractéristiques les plus déconcertantes du comportement humain est celle qui nous incite à reproduire sans cesse les mêmes scénarios autodestructeurs. C'est la «compulsion de répétition» de Freud. Pourquoi une personne victime d'abus dans son enfance désirerait-elle revivre une autre relation de violence? C'est insensé, mais c'est pourtant ce qui se produit.

Vous constaterez sans doute que vous éprouvez une forte attirance pour les personnes violentes. Les personnes qui se servent de vous, qui vous frappent, vous violent, vous insultent ou vous méprisent sont celles qui vous attirent le plus. C'est là une des conséquences les plus dévastatrices de l'abus dont vous avez été victime dans votre enfance. À l'âge adulte, vous recherchez les relations de violence, de sorte que vous ne pouvez jamais vous en affranchir à moins d'entrer en thérapie.

Reportons-nous, en guise d'exemple, aux relations que Madeleine entretenait avec les hommes au début de la vingtaine. Puisqu'elle abusait des drogues, il va de soi que la plupart de ses amants en dépendaient aussi.

MADELEINE:
*Ma relation la plus longue a été celle que j'ai eue avec Réal. Je le vois encore de temps à autre. Il était un cocaïnomane avancé. Il me volait mon argent. Il a même essayé de me faire coucher avec un type pour pouvoir obtenir de la poudre.*

Les toxicomanes sont les personnes les plus susceptibles d'abuser et de profiter de vous. Mais même les amants de Madeleine qui ne s'adonnaient pas aux drogues abusaient d'elle sexuellement. Le plus souvent, «ils se servaient de moi sexuellement, puis ils me laissaient tomber». Pendant plusieurs années, la vie de Madeleine fut une suite ininterrompue de relations abusives.

Quand nous lui avons demandé pourquoi elle permettait cela, elle a répondu: «Je tombais amoureuse de ces hommes-là. De toute façon, c'était mieux que rester seule.» Nous ne pensons pas que de telles relations soient préférables à la solitude. La solitude permet au moins de guérir, de retrouver son estime de soi, de dénicher un partenaire qui saura mieux vous traiter.

# Effets du schéma «méfiance et abus» dans les relations personnelles

Le tableau suivant énumère les effets à long terme de ce schéma dans les relations personnelles. Ils sont nombreux, car l'abus est un problème grave.

1. Vous croyez toujours qu'on profite de vous, même quand rien ne le prouve.
2. Vous permettez aux autres de vous maltraiter parce que vous en avez peur ou que vous pensez ne pas mériter mieux.
3. Vous vous empressez d'attaquer les autres de peur qu'ils vous attaquent ou vous méprisent.
4. Vous n'aimez pas beaucoup faire l'amour; vous le faites par devoir ou sans plaisir.
5. Vous hésitez à parler de vous, car vous appréhendez qu'on utilise cette information pour vous faire du tort.
6. Vous n'aimez pas montrer vos faiblesses de peur qu'on en profite.
7. Les gens vous rendent nerveux, car vous craignez qu'ils vous humilient.
8. Vous cédez trop facilement à la volonté des autres parce que vous avez peur d'eux.
9. Vous avez l'impression que les autres se réjouissent de vos souffrances.
10. Vous avez un côté sadique ou cruel, même si vous ne le montrez pas.
11. Vous permettez aux autres d'abuser de vous, «car c'est préférable à la solitude».
12. Vous vous méfiez des hommes/des femmes.
13. De grands pans de votre enfance échappent à votre souvenir.
14. Quand une personne vous fait peur, vous décrochez de vous-même, comme si une partie de vous s'absentait du réel.
15. Vous pensez souvent que les gens nourrissent des arrière-pensées, des intentions cruelles, même quand rien ne le prouve.
16. Vous avez souvent des fantasmes sado-masochistes.
17. Vous évitez l'intimité avec les hommes/les femmes, car vous vous méfiez d'eux/d'elles.
18. Les hommes/les femmes vous effraient et vous ne comprenez pas les raisons de cette peur.
19. Vous vous êtes parfois montré violent ou cruel envers d'autres personnes, en particulier envers vos proches.
20. Vous vous sentez souvent impuissant dans vos relations personnelles.

Si vous vivez une relation saine, il se peut que votre comportement la transforme en relation de violence. Vous assumez un rôle soit de victime, soit de bourreau. Quoi qu'il en soit, vous reproduisez les abus vécus dans votre enfance.

Il est très facile de faire en sorte qu'un partenaire qui vous respecte ait l'air violent. Il suffit d'interpréter le sens de ses paroles pour transformer une remarque innocente en insulte. Il suffit de lui faire passer des tests dont le résultat, même heureux, ne vous convainc pas. Il suffit de l'accuser de vouloir vous faire du mal quand c'est faux. Il suffit d'exagérer ses actes déloyaux et de minimiser ses gestes d'affection. Ainsi, même s'il vous traite bien, vous avez l'impression qu'il vous maltraite.

L'attitude de François envers sa femme illustre très bien ce processus. Selon toute vraisemblance, Adrienne méritait sa confiance.

THÉRAPEUTE:

*Selon vous, y a-t-il des circonstances où elle a délibérément voulu vous faire du mal?*

FRANÇOIS:

*Juste avant notre mariage, elle est sortie avec ce type, Joseph, dans mon dos.*

ADRIENNE:

*Mais enfin! C'est révoltant! Il me ressasse toujours cette histoire! Avant notre mariage, Joseph, mon ex, ma donné rendez-vous pour le déjeuner. Il a dit que c'était important. J'ai accepté de le voir, mais je n'en ai rien dit à François parce que je savais qu'il ne comprendrait pas. Cela ne voulait rien dire pour moi!*

THÉRAPEUTE:

*Que voulait Joseph?*

ADRIENNE:

*Il désirait savoir s'il nous était encore possible de reprendre. Ça ne l'était pas, et je le lui ai dit. Ce fut tout! Je n'ai rien fait! Je voulais seulement quitter Joseph en douceur. J'aimais François, et je l'aime encore.*

THÉRAPEUTE:

*Vous avez souvent discuté de cet incident?*

ADRIENNE:

*Vous ne pouvez pas imaginer combien de fois il a ramené cette histoire sur le tapis.*

THÉRAPEUTE:

*(À François.) Y a-t-il eu d'autres occasions où Adrienne aurait voulu vous faire du mal?*

FRANÇOIS:

*Non. Je veux dire, je sais qu'elle a raison. Mais c'est un risque que je ne peux pas prendre. Je ne peux pas lui faire confiance. Je n'arrive pas à croire qu'elle ne me laissera pas tomber.*

Dans son enfance, François a sans doute énormément souffert de voir ses espoirs déçus. Il a mis très longtemps à accepter un tel risque.

Si les abus subis ont occupé une grande place dans votre vie, il se peut que vous soyez aujourd'hui persuadé qu'on ne peut faire confiance à personne. Vous croyez que tout le monde vous veut du mal et se réjouit en secret de votre souffrance. C'est une impression qui sous-tend toutes vos relations, l'impression que vous ressentez dès qu'on s'approche de vous.

Vous agissez peut-être aussi de manière à pousser votre partenaire, qui par ailleurs vous traiterait bien, à vous maltraiter. Pour ce faire, vous minimisez votre rôle dans la relation: vous cédez trop facilement aux volontés de l'autre, vous vous dépréciez, vous laissez votre partenaire profiter de vous, vous lui faites comprendre que vous ne méritez pas son respect.

> MADELEINE:
> *Souvent, les hommes couchaient avec moi, puis ils se disaient qu'ils étaient supérieurs à moi. Je me souviens de l'un d'eux, Alain; il me plaisait vraiment beaucoup. À cette époque, quand je couchais avec un tas de types, il était le seul qui m'ait vraiment plu.*
> *Je lui disais toujours: «Tu te crois supérieur à moi parce que j'ai couché avec toi dès le premier soir.» Ou bien, «tu te crois supérieur parce que j'ai eu des tas d'amants».*
> THÉRAPEUTE:
> *Que s'est-il passé?*
> MADELEINE:
> *Je suppose que j'ai dû le convaincre, parce qu'il m'a laissée tomber.*

Non seulement Madeleine se dépréciait, mais elle était aussi incapable de se défendre. Quand un homme se montrait cruel envers elle, elle figeait, comme lorsqu'elle était petite. Elle ne pouvait pas s'affirmer. «Quoi qu'ils fassent, j'étais incapable de dire non.»

Vous versez peut-être dans l'excès contraire en étant agressif, en recourant à la contre-attaque comme solution. Vous pensez que «le meilleur moyen de se défendre consiste à attaquer». Puisque vous croyez qu'on vous attaquera, vous damez le pion à votre ennemi en attaquant d'abord. Vous ne vous rendez pas compte que le temps passe et que vous êtes le seul à attaquer.

> ADRIENNE:
> *Il est toujours en train de m'accuser, mais, entre-temps, c'est lui qui me tombe dessus. Il dit que je le déprécie; c'est faux. Je fais très attention à ça. Je sais que ça le bouleverserait.*
> *L'autre soir, il a failli tomber en glissant sur une plaque de glace. Quand je lui ai demandé s'il s'était fait mal, il s'est mis à m'injurier. Il pensait que je me moquais de lui. Je jure que c'est faux. Je voulais seulement savoir si tout allait bien.*
> *Ça me déçoit tellement. Il agit comme si j'étais son ennemie.*

Il arrive que l'autre personne réponde par l'agressivité à votre agressivité. Vos crises de colère provoquent précisément la situation que vous espérez éviter. Ou bien, l'autre personne s'éloigne petit à petit.

Vous ressentez une grande colère envers les personnes à cause de la manière dont elles vous ont traité. Une telle colère envenimera forcément les meilleures relations, car elle s'exprime de façon destructrice. Si vous avez été abusif ou cruel envers vos êtres chers, vous devez avant tout mettre fin à cette violence: elle vous nuit autant qu'elle nuit aux autres.

Si on a abusé de vous sexuellement, le traumatisme subi est un obstacle à vos relations amoureuses. Les relations sexuelles attisent votre colère ou vous laissent froid.

MADELEINE:
*Parfois, je me dis que je m'en passerais bien. Je n'ai plus envie de faire l'amour. Je me referme beaucoup quand j'ai des relations sexuelles; ça me bouleverse.*

Madeleine a aussi eu de nombreux fantasmes sado-masochistes qui l'ont troublée. Pour elle, la sexualité éveillait des émotions extrêmement négatives.

## *Comment modifier votre schéma «méfiance et abus»*

1. Consultez si possible un thérapeute pour vous aider, surtout si vous avez été victime d'abus sexuel ou de violence physique.
2. Confiez-vous à une personne en qui vous avez confiance (ou à votre thérapeute). Faites de l'imagerie mentale. Efforcez-vous de vous remémorer les scènes où vous avez été victime d'abus. Revivez-les en détail.
3. Durant vos exercices d'imagerie mentale, exprimez votre colère contre celui ou ceux qui ont abusé de vous. Cessez de croire que vous êtes incapable de vous défendre lorsque vous revivez ces scènes.
4. Cessez de vous blâmer. Vous ne méritiez pas le mal qu'on vous a fait.
5. Envisagez d'espacer ou de mettre fin à vos contacts avec la personne qui a abusé de vous tant que vous n'aurez pas surmonté votre problème.
6. Si possible, confrontez la personne qui a abusé de vous quand vous vous sentirez prêt à le faire, ou écrivez-lui.
7. Ne tolérez aucune forme de violence dans vos relations actuelles.
8. Efforcez-vous d'accorder votre confiance à ceux qui la méritent et de vous rapprocher d'eux.
9. Recherchez un partenaire amoureux qui vous respecte et ne vous veut pas de mal.
10. N'usez pas de violence avec vos proches.

1. *Consultez si possible un thérapeute pour vous aider, surtout si vous avez été victime d'abus sexuel ou de violence physique.*
Si votre problème est grave, il est préférable que vous ne l'affrontiez pas sans le secours d'un professionnel. La méfiance et l'abus est un schéma extrêmement puissant qui engendre des symptômes et des problèmes graves dans les relations personnelles. Il est aussi l'un des plus réfractaires au changement.

Tenter de vous en affranchir à l'aide d'ouvrages de développement personnel ne suffira sans doute pas. Si votre schéma est d'un niveau plus bénin, la lecture du présent chapitre pourrait vous aider à améliorer votre situation. Mais si votre enfance a été marquée par des abus graves, vous devriez avoir recours à la thérapie.

Si possible, joignez-vous aussi à l'un des nombreux groupes de soutien pour victimes d'inceste et de violence. Il existe en outre d'excellents ouvrages spécifiquement conçus pour ces personnes, notamment *The Courage To Heal* de Ellen Bass et Laura Davis.

Pour effectuer un retour sur votre passé, vous devez vous sentir en sécurité. Un thérapeute peut vous procurer cette sécurité.

*2. Confiez-vous à une personne en qui vous avez confiance (ou à votre thérapeute). Faites de l'imagerie mentale. Efforcez-vous de vous remémorer les scènes où vous avez été victime d'abus. Revivez-les en détail.*

Le retour sur le passé est l'étape la plus pénible menant à la guérison; cette étape requiert le secours d'un thérapeute ou d'une personne de confiance. Le fait de se remémorer les occasions où vous avez été victime d'abus physique, verbal ou sexuel est terrifiant et suscite des émotions bouleversantes. Un thérapeute ou une personne amie peut vous aider à canaliser ces émotions et à faire de cette expérience une expérience curative.

Vous avez de bonnes raisons de vouloir oublier. Le rappel du souvenir pourrait, entre autres, vous révéler vos parents tels qu'ils étaient en réalité.

FRANÇOIS:
*Ça m'est si difficile d'admettre que mon père ait été un si mauvais parent. J'ai toujours cru qu'il avait de bonnes raisons d'agir comme il l'a fait. Il travaillait trop, ma mère le harcelait, j'avais toutes sortes d'ennuis.*
THÉRAPEUTE:
*Votre désir de croire que vous avez eu un bon père est très fort.*
FRANÇOIS:
*Oui. Enfin, je veux dire que s'il n'avait aucune bonne raison d'agir comme il l'a fait, comment pourrais-je souhaiter qu'il fasse toujours partie de ma vie?*

Cette admission fut très pénible pour François. En imaginant qu'il avait eu un bon père, non seulement il perpétuait leur relation, mais encore il tolérait l'abus dont il avait été victime.

La douleur associée au fait de se souvenir vous incite à vouloir oublier le passé. Il se peut que vous ayez fait l'impossible pour devenir insensible à vos souvenirs, pour ne pas perdre la raison. L'idée de renoncer à cette forme de protection émotionnelle peut se révéler terrifiante.

Des mois de thérapie ont été nécessaires avant que François ne soit disposé à explorer ses souvenirs d'abus par des exercices d'imagerie mentale. Mais dès lors, toutes sortes d'images ont émergé à sa conscience.

THÉRAPEUTE:
*Fermez les yeux et évoquez un souvenir d'enfance.*
François:
*Je suis avec mon père. Il est immense. Je dois avoir sept ans. Je tremble. Mon père crie après moi. (Il imite la voix de son père.) «Tu vas voir, espèce de petit bâtard!» Il tient sa ceinture, et j'ai si peur que j'en fais pipi dans mes culottes.*

Au début, François ne croyait pas à ses souvenirs: «J'invente, c'est sûr», ou encore «Ce ne sont que des fantasmes». Il nous a fallu lutter beaucoup pour lui faire admettre la réalité de ses souvenirs.

Quand vous vous sentirez en sécurité, vos souvenirs afflueront. Vous vous remémorerez tout, vous revivrez vos souffrances. La guérison passe par cette évocation de la douleur.

3. *Durant vos exercices d'imagerie mentale, exprimez votre colère contre celui ou ceux qui ont abusé de vous. Cessez de croire que vous êtes incapable de vous défendre lorsque vous revivez ces scènes.*

Ripostez. Imaginez que vous êtes plus fort, plus vieux, mieux armé, en mesure d'extérioriser votre colère. Cessez d'être un enfant impuissant à se défendre. Donnez des coups de poing dans un oreiller ou sur des bottins de téléphone pendant cet exercice.

THÉRAPEUTE:
*Que voyez-vous?*
FRANÇOIS:
*Nous sommes dans la cuisine. Mon père s'acharne à frapper mon jeune frère. Il ne se contrôle pas. Ma mère se tient un peu à l'écart et elle crie.*
THÉRAPEUTE:
*Arrêtez-vous un moment sur cette image.*
FRANÇOIS:
*D'accord.*
THÉRAPEUTE:
*Maintenant, regardez votre père et dites-lui ce qu'il fait de mal.*
FRANÇOIS:
*Je ne peux pas. C'est trop dangereux. (Il s'affaisse dans son fauteuil.)*
THÉRAPEUTE:
*Je comprends. Vous n'êtes pas assez fort. Nous allons vous aider. Je veux que vous vous voyiez grandir jusqu'à atteindre votre taille actuelle.*
FRANÇOIS:
*D'accord.*
THÉRAPEUTE:
*Dites-le-lui, maintenant. Dites-lui ce qu'il fait de mal. Vous pouvez frapper le canapé avec vos poings tout en parlant.*

FRANÇOIS:
*D'accord. Je m'interpose entre lui et mon frère et je le pousse contre le mur. Je le regarde en face. Il semble nerveux. (Coups de poing sur le canapé.)*
*Je lui dis: «Hé, un grand type comme toi frapper un enfant de cinq ans? Tu es un minable de t'amuser à faire ça. Un pauvre minable. Et méprisable. Je te hais. (Coups de poing sur le canapé.) Si tu as le malheur de toucher une fois de plus à mon petit frère, je t'aplatis, tu m'entends?»*
THÉRAPEUTE:
*Comment vous sentez-vous?*
FRANÇOIS:
*(Il sourit.) Magnifiquement bien.*

Cet exercice vise à vous redonner du courage. Il vous aidera à ne plus vous soumettre à l'autorité de votre agresseur. Vous continuez à certains égards à vous comporter comme un enfant terrorisé. Vous devez rassembler en vous un courage d'adulte. Rien ne vous oblige dorénavant à vous soumettre.

4. *Cessez de vous blâmer. Vous ne méritiez pas le mal qu'on vous a fait.* Vous n'étiez pas responsable de ce qui vous arrivait. Vous n'étiez qu'un enfant sans défense. Vous n'aviez pas d'autre option et vous avez fait de votre mieux dans les circonstances. Il faut que vous compreniez cela parfaitement. Aucun enfant ne mérite d'être abusé.

MADELEINE:
*Je sais que je ne devrais pas coucher tout de suite avec les hommes que je rencontre. Je me sens sale. De toute façon, je me sens sale en permanence, comme de la marchandise avariée. Qui pourrait vouloir de moi sauf pour une aventure d'un soir?*
THÉRAPEUTE:
*C'est vraiment dommage que vous vous blâmiez ainsi. Votre beau-père était sale. Pas vous.*

Quoi qu'on vous ait fait croire, ce n'est pas parce que vous étiez un enfant méchant qu'on a abusé de vous. Votre prétendue méchanceté n'était qu'un alibi. Les agresseurs tourmentent toujours leurs victimes. Libérez-vous de ce sentiment d'imperfection. Trouvez le bon enfant en vous. Sympathisez avec cet enfant blessé.

THÉRAPEUTE:
*Entrez dans le tableau que vous visualisez, entrez-y telle que vous êtes aujourd'hui, une adulte, et venez en aide à l'enfant.*
MADELEINE:
*(Elle soupire.) Voilà, j'entre dans le tableau. L'enfant Madeleine est étendue avec mon beau-père sur le canapé. Ses yeux semblent privés de vie. Je la prends dans mes bras et je sors avec elle de la pièce. Je l'emporte dehors, très loin. J'assois l'enfant sur mes genoux et je la berce.*

Révoltez-vous contre le parent qui n'a pas su vous protéger. C'est important. Aussi cessez de vous révolter contre vous-même et de faire face à cette révolte par des comportements autodestructeurs (abus de nourriture, de drogue ou d'alcool, la dépression et le vide intérieur). Que votre colère serve à vous donner du courage.

5. *Envisagez d'espacer ou de mettre fin à vos contacts avec la personne qui a abusé de vous tant que vous n'aurez pas surmonté votre problème.*

Nous avons pu constater un progrès plus rapide chez les patients qui refusent tout contact avec leur agresseur. Pour certains cette rupture est provisoire, pour d'autres elle est permanente. Cette décision vous appartient entièrement. Vous devez aussi décider par vous-même si oui ou non vous informez votre agresseur des motifs de cette rupture.

Quoi qu'il en soit, dans les premiers stades de la guérison, une rupture de contact est souvent la meilleure solution, car la personne qui a abusé de vous renforce votre schéma. Elle persiste à vous influencer négativement: vous êtes sans défense, vous êtes une victime, vous êtes mauvais, vous êtes coupable.

FRANÇOIS:
*Je me suis vraiment senti ridicule un soir qu'Adrienne et moi dînions chez mes parents. Nous n'avions pas sitôt pris place à table que j'ai renversé mon verre d'eau. Mon pantalon était trempé. Mon père s'est mis à me traiter de taré et à se moquer de moi. Je me sentais vil.*
THÉRAPEUTE:
*Qu'avez-vous fait quand il a dit cela?*
FRANÇOIS:
*Rien. Je me suis tu. Je n'ai pas parlé de tout le repas.*

Il n'est certes pas facile de guérir dans une ambiance aussi malsaine.

6. *Si possible, confrontez la personne qui a abusé de vous quand vous vous sentirez prêt à le faire, ou écrivez-lui.*

Cet exercice vise aussi à vous donner de l'assurance. Tant que vous ne confronterez pas votre agresseur, il y aura en vous un enfant terrorisé, incapable de se défendre dans un monde d'adultes malveillants. Une partie de vous continuera d'avoir peur. Mais vous n'êtes plus un enfant sans défense. Vous pouvez tenir tête à la personne qui a abusé de vous.

FRANÇOIS:
*C'est arrivé samedi. J'ai invité mon père chez moi. Je me disais que ce serait plus facile sur mon territoire. Dès son arrivée, je lui ai tombé dessus.*
*Je lui ai dit qu'il avait abusé de moi et de mon frère, et que ce comportement montrait quelle brute et quel lâche il était. Je lui ai dit que je le haïssais pour ce qu'il nous avait fait subir et que je ne voulais plus lui parler tant que je ne changerais pas d'opinion, ce qui pouvait ne jamais se produire. Je lui ai dit qu'il était égoïste,*

*infantile et faible, et que ce n'était pas vrai que j'avais mérité tout ça. Je me suis vidé le cœur.*

THÉRAPEUTE:
*Comment vous êtes-vous senti?*

FRANÇOIS:
*Mieux que jamais.*

Dites ce que l'on vous a fait. Découvrez le pot au roses. Vous en ressentirez un grand soulagement. Levez-vous et dites: «Voilà ce que tu m'as fait», «Je ne te permettrai plus d'agir ainsi» et «Je suis furieux contre toi».

Madeleine n'avait plus aucun contact avec son beau-père, mais elle lui a néanmoins écrit une lettre.

*Papa,*

*Quand j'étais petite, tu as profité de mon besoin normal d'amour et d'affection. J'étais très vulnérable. Mon père était mort et ma mère abusait des médicaments. Personne n'était là pour me protéger.*

*Ce qui m'a le plus fait mal, c'est que je t'aimais vraiment. Au début, tu étais merveilleux. Tu me donnais tout l'amour dont j'avais tant besoin.*

*Je n'arrivais pas à croire que c'était de la frime, mais ça l'était. Tu te servais de moi. Si tu m'avais vraiment aimée, tu ne m'aurais jamais fait une chose pareille.*

*Maintenant, je te hais. Tu m'as rendue incapable d'aimer et tu m'as privée des joies de la sexualité. J'avais droit à ces choses et tu me les as volées. Je me déteste à cause de toi.*

*Je ne veux plus jamais te voir ni te parler.*

*Madeleine*

Que vous expédiez ou non une telle lettre, l'écrire constitue un excellent exercice de libération. Ce geste vous permet de donner votre interprétation des faits et de confirmer ainsi votre perception. Cela peut en outre servir de répétition générale à une confrontation ultérieure. Dans la lettre, dites à cette personne ce qu'elle a fait de mal. Dites ce que vous avez ressenti et comment vous auriez préféré que les choses se passent.

Madeleine a confronté sa mère en personne. Celle-ci dépendait encore des médicaments.

MADELEINE:
*Je lui ai dit qu'elle était égoïste de se droguer ainsi et que cela m'avait fait beaucoup de mal. Je n'avais plus de mère. Je lui ai dit qu'elle m'avait abandonnée quand j'étais encore trop jeune pour me débrouiller seule et qu'à cause de cela, un de ses maris avait abusé de moi sexuellement pendant plusieurs années.*

THÉRAPEUTE:
*Comment vous sentiez-vous?*

MADELEINE:
*Bouleversée, mais bien. Oui, je me suis sentie mieux.*
*Naturellement, elle a tenté de se justifier, de tout nier. Mais je n'allais pas la laisser faire. J'ai tourné les talons et je suis sortie.*
*J'ignore quand je la rappellerai.*

Faites-vous aider par une personne de confiance. Ceci est très important, car, vraisemblablement, la personne que vous confronterez ainsi niera toute responsabilité. Notre expérience nous démontre qu'en cas d'abus grave, le parent est porté à nier les faits. Vous devez vous préparer à cette éventualité.

L'important est que vous disiez la vérité. Le succès d'une telle confrontation ne dépend pas de la réaction de l'autre personne, mais bien de son effet positif sur vous, de l'assurance et de l'estime de soi qu'elle vous procure.

*7. Ne tolérez aucune forme de violence dans vos relations actuelles.*
Nous devons vous aider à combattre l'attraction fatale que vous ressentez envers des personnes susceptibles d'abus.

MADELEINE:
*Au début de la vingtaine, je ne fréquentais que des psychopathes, des salauds, des toxicomanes et des menteurs.*

Penchez-vous sur vos relations présentes. Notez comment vous permettez encore qu'on abuse de vous, qu'on vous frappe, qu'on vous manipule, qu'on vous déprécie, qu'on vous humilie ou qu'on vous viole. Tout cela doit cesser. Toute guérison est impossible si vous persistez à renforcer votre schéma. Dès maintenant, vous ne devez plus permettre à personne d'abuser de vous.

Si la personne violente est un partenaire amoureux ou un ami, dites-vous qu'il ne risque guère de changer. Donnez-lui une chance, mais une seule. Affirmez-vous. Protégez-vous. Cessez de refouler votre colère. Exprimez-la. Confrontez cette personne. Retenez-vous de vous montrer agressif. Soyez ferme sans excès.

Ne fuyez pas. Si votre agresseur refuse de changer, rompez. Nous savons que cette décision sera difficile; pour cette raison, nous vous conseillons fortement d'entrer en thérapie. Vous aurez besoin d'aide pour prendre les décisions qui s'annoncent.

*8. Efforcez-vous d'accorder votre confiance à ceux qui la méritent et de vous rapprocher d'eux.*
Vous n'accordez pas facilement votre confiance, même quand on se montre bien intentionné. Cette attitude contribue à renforcer votre schéma. Analysez vos relations présentes avec objectivité. Concentrez-vous sur vos relations les plus intimes: avec votre famille, vos amis proches, votre amant, votre époux, vos enfants.

Pour chaque personne qui n'abuse pas ouvertement de vous, énumérez les raisons qui la rendent digne de votre confiance. Énumérez ensuite les raisons qui l'en rendraient indigne de confiance. Si vous ne trouvez pas de raison valable à votre méfiance, efforcez-vous d'avoir encore plus confiance. Soyez moins sur vos gardes. Approchez-vous, accordez votre confiance à ceux qui la méritent.

Les patients découvrent parfois avec étonnement le peu de fondement de leur méfiance. Ce fut le cas de François.

FRANÇOIS:
*Quand j'ai constaté que ma méfiance ne reposait que sur l'existence d'un ancien amoureux qu'Adrienne avait eu il y a plusieurs années, j'ai décidé de lui accorder le bénéfice du doute. Je ne la surveille plus partout où elle va. Je ne l'accuse plus de m'avoir trompé. (Pause.) Mais j'ai si peur d'avoir tort. C'est terrifiant, mais je le fais quand même.*

THÉRAPEUTE:
*Quel effet votre nouvelle attitude a-t-elle eu sur votre couple?*

FRANÇOIS:
*Bénéfique, certainement. D'abord, je n'ai plus l'impression que nous sommes constamment au bord de la rupture. Je me fâche moins souvent. Adrienne est nettement plus heureuse, plus détendue.*

*Bon, ce n'est pas encore parfait. L'autre jour, un type l'a appelée. Bernard, un collègue de travail. J'entendais rire Adrienne au téléphone, et ça m'a dérangé. J'ai eu envie de prendre l'autre téléphone et d'écouter leur conversation. Je m'énervais, je me disais que je découvrirais qu'Adrienne me trompe. Mais je me suis retenu. Et je me suis senti beaucoup mieux tout de suite.*

*Auparavant, tout ça aurait fini par une dispute.*

À moins que vous ne vous soyez entouré que de personnes susceptibles d'abuser de vous, il doit exister dans votre entourage des personnes dignes de confiance.

Une relation thérapeutique avec un professionnel peut offrir une excellente opportunité de changement. Elle vous permettra d'apprendre à faire confiance dans un contexte rassurant.

9. *Recherchez un partenaire amoureux qui vous respecte et ne vous veut pas de mal.*

Penchez-vous sur vos relations amoureuses passées et présentes pour y déceler des indices de violence ou d'abus. Si vous vivez une relation de violence, faites-vous aider pour rompre ou pour mettre fin à l'abus. Rester auprès d'un partenaire abusif est extrêmement destructeur.

Efforcez-vous de voir les signes avant-coureurs d'abus chez un partenaire potentiel. Lorsqu'on est en mesure de reconnaître ces indices, on est mieux en mesure d'opter pour une personne de confiance. Rapprochez-vous des personnes qui respectent vos droits et ne vous veulent pas de mal, même si vous ressentez pour elles une attirance moindre.

Madeleine dut surmonter un obstacle majeur: sa fuite devant toute relation amoureuse. Elle était profondément convaincue que les hommes ne sont pas dignes de confiance.

Madeleine:
*Je préfère être seule que de connaître un autre échec.*
Thérapeute:
*Est-ce à dire que vous ne croyez pas possible pour vous d'être bien avec un homme?*
Madeleine:
*C'est juste. Les hommes sont ainsi faits. Tout ce qu'ils veulent, c'est se servir de vous puis vous laisser tomber. Ils font semblant d'aimer pour obtenir ce qu'ils veulent.*
Thérapeute:
*Vous me paraissez très révoltée.*
Madeleine:
*Oui, je suis révoltée. Furieuse. Dans une impasse, et furieuse d'être dans une impasse.*

Madeleine était persuadée qu'elle ne pouvait rien espérer de mieux qu'une autre relation amoureuse malsaine. Bien entendu, un tel raisonnement justifie à ses yeux d'éviter la compagnie des hommes. Cette attitude est typique de la réaction de fuite.

Mais la vérité est que des tas de personnes sont plus aimables que les membres de votre famille. Vous croyez à tort que l'ensemble de l'humanité ressemble à vos parents. Vous généralisez à outrance.

Contentez-vous d'abord de rencontres. Laissez les choses se faire tout doucement. Efforcez-vous de toujours conserver une impression de contrôle sur la situation. À mesure que votre relation se renforce, assurez-vous du respect de vos droits. Protégez-vous. Sachez vous apprécier à votre juste valeur. Cette attitude incitera votre partenaire à agir de même.

10. *N'usez pas de violence avec vos proches.*
Ne reportez pas les abus dont vous avez été victime sur votre partenaire, vos enfants, vos amis ou vos employés. Rien ne justifie la violence ou l'abus.

François:
*Ce qui m'a surtout amené à changer avec Adrienne fut de me rendre compte que, bien que je ne l'aie jamais frappée, mon harcèlement et mes crises continuelles étaient en réalité une forme de violence.*

Si vous abusez d'une personne que vous aimez, cessez immédiatement. Si vous en êtes incapable par vous-même, cherchez de l'aide. Mettre fin à l'abus vous aidera davantage que le fait de le reproduire en vous culpabilisant.

Demandez pardon aux personnes que vous avez tourmentées. Reconnaissez vos torts. Dites ce que vous comptez faire pour remédier à la situation.

Souvenez-vous de l'enfant en vous. Il n'y a rien de tel pour vous empêcher de devenir un agresseur.

## Le mot de la fin

Le processus d'affranchissement du schéma «méfiance et abus» est long et ardu, mais c'est aussi pour cette raison qu'il est l'un des plus enrichissants. Ce chemin mène à la réalisation de votre plus cher désir: aimer et être aimé. Ne restez pas prisonnier d'un tel schéma toute votre vie. Cherchez du secours. Ce schéma est la conséquence des abus dont vous avez été victime dans votre enfance. N'ayez pas honte d'avoir besoin d'aide. Ainsi que le déclarait Madeleine, revendiquez ce qui vous revient de droit, à savoir les joies dont sont prodigues les relations humaines fondées sur le respect mutuel.

# 8

## «MES BESOINS D'AFFECTION NE SERONT JAMAIS COMBLÉS» LE SCHÉMA «CARENCE AFFECTIVE»

> JEAN: TRENTE-NEUF ANS. SES RELATIONS AVEC LES FEMMES LE DÉÇOIVENT TOUJOURS.

Deux choses nous ont frappés quand Jean est entré pour la première fois dans notre bureau. D'abord sa beauté, ensuite sa froideur apparente. Il était d'une impassibilité difficile à percer en thérapie. Mais lors de cette première séance, il nous a confié les raisons de sa présence chez nous.

Il avait eu plusieurs relations amoureuses depuis l'adolescence, dont aucune n'avait duré plus de six mois. Chaque fois, le même scénario se répétait. Au début d'une relation nouvelle, il était tout espoir et enthousiasme. Il croyait fermement avoir enfin rencontré la femme qu'il cherchait depuis toujours. Mais en dépit de ces débuts fulgurants, la relation se soldait par une déception. Jean nous fit part de cet état de choses:

JEAN:
*Voilà que ça recommence avec Hélène. Pourtant, j'étais certain que, cette fois, ce serait différent. C'était si merveilleux au début. Mais comme toujours, au bout d'un certain temps je me suis mis à m'ennuyer, à ruer dans les brancards. Elle a commencé à m'irriter.*
THÉRAPEUTE:
*Qu'est-ce qui vous irritait?*
JEAN:
*Tout ce qu'elle faisait m'irritait. Elle ne retournait pas immédiatement mes appels, elle s'intéressait trop aux autres quand nous allions à une soirée, elle passait trop*

*de temps avec ses amis, elle travaillait trop, le cadeau d'anniversaire qu'elle m'avait offert n'était pas assez coûteux. Surtout, elle ne m'attirait pas assez. Je sais qu'elle m'aimait. Mais ça ne me suffisait pas. Il me fallait davantage.*

Les relations amoureuses de Jean sont toujours passionnées au début. Mais cette passion s'éteint très vite pour faire place à la déception. Peu après, il rompt.

> **DANIEL:** VINGT-HUIT ANS. LES FEMMES DONT IL TOMBE AMOUREUX NE SONT PAS DISPONIBLES.

Daniel décrit ses problèmes comme suit:

DANIEL:
*C'est toujours la même histoire. Je tombe éperdument amoureux d'une femme. Il y a toujours une raison qui fait que ça ne peut pas marcher. Par exemple (il compte sur ses doigts): Anne était mariée, Geneviève et Monique avaient déjà un autre amant qui ignorait tout de moi, Lise habitait trop loin, Gabrielle venait de mettre fin à une relation et ne se sentait pas prête à s'engager sérieusement avec quelqu'un d'autre.*

Les femmes dans la vie de Daniel sont d'un type défini. Les femmes froides et distantes l'attirent. «Quand je rencontre une femme chaleureuse et généreuse, je me désintéresse d'elle très vite.» Les femmes qui le stimulent, celles qui l'obsèdent, sont narcissiques, égocentriques, exigent beaucoup mais donnent peu. Bien qu'elles apprécient la présence de Daniel, car il est très attentionné, elles veulent rarement une relation sérieuse et refusent de s'engager.

Les relations amoureuses de Daniel sont orageuses. Il passe de l'extase à l'agonie. Plus sa colère et sa frustration augmentent, moins la femme apprécie sa compagnie. Au bout d'un certain temps, c'est la rupture. Daniel traverse une phase de découragement, après quoi survient une autre femme et le même scénario se répète.

> **ÉLISABETH:** QUARANTE ANS. GÉNÉREUSE AVEC LES AUTRES, MAIS MARIÉE À UN HOMME QUI LUI APPORTE PEU.

Élisabeth et Julien sont mariés depuis cinq ans, et ils ont un petit garçon. Élisabeth est une mère affectueuse et dévouée. En fait, elle a tendance à gâter son fils. Ses pleurs lui sont intolérables et elle cède à ses moindres caprices.

ÉLISABETH:
*Avant la naissance du bébé, j'étais travailleuse sociale. Mais j'ai renoncé à mon travail pour m'occuper de Sébastien. Toute ma vie est centrée autour de cet enfant. Je suis heureuse quand je suis avec lui.*

*Mais Julien me rend si malheureuse. Il est si froid. Autant essayer de tirer de l'huile d'un mur. Avant notre mariage, je savais bien qu'il était fait comme ça, mais j'espérais qu'il changerait. Au contraire, ça s'est détérioré.*

Julien est cadre dans une grande entreprise. Il travaille beaucoup et voyage partout dans le monde. Élisabeth passe de longues soirées et de longs week-ends seule à la maison avec son fils. «Même quand Julien est là, ce n'est guère mieux. Il est très préoccupé par son travail et ne semble pas intéressé à ma compagnie.» Élisabeth le soupçonne d'avoir des aventures pendant ses voyages d'affaires; elle éprouve un énorme ressentiment. En ces rares occasions où ils sont ensemble, elle se plaint constamment et l'abreuve de reproches. Ironiquement sa colère contribue encore plus à l'éloignement de Julien.

Jean, Daniel et Élisabeth possèdent tous le schéma «carence affective». Si c'est aussi votre cas, vous êtes profondément convaincu que personne ne comblera jamais votre besoin d'amour.

## Questionnaire relatif au schéma «carence affective»

Ce questionnaire vise à évaluer l'importance de ce schéma. Répondez aux questions qui suivent en utilisant l'échelle ci-dessous.

### Échelle de cotation

Dans mon cas, l'énoncé est:
1. Absolument faux.
2. Faux dans l'ensemble.
3. Plus vrai que faux.
4. Modérément vrai.
5. Vrai dans l'ensemble.
6. Absolument vrai.

Si vos réponses comportent des 5 ou des 6, il se peut que ce schéma s'applique à vous, même si votre score total est bas.

| Pointage | Énoncés |
|---|---|
| | 1. L'amour qu'on me prodigue est insuffisant. |
| | 2. Personne ne me comprend vraiment. |
| | 3. Je suis souvent attiré par des personnes froides qui ne peuvent pas combler mes besoins. |
| | 4. Je n'ai pas de contact véritable, même avec les personnes très proches de moi. |

| | |
|---|---|
| | 5. Personne n'a jamais vraiment voulu partager ce qu'il était avec moi, personne ne s'est jamais vraiment intéressé à ce qui m'arrivait. |
| | 6. Je ne reçois pas de chaleur, de tendresse ou d'affection de qui que ce soit. |
| | 7. Personne ne m'écoute vraiment ou n'est sensible à mes besoins et à mes sentiments véritables. |
| | 8. J'ai du mal à laisser une personne me guider ou me protéger, même si c'est là mon désir le plus cher. |
| | 9. J'ai du mal à accepter qu'on m'aime. |
| | 10. Souvent, je suis seul. |
| | VOTRE TOTAL: (Additionnez vos points pour les questions 1 à 10.) |

### Interprétation des résultats

10-19  Très bas. Ce schéma ne vous affecte sans doute pas du tout.

20-29  Assez bas. Ce schéma vous affecte sans doute à l'occasion.

30-39  Modéré. Ce schéma est un problème pour vous.

40-49  Élevé. Ce schéma joue un rôle important dans votre vie.

50-60  Très élevé. Il s'agit d'un schéma fondamental dans l'organisation de votre personnalité.

## La carence affective

Il est très difficile de définir ce que ressent une personne possédant le schéma «carence affective». Le plus souvent ce schéma, parce qu'il a été élaboré très tôt, avant même l'apparition du langage chez l'enfant, ne se cristallise pas autour de pensées structurées. La carence affective correspond davantage à l'impression d'être destiné à toujours rester seul, à ne jamais trouver d'épanouissement, à ne jamais parvenir à être entendu ou compris.

La carence affective est ressentie comme une lacune. Elle procure une sensation de vide. L'image qui lui correspond le plus est sans doute celle de l'enfant négligé. La carence affective est ce que ressent un enfant négligé. Il s'agit d'un sentiment de solitude, d'absence. On éprouve une certitude, douloureuse, angoissante, celle d'être condamné à la solitude.

Au début de sa thérapie, Jean ne pouvait pas nous dire clairement ce qui le bouleversait. Il disait se sentir «seul», «indifférent». Plus tard, il a avoué éprouver un sentiment de solitude et un isolement intenses au point d'avoir déjà envisagé le suicide.

Jean:

*Je suis affectivement mort. Toutes mes relations, pas uniquement mes relations avec les femmes, manquent d'intimité. Je ne suis proche de personne, ni de ma famille ni de mes amis.*

Pour Jean, le monde est un désert affectif. Il ne trouve de répit à son isolement qu'au début d'une nouvelle relation amoureuse. Et nous savons que ce répit est de courte durée.

Certaines personnes présentant ce schéma sont exigeantes, souvent même insatiables dans leurs relations personnelles. Peu importe ce qu'on vous donne, ce n'est jamais suffisant. Posez-vous la question suivante: «Me répète-t-on que je suis trop exigeant, ou que j'en demande trop?»

Prenons l'exemple de Jean. Hélène avait planifié pour lui à grands frais une somptueuse fête d'anniversaire. Mais il a été très déçu par son cadeau. «Celui que je lui avais offert était beaucoup plus coûteux.» Ce sentiment persistant d'insuffisance en dépit de toutes les preuves d'affection qui lui sont données est typique du schéma «carence affective».

Élisabeth a composé avec son schéma «carence affective» en œuvrant dans un domaine professionnel qui lui permettait de s'occuper des autres, le service social. Vous-même œuvrez peut-être dans le domaine de la santé ou des services sociaux. Les soins dont vous entourez votre prochain constituent peut-être dans votre cas une compensation pour la carence affective que vous ressentez. De même, sans doute êtes-vous porté à déployer beaucoup d'efforts pour venir en aide à vos amis. Élisabeth a dit:

Élisabeth:

*Je sais écouter. Les autres me confient leurs problèmes et je les aide du mieux que je peux, mais moi, je ne me confie à personne. C'est sans doute pour cette raison que je consulte. Je comprends les autres mieux qu'ils ne me comprennent, mieux qu'ils ne sont disposés à me comprendre.*

Le schéma «carence affective» est aussi présent chez les personnes sans cesse déçues par leur entourage. On vous laisse tomber. Nous ne nous référons pas, bien sûr, à un cas isolé, mais bien à des déceptions chroniques, constamment répétées. Si toutes vos relations vous incitent à croire que personne ne se préoccupe de votre bien-être affectif, il est probable que vous présentez ce schéma.

## Les origines du schéma «carence affective»

La carence affective trouve sa source dans la figure maternelle, c'est-à-dire dans la personne chargée de subvenir aux besoins affectifs de l'enfant. Il peut arriver que, dans certaines familles, cette figure maternelle soit incarnée par un homme, mais dans l'ensemble de notre société actuelle, il s'agit d'une femme. La figure paternelle est importante aussi, mais dans les premières années de vie d'un enfant, la mère est habituellement au centre de son univers. Cette première relation est l'archétype de toutes celles qui suivront. Pendant le reste de la vie d'un individu, ses relations les plus intimes porteront l'empreinte de ce premier rapport affectif avec la mère.

L'adulte qui éprouve une carence affective n'a pas été entouré d'autant de soins (ou «maternage») que la moyenne des gens dans son enfance. Le mot soins comporte divers aspects, comme le démontre le tableau ci-dessous. Le mot mère désigne n'importe quelle figure maternelle.

---

### Les origines du schéma «carence affective»

1. La mère est froide et peu affectueuse. Elle ne prend pas suffisamment son enfant dans ses bras et ne le berce pas assez.
2. L'enfant ne se sent ni aimé ni apprécié, il n'a pas le sentiment d'être précieux et unique.
3. La mère ne consacre pas suffisamment de temps et d'attention à son enfant.
4. La mère ne perçoit pas bien les besoins de son enfant. Elle lui manifeste peu d'empathie. Elle ne développe pas avec lui de rapports suffisamment intenses.
5. La mère n'apaise pas son enfant. L'enfant n'apprend donc pas à trouver de réconfort en lui-même ni à accepter celui qu'on lui apporte.
6. Les parents n'orientent pas leur enfant, ne le guident pas. L'enfant ne peut compter sur personne de solide.

---

Jean manqua beaucoup d'affection et fut un enfant très négligé. Sa mère avait à peine dix-sept ans quand elle le mit au monde. Son père, un homme plus âgé et marié, refusa de reconnaître sa paternité. La mère de Jean avait espéré qu'à la naissance de l'enfant l'homme aimé resterait auprès d'elle, mais cela ne se produisit pas.

JEAN:

*Mon père ne s'intéressa pas plus à elle après ma naissance qu'avant. Dès qu'elle s'aperçut que je ne suffisais pas à le reconquérir, elle se désintéressa de moi. Elle souhaita que sa vie redevienne normale le plus tôt possible pour qu'elle puisse se remettre à fréquenter des hommes riches et plus âgés qu'elle. Elle n'aurait jamais dû me mettre au monde.*

Nous entendons souvent de telles réflexions chez les patients qui souffrent de carence affective: «Ils n'auraient jamais dû me mettre au monde.» Du plus loin qu'il se souvienne, personne ne s'est jamais occupé de Jean.

Jean:

*La plupart du temps, elle n'était pas là. Mais même quand elle était là, ça ne chan-geait rien. Si je lui demandais quelque chose, elle répondait: «Tais-toi, dors, tu as besoin de dormir», et elle poursuivait ses activités comme si je n'existais pas.*

Le cas d'Élisabeth est plus subtil. Sa mère était une personne responsable qui ne négligeait pas son enfant. Mais, tout comme la mère de Jean, elle était narcissique. Pour elle, l'enfant n'était pas une entité autonome ayant des besoins propres, mais bien un prolongement d'elle-même. Élisabeth était un objet à ses yeux, un objet devant servir à sa propre gratification.

La plus grande frustration de la mère d'Élisabeth était de n'être jamais par-venue à acquérir de richesse matérielle. Elle souhaitait, par conséquent, que sa fille épouse un homme fortuné.

Élisabeth:

*Elle m'a appris à être jolie et charmante. C'était le prix à payer pour son amour. Elle m'a enseigné à me pavaner devant ses invités. Elle m'amenait dans les maga-sins. Elle m'habillait comme une poupée. Mais quand nous rentrions à la maison, ou quand ses invités étaient partis, elle m'ignorait. Je ne comptais plus.*

Élisabeth a réalisé les désirs de sa mère. Elle a épousé un homme riche, un directeur d'entreprise. Il lui demande d'être jolie et de charmer ses invités. Une fois ses invités partis, il l'ignore.

La mère de Daniel, l'homme qui tombe toujours amoureux de femmes non disponibles, donnait l'impression d'être une bonne mère. Elle a tout fait pour l'être. Elle lui a donné les meilleurs jouets, les plus beaux vêtements, elle l'a fait étudier dans les meilleures écoles, lui a offert les plus belles vacances possi-bles. Mais c'était une femme froide, une avocate prospère à une époque où peu de femmes exerçaient cette profession. Presque toute son attention était cen-trée sur son travail. À la maison, elle se refermait sur elle-même.

Sans toutefois l'admettre, elle considérait Daniel comme un embêtement, un enfant exigeant qui la détournait des vrais problèmes. Elle n'était ni affec-tueuse ni très démonstrative, même avec les gens qu'elle préférait à Daniel. Elle le rendait secrètement responsable du peu d'affection qu'il lui inspirait. Ce n'était pas sa faute à elle.

Daniel grandit avec une douleur secrète et fondamentale due au manque d'affection maternelle. Il camoufla sa souffrance sous un voile de révolte. Cette attitude est un exemple de contre-attaque dont nous parlions au chapitre 4. Extérieurement, c'était un enfant gâté et irritable.

Devenu adulte, Daniel réactive son schéma «carence affective» dans ses nombreuses relations amoureuses avec des femmes non disponibles. Ses rela-tions sont toutes vouées à l'échec. Inévitablement, il est déçu par chaque femme investie avant de se montrer exigeant à l'extrême. Au bout du compte, il ne récolte qu'un cœur brisé.

Daniel:

*Avant que j'entre en thérapie, je ne me rendais pas compte du cercle vicieux dans lequel j'étais enfermé. Chaque fois, je croyais sincèrement que je tombais amoureux par hasard d'une femme qui par hasard n'était pas disponible.*

Privé d'affection par sa mère, Daniel eut au moins la chance d'avoir un père aimant. Sans cette relation père-fils, Daniel se serait sans doute complètement retranché de tout contact intime. L'amour de son père compensant en partie les dommages causés par la froideur maternelle, le schéma dont Daniel est victime est relativement peu développé, puisque Daniel parvient quand même à former des relations saines en dehors de sa famille.

Le schéma de Daniel ne s'étend pas à tous les domaines de sa vie. Il n'a pas l'impression que tous lui refusent leur affection, seulement les femmes dont il tombe amoureux. Ses rapports avec les autres sont très satisfaisants. Il a de nombreux amis intimes, tant hommes que femmes, à qui il confie les aléas de sa vie amoureuse.

Le cas de Daniel est révélateur de l'importance du père dans la vie de l'enfant. Un enfant privé d'amour par sa mère mais aimé par un père chaleureux peut trouver en ce dernier la consolation d'une vie par ailleurs trop sombre. L'amour du père peut remédier en partie à la carence affective de l'enfant. Avec un peu de chance, le père prendra conscience des déficiences de la mère et assumera une plus grande part du «maternage». Ainsi que le dit Daniel: «Mon père ma aidé à garder l'espoir.» De même, les enfants privés d'affection paternelle tout en ayant une mère aimante réactiveront leur schéma «carence affective» dans certaines relations et pas dans d'autres. Les filles dont le père a été distant revivront ce type de rapport dans leur vie amoureuse, mais pas autant dans leurs autres relations.

Il faut parfois du temps pour reconnaître le schéma «carence affective» chez un patient. Contrairement à plusieurs schémas trouvant leur origine dans un comportement actif du parent qui provoque un traumatisme chez l'enfant, la carence affective résulte de l'absence de certains comportements maternels adéquats. Les critiques parentales qui engendrent le schéma «sentiment d'imperfection», ou la domination qui génère l'assujettissement sont manifestes. Le parent commet des actes dont l'enfant se souvient. Ce n'est pas toujours aussi évident en ce qui concerne la carence affective. Dans les cas de carence affective, quelque chose est absent, quelque chose que l'enfant n'a jamais pu connaître.

La carence affective est par conséquent un schéma difficile à déceler. À moins d'avoir été négligé à l'extrême, il vous faudra beaucoup fouiller votre passé pour découvrir si oui ou non vous avez souffert de privation. Il se peut que vous ne déceliez ce schéma qu'après vous être posé des questions spécifiques, telles que: «Étais-je proche de ma mère, me comprenait-elle, me sentais-je aimé, était-elle chaleureuse et affectueuse, pouvais-je me confier à elle, me donnait-elle ce dont j'avais besoin?»

Au début de leur thérapie, la plupart des personnes présentant le schéma «carence affective» disent des choses telles que: «Oh, j'ai eu une enfance normale. Ma mère était toujours là.» Daniel nous dit d'abord que: «Ma mère m'a tout donné. J'avais tout ce que je pouvais désirer.» Mais quand ces mêmes personnes décrivent leurs relations passées et présentes, quelque chose cloche. Un scénario troublant semble se répéter. Elles éprouvent un sentiment d'isolement. La personne est parfois hypersensible ou une révoltée chronique. C'est en effectuant un retour en arrière que nous parvenons à la source du problème. Si la carence affective est l'un des schémas les plus fréquents, il est souvent l'un des plus difficiles à détecter.

## Les relations amoureuses

Dans notre société occidentale, les relations amoureuses sont habituellement les plus intimes de toutes. Voilà pourquoi les personnes possédant le schéma «carence affective» sont portées à les éviter ou à vivre des relations amoureuses de courte durée. Cette attitude est typique de la réaction de fuite. Toutefois, si vous acceptez de vous engager dans une relation amoureuse de préférence à rester seul, il y a fort à parier que votre schéma sera plus facile à déceler dans ce type de relation.

Il est possible que, comme Jean, vous ayez tendance à rompre dès qu'une relation amoureuse devient trop intime et que vous trouviez toutes sortes d'excuses pour y mettre fin. Ou encore, comme Daniel, vous évitez une réelle intimité en choisissant des partenaires peu disponibles. Ou encore, comme Élisabeth, vous vous liez à une personne froide et qui offre peu. Quelle que soit votre option, le dénouement est identique. Vous vivez une situation de manque qui reproduit le scénario de carence affective de votre enfance.

Le tableau suivant énumère les signaux de danger qui peuvent se présenter au début d'une nouvelle relation. Ils indiquent que vous vous apprêtez à reproduire le même scénario et à vous engager avec une personne qui ne saura pas combler votre besoin d'affection.

---

### Signaux de danger au début d'une nouvelle relation amoureuse

1. Il ne m'écoute pas.
2. Il monopolise la conversation.
3. Il n'aime pas me toucher ou m'embrasser.
4. Il n'est pas souvent disponible.
5. Il est froid et distant.
6. L'intimité compte beaucoup plus pour moi que pour lui.
7. Il n'est pas là pour moi quand je me sens vulnérable.
8. Moins il est disponible, plus il m'obsède.

> 9. Il ne me comprend pas.
> 10. Je donne beaucoup plus que je ne reçois.

Quand vous êtes en présence de plusieurs de ces signaux de danger, prenez vos jambes à votre cou, surtout si l'attirance physique que vous ressentez est très forte. Votre schéma fonctionne à plein rendement.

Nous savons combien il vous sera difficile de suivre ce conseil. Tout vous portera vers la relation en question. Ce fut le cas de Daniel. Pendant sa thérapie, Daniel a commencé à fréquenter Catherine, une très belle femme, mannequin célèbre à New York. Daniel n'était qu'un de ses nombreux prétendants. Bien que sa nouvelle liaison ait été vouée à l'échec dès le départ, il ne pouvait s'empêcher de poursuivre Catherine de ses assiduités. En consonance avec son schéma, il luttait pour la survie de sa liaison. Nous avons été témoins de tout le processus, depuis le moment où Catherine a passé tout un week-end avec lui à sa maison de campagne jusqu'à son refus obstiné de le revoir et de retourner ses appels de plus en plus désespérés.

Même si vous tombez amoureux d'une personne affectueuse, vous devrez éviter certains pièges à mesure que la relation progresse.

---

### Les pièges de la carence affective dans les relations amoureuses

1. Vous n'exprimez pas vos besoins, puis vous êtes déçu quand votre partenaire ne les comble pas.
2. Vous n'exprimez pas vos sentiments et vous êtes déçu quand on ne vous comprend pas.
3. Vous refusez de vous montrer vulnérable pour que votre partenaire puisse vous protéger ou vous guider.
4. Vous ressentez un manque mais vous n'en dites rien. Vous nourrissez du ressentiment.
5. Vous êtes irascible et exigeant.
6. Vous accusez toujours votre partenaire de ne pas vous aimer suffisamment.
7. Vous devenez distant et inaccessible.

---

Il se peut qu'en sabotant votre relation, vous renforciez votre carence affective. Vous devenez particulièrement sensible au moindre manque d'égards. Vous vous attendez que votre partenaire lise dans vos pensées et comble vos besoins comme par magie. Nous verrons plus loin que certaines personnes souffrant de ce schéma contre-attaquent en devenant trop exigeantes, mais la plupart évitent de faire part à l'autre de leurs besoins. Êtes-vous de ceux qui ne communiquent pas avec leur partenaire? Vous taisez vraisemblablement vos besoins, et vous êtes déçu, renfermé ou en colère quand ceux-ci ne sont pas comblés.

## La revendication excessive

Certaines personnes présentant le schéma «carence affective» contre-attaquent; elles compensent cette carence en devenant hostiles et exigeantes. Elles sont narcissiques. Elles se comportent comme si tout leur était dû. Elles exigent beaucoup et reçoivent souvent beaucoup de la personne qui partage leur vie amoureuse.

Jean est ainsi. Peu importe l'affection qu'il reçoit d'une femme, il continue de ressentir une grande frustration. Mais au lieu de montrer qu'il souffre ou qu'il se sent rejeté, il se fâche. Élisabeth, au contraire, qui est pourtant tout aussi vulnérable au manque d'égards, se tait. Jean et Élisabeth illustrent deux modes d'adaptation diamétralement opposés au schéma «carence affective». La colère et la revendication excessive de Jean sont typiques de la contre-attaque. Le silence d'Élisabeth est une caractéristique de la capitulation.

Pourquoi certaines personnes réagissent-elles à la carence affective par le narcissisme? La réponse gît dans une fusion des schémas «carence affective» et «sentiment que tout nous est dû». Dans leur enfance, les besoins affectifs profonds de ces personnes n'étant pas comblés, les narcissiques ont appris à compenser leur carence en se montrant exigeantes à l'excès pour des besoins moins fondamentaux.

Vous êtes peut-être très pointilleux en matière de nourriture, d'habillement, de fréquentations, d'activités. Vous êtes très exigeant sur le plan matériel. Vous revendiquez énormément sauf ce qui vous manque le plus, c'est-à-dire une affection authentique. Malheureusement, ces exigences matérielles sont un piètre substitut à l'amour et à la compréhension, et votre frustration persiste. Vous recherchez sans cesse les gratifications tangibles et vous fermez les yeux sur vos besoins réels que jamais rien ne vient combler.

Dans votre enfance, on ne vous permettait pas de faire valoir vos besoins affectifs. Votre mère n'y répondait (probablement) pas. Mais si elle vous permettait d'autres revendications, vous parveniez tout de même à obtenir quelque chose. Ce fut le cas de Daniel. Sa mère était une femme distante, mais elle excellait à subvenir aux autres besoins de Daniel. Parce qu'elle le couvrait de cadeaux, Daniel est devenu très matérialiste. Certains enfants, au contraire, sont frustrés à la fois affectivement et matériellement. Ceux-là ont tendance à capituler et à ne rien attendre de personne (l'attitude de la capitulation).

Il y a quelque chose d'inauthentique dans une relation avec une personne narcissique. De tels rapports, même intimes, sont superficiels. Si c'est votre cas, la vacuité de ces relations vous désespère. Mais sachez que vos relations sonnent faux parce que vous n'exprimez que rarement vos besoins réels et profonds.

Le tableau suivant énumère les étapes à franchir pour parvenir à modifier le schéma «carence affective».

---

### Comment modifier votre schéma «carence affective»

1. Reconnaissez que vous avez manqué d'affection dans votre enfance. Soyez sensible à l'enfant carencé en vous.
2. Analysez le sentiment de manque dans vos relations amoureuses présentes. Reconnaissez votre besoin d'affection, d'empathie et de conseils.
3. Penchez-vous sur vos relations passées et décelez-y les modes habituels de comportement. Énumérez les pièges qu'il vous faudra dorénavant éviter.
4. Fuyez les partenaires distants pour qui vous ressentez une forte attirance.
5. Si vous trouvez un partenaire affectueux, permettez à la relation de réussir. Dites ce que vous désirez. Faites connaître votre sentiment de vulnérabilité à votre partenaire.
6. Cessez de blâmer l'autre personne et de vous montrer trop exigeant.

---

Examinons chacune de ces étapes plus en détail.

1. *Reconnaissez que vous avez manqué d'affection dans votre enfance. Soyez sensible à l'enfant carencé en vous.*

Tout commence par une prise de conscience. Vous devez admettre la réalité des événements qui ont marqué votre enfance. Nous vous avons fait remarquer que cette admission est plus difficile dans le cas du schéma «carence affective» que dans le cas d'autres schémas. Il se pourrait même que vous ne sachiez pas que vous avez été privé d'affection.

Au moment d'entrer en thérapie, Jean savait qu'il avait manqué d'affection. Une carence aussi évidente est facile à déceler. Même au tout début de sa thérapie, Jean était capable de visualiser certaines scènes en rapport avec son schéma. Il se remémorait d'innombrables occasions où sa mère, contrairement à celles de ses camarades, n'était pas à ses côtés: remise de médaille des louveteaux, collation des grades au secondaire et à l'université, et ainsi de suite. Il s'est souvenu d'avoir forgé la signature de sa mère sur ses bulletins scolaires, car celle-ci se désintéressait de ses études.

Jean était conscient de la colère que suscitait en lui ce manque d'affection, mais il n'accédait pas sans peine à sa souffrance (mode d'adaptation caractéristique des personnes qui contre-attaquent). Quant à Élisabeth, elle reconnaissait sa souffrance, sa solitude d'enfant (typique de la capitulation). Sa colère, en revanche, lui échappait. La carence affective suscite à la fois la colère et la peine et, ainsi que nous le verrons plus loin, il importe d'être conscient de ces deux émotions.

Cette prise de conscience du passé fut la partie la plus difficile du travail de Daniel et d'Élisabeth, car ils s'attaquaient à un problème particulièrement subtil. Nous croyons qu'il existe trois catégories distinctes de carence affective. Le tableau qui suit vous aidera à jeter un meilleur éclairage sur les événements qui ont marqué votre enfance. Il se pourrait que vous ayez souffert d'un ou deux de ces manques, mais pas des autres.

---

### Les trois catégories de carence affective

1. Le manque de «maternage»
2. Le manque d'empathie
3. Le manque de protection

---

Chacune de ces catégories correspond à un des aspects de l'amour. Par «maternage», nous entendons la tendresse, l'attention et les soins, les marques physiques d'affection, qu'elles soient prodiguées par le père, la mère ou les deux parents. Vos parents vous prenaient-ils dans leurs bras pour vous bercer? S'efforçaient-ils de vous réconforter, de vous apaiser? Vous consacraient-ils du temps? Quand vous les voyez aujourd'hui, vous enlacent-ils et vous embrassent-ils?

L'empathie signifie que quelqu'un comprend votre univers personnel et reconnaît la valeur de vos sentiments. Vos parents vous comprenaient-ils? Étaient-ils sensibles à vos émotions? Pouviez-vous leur confier vos problèmes? Étaient-ils disposés à vous écouter? Acceptaient-ils de vous parler de leurs sentiments si tel était votre désir? La communication était-elle possible entre vous?

Enfin, la protection consiste à créer un climat de confiance, à prodiguer des conseils, à orienter l'enfant. Y avait-il quelqu'un à qui vous pouviez demander conseil, quelqu'un qui était pour vous une source de réconfort et de secours? Y avait-il quelqu'un capable de vous rassurer, de vous protéger?

Jean fut privé dans tous ces domaines. Le traumatisme subi fut important au point de le rendre inapte aujourd'hui à toute forme de tendresse, d'empathie ou de protection, donnée ou reçue. Le cas d'Élisabeth et celui de Daniel sont plus complexes.

Daniel sentait que sa mère le protégeait; c'était une femme réfléchie, capable de lui prodiguer des conseils rationnels. Daniel croyait que la réputation et la fortune de sa famille le mettraient à l'abri de l'adversité. Mais la mère de Daniel ignorait la tendresse et l'empathie. Il eut cependant un père pour le materner, un père dont l'empathie contribua à diminuer les effets néfastes de la froideur maternelle sur le développement de son schéma.

En apparence, Élisabeth a été beaucoup aimée. Elle se souvient de bon nombre d'occasions où sa mère l'a enlacée et embrassée. Par exemple: «Je suis assise sur les genoux de ma mère à l'occasion d'une réception. Je porte une jolie robe. J'ai l'impression d'être mignonne et unique.» La superficialité de cette image suggère un amour maternel péchant par manque de sincérité. Cet amour n'était manifeste qu'en présence de témoins. Au fond, la mère d'Élisabeth n'a pas materné sa fille. Comme dans le cas de Daniel, Élisabeth se sentait un enfant bien protégé; en fait, elle a sans doute trop compté sur les conseils de sa mère. Mais il est évident qu'elle a souffert d'un manque d'empathie. L'exemple suivant est éloquent:

Thérapeute:

*Que se passe-t-il?*

Élisabeth:

*(Elle ferme les yeux.) Ma mère m'accompagne à une fête d'anniversaire. Elle me dit d'aller embrasser une petite fille qui se trouve là également. Je lui réponds que je n'aime pas cette petite fille. Mais ma mère veut que je l'aime, elle insiste: «C'est ridicule; bien sûr que tu l'aimes.»*

Thérapeute:

*Comment vous sentez-vous?*

Élisabeth:

*Invisible.*

La mère d'Élisabeth ne confirmait pas les sentiments de sa fille. Elle les ignorait et s'en désintéressait.

L'évocation des souvenirs est le premier pas vers la compréhension des carences de l'enfance. Retirez-vous dans un lieu isolé et calme et laissez émerger vos souvenirs. Revivez-les le plus intensément possible en permettant aux mêmes émotions de se manifester. Laissez-vous entraîner par les images qui se présentent, puis examinez-les en détail. Faites de même pour chacun de vos parents. Comme dans le cas de Daniel, l'attitude d'un des parents peut contribuer à diminuer les effets néfastes de l'attitude de l'autre parent. Pour un tableau plus complet de la situation, remémorez-vous également les autres membres de votre famille.

2. *Analysez le sentiment de manque dans vos relations amoureuses présentes. Reconnaissez votre besoin d'affection, d'empathie et de conseils.*

Prenez conscience des sentiments associés à vos carences actuelles. Apprenez à noter les circonstances qui raniment votre schéma. Cela se produit sans doute quand vous croyez qu'on vous manque d'égards, quand vous vous sentez seul, vide ou incompris. Peut-être êtes-vous triste que votre partenaire amoureux ne soit pas disponible, qu'il soit égoïste et distant. Vous êtes sans doute fâché de toujours devoir être le plus fort des deux, d'être toujours celui qui s'occupe de l'autre sans que jamais il ne vous rende la pareille. Tout sentiment de manque peut vous mettre la puce à l'oreille: votre schéma est activé et vous devriez être plus attentif à ce qui est en train de se produire.

Il importe que vous ressentiez pleinement les émotions que suscite la réactivation de ce schéma. Ne les réprimez pas. Explorez en profondeur tout l'éventail de vos émotions.

L'imagerie mentale vous aidera à pousser encore plus loin cette exploration. Lorsque certaines circonstances de votre vie présente provoquent chez vous un profond sentiment de manque, revivez cette expérience par l'imagerie. Laissez vos émotions faire surface. Reconnaissez votre besoin de maternage, d'empathie, de protection. Associez ensuite cette image à une image surgie de votre enfance et génératrice des mêmes émotions. En alternant ainsi à plusieurs reprises entre passé et présent, vous serez plus conscient de la façon dont vous reproduisez ces scénarios de carence dans vos relations présentes.

Daniel a pratiqué l'imagerie mentale au cours d'une de ses séances. Il relatait un incident particulièrement bouleversant avec Catherine. Ils avaient rompu, mais s'étaient rencontrés par hasard à une réception. Nous avons demandé à Daniel d'évoquer l'image de Catherine.

THÉRAPEUTE:
*Que voyez-vous?*
DANIEL:
*Je vois Catherine. Elle est au centre de l'image, vêtue de blanc, comme dans une de ses photos de magazine. Elle est glaciale, parfaite. Elle est entourée d'une paroi de verre.*
THÉRAPEUTE:
*Où êtes-vous?*
DANIEL:
*De ce côté-ci de la paroi. J'essaie de lui dire quelque chose, mais elle ne m'entend pas à cause du verre. Je ne parviens pas à attirer son regard. J'agite les bras, je crie, mais elle ne m'entend pas.*
THÉRAPEUTE:
*Dites-moi ce que vous ressentez.*
DANIEL:
*Je suis seul.*

Nous avons ensuite demandé à Daniel d'évoquer un souvenir d'enfance qui avait suscité en lui le même sentiment de solitude. Il s'est souvenu de sa mère: «Elle est assise sur le canapé et elle lit. Je traverse la pièce sur la pointe des pieds, car je sais qu'elle serait très ennuyée si je la dérangeais dans sa lecture.»

3. *Penchez-vous sur vos relations passées et décelez-y les modes habituels de comportement. Énumérez les pièges qu'il vous faudra dorénavant éviter.*

Énumérez les relations les plus importantes de votre vie. Sentez-vous libre d'énumérer vos relations amoureuses, vos relations amicales ou familiales. Efforcez-vous de déterminer ce qui a cloché. L'autre personne était-elle incapable ou peu intéressée de combler vos besoins? L'avez-vous repoussée par vos exigences et en n'étant jamais satisfait? Avez-vous ressenti de l'ennui auprès d'une personne qui vous traitait avec égards? La relation était-elle plus enrichissante que vous n'étiez disposé à l'admettre?

Les scénarios récurrents de la vie de Daniel lui sont apparus clairement à la rédaction de cette liste. Il a vu que chacune des femmes qui l'avaient attiré présentait dès le début des indices flagrants de son manque de disponibilité affective. Bien entendu, il n'en avait jamais tenu compte. Il lui a été pénible de constater en thérapie que ses relations amoureuses les plus intenses avaient toujours été vouées à l'échec.

Ce qui ressort le plus de la liste d'Élisabeth est une générosité jamais payée de retour. Dans le cas de Jean, c'est le fait que toutes les femmes l'ont déçu, quoi qu'elles aient pu lui apporter. Sa tendance à rejeter le blâme sur elles l'a amené à déclarer: «C'est une liste de toutes les femmes qui m'ont déçu les unes après les autres.» Quel est le fil conducteur de votre liste? Quels pièges devez-vous éviter?

4. *Fuyez les partenaires distants pour qui vous ressentez une forte attirance.*
Cette règle est simple, mais pourtant difficile à observer. Ne vous liez pas à des personnes qui maintiennent votre sentiment de manque. Cette règle est difficile à observer tout simplement parce que ce sont précisément ces personnes-là qui vous attirent le plus. Nous conseillons souvent à nos patients la méthode empirique suivante: si vous faites la connaissance d'une personne qui vous attire beaucoup, évaluez cette attirance selon une échelle de 0 à 10. Si le résultat est 9 ou 10, réfléchissez-y à deux fois avant de vous engager. Occasionnellement de telles unions fonctionnent après un long et pénible ajustement. Mais la plupart du temps, une telle attirance est déclenchée par votre schéma plutôt que par les vertus fondamentales de la relation.

Nous ne disons pas que vous devez passer le reste de votre vie avec une personne qui ne vous attire pas du tout ou qui ne vous attire pas assez (0 à 5). Une relation ne saurait durer sans un certain degré d'attirance. Mais l'attirance romantique qui exclut les autres aspects d'une relation indique que la relation a peu de chances de survivre à long terme. L'échelle de valeur dont nous parlions comporte aussi les degrés 6, 7 et 8. C'est probablement auprès d'une personne qui éveille ce degré d'attirance que vous pourrez connaître enfin l'épanouissement que procure une relation fondée sur l'affection et l'intimité.

5. *Si vous trouvez un partenaire affectueux, permettez à la relation de réussir. Dites ce que vous désirez. Faites connaître votre sentiment de vulnérabilité à votre partenaire.*
Si vous vous engagez dans une relation saine, donnez-lui la possibilité de réussir. Souvent, les personnes présentant le schéma «carence affective» s'ennuient ou sont insatisfaites dans une telle relation, et elles cherchent alors à la fuir. Ne fuyez pas si vite, même si votre relation vous semble manquer de piquant. Vos besoins sont peut-être comblés, et il faut vous habituer à cette nouvelle sensation.

Après son fiasco avec Catherine, Daniel est tombé amoureux de Michelle, une femme chaleureuse et affectueuse. Elle attirait beaucoup Daniel au début, mais cette attirance s'est vite estompée. À mesure que leur relation évoluait, le désir qu'il éprouvait pour Michelle diminuait. Il se mit à nous dire que Michelle l'ennuyait, qu'il ne la désirait plus, que leur relation était sans doute une grave erreur. Mais nous ne perdions pas espoir. Il n'y avait pas que du négatif entre eux. Daniel se laissait aimer. Il avait beau laisser entendre qu'il songeait à rompre, nous pensions qu'il était encore possible que tout aille pour le mieux.

Beaucoup d'indices nous permettaient d'espérer. D'une part, Daniel avait déjà beaucoup désiré Michelle. Nous ne pensons pas qu'il soit possible de susciter une attirance qui n'a jamais existé, mais s'il y a déjà eu une étincelle, il vaut la peine de tenter de ranimer une flamme vacillante; il vaut la peine de faire face aux problèmes que connaît la relation dans l'espoir de réveiller le désir. Pour ce faire, rapprochez-vous de l'autre personne, acceptez de vous montrer vulnérable et de dire ce que vous attendez de la relation.

En thérapie, Daniel s'est aperçu que Michelle l'ennuyait moins qu'elle ne l'irritait. Il se disait mécontent qu'elle ne lui donne pas ce dont il avait besoin. Naturellement, comme il est caractéristique de la carence affective, Daniel ne lui exprimait pas ses besoins. Vous ne dites pas ce que vous voulez et vous vous fâchez quand vous ne l'obtenez pas. En vous taisant, vous capitulez devant votre schéma. Vous vous débrouillez pour que même une personne chaleureuse vous laisse insatisfait. Si une personne aimante partage votre vie amoureuse, faites-lui part de vos besoins. Laissez-vous aimer, permettez qu'on vous protège et qu'on vous comprenne.

Nous savons combien cela peut être terrifiant. Nous savons que cela signifie vous montrer vulnérable. Vous avez toujours mis toutes vos énergies à pratiquer le contraire de ce que nous préconisons, à vous protéger des déceptions. Quand vous étiez enfant, une telle attitude pouvait se justifier. Et vous avez sans doute eu de bonnes raisons de continuer à agir ainsi dans plusieurs de vos relations adultes. Mais posez-vous maintenant la question suivante: «Cette fois, est-ce différent? Puis-je faire confiance à cette personne?» Si la réponse est «oui», osez.

### 6. Cessez de blâmer l'autre personne et de vous montrer trop exigeant.

Daniel: «Ma colère grandit. J'en viens à ne plus éprouver que du ressentiment, à abreuver Michelle de reproches.» Ne nourrissez pas de rancœur. Exprimez clairement vos besoins à votre partenaire. Quand vous êtes en colère, dites ce que vous ressentez. Parlez avec calme, sans accusations. La colère est le masque de votre souffrance et de votre vulnérabilité. Parlez-en. Si vous vous contentez d'exprimer la colère, les exigences de surface, vous chasserez votre partenaire et risquerez de ne jamais être heureux. La colère et les revendications entraînent rarement des résultats positifs. Vous ne vous sentez pour ainsi dire jamais bien, tout va de mal en pis.

En résumé, il vous faut apprendre à communiquer. Pour qu'une relation amoureuse fonctionne, vous devez être capable de communiquer vos pensées et vos sentiments à votre partenaire. Vous devez apprendre à partager. Vous devez établir un rapport avec l'autre personne.

## Une perspective de changement

Changer n'est pas facile. Comme nous l'avons déjà dit, ce changement est entre vos mains. Il dépend en grande partie de votre persistance dans l'effort. Votre schéma «carence affective» ne s'évanouira pas du jour au lendemain. Il faut rogner peu à peu un schéma, le contrer dès qu'il se manifeste. Vous devez mettre tout votre être dans cette lutte, toutes vos pensées, tous vos sentiments, votre comportement tout entier.

Il est dommage que, plus vous aurez été traumatisé enfant, plus ce changement exigera d'efforts. C'est là la plus grande injustice de toutes. Un traumatisme particulièrement sévère vous obligera sans aucun doute à recourir à la thérapie. Le dernier chapitre du présent ouvrage vous aidera à chercher l'aide dont vous avez besoin.

Le processus de changement a été très long pour Jean. Il a eu beaucoup de mal à accepter de se montrer vulnérable avec son entourage et avec nous. Il disait toujours préférer tout perdre plutôt que de courir ce risque. L'armure qui l'avait tant protégé dans son enfance, maintenant, le brimait, l'isolait de tout rapport affectif, de toute intimité.

Jean parvenait à admettre la colère que suscitait en lui son passé, mais il n'accédait pas à son sentiment de manque, à sa souffrance. Par ailleurs, il ressentait et exprimait sa rage. Jean ne voulait pas admettre sa part de responsabilité dans l'évolution d'une relation. Il était obsédé par le fait que les femmes le décevaient, le laissaient tomber.

Dans les premiers temps de la thérapie, ce thème revenait sans cesse. Il s'acharnait à dire que nous le laissions tomber, que nous ne nous occupions pas de lui, qu'il devait exister des formes de thérapie plus efficaces. Mais quelque chose le poussait à revenir nous consulter. Il devait deviner qu'en mettant fin à nos rencontres il se condamnait à une répétition de son scénario habituel. Il commença alors à parler de la douleur de la solitude.

JEAN:
*Je prenais un café à une terrasse. Un couple est passé. L'homme enlaçait la femme et la regardait. C'est difficile à décrire, mais tout à coup je me suis souvenu d'une fois où ma mère m'avait pris dans ses bras et m'avait serré contre elle. J'ai eu envie de pleurer.*

Jean se montra peu à peu plus vulnérable avec d'autres personnes aussi, et il exprima plus volontiers sa douleur. Tout récemment, il a passé le cap des premiers six mois dans une relation amoureuse. Il est fiancé à une jeune femme appelée Nicole.

Élisabeth a quitté son mari Julien pendant sa thérapie. Nous n'avons pas tenté de l'influencer, mais nous avons supporté sa décision. Nous pensons qu'une personne ne doit pas rester dans une relation sans espoir. Élisabeth s'est longtemps efforcée d'améliorer sa relation de couple, en vain. Persister aurait signifié une vie tout entière marquée par la frustration et l'insatisfaction. Julien ne l'aimait pas suffisamment pour vouloir changer.

Après son divorce, Élisabeth a répété deux fois encore le même scénario avec deux hommes froids et distants.

— On dirait qu'il me faut revivre cette situation pour admettre son existence, dit-elle.

Elle est encore attirée par des hommes narcissiques, mais elle parvient à résister à la tentation. Elle fréquente depuis peu un homme appelé Marc. Pour la première fois de sa vie, elle reçoit autant d'amour qu'elle en donne.

— Je laisse Marc s'occuper de moi. C'est bizarre de devoir apprendre à recevoir, mais c'est précisément ce qui se produit. J'apprends à recevoir.

Daniel est toujours avec Michelle. Ils se sont mariés et ils ont un enfant. Voici comment il nous a parlé de sa vie au cours d'une de nos dernières séances ensemble:

DANIEL:
*Il m'arrive encore d'être insatisfait, comme s'il me manquait quelque chose. Mais la plupart du temps, je n'ai plus l'impression d'être isolé. Je lève les yeux, Michelle et le bébé sont là, et tout à coup je me rends compte que je ne suis plus seul.*

# 9

## *«JE ME SENS À PART»*
## *LE SCHÉMA*
## *«SENTIMENT D'EXCLUSION»*

> **DENISE:** VINGT-CINQ ANS. ELLE EST ANXIEUSE ET NE SE SENT PAS À LA HAU-
> TEUR EN SOCIÉTÉ.

Dès notre première rencontre, Denise nous a confié que sa vie sociale ne la satisfaisait pas. Depuis la fin de ses études, elle a toujours eu de la difficulté à faire de nouvelles connaissances.

DENISE:
*Je ne suis pas sortie avec un homme depuis sept mois. Je n'ai rencontré personne qui ait envie de me fréquenter.*
THÉRAPEUTE:
*Comment faites-vous pour rencontrer des gens?*
DENISE:
*C'est une partie du problème. Je déteste les endroits qui favorisent les rencontres sociales. Je suis très timide. Je ne sais pas parler aux gens. Je sais qu'ils ne me trouveront pas sympathique.*

Cette affirmation nous étonne, car Denise est très bien de sa personne. Nous constatons une fois de plus qu'une personne en thérapie peut donner d'elle-même une image très différente de ce qu'elle projette en société. On peut être infiniment plus timide et maladroit au milieu d'un groupe.

En poursuivant notre exploration, nous apprenons que Denise évite les réunions sociales. «Cela m'angoisse trop.» Et quand elle est anxieuse elle «ne sait pas quoi dire», dit «des stupidités». Elle ne se trouve pas jolie et est persuadée que les hommes ne sont pas attirés vers elle. (Encore une fois, cela nous étonne, car Denise est très jolie.)

Denise nous confie, les larmes aux yeux, qu'elle a parfois l'impression «d'être nulle en société».

---

**ALBERT:** TRENTE-CINQ ANS. SA SOLITUDE LUI PÈSE.

---

Dès nos premières rencontres, Albert nous apparaît comme un être solitaire. Il semble délibérément se tenir à l'écart, se retirer en lui-même. Il ne parvient pas aussi facilement que Denise à nous confier ses difficultés, mais son problème est identique: la solitude.

Albert se sent différent des autres. «Je n'ai pas de place nulle part.» Il a quelques bons amis qu'il voit à l'occasion, mais de moins en moins à mesure que les années passent.

ALBERT:

*J'ai peur de me retrouver complètement seul. Je me sens exclu au travail, et ma vie personnelle est de plus en plus déserte. Il me semble qu'il n'y a pas de place pour moi nulle part. Je suis à la périphérie, et je regarde les autres.*

Albert est capable d'établir des rapports intimes. Il a eu des relations amoureuses, des amis. Mais il a peu à peu cessé de faire de nouvelles connaissances et, son travail mis à part, il ne fait partie d'aucun groupe. Comme Denise, il évite les réunions sociales et les rassemblements.

## Questionnaire relatif au schéma «sentiment d'exclusion»

Ce questionnaire vise à évaluer l'importance de ce schéma. Répondez aux questions qui suivent en utilisant l'échelle ci-dessous.

### Échelle de cotation

Dans mon cas, l'énoncé est:
1. Absolument faux.
2. Faux dans l'ensemble.
3. Plus vrai que faux.
4. Modérément vrai.
5. Vrai dans l'ensemble.
6. Absolument vrai.

Si vos réponses comportent des 5 ou des 6, il se peut que ce schéma s'applique à vous, même si votre score total est bas.

| Pointage | Énoncés |
|---|---|
| | 1. Je suis très gêné en société. |
| | 2. J'ai l'impression d'être terne et ennuyeux dans les réunions sociales. Je ne sais jamais quoi dire. |
| | 3. Je ne me sens pas à la hauteur des personnes avec lesquelles j'aimerais me lier d'amitié (ils sont plus beaux, plus populaires, plus riches, ils occupent un rang social plus élevé, ils sont plus instruits, ils ont plus de succès dans leur carrière). |
| | 4. J'évite autant que possible les réunions mondaines ou je ne m'y rends qu'à contrecœur. |
| | 5. Je n'ai pas un beau physique (obèse, maigre, trop grand, trop petit, laid, etc.). |
| | 6. Je me sens fondamentalement différent des autres. |
| | 7. Je n'ai de place nulle part. Je suis une personne solitaire. |
| | 8. J'ai toujours l'impression de rester en marge des groupes. |
| | 9. Ma famille était très différente des autres. |
| | 10. Je me sens isolé de la société en général. |
| | VOTRE TOTAL: (Additionnez vos points pour les questions 1 à 10.) |

### Interprétation des résultats

10-19   Très bas. Ce schéma ne vous affecte sans doute pas du tout.

20-29   Assez bas. Ce schéma vous affecte sans doute à l'occasion.

30-39   Modéré. Ce schéma est un problème pour vous.

40-49   Élevé. Ce schéma joue un rôle important dans votre vie.

50-60   Très élevé. Il s'agit d'un schéma fondamental dans l'organisation de votre personnalité.

# Le sentiment d'exclusion

Ici prime un sentiment de solitude. Vous vous sentez à l'écart du reste du monde, car vous vous croyez peu désirable ou différent. Ce sont là deux types de sentiments d'exclusion qui, souvent, s'entremêlent. Il se peut que les deux s'appliquent à vous.

Denise est du premier type. Elle se sent inférieure en société; les rapports sociaux la rendent extrêmement anxieuse.

DENISE:

*Samedi dernier, j'étais invitée à une fête. Toute la semaine, j'ai appréhendé ce moment. Qu'est-ce que j'ai donc? Les autres s'emballent à l'idée d'une réunion mondaine, mais cela m'a obsédée pendant des jours. Je ne parvenais pas à me détendre. J'étais toujours au bord des larmes.*

THÉRAPEUTE:

*Qu'allait-il se passer, selon vous?*

DENISE:

*Eh bien! J'arriverais là-bas, je serais très nerveuse et je ne saurais pas quoi dire. Je me comporterais comme une crétine. J'aurais l'impression que les autres invités valent mieux que moi, qu'ils sont plus beaux, plus intelligents, plus prospères, et que je n'ai rien à offrir.*

*Voyez-vous, cela s'est passé exactement comme ça. Ce fut un cauchemar. J'avais hâte de m'en aller. À mon retour à la maison, je n'arrêtais pas de pleurer.*

Denise se sent inférieure extérieurement. Son aspect, sa façon d'être ne la satisfont pas. Mais elle ne présente pas le schéma «sentiment d'imperfection». Quand elle parvient à briser la glace et à s'approcher des gens, quand elle se fait des amis, tout va bien. Les relations d'intimité ne l'effraient pas et, bien qu'elle n'ait pas d'amoureux, elle a beaucoup d'amis véritables. Ses amitiés apaisent ses sentiments d'infériorité et de solitude. Le sentiment d'exclusion touche l'apparence, l'aspect extérieur. Le sentiment d'imperfection touche notre personnalité profonde, ce que nous sommes intérieurement.

Il se peut que ces deux schémas s'appliquent dans votre cas, et que le sentiment d'imperfection soit le plus fondamental des deux. Votre cas est alors plus complexe. Vous pouvez être totalement isolé, absolument seul en toutes circonstances. Si pénible que soit le sentiment d'exclusion, la combinaison avec le sentiment d'imperfection est pis encore.

Comme dans un cercle vicieux, l'anxiété devient une cause importante du sentiment d'infériorité du patient.

DENISE:

*Dès mon arrivée, je sais que je serai nerveuse. Cette anxiété est très gênante. Je ne suis pas à l'aise et je rends les autres mal à l'aise. Dès que j'entre dans la pièce, je sais que je vais tout gâcher. Que je dirai ce qu'il ne faut pas dire, que je ferai ce qu'il ne faut pas faire. J'ai seulement envie de m'enfoncer dans un trou.*

Denise se compare sans cesse aux autres. Cette femme-ci est plus belle, celle-là plus intelligente et plus intéressante. Une des causes majeures de son anxiété réside dans son inaptitude à converser. Elle voudrait participer aux conversations avec aisance, parler librement, sourire, rire, poser des questions. Mais son inhibition l'en empêche.

DENISE:
*C'est si frustrant. Car dès que je connais une personne, je peux converser normalement avec elle. Mais toute conversation m'est impossible avec un étranger. Je fige.*
THÉRAPEUTE:
*On dirait une sorte de trac.*

Ce type de malaise est fondamental pour vous. Vous avez peur que l'on vous scrute, vous jauge, vous juge négativement. L'opinion des autres vous obsède. Selon votre zone de sensibilité — votre apparence, votre carrière, votre standing, votre intelligence ou votre loquacité — vous appréhendez que l'on vous trouve inadéquat.

L'anxiété de Denise la rend maladroite en société. Habile quand elle se sent à l'aise, elle fait preuve de maladresse dans la plupart des situations sociales. Elle n'a plus de prestance. Elle devient timide et introvertie. Ce n'est pas tant qu'elle se sente différente, mais bien qu'elle se sent nulle en société.

Albert, quant à lui, n'est nullement inapte en société, bien au contraire. Il est même plutôt doué. Son problème est qu'il se sent profondément différent des autres. Son sentiment premier en est un de détachement. Il semble plus distant qu'anxieux. On le dit «difficile d'approche».

ALBERT:
*Je suis seul même au milieu des gens. En fait, c'est au milieu des gens que je suis le plus seul.*
THÉRAPEUTE:
*Votre solitude devient alors beaucoup plus évidente.*

Albert a toujours l'impression de vivre au milieu d'étrangers, de ne trouver sa place nulle part.

La plupart des gens souffrent de se sentir marginaux. Si certains d'entre eux se croient supérieurs, ou aiment se sentir à part des autres, beaucoup souffrent de cette différence. En général, nous ne voulons pas détonner. Détonner nous blesse, nous fait souffrir, intensifie notre sensation de solitude.

Contrairement à Denise qui se sent rejetée, Albert ressent plutôt une impression de vide, d'isolement. En société, il se sent à l'écart.

THÉRAPEUTE:
*Or, si vous ne parlez pas aux gens dans une réunion mondaine, que faites-vous?*
ALBERT:
*Je m'évade dans mon petit univers personnel.*

Albert n'en veut pas à la société de le rejeter. Il se sent seulement à l'écart des autres. Il est différent. Il détonne.

Il existe plusieurs facettes au schéma «sentiment d'exclusion». Vous êtes peut-être victime de quolibets ou de harcèlement. Ou encore, vous êtes un intrus, un solitaire ou un paria. Vous restez à la périphérie, vous n'êtes membre d'aucune club ou groupe. Ou bien, votre schéma est difficile à identifier sinon carrément indétectable. Vous semblez à l'aise et bien intégré à la société, mais en réalité vous vous sentez très seul.

Quel que soit votre cas, vous êtes probablement disposé à présenter un éventail de symptômes psychosomatiques. On associe souvent la solitude aux maladies cardiaques, aux problèmes digestifs, à l'insomnie, aux maux de tête et à la dépression.

Voici quelques-unes des raisons qui ont pu vous faire sentir peu désirable ou différent durant votre enfance.

---

### Les origines du schéma «sentiment d'exclusion»

1. Vous vous sentiez inférieur aux autres enfants en raison d'une caractéristique apparente (par exemple, votre taille, votre apparence, un bégaiement). Les autres enfants vous taquinaient, vous rejetaient, vous humiliaient.
2. Votre famille était différente des familles du voisinage.
3. Vous aviez l'impression d'être différent des autres enfants, même de vos frères et sœurs.
4. Vous étiez un enfant passif; vous étiez obéissant mais vous n'avez pas développé d'intérêts ou de préférences qui vous soient propres. Maintenant, votre conversation vous semble inintéressante.

---

Le schéma «sentiment d'exclusion» peut découler du fait que votre famille était réellement différente des autres sur le plan de la race, de l'origine ethnique, de la religion, du rang social, du niveau d'éducation, de la richesse matérielle. Ou encore, vos habitudes familiales, vos traditions, vos coutumes contribuaient à vous démarquer de votre entourage. Il pouvait exister une barrière de langue, ou un trouble mental tel que l'alcoolisme ou la schizophrénie. Votre famille déménageait peut-être souvent, ne se fixait jamais assez longtemps au même endroit comme c'est le cas des familles de militaires.

Il se peut aussi que quelque caractéristique personnelle vous ait isolé des autres et fait en sorte que vous vous sentiez différent même de vos frères et sœurs. C'est parfois le cas des enfants surdoués. Leurs intérêts ne sont pas ceux des autres enfants de leur âge. Ils préfèrent lire ou écouter de la musique plutôt que de jouer avec leurs petits camarades. Peut-être aussi aviez-vous des intérêts qui ne correspondaient pas à ceux de votre sexe, comme c'est le cas des garçons qui aiment jouer à la poupée, ou des filles qui préfèrent les jeux plus rudes des garçons. Votre identité sexuelle peut avoir été un facteur d'isolement: les femmes et les hommes homosexuels présentent souvent un schéma «sentiment d'exclusion». Ou encore, votre personnalité vous mettait à l'écart: vous étiez timide, émotif, introspectif, intellectuel, inhibé. Peut-être, enfin, votre développement personnel accusait-il un retard ou était-il en avance sur celui des autres enfants, tant physiquement que sexuellement, de même que sur le plan de l'autonomie, de l'intelligence ou des habiletés sociales.

Votre sentiment d'infériorité par rapport aux autres enfants a sans doute eu pour cause une caractéristique personnelle. Peut-être vous taquinait-on et vous humiliait-on. Nos patients nous ont fait part de certains des motifs pouvant inciter leurs camarades à les aliéner.

---

### Origines de l'impression d'être peu désirable chez les enfants et les adolescents

*Causes physiques*

Vous étiez: obèse, maigre, grand, petit, fragile, laid, acnéïque, handicapé; vos seins étaient trop petits, trop gros; vous êtes devenu pubère après les autres; vous n'excelliez pas aux sports; vous manquiez de coordination; vous n'aviez pas de *sex-appeal*.

*Causes psychologiques*

Vous ne progressiez pas au même rythme que les autres dans vos études; vous aviez des difficultés d'apprentissage, vous étiez un rat de bibliothèque, vous bégayiez, vous aviez des problèmes émotifs.

*Causes sociales*

Vous étiez maladroit, incompatible, vous manquiez de maturité, vous n'aviez pas de conversation, vous étiez bizarre, ennuyeux, guindé.

---

Les autres enfants vous excluaient en raison de votre apparence différente ou parce que vous étiez peu intéressant. Ils ne vous permettaient pas de partager leurs jeux. Ils vous taquinaient et vous humiliaient. Vous vous teniez à l'écart pour éviter qu'on se moque de vous. Les moindres contacts sociaux vous intimidaient. Vous avez cessé de vous faire des amis pour éviter qu'on vous aliène. Vous fréquentiez peut-être d'autres enfants peu populaires tout en aspirant vous joindre à ceux qui l'étaient. Votre solitude et votre isolement croissaient de jour en jour. Vous vous êtes tourné vers les activités plus solitaires, telles que la lecture ou les jeux vidéos. Vous êtes sans doute devenu très habile dans des domaines où les contacts sociaux ne sont pas requis afin de compenser votre sentiment d'infériorité.

Vous avez sans doute connu toutes ou quelques-unes de ces situations. Elles ont toutes fait partie de la vie de Denise.

DENISE:

*J'étais une enfant obèse. Dégoûtante. Dans la cour de récréation, les autres enfants se moquaient de moi. Ils me pourchassaient en s'efforçant de me faire tomber. Plus tard, les garçons ne voulaient pas sortir avec moi. Ce n'est que lorsque j'ai perdu du poids avant d'entrer à l'université que j'ai eu mon premier rendez-vous.*

Ce sentiment d'exclusion fut pour Denise teinté d'une grande honte. La honte de son poids l'empêchait d'approcher les autres enfants. Elle était certaine qu'ils la rejetteraient pour cette raison.

Denise compensa son manque de popularité par ses succès scolaires. De fait, elle a développé le schéma «exigences élevées» en rapport à sa performance scolaire. Ce type de compensation est courant chez les enfants qui se sentent indésirables dans leur vie sociale. Le problème de Denise provient maintenant en partie de ce qu'elle a des exigences personnelles trop élevées dans sa vie sociale: elle veut avoir une belle prestance, être intelligente et belle, et croit qu'on la rejettera si elle n'atteint pas la perfection dans ces domaines. Elle anticipe les jugements négatifs des gens, ce qui est une des causes de son anxiété.

Nous avons signalé précédemment que le ««sentiment d'exclusion» peut être issu d'un schéma plus fondamental, le «sentiment d'imperfection». L'impression que vous ressentiez de ne pas être digne d'amour dans votre famille vous a marqué au point de se déplacer dans votre vie sociale. Les situations sociales tout comme l'intimité vous mettaient mal à l'aise. Aujourd'hui, vous croyez que votre personnalité est cause de problèmes dans tous vos rapports avec autrui, vous devenez anxieux, vous fuyez les contacts. Vous n'attendez ni affection ni estime de quiconque. Votre schéma fait partie d'un sentiment fondamental d'imperfection, d'indignité.

Albert a grandi dans une famille d'alcooliques. Ses deux parents buvaient. Étant l'aîné, il prit la famille en charge. À l'âge de douze ans, il était devenu tout ensemble un père et une mère pour ses quatre frères et sœurs plus jeunes.

ALBERT:

*À cause de cette situation familiale, j'avais l'impression, à l'école, de vivre dans un autre univers. Mes camarades s'inquiétaient de savoir quels vêtements ils porteraient pour se rendre à telle ou telle fête, planifiaient la formation d'une équipe sportive, se demandaient qui inviter au bal, tandis que je me demandais comment parvenir à payer les factures et faire en sorte que nous ayions toujours un toit sur la tête.*

Albert avait un comportement normal à l'école, mais il se sentait marginal à l'extrême: «J'avais l'impression de ne pas être de la même race que les autres.» Il n'invitait jamais ses camarades à la maison et devenait très anxieux quand certains d'entre eux étaient en contact avec ses parents. Il ne mélangeait jamais sa vie scolaire et sa vie familiale. Sa famille était un secret bien gardé.

Tout au long de ses années d'enfance, les finances familiales déclinèrent progressivement, ce qui compliqua la vie d'Albert. Non seulement ses parents déménageaient souvent, mais ils se voyaient forcés de s'installer dans des quartiers qu'ils jugeaient peu convenables.

ALBERT:

*Mes parents ont toujours pensé que nous étions supérieurs à notre entourage. Ils se comportaient comme si nous étions réellement différents des autres, comme si nous aurions encore dû habiter une maison cossue dans un quartier cossu. Ils agissaient comme si notre voisinage était méprisable, une mauvaise influence, et ils m'incitaient à me démarquer des autres enfants et à les éviter.*

Les parents d'Albert firent en sorte qu'il répugne à fréquenter leur entourage.

Des parents trop sévères favorisent parfois le sentiment d'exclusion. Les parents d'un de nos patients s'étaient toujours montrés excessivement critiques des lacunes de ce dernier: son apparence, sa façon de s'exprimer, son allure générale. Ils s'étaient efforcés de le convaincre de son inaptitude en société, ce qui eut pour conséquence de l'inhiber. Il appréhendait toute forme de jugement critique et évitait d'entrer en relation avec les autres.

Les schémas «dépendance» et «assujettissement» engendrent eux aussi le schéma «sentiment d'exclusion». Pour être en mesure d'acquérir un comportement social équilibré, une personne doit apprendre à être sûre d'elle-même et autonome. Nos parents nous encouragent à développer notre propre identité, des goûts et des intérêts personnels. Nous possédons une personnalité unique qui favorise l'échange avec autrui en stimulant notre vitalité et nos idées.

Certains enfants sont d'une nature passive, tandis que les parents découragent chez d'autres le développement de leur individualité. Quand ce qui fait le caractère unique d'un enfant est anéanti, l'enfant fait ce qu'on attend de lui. Il se laisse diriger et obéit aux conventions, mais il n'apprend pas à développer des idées, des goûts ou des intérêts personnels. Plus tard, il a l'impression de ne rien avoir à dire. Sa passivité lui donne l'impression de n'avoir rien d'intéressant à offrir. La moindre conversation est un fardeau. Il aime écouter, mais ne peut aborder un sujet par lui-même et faire valoir son opinion. Il ne sait pas proposer d'endroit où aller ni de choses à faire. Au bout d'un certain temps, il peut éviter les contacts sociaux plutôt que de se sentir inutile dans un groupe. Ce scénario, comme ceux dont nous avons déjà parlé, peut contribuer à le rendre anxieux et à souffrir d'isolement.

Nous souffrons presque tous à des degrés divers du schéma «sentiment d'exclusion». Une partie de nous-mêmes manque parfois de sécurité, appréhende le rejet. Qui ne s'est jamais senti marginal? L'important est la portée de cette impression d'isolement social et du traumatisme qu'elle a pu provoquer. Par ailleurs, plus le «sentiment d'exclusion» aura commencé tôt, plus ce schéma aura d'emprise sur nous.

Nombreux sont ceux chez qui ce schéma prend forme à l'adolescence. C'est un âge où la pression subie par nos congénères est la plus intense. Il n'est pas facile de s'intégrer à un groupe et de nombreux adolescents se sentent marginaux, isolés, en désaffection. Une telle situation est si généralisée qu'elle en devient normale. Pour la plupart, cependant, nous surmontons cette désaffection à notre entrée à l'université. Nous formons une relation privilégiée avec une autre personne, nous avons un groupe d'amis qui nous ressemblent, ou nous sommes moins préoccupés par notre inclusion dans un quelconque groupe social à la mode.

Mais certaines personnes ne parviennent jamais à surmonter le sentiment d'exclusion. Ce sont en général celles dont le schéma remonte à l'enfance. D'aussi loin qu'elles se souviennent, ces personnes ont toujours souffert du rejet des autres.

## Les effets du schéma «sentiment d'exclusion» dans les relations personnelles et professionnelles

Voici par quels moyens vous maintenez votre schéma «sentiment d'exclusion».

### Les pièges associés au schéma «sentiment d'exclusion»

1. Vous vous sentez inférieur, différent de votre entourage. Vous exagérez les différences et minimisez les similitudes. Vous vous sentez seul même au milieu des gens.

2. Au travail, vous restez en marge. Vous êtes introverti. On ne vous accorde pas de promotions et l'on vous exclut des projets collectifs parce que vous détonnez.

3. Vous êtes nerveux et timide en présence des gens. Vous ne parvenez pas à vous détendre et à être vous-même. Vous appréhendez le moindre faux pas. Vous vous efforcez de planifier votre prochaine intervention. Vous n'êtes pas à l'aise avec des inconnus. Vous croyez n'avoir rien d'original à offrir.

4. Vous évitez de vous joindre à un groupe ou à votre collectivité. Vous réservez votre temps à votre famille ou à de rares amis intimes.

5. Que l'on rencontre les membres de votre famille ou que l'on en sache long sur eux vous embarrasse. Vous demeurez secret à cet égard.

6. Vous faites semblant d'être comme tout le monde afin de ne pas détonner. Vous cachez les aspects moins conventionnels de votre personnalité. Vous appréhendez d'être humilié ou rejeté si l'on en venait à découvrir votre vie et vos sentiments intimes.

7. Vous vous efforcez de dissimuler les insuffisances de votre famille en matière de rang social, de possessions matérielles, de niveau apparent d'éducation, d'obscures particularités ethniques, etc.

8. Vous n'avez jamais accepté certains aspects de vous-même dont vous pensez qu'ils inciteraient les autres à vous déprécier (par exemple, vous êtes timide, intellectuel, trop féminine, faible, dépendant).

9. Vous êtes très conscient de votre apparence. Vous n'avez pas l'impression d'être aussi bien de votre personne qu'on le dit. Vous consacrez beaucoup trop d'énergie à améliorer votre apparence et vous êtes particulièrement sensible à vos défauts (poids, corpulence, silhouette, taille, teint, traits).

10. Vous évitez les situations où vous risqueriez d'avoir l'air stupide, lent ou maladroit (fréquenter l'université, parler en public).

11. Vous vous comparez aux personnes qui possèdent mieux que vous l'empreinte du succès (beauté, argent, aptitudes sportives, réussite, vêtements).

12. Vous vous efforcez trop de compenser vos prétendues inaptitudes sociales en tentant d'être plus populaire, plus à l'aise, plus séduisant, en voulant fréquenter les bonnes personnes, en aspirant à la réussite professionnelle, en faisant en sorte que vos enfants deviennent populaires.

Vous êtes sans doute très sensible à plusieurs types de personnalité. Les personnes très différentes de vous, en apparence bien intégrées à la société, vous attirent. Selon la nature du schéma «sentiment d'exclusion» qui vous est propre, vous recherchez la compagnie de personnes qui sont soit très belles, soit d'un rang social élevé, soit populaires ou intégrées à un groupe à la mode, soit à l'aise en société, soit normales et conventionnelles. Vous cherchez à développer un sentiment d'appartenance.

Il y a des avantages et des inconvénients à opter pour un partenaire sociable. Cette personne peut vous aider à ne pas vous isoler outre mesure. Avec le temps, vous pourriez être plus à l'aise, moins à l'écart. D'autre part, vous pourriez trop dépendre de cette personne pour vous faciliter la vie dans des contextes difficiles. Vous pourriez devenir encore plus timide qu'auparavant et ne compter que sur votre partenaire pour alimenter les conversations et enrichir votre vie sociale. Dans un tel cas, vous risquez de renforcer l'idée que vous vous faites de votre incompétence sociale.

Il se peut aussi que les autres marginaux vous attirent. Vous sentez peut-être qu'un lien particulier vous rapproche d'autres personnes rejetées par la société. Dans ce cas, vous pouvez vous valoriser mutuellement de votre marginalité.

ALBERT:

*Ma copine Suzanne aussi était marginale. Le genre artiste, toujours vêtue de noir, qui peignait des toiles bizarres. Quand nous étions ensemble, nous tournions les autres en dérision. Nous avions pitié d'eux parce qu'ils étaient si pathétiques, si ennuyeux, si normaux.*

Vous pouvez, auprès d'un tel partenaire, trouver un réconfort et accorder une importance encore plus grande à votre différence. Au lieu de vous sentir seul et marginal, vous vivez votre marginalité ensemble, vous vous estimez supérieurs aux personnes conventionnelles.

Les marginaux se rassemblent souvent, qu'ils soient artistes, intellectuels, punks ou motards. L'union fait la force. En se regroupant, les marginaux s'ennoblissent, se croient supérieurs et uniques. Les sectes offrent un exemple éloquent de ce phénomène. Les membres d'une secte se croient détenteurs d'un secret qu'ils sont les seuls à posséder et qui les élève au-dessus du reste du monde. Ce sont eux, maintenant, qui sont intégrés, et le reste du monde qui se compose de marginaux.

Toutefois, certaines personnes possédant ce schéma ne font même pas partie d'une sous-culture. Leur désaffection est totale.

ALBERT:

*Je détonne partout. Je suis athlétique, mais je ne suis pas inculte. Je ne suis pas non plus un intellectuel. Je ne suis pas bohème, mais pas davantage un yuppie. Je suis écartelé entre tous ces univers, et je ne m'identifie à aucun.*

Même si vous parvenez à surmonter votre schéma «sentiment d'exclusion» à l'âge adulte, il se peut que vous vous sentiez parfois peu désirable ou différent. Les vieux sentiments sont persistants. Vous grossissez les dissimilitudes entre vous et les autres, ce qui complique vos contacts sociaux. Les dissimilitudes agissent comme des barrières. Quand vous tentez un rapprochement, vous devenez hypersensible à ces différences.

Ce schéma peut grandement influencer votre choix de carrière. Vous êtes sans doute attiré par les sphères d'activités qui requièrent une interaction sociale minimale. En fait, exceller dans une activité solitaire qui pourrait déboucher sur une carrière est un bienfait inattendu de ce schéma. Vous êtes peut-être un artiste, un scientifique, un écrivain ou un journaliste. Vous optez pour une profession qui exige de nombreux voyages ou que vous pouvez exercer à la maison. L'informatique est un domaine de prédilection pour les personnes qui ont ce schéma. Si vous fondez votre propre entreprise, vous pouvez exercer un meilleur contrôle sur vos activités sociales et vous n'avez pas à vous préoccuper d'être accepté ou rejeté par autrui. En revanche, vous opterez rarement pour une profession où votre ascension dépend de vos contacts et de vos relations sociales. La profession de cadre d'entreprise dont l'ascension professionnelle repose sur une stratégie d'influence ne vous convient pas.

Si vous êtes effectivement à l'emploi d'une corporation ou d'une grande entreprise, vous vous sentez sans doute inférieur ou marginal. Vous excellez dans vos tâches, mais votre schéma «sentiment d'exclusion» vous empêche de gravir les échelons.

DENISE:

*Dans mon travail, je devrais inviter les clients à dîner, à boire un verre, mais je ne le fais pas. Cela me fait du tort. Je perds des tas de contrats.*

Il se peut aussi que vous vous présentiez sous un jour bizarre, excentrique ou distant.

La fuite est votre tactique habituelle. C'est la pierre de touche du sentiment d'exclusion. Éviter les contacts sociaux freine toute possibilité de changement. Vous stagnez. Vous demeurez la proie de vos idées préconçues. Vous êtes moins timide, mais vous n'avancez pas. Pour remédier à cet état de choses, vous devez changer votre fusil d'épaule, vous confronter et maîtriser la situation. Il n'y a qu'en adoptant cette nouvelle attitude qu'on parvient à surmonter le sentiment d'exclusion.

Nous énumérons ci-dessous les étapes à franchir pour surmonter le schéma «sentiment d'exclusion».

---

### Comment modifier votre schéma «sentiment d'exclusion»

1. Soyez conscient d'avoir été rejeté socialement dans votre enfance. Entrez en contact avec l'enfant isolé ou inférieur en vous.
2. Énumérez les situations sociales qui vous rendent inconfortable ou anxieux.
3. Énumérez les situations que vous évitez.
4. Dites comment vous contre-attaquez ou surcompensez votre marginalité, votre différence, ou votre sentiment d'infériorité.
5. En vous fondant sur ces quatre premières étapes, énumérez les caractéristiques qui causent votre désaffection, vos sentiments de vulnérabilité et d'infériorité.
6. Si vous êtes convaincu de la réalité d'un de ces défauts, dites quelles mesures vous pourriez prendre pour le vaincre. Mettez ces mesures en pratique avec constance.
7. Réévaluez l'importance des défauts que vous ne pouvez corriger.
8. Rédigez une fiche aide-mémoire pour chaque défaut.
9. Énumérez, par ordre d'importance, les groupes sociaux et les groupes de travail que vous avez pris l'habitude de fuir. Gravissez un à un les échelons de cette liste.
10. Quand vous êtes avec un groupe de gens, faites un effort conscient pour engager la conversation.
11. Soyez vous-même au milieu des gens.
12. Efforcez-vous de ne pas tant vouloir compenser votre absence présumée de désirabilité.

---

1. *Soyez conscient d'avoir été rejeté socialement dans votre enfance. Entrez en contact avec l'enfant isolé ou inférieur en vous.*

Appelez avant tout vos souvenirs. Laissez-les faire surface et vous révéler à vous-même tel que vous étiez dans votre enfance, marginal ou rejeté par vos camarades. Si vous avez un peu de temps à votre disposition, asseyez-vous confortablement dans une chambre obscure. Ne forcez pas les souvenirs. Fermez les yeux et laissez-les émerger. Souvenez-vous de ces occasions où vous vous êtes senti différent ou inférieur. Vous pouvez recourir d'abord à une situation présente apte à réactiver le schéma «sentiment d'exclusion».

Les souvenirs qui surgissent le plus souvent sont ceux où l'on se moquait de vous, où l'on vous humiliait, vous taquinait ou vous bousculait; souvent aussi ce sont des souvenirs de solitude, de marginalité, d'isolement. Ce qui suit est le compte rendu d'une visualisation de Denise. Elle nous parlait en thérapie d'une réception où elle s'était une fois de plus sentie très malheureuse, et nous lui avons demandé de fermer les yeux et de visualiser cette situation.

DENISE:

*Je suis avec un type qui me fait la conversation. Je suis très soulagée que quelqu'un m'ait adressé la parole, soulagée de ne pas avoir à rester plantée là, toute seule, mais je suis si nerveuse que je ne peux rien répondre. Mon débit est trop rapide, je sais que je dois avoir un regard anxieux. Je me sens obligée de parler. Il semble de plus en plus mal à l'aise, puis il met un terme à notre conversation et il s'éloigne.*

*Je suis partie immédiatement après. Depuis, je ne suis plus retournée à une réception.*

THÉRAPEUTE:

*Continuez à penser à ces circonstances, et efforcez-vous d'évoquer un souvenir d'enfance qui a éveillé en vous la même sensation.*

DENISE:

*D'accord. Je suis chez ma copine Gina. D'autres enfants sont présents. On forme des équipes pour une partie de ballon, et personne ne me choisit. Je suis la dernière. Les membres de l'équipe qui hérite de moi se mettent à ronchonner.*

Albert se souvient surtout d'avoir été à l'écart, d'avoir regardé les autres de l'extérieur. Il nous a parlé d'une expédition de camping avec ses camarades. Les enfants nageaient aux abords d'une chute.

ALBERT:

*Nous étions cinq ou six et nous nagions près des chutes. À un certain moment, je me suis glissé derrière les chutes et j'ai regardé l'eau tomber devant mes yeux. Le rideau estompait les autres enfants et leurs cris me parvenaient étouffés par le bruit des chutes. Tout à coup, je me suis senti très seul. J'ai eu l'impression que c'était toujours ainsi, que je voyais toujours les autres de très loin, que je les observais à travers les carreaux d'une fenêtre. Ils sont tous en train de jouer, d'être normaux, et moi je les regarde du dehors.*

Les souvenirs reliés au sentiment d'exclusion peuvent être extrêmement douloureux. Nous voulons que vous réconfortiez cet enfant marginal que vous avez été. Le rejet de la société provoque un grand sentiment de solitude. N'abandonnez pas cet enfant dans le froid. Avant de chasser ce souvenir, faites-y pénétrer l'adulte que vous êtes devenu, faites en sorte qu'il vienne en aide à l'enfant en vous.

ALBERT:
*J'entre dans mon souvenir, je plonge sous le rideau d'eau où mon moi enfant se tient et je lui dis qu'il n'est plus seul. Je suis là, et je l'aiderai à se rapprocher des autres.*

*2. Énumérez les situations sociales qui vous rendent inconfortable ou anxieux.*
Prenez note des situations qui vous intimident mais que vous n'évitez pas. Il peut s'agir de réceptions, de réunions de travail, de repas au restaurant, de l'obligation de parler en public ou de vous exprimer au milieu des gens, de sorties, d'entretiens avec un supérieur, de la nécessité de vous affirmer, ou d'une simple conversation. Voici la liste de Denise:

---

*Situations qui me rendent anxieuse mais que je n'évite pas*

1. Saluer le portier de l'édifice où je vis.
2. Téléphoner à des clients potentiels.
3. Dîner à la cafétéria de mon bureau.
4. Le café-brioches hebdomadaire dans le sous-sol de l'église paroissiale.
5. Les réunions de travail.
6. Devoir parler à des gens que je ne connais pas bien.
7. Faire connaissance avec mes voisins de palier.

---

Ajoutez deux colonnes à ce tableau. Dans la deuxième, indiquez, pour chacune de ces circonstances, ce qui vous rend peu désirable, marginal ou inférieur. Par exemple, en regard du numéro 4, Denise a écrit: «Pas jolie, aucune conversation, anxiété visible.» En regard du numéro 5, elle a écrit: «Je dis des stupidités quand je suis prise au dépourvu, je ne peux me détendre et bavarder avant et après la réunion, je n'ai pas l'air aussi professionnelle que les autres.»

Dans la dernière colonne, résumez ce qui pourrait arriver de pire. Visualisez ce dénouement du mieux possible. Quelle catastrophe appréhendez-vous? Rira-t-on de vous? Vous rejettera-t-on? Découvrira-t-on que vous valez moins que les autres? Détonnerez-vous encore une fois?

*3. Énumérez les situations que vous évitez.*
Énumérez maintenant les situations que vous préféreriez éviter et que vous vous efforcez d'éviter. Voici la liste de Denise:

---

### Situations que j'évite

1. La plupart des réceptions.
2. Inviter des clients à dîner.
3. Les rendez-vous galants.
4. Demander une faveur à mon employeur.
5. Inviter des gens que je ne connais pas bien.
6. Sortir avec mes collègues après le travail.
7. Présenter des exposés au travail.

---

Quand vous aurez terminé cette liste, ajoutez-y deux autres colonnes et répétez l'exercice précédent. Dans la deuxième colonne, indiquez ce qui vous fait vous sentir différent ou inférieur. Dans la troisième, résumez ce qui pourrait arriver de pire.

4. *Dites comment vous contre-attaquez ou surcompensez votre marginalité, votre différence, ou votre sentiment d'infériorité.*

Ce sont les moyens que vous prenez pour démontrer l'inexactitude de ce schéma. C'est une forme de contre-attaque. Vous combattez le schéma «sentiment d'exclusion» en faisant l'impossible pour prouver que vous n'êtes pas différent, que vous pouvez être désirable. Voici la liste d'Albert:

---

### Comment je surcompense ma marginalité

1. Je feins de ressembler à la personne en face de moi, afin de ne pas détonner. Je ne révèle pas le fond de ma pensée.
2. Je ne permets à personne de connaître certains aspects de ma personnalité qui me rendent différent des autres (mon goût pour les films étrangers, le fait que j'écris des nouvelles, ma famille).
3. Si j'ai une petite amie, je ne permets pas que mes amis ou ma famille la fréquentent. J'ai des vies séparées.
4. Je suis plus conservateur que je ne le souhaiterais dans ma façon de m'habiller.
5. J'essaie d'impressionner les autres par ma popularité.
6. Je m'efforce de fréquenter des personnes qui jouissent d'une grande popularité.

---

Vous pourriez aussi surcompenser votre sentiment d'infériorité en étant obsédé par votre apparence, par la réussite professionnelle, ou en dissimulant vos lacunes.

Ces surcompensations sont fragiles et s'écroulent facilement. Nous voulons pour vous des bases plus solides. Nous aimerions que vous soyez plus disposé à enrichir votre vie sociale. Vous verrez qu'elle n'est pas aussi cauchemardesque que votre enfance vous l'a laissé supposer. Les adultes sont en général plus tolérants des différences que les enfants et les adolescents, moins susceptibles de vous humilier ou de vous rejeter.

5. *En vous fondant sur ces quatre premières étapes, énumérez les carac-téristiques qui causent votre désaffection, vos sentiments de vulnérabilité et d'infériorité.*

Prenez une feuille de papier pour chaque caractéristique et donnez-lui un titre (par exemple: «L'enfant obèse», «L'enfant stupide»). Puis, faites l'exercice suivant:

1. Décrivez cette caractéristique en détail: (par exemple: obèse = plus de quatre-vingt-dix kilos).
2. Énumérez tout ce qui, dans votre vie adulte, entérine votre certitude qu'il s'agit d'un défaut réel.
3. Énumérez tout ce qui la réfute.
4. Demandez à vos amis et aux membres de votre famille dans quelle mesure chacune de ces caractéristiques s'applique à vous.
5. Résumez objectivement ces justifications. Votre autocritique est-elle défendable?

Denise a énuméré les caractéristiques suivantes: «je ne suis pas belle», «je n'ai pas de conversation», «je n'ai pas assez de succès», «je suis trop anxieuse en société», «je deviens désinvolte et je dis des stupidités», «je fais mauvaise impression sur les gens que je rencontre pour la première fois». Voici le rapport qu'elle a rédigé concernant cette dernière affirmation.

---

### *«Je fais mauvaise impression...»*

1. *Définition*
   Les gens ne m'aiment pas quand ils me rencontrent pour la première fois.
2. *Ce qui, dans ma vie adulte, entérine cette affirmation.*
   Je ne me lie jamais d'amitié avec des hommes dans des réceptions. Les inconnus se désintéressent vite de moi dès qu'ils me parlent. Je ne suis pas très habile quand je rencontre un employeur éventuel. On s'est moqué de la première impression que je donne (Georges et Francine, par exemple). J'ai beaucoup de mal à faire de nouvelles rencontres. Mes voisins ne semblent pas me trouver sympathique. Ils sont moins amicaux avec moi qu'avec d'autres personnes.
3. *Ce qui, dans ma vie adulte, réfute cette affirmation.*
   J'ai quelques amis depuis que je suis adulte. En fait, j'ai plusieurs très bons amis. Quand j'étais étudiante, les mères de mes petits amis sem-blaient me trouver sympathique.
4. *Opinion de mes amis et de ma famille.*
   J'ai demandé l'avis de ma sœur, de ma mère et de deux amies. Elles ont toutes été d'accord, sauf ma mère. Ma sœur a dit que j'ai l'air tendue quand on me rencontre pour la première fois. C'était aussi l'opinion de mes amies.
5. *Résumé objectif.*
   J'ai la preuve que je puis parfois faire bonne impression, mais, dans l'ensemble, je rebute; c'est un problème réel.

En répétant l'exercice pour chacune des caractéristiques énumérées, Denise a admis qu'elle était sans doute jolie et qu'elle avait du succès, mais que ses autres handicaps étaient authentiques.

Voici la liste qu'a rédigée Albert:

---

### Caractéristiques qui me différencient des autres

1. Je ne parle pas des mêmes choses que tout le monde.
2. Je suis bizarre.
3. On ne cherche pas à me connaître mieux.
4. Je suis trop sérieux. Je ne parviens pas à me détendre.
5. Je ne m'habille pas comme tout le monde.
6. Mes intérêts ne sont pas ceux de la moyenne des gens.
7. Je suis si distant qu'on m'évite.

---

Quand il en a eu fini avec son exercice, Albert a conclu que les problèmes suivants étaient réels: «je ne parle pas des mêmes choses que tout le monde», «je suis trop sérieux et je ne parviens pas à me détendre», «je suis si distant qu'on m'évite».

En nous penchant sur les problèmes d'Albert pour tenter de déterminer s'ils étaient réels ou imaginaires, nous sommes venus à la conclusion qu'Albert avait tendance à exagérer ce qui le différencie des autres. Cette exagération renforçait son schéma. Il maximisait les différences et minimisait les similitudes.

THÉRAPEUTE:
*Pourquoi pensiez-vous ne pas pouvoir parler au nouveau gérant à votre travail?*
ALBERT:
*Nous n'avons rien en commun.*
THÉRAPEUTE:
*Mais vous œuvrez dans le même domaine. C'est déjà quelque chose.*
ALBERT:
*Oui, mais nous sommes si différents à d'autres points de vue.*
THÉRAPEUTE:
*Par exemple?*
ALBERT:
*Oh, dans notre façon de nous habiller, et puis, il a une voiture de luxe.*
THÉRAPEUTE:
*Mais n'avez-vous pas dit qu'il se passionnait lui aussi pour les films étrangers?*
ALBERT:
*Oui. Mais c'est cette voiture qui me rebute. Il est très matérialiste. Pas moi.*

Cette façon de voir la vie — par ses contrastes plutôt que par ses similitudes — renforçait chez Albert le sentiment d'exclusion.

6. *Si vous êtes convaincu de la réalité d'un de ces défauts, dites quelles mesures vous pourriez prendre pour le vaincre. Mettez ces mesures en pratique avec constance.*

Il pourrait s'agir, par exemple, de développer vos habiletés sociales, de vous montrer plus chaleureux et plus amical, de perdre ou de prendre du poids, de suivre un cours d'élocution, de reprendre vos études, d'apprendre à vous habiller avec élégance, etc. Faites-le graduellement. Nous rechignons souvent à surmonter un handicap, car nous en avons honte et nous nous efforçons de ne pas y penser. Résistez. Faites face à vos lacunes.

Denise a conçu un plan pour ne plus «faire mauvaise impression». En premier lieu, elle a voulu savoir quels aspects de son comportement lui causaient des problèmes. Elle s'observa attentivement lorsqu'elle faisait de nouvelles rencontres, elle demanda leur opinion à ses amis et à sa famille, elle fit des exercices de jeux de rôles sous notre supervision lors de ses premières séances de thérapie.

THÉRAPEUTE:
*Quelle conclusion pouvons-nous en tirer?*

DENISE:
*Je crois que j'ai deux problèmes majeurs quand je rencontre quelqu'un pour la première fois. D'abord, mon anxiété me pousse à des commentaires cavaliers qui ne sont pas perçus comme les plaisanteries qu'ils sont en réalité. Ensuite, quand on me pose des questions à mon sujet, je ne sais pas quoi dire.*

Ayant mis le doigt sur sa tendance à la désinvolture, Denise put facilement y mettre fin. Elle se retint de plaisanter jusqu'à ce qu'elle connaisse un peu mieux son interlocuteur. Nous avons travaillé sur le deuxième volet de son problème. Puis nous avons préparé Denise à parler des différents domaines de sa vie: son travail, sa famille, ses intérêts. La préparation permet de développer quelques habiletés sociales. Le fait d'envisager d'avance quelques scénarios permet de réduire les effets de l'anxiété.

L'imagerie mentale est également une aide efficace. Au lieu de penser aux catastrophes possibles, ce qui a pour effet d'augmenter votre appréhension, imaginez que vous êtes maître de la situation. Voyez-vous agir avec une parfaite aisance. Faites une répétition générale de votre succès plutôt que de vos échecs.

DENISE:
*Avant de me rendre à la fête de Noël du bureau, je me suis étendue, je me suis détendue, j'ai imaginé que tout se passait très bien. Je me suis vue entrer, regarder autour de moi, sourire, et me diriger vers quelqu'un pour lui parler. Je me suis vue m'approcher de cette personne et la saluer sans anxiété. Je me suis vue engager la conversation, et j'ai pensé d'avance à ce que je dirais.*

*7. Réévaluez l'importance des défauts que vous ne pouvez corriger.*

Les Alcooliques Anonymes ont une maxime: «Mon Dieu, donnez-moi la sérénité d'accepter les choses que je ne puis changer, le courage de changer les choses que je peux, et la sagesse d'en connaître la différence.» Vous pouvez changer certains aspects de vous-même, mais pas tous. Vous devez aussi apprendre à vous accepter tel que vous êtes.

Il y a des choses qui résisteront au changement ou que vous n'améliorerez jamais suffisamment à votre goût. Vous serez toujours trop petit ou trop grand, vous pourriez toujours être trop gros, vous pourriez ne jamais avoir assez de succès ou être doué pour raconter des plaisanteries. Mais les personnes qui possèdent le schéma «sentiment d'exclusion» exagèrent presque toujours l'importance de leurs handicaps. Réfléchissez: quelle importance ont-ils si on les compare à vos qualités?

Énumérez vos qualités et vos défauts. Faites de même pour les personnes qui vous entourent. Êtes-vous vraiment pire qu'elles, êtes-vous vraiment si différent? Efforcez-vous d'être plus relatif. Denise manque sans doute d'assurance dans certaines situations, mais elle est également intelligente, sensible et douce. Il en va de même pour Albert. Il est amusant, intéressant, et ce qui le différencie des autres lui confère aussi beaucoup de charisme. D'après notre expérience, les handicaps des personnes qui ont ce schéma pâlissent sensiblement lorsqu'on les compare à leur personnalité dans sa totalité.

Vous avez sans doute l'impression que les adultes portent sur vous le même regard que les enfants qui se moquaient de vous quand vous étiez petit. Mais vous vous trompez. Les adultes sont en général beaucoup plus tolérants que les enfants. Ils savent apprécier la différence. Seuls les enfants — et les adultes infantiles — sentent le besoin de gommer ces différences.

Denise:

*Au milieu des gens, j'éprouve la même sensation que dans la cour de l'école. C'est la récréation et tout le monde se moque de moi. Je m'attends toujours un peu qu'on se ligue contre moi pour se moquer de mon obésité.*

Il se peut que vous ne souhaitiez pas vous débarrasser de certaines différences ou défaillances, car elles font partie de ce que vous appréciez de vous-même. Ce fut le cas d'Albert en ce qui concerne ses goûts vestimentaires. Il aimait acheter des vêtements et les agencer avec originalité. Il n'avait pas l'intention de se priver de ce plaisir. Ses goûts vestimentaires étaient originaux sans tomber dans l'excès. Denise avait une attitude similaire en ce qui a trait au maquillage. Elle refusait d'en porter, même si en porter pouvait la rendre plus séduisante.

C'est à vous de décider dans quelle mesure vous êtes disposé à changer, mais vous devez être conscient des conséquences. Si vous ne voulez plus détonner, étaler votre marginalité fera obstacle à vos efforts. Le plus difficile dans la vie est de parvenir à un équilibre entre le respect de la norme et l'expression de son individualité. Si nous penchons trop vers le conformisme, nous perdons le sens de notre identité; si nous exagérons notre individualisme, nous détonnons.

8. *Rédigez une fiche aide-mémoire pour chaque défaut.*

Ayez toujours ces fiches sur vous. Lisez-les chaque fois que votre schéma se manifeste. Il perdra ainsi peu à peu de sa vigueur.

En rédigeant ces fiches, mettez l'emphase sur votre tendance à exagérer vos défauts. Mentionnez vos qualités. Dites comment vous pourriez vous améliorer.

Nous vous donnons ci-dessous quelques exemples. Voici la fiche de Denise correspondant à l'énoncé: «Je suis trop anxieuse dans les réunions sociales.»

---

### Fiche numéro 1

Je sais qu'en ce moment je suis anxieuse, comme si tout le monde me regardait. J'ai l'impression de ne pas être capable d'adresser la parole à qui que ce soit. Mais c'est mon schéma qui se manifeste. Si je regarde autour de moi, je constaterai que personne ne m'observe. Et si quelqu'un m'observe, il le fait sans doute avec gentillesse. Si je parle à quelqu'un, mon anxiété s'estompera peu à peu. Mon anxiété n'est pas aussi perceptible que je le pense. Et puis, tout le monde peut souffrir d'anxiété. Tout le monde est un peu anxieux dans certaines situations. Il faut d'abord que je me détende, que je jette un regard autour de moi et que je trouve quelqu'un avec qui engager la conversation.

---

Voici la fiche d'Albert pour l'énoncé: «Je suis si distant qu'on m'évite.»

---

### Fiche numéro 2

Je recommence à me sentir différent des gens qui m'entourent. Je me sens marginal et seul. Je me renferme, je deviens distant. Mais c'est mon schéma qui se manifeste. En fait, j'exagère ma marginalité. Si je suis plus amical, je me découvrirai des points communs avec les autres. Je peux simplement être plus ouvert à autrui.

---

Une fiche peut aider à rompre l'emprise du schéma et vous remettre sur la bonne voie.

9. *Énumérez, par ordre d'importance, les groupes sociaux et les groupes de travail que vous avez pris l'habitude de fuir. Gravissez un à un les échelons de cette liste.*

C'est l'étape la plus cruciale. Cessez de fuir! De tous les facteurs qui maintiennent votre schéma «sentiment d'exclusion», la fuite est le plus important de tous. Tant que vous prendrez vos jambes à votre cou, vous ne pourrez rien changer à votre vie.

Quand nous sommes parvenus à l'âge adulte, les risques d'être rejetés sont moindres que dans notre enfance. À mesure que les gens vieillissent, ils sont plus tolérants. Mais vous ne le voyez pas. Vous êtes prisonnier de votre enfance, vous n'avez pas encore constaté qu'autour de vous, le monde a changé. Vous supposez que les adultes de votre entourage possèdent encore une mentalité d'enfant et vous évitez la moindre situation qui pourrait vous prouver le contraire. Vous ne pouvez donc jamais vous rendre compte qu'on ne vous rejette pas.

Nous savons que cette étape est difficile à franchir, aussi nous allons tenter de vous rendre la tâche plus aisée. C'est votre anxiété excessive qui vous porte à fuir. Vous feriez n'importe quoi pour ne plus ressentir cette anxiété. En outre, le schéma «sentiment d'exclusion» vous permet de vivre à l'écart de la société. Vous n'êtes pas trop malheureux, même si certaines gratifications importantes vous manquent.

Prenez la liste que vous avez rédigée à l'étape numéro 3, celle des situations que vous évitez. Évaluez le degré de difficulté de chaque situation selon l'échelle ci-dessous, de 0 à 8.

### Échelle de valeur

| | |
|---|---|
| 0 | Très facile |
| 2 | Un peu difficile |
| 4 | Moyennement difficile |
| 6 | Très difficile |
| 8 | Presque impossible |

Voici l'évaluation de Denise:

| Situations que j'évite | Degré de difficulté |
|---|---|
| 1. La plupart des réceptions. | 8 |
| 2. Inviter des clients à dîner. | 5 |
| 3. Les rendez-vous galants. | 6 |
| 4. Demander une faveur à mon employeur. | 4 |
| 5. Inviter des gens que je ne connais pas bien. | 7 |
| 6. Sortir avec mes collègues après le travail. | 3 |
| 7. Présenter des exposés au travail. | 8 |

Commencez par la situation la plus facile (assurez-vous d'avoir inclus des situations relativement peu stressantes, soit des 1, des 2, des 3). Forcez-vous à vivre cette situation à plusieurs reprises tant que vous n'aurez pas maîtrisé cette difficulté. Pour Denise, la situation la plus facile consistait à «sortir avec des collègues après le travail». Elle sortit avec eux plusieurs fois par mois pendant cinq mois avant de passer à une situation qui présentait un degré de difficulté supérieur.

Denise conçut d'autres situations d'un niveau de difficulté 3. Elle s'efforça de bavarder avec de vagues connaissances, tels des commerçants ou des portiers. Elle engagea la conversation avec des hommes qui la séduisaient moyennement. Quand elle atteignit le niveau 4, elle se sentit prête. Vous faites alors la même chose. Pour chaque niveau de difficulté, imaginez des situations à affronter. Planifiez soigneusement votre stratégie. Prévoyez tout d'avance. Trouvez des solutions à tout un éventail de possibilités. Entraînez-vous à maîtriser ces situations dans des exercices de visualisation positive.

Gravissez les échelons un à un. Votre succès appuiera vos efforts. Le premier pas est le plus difficile. Osez et améliorez votre vie sociale. Il se pourrait même que vous y preniez goût.

10. *Quand vous êtes avec un groupe de gens, faites un effort conscient pour engager la conversation.*

À l'occasion d'une réunion sociale, donnez-vous comme but d'engager un certain nombre de conversations, puis efforcez-vous d'y parvenir. Ouvrez-vous aux autres. Les personnes présentant le schéma «sentiment d'exclusion» sont souvent trop repliées sur elles-mêmes. Elles ne communiquent pas. Au beau milieu des gens, elles fuient la véritable communication. Elles sont présentes et absentes à la fois. Vous devez aussi surmonter cette forme subtile de fuite.

Dans le cours de cet exercice, Denise et Albert se donnaient comme but d'adresser la parole à un certain nombre de personnes. Ils se disaient: «À cette réception, je parlerai à au moins deux personnes que je ne connais pas.» Vous pourriez faire de même. Vous serez étonné de constater que la définition d'un objectif spécifique diminuera votre anxiété au lieu de l'augmenter. Une fois passée l'anxiété d'anticipation, vous verrez que le simple fait de vous approcher de quelqu'un pour lui adresser la parole réduira votre anxiété. Souvent la réponse d'évitement détourne vos prévisions: vous êtes de fait moins anxieux que vous auriez pensé l'être.

DENISE:
*Tout s'est passé plutôt bien. J'ai parlé à deux personnes pendant la pause café. La prochaine fois, je me sentirai beaucoup mieux, car j'aurai déjà quelqu'un à qui parler.*

Liez connaissance avec une seule personne d'abord, puis passez aux autres membres du groupe. Cette stratégie est efficace. Envisager le groupe dans son ensemble est trop difficile. Vous avez trop l'impression qu'on vous observe. Subdivisez le groupe en unités faciles à aborder. Faites-en la conquête personne par personne.

11. *Soyez vous-même au milieu des gens.*

Une autre forme plus subtile d'évitement consiste à dissimuler certains aspects de votre personnalité. Vous parlez aux gens mais vous évitez soigneusement certains sujets qui pourraient révéler vos défauts ou votre marginalité. Il se peut que vous cachiez votre orientation sexuelle, vos échecs professionnels, vos origines familiales, ou encore une caractéristique physique ou un détail concernant votre rang social, par exemple, votre niveau d'éducation ou votre revenu.

Le prix à payer pour garder de tels secrets est trop élevé. Nombreux sont ceux qui le payent de tension et de solitude. Un de nos patients nous a confié un jour que «garder un secret nous isole». Efforcez-vous dans la mesure du possible de ne pas dissimuler vos lacunes ou votre originalité. Nous ne vous conseillons pas d'être outrageusement original, nous vous disons d'être vous-même. Avouez que vous êtes homosexuel ou d'un milieu familial spécifique. Ne le cachez plus. À mesure que vous faites plus ample connaissance, dévoilez quelques-unes de vos vulnérabilités et de vos insécurités. C'est la seule façon pour vous de savoir qu'on peut vous accepter quand même.

12. *Efforcez-vous de ne pas tant vouloir compenser votre absence présumée de désirabilité.*

Donnez-vous la chance d'apprendre que la plupart des gens vous acceptent tel que vous êtes et ne cherchez pas à les impressionner par vos accomplissements ou vos biens matériels. Résistez à cette tentation. Vous en ressentirez un grand soulagement.

ALBERT:
*C'était un fardeau pour moi de toujours prouver que j'étais populaire. Je mentais sans cesse. Je ne veux plus avoir à faire cela.*

Denise, quant à elle, mentait au sujet de ses performances. Elle avait honte de sa situation professionnelle et s'efforçait toujours de fournir des preuves de son intelligence. Si quelqu'un orientait la conversation vers les questions de travail, ses propos devenaient contraints et artificiels.

DENISE:
*Je me vantais, en réalité. Peu importe ce qui se disait, je me débrouillais pour déclarer mine de rien que j'avais gagné tel ou tel prix à l'université, ou quelque chose comme ça. Ou bien, je déballais une théorie compliquée. Je devenais tout à coup très condescendante. Tout cela sonnait horriblement superficiel. Je veux dire, mon interlocuteur savait exactement ce que je ressentais.*

Non seulement une telle façon de contre-attaquer est-elle un fardeau, elle est aussi parfaitement perceptible. On vous devine sans peine. On perçoit votre honte et votre manque de sincérité. Vous savez et les autres savent que vous leur racontez des histoires. Cessez de prétendre et montrez-vous tel que vous êtes. On ne vous en aimera que davantage et vous aurez une meilleure estime de vous-même.

Nous ne vous disons pas de vous déprécier. Nous vous conseillons de vous calmer, de ne plus vous efforcer d'impressionner autant votre entourage.

# Le mot de la fin

Pour venir à bout du schéma «sentiment d'exclusion», il faut mettre fin à sa solitude et apprendre à communiquer avec les autres. Efforcez-vous de voir le côté positif des choses. Si vous mettez en pratique les stratégies que nous vous avons proposées, vous en retirerez de nombreux bienfaits. Denise a maintenant des prétendants, les réceptions l'amusent, elle sort plusieurs soirs par semaine. Elle arrive heureuse à nos bureaux pour ses séances de thérapie. Albert a de nouveaux amis avec lesquels il se montre tel qu'il est en réalité. Votre plus grande récompense sera une vie sociale satisfaisante: vous pouvez faire partie d'un groupe, d'un club… Vous ne détonnerez plus. Cet élément si essentiel à toute vie équilibrée vous manque en ce moment. Pourquoi vous en priver?

# 10

## «JE NE PEUX PAS ME DÉBROUILLER SEUL» LE SCHÉMA «DÉPENDANCE»

---

**MARGUERITE:** VINGT-HUIT ANS; SE SENT PRISONNIÈRE DE SON MARIAGE AVEC UN CONJOINT VIOLENT.

---

Quand nous voyons Marguerite pour la première fois, elle a un regard apeuré. Nous serions portés à la protéger et à l'entourer de nos soins. Quand nous lui disons qu'elle semble effrayée, elle nous répond qu'elle ne souhaite pas penser à ses problèmes, encore moins en parler.

Marguerite se sent prisonnière d'un mari qu'elle a peur de quitter. Elle a peur d'être seule. Antoine, son mari, use avec elle de violence verbale. Au chômage depuis deux ans, il en tient sa femme responsable. En fait, il la tient responsable de tous ses problèmes. Marguerite est agoraphobe. Ses crises de panique font qu'elle évite un tas de situations qui pourraient les déclencher: les trains, les restaurants, les épiceries, les centres commerciaux, les foules, les salles de cinéma. Certains jours, son anxiété est telle qu'elle ne peut sortir de la maison. Elle a décidé d'entreprendre une thérapie, car elle est dépassée par les problèmes causés par son mariage et ses phobies.

Naturellement, outre qu'elle lui rend le quotidien difficile, l'agoraphobie de Marguerite l'empêche de profiter autant qu'elle le pourrait de ses loisirs. Les activités dans lesquelles la plupart des gens trouvent une détente représentent pour elle une épreuve souvent insurmontable.

MARGUERITE:
*Antoine est furieux. Il veut que j'aille le retrouver au restaurant demain soir. Il ne veut pas venir me chercher à la maison. Mais je n'en suis pas capable. Je ne peux pas prendre le train.*

THÉRAPEUTE:
*De quoi avez-vous peur?*

MARGUERITE:
*S'il m'arrivait quelque chose et qu'il n'y ait personne pour s'occuper de moi?*

THÉRAPEUTE:
*Que pourrait-il vous arriver?*

MARGUERITE:
*Que pourrait-il m'arriver? Une crise de panique si grave que je m'effondrerais en pleine rue.*

À la maison, si Antoine doit sortir pour un motif ou un autre, Marguerite se précipite dehors à sa suite. Ou bien, elle s'accroche au téléphone. «Le téléphone est ma bouée de sauvetage.» Bien qu'Antoine se plaigne de devoir sans cesse veiller sur elle, il semble la décourager lorsqu'elle fait preuve d'autonomie. Étonnamment, Marguerite a l'impression qu'il veut qu'elle soit dépendante.

---

**Guillaume:** TRENTE-QUATRE ANS. IL DÉPEND TOUJOURS DE SES PARENTS.

---

Guillaume aussi semble effrayé quand il entre dans notre bureau. Il est timide, introverti. Il semble renfermé. Encore une fois, nous sommes portés à vouloir le prendre sous notre aile, à le mettre à l'aise. Nous sommes doux avec lui.

Guillaume vit toujours chez ses parents. Il a quitté le foyer familial pour une assez longue période une seule fois, afin de poursuivre ses études universitaires. Cette absence a duré un an. Après quoi, il s'est inscrit à une université de moindre importance, plus près de la maison de ses parents, où il s'est réinstallé. Guillaume est devenu comptable, comme son père pour qui il travaille. Son travail le rend très anxieux. Il fréquente depuis longtemps une femme du nom de Carole, mais il ne parvient pas à s'engager. Il ne sait toujours pas si c'est la femme qui lui convient.

GUILLAUME:
*Je persiste à me dire: «Et si c'était une erreur? Si ce n'était pas elle? S'il y avait quelqu'un d'autre de mieux? Comment savoir si c'est vraiment la femme qui me convient ou si je me contente tout simplement de ce que j'ai?»*
*Nous nous entendons bien, mais il n'y a pas de véritable étincelle. Et si je ne peux pas la faire vivre? Elle veut beaucoup d'enfants. Comment savoir si je pourrais faire vivre une femme et des enfants? C'est à peine si je peux subvenir à mes propres besoins. Parfois je me dis que je devrais rompre et en finir avec elle.*

Guillaume hésite ainsi depuis deux ans. Il est venu nous consulter parce que Carole lui a présenté un ultimatum: le mariage ou la rupture. Guillaume ne sait plus ce qu'il doit faire.

> **CHRISTINE:** VINGT-QUATRE ANS ET TRÈS INDÉPENDANTE. NE SUPPORTE PAS QU'ON LUI VIENNE EN AIDE MÊME QUAND CELA S'AVÈRE NÉCESSAIRE.

Christine n'a pas du tout l'air timorée quand elle vient chez nous pour la première fois, au contraire. Elle semble tout à fait en mesure de voir à ses propres besoins. Elle a de l'assurance et paraît très compétente.

Christine s'enorgueillit de son indépendance. Elle est autonome: «Je n'ai besoin de personne», nous dit-elle. Elle vit seule et pourvoit à ses besoins depuis l'université. Depuis deux ans, elle est travailleuse sociale dans un centre pour toxicomanes. Elle n'a pas peur de parcourir à pied les quartiers les plus mal famés de la ville.

Huit mois avant sa première visite, Christine s'est fracturé une jambe en faisant du ski. Elle se déplace encore avec une canne. Après son accident, elle a dû s'installer temporairement chez ses parents. Ses parents et deux de ses sœurs lui apportaient ses repas, l'aidaient à se laver et à s'habiller. Bref, ils s'occupaient d'elle. Le fait de dépendre ainsi de sa famille occasionna chez Christine un stress si intense qu'elle sentit le besoin d'entrer en thérapie.

CHRISTINE:
*Je n'aime tout simplement pas qu'on s'occupe de moi. Cette situation m'a déprimée et m'a beaucoup bouleversée.*
*Je suppose que je me suis rendu compte que je ne devrais pas en être aussi affectée. Je suis rentrée chez moi. Mais ça m'est difficile de permettre à mes amis de me venir en aide pour certaines choses. Le plus étrange est que, moi aussi, je leur porterais secours spontanément s'ils avaient besoin de moi.*
*Pourquoi ne puis-je accepter qu'on me vienne en aide?*

## Questionnaire relatif au schéma «dépendance»

Ce questionnaire vise à évaluer l'importance de ce schéma. Répondez aux questions qui suivent en utilisant l'échelle ci-dessous.

### Échelle de cotation

Dans mon cas, l'énoncé est:
1. Absolument faux.
2. Faux dans l'ensemble.
3. Plus vrai que faux.
4. Modérément vrai.

5.   Vrai dans l'ensemble.
6.   Absolument vrai.

Si vos réponses comportent des 5 ou des 6, il se peut que ce schéma s'applique à vous, même si votre score total est bas.

| Pointage | Énoncés |
|---|---|
|  | 1. Je me sens plus comme un enfant que comme un adulte devant mes responsabilités quotidiennes. |
|  | 2. Je ne peux pas me débrouiller seul. |
|  | 3. Je ne peux pas surmonter des difficultés par moi-même. |
|  | 4. On peut s'occuper de moi mieux que je ne peux le faire moi-même. |
|  | 5. J'ai du mal à entreprendre de nouvelles tâches s'il ne se trouve personne pour me guider. |
|  | 6. Je fais tout de travers. |
|  | 7. Je suis incompétent. |
|  | 8. Je manque de sens commun. |
|  | 9. Je ne peux pas me fier à mon jugement. |
|  | 10. Le quotidien me dépasse, m'écrase. |
|  | VOTRE TOTAL: (Additionnez vos points pour les questions 1 à 10.) |

### Interprétation des résultats

10-19   Très bas. Ce schéma ne vous affecte sans doute pas du tout.

20-29   Assez bas. Ce schéma vous affecte sans doute à l'occasion.

30-39   Modéré. Ce schéma est un problème pour vous.

40-49   Élevé. Ce schéma joue un rôle important dans votre vie.

50-60   Très élevé. Il s'agit d'un schéma fondamental dans l'organisation de votre personnalité.

## La dépendance

Si vous possédez le schéma «dépendance», vivre au quotidien vous semble au-dessus de vos forces. Vous êtes certain de ne pas en être capable. Vous ne vous croyez pas apte à subvenir à vos besoins et vous vous reposez sur les autres. Sans leur secours, vous ne pourriez pas vivre. Vous avez cette impression fondamentale de devoir sans cesse lutter pour affronter les responsabilités d'une vie adulte normale. Vous n'en avez pas la force. Il vous manque quelque chose, vous vous sentez inapte. L'enfant écrasé par le monde qui l'entoure et qui appelle sa mère en pleurant illustre bien cette dépendance. Vous avez l'impression d'être un enfant dans un monde d'adultes. Sans un adulte à vos côtés, vous êtes perdu.

Vos pensées reflètent votre sentiment d'incompétence: «C'est trop pour moi», «Ça me dépasse», «Je vais m'effondrer», «Je ne pourrai pas prendre mes responsabilités». D'autres pensées traduisent votre peur d'être abandonné, votre peur de perdre les personnes dont vous dépendez le plus: «Que ferais-je sans cette personne?» «Comment vais-je pouvoir me débrouiller seul?» Ces pensées s'accompagnent habituellement de sentiments de désespoir et de panique. Comme le dit Marguerite: «Il y a tant de choses que je ne sais pas faire. Il faut qu'on les fasse pour moi.» Vous vous apesantissez sur cette nécessité et cette préoccupation draine votre énergie mentale. Vous élaborez des stratégies pour vous assurer de la présence de quelqu'un. Seul, vous avez l'impression d'être dépassé par les événements.

Vous semblez souvent ne pas vous fier à votre jugement. Vous ne vous croyez pas capable de prendre des décisions éclairées. Ce doute est au cœur de la dépendance. Vous êtes indécis.

GUILLAUME:

*J'aimerais parvenir à prendre une décision au sujet de Carole. J'ignore pourquoi j'hésite autant. On dirait que je suis persuadé de me tromper.*

Quand vous devez prendre une décision, vous demandez l'opinion des autres. En fait, vous multipliez sans doute les demandes de conseils. Vous changez d'avis mille fois. Vous sortez de ce processus encore plus confus et épuisé. Si vous parvenez enfin à prendre une décision, vous voulez toujours vous assurer auprès des autres que vous avez fait un choix judicieux.

Il se pourrait par ailleurs que vous vous reposiez entièrement sur une seule personne de confiance, souvent un thérapeute. Dans les premiers temps de leur thérapie, nos patients dépendants tentent toujours de nous forcer à prendre leurs décisions pour eux. Il ne nous est pas toujours facile de résister. Voir un patient vaciller indéfiniment est douloureux, et nous pourrions être tentés de décider pour lui. Mais il nous faut résister à tout prix à cette tentation, car y céder leur ferait plus de tort que de bien. Ils seraient encore moins autonomes, alors que le but de la thérapie est de leur faire accéder à leur indépendance.

Les personnes dépendantes résistent au changement. Elles veulent maintenir le statu quo.

MARGUERITE:

*Quand j'ai connu Antoine à l'université, je lui disais toujours que j'aimerais que nous soyons des étudiants perpétuels, que ça ne finisse jamais. Lui était impatient d'en finir avec ses études. Moi je voulais continuer à étudier.*

THÉRAPEUTE:

*Que craigniez-vous de perdre?*

MARGUERITE:
*Je suppose que je me sentais en sécurité. Je savais à quoi m'attendre.*

Votre manque de confiance en vous est la cause de votre peur du changement. Les situations nouvelles vous effraient, car elles vous forcent à vous fier à vous-même. Les situations familières ne vous effraient pas: vous disposez déjà de l'opinion des autres et vous avez une bonne idée de l'attitude qu'il convient de prendre. Mais lorsque vous faites face à une situation nouvelle, à moins qu'on ne vous porte conseil vous ne disposez que de votre opinion personnelle et vous ne vous y fiez pas.

Nous aimerions pouvoir vous dire que votre incompétence est le fruit de votre imagination, mais ce n'est malheureusement pas souvent le cas. Les personnes dépendantes sont souvent incompétentes précisément parce qu'elles ont toujours évité de prendre leurs responsabilités et qu'elles ont toujours compté sur les autres. Cette fuite a engendré des inaptitudes et un jugement hésitant. Mais beaucoup de personnes dépendantes exagèrent leurs inaptitudes. Elles doutent d'elles-mêmes plus que nécessaire.

Si vous agissez toujours de façon qu'on assume pour vous vos responsabilités, vous capitulez. Si l'on agit à votre place, vous croyez encore plus à votre incompétence et vous évitez de développer les aptitudes nécessaires à l'autonomie. Si, d'autre part, vous parveniez à vivre seul, vous apprendriez avec le temps à vous débrouiller. Votre dépendance relève d'une hypothèse jamais mise à l'épreuve. Vous ne vous êtes jamais donné la peine de vérifier si oui ou non vous étiez en mesure de vous débrouiller seul.

La fuite constitue une autre façon de renforcer ce schéma. Vous évitez les tâches qui vous paraissent au-dessus de vos capacités. Les personnes dépendantes évitent généralement un certain type de responsabilités: conduire une voiture, tenir un budget, prendre des décisions, accepter de nouveaux défis, développer des aptitudes professionnelles. Vous évitez de vous séparer de vos parents ou de votre conjoint. Vous ne vivez pas seul et vous ne voyagez pas seul. Vous n'allez pas davantage au cinéma ou au restaurant seul. À force de fuir ces situations, vous vous persuadez de ne pouvoir y faire face par vous-même. Marguerite déclare que «Antoine voit à nos finances. Je n'ai jamais su équilibrer un budget.» Guillaume dit: «Je ne pourrais jamais trouver du travail ailleurs. Si j'étais un raté? Un autre employeur serait beaucoup moins conciliant que mon père.»

## La dépendance et la colère

Le changement vous effraie et vous l'évitez, mais vous percevez souvent votre sécurité comme un emprisonnement. C'est le côté négatif, le prix de la dépendance. Les personnes dépendantes permettent souvent qu'on abuse d'elles, qu'on les soumette, qu'on leur inflige des privations afin de préserver leur dépendance. Elles feront pour ainsi dire n'importe quoi pour qu'on reste auprès d'elles.

Vous tolérez sans doute de jouer un rôle subalterne dans vos relations familiales, amoureuses, amicales, ce qui attise votre ressentiment (sans que vous vous en rendiez toujours compte). Vous appréciez la sécurité de ces relations, mais vous en voulez aux personnes qui vous la procurent. Vous n'exprimez pas ouvertement votre rancœur de peur de chasser les personnes dont vous avez tant besoin. Le côté sombre de ce schéma est que vous vous sentez prisonnier de votre position de dépendance.

> THÉRAPEUTE:
> *Fermez les yeux et décrivez-moi une scène de votre vie conjugale.*
> MARGUERITE:
> *Je suis enfermée dans une pièce sombre dont je ne peux pas sortir. Il n'y a pas d'air. J'étouffe. Je suis claustrophobe. Antoine m'injurie. Ça n'arrête pas. Je le déteste tellement que j'ai l'impression d'être sur le point d'exploser.*
> THÉRAPEUTE:
> *Que faites-vous?*
> MARGUERITE:
> *Je lui demande pardon, et je promets de ne plus recommencer.*

Les crises de panique de Marguerite surviennent quand elle en veut à Antoine et qu'elle réprime sa rancœur. La dépendance vous coûte votre liberté d'action et d'expression.

Certaines personnes dépendantes expriment plus ouvertement leur rancœur. Elles «revendiquent leur droit à la dépendance», elles croient que la satisfaction de leurs besoins de dépendance leur est due. Carole nous a fait part de cette attitude de Guillaume lors d'une séance conjointe (à la demande de Guillaume, Carole a participé à quelques séances de thérapie).

> CAROLE:
> *Hier, Guillaume était très désagréable, très critique. Il arrive qu'il soit comme ça. J'étais en train de préparer le repas, et il s'est mis à me dire quoi faire. Comme si je ne pouvais rien faire correctement.*
> THÉRAPEUTE:
> *(À Guillaume.) Que se passait-il?*
> GUILLAUME:
> *Tout a commencé quand je suis rentré à la maison après ma visite chez le médecin. Je lui en voulais de ne pas m'y avoir accompagné. Elle m'a forcé à m'y rendre tout seul pour recevoir mes injections contre les allergies.*
> CAROLE:
> *J'avais un examen en économie!*
> GUILLAUME:
> *Tu aurais pu passer ton examen plus tard.*

Vous avez peut-être une combinaison de deux schémas: «dépendance» et «sentiment que tout nous est dû». Dans ce cas, vous perdez patience si on ne satisfait pas immédiatement tous vos besoins. Vous punissez les autres en boudant, en devenant irascible ou en vous mettant en colère.

## La dépendance et l'anxiété

Les personnes dépendantes sont souvent sujettes aux crises de panique et à l'agoraphobie. L'agoraphobie est souvent liée à des problèmes de dépendance. Être autonome, c'est être en mesure de s'aventurer dans le monde et d'y évoluer seul. L'agoraphobie, c'est exactement le contraire. Marguerite se sent impuissante. Quand elle s'aventure à l'extérieur, elle ne se croit pas capable de faire face aux situations qui pourraient surgir et préfère les éviter. Elle reste à la maison où elle se sent en sécurité.

Marguerite se sent comme une enfant, comme si elle ne pouvait pas survivre seule. Son seul espoir consiste à trouver quelqu'un qui s'occupe d'elle. Ce qu'elle appréhende le plus, c'est la mort, la folie, l'indigence, la pauvreté, c'est-à-dire l'impuissance à son comble. À chacune de ses crises de panique, elle croit faire un infarctus ou perdre la raison. Comme la plupart des agoraphobes, elle éprouve aussi un sentiment de vulnérabilité, l'autre schéma associé aux problèmes d'autonomie.

Si vous n'avez pas de crises de panique, l'anxiété ne vous est pas pour autant épargnée. Le moindre changement, même favorable, vous dépasse. Une promotion, une naissance, une collation des grades, un mariage: toute nouvelle responsabilité peut déclencher votre anxiété. Ce que la plupart des gens voient comme une occasion de réjouissance vous terrifie.

Vous éprouvez peut-être un sentiment chronique de dépression. Vous vous en voulez de compter ainsi sur les autres. Comme le dit Guillaume: «J'ai l'impression d'être incompétent.» Une piètre estime de soi est douloureusement associée au schéma «dépendance».

## La contre-dépendance

Christine, la travailleuse sociale à la jambe fracturée, est un bon exemple de personne dépendante qui contre-attaque. Elle affronte sa dépendance en mettant tout en œuvre pour agir de façon totalement autonome. Elle surcompense en luttant sans cesse contre son sentiment fondamental d'incompétence. Elle sent le besoin de toujours prouver qu'elle peut se débrouiller sans l'aide de personne. Elle est victime d'une dépendance occultée.

Christine est une personne compétente, c'est même une de ses principales caractéristiques. Mais, au fond d'elle-même elle ressent une vive anxiété. Elle craint toujours de ne pas accomplir ses tâches adéquatement. Quand elle reçoit une promotion, ce qui se produit souvent, elle croit ne pas être à la hauteur. Quand ses amis lui confient un rôle de direction, ce qui n'est pas rare, elle remplit très bien ce rôle mais avec une grande fébrilité. Les peurs de Christine la poussent à vouloir être compétente en tout ce qu'elle entreprend. Mais elle ne s'attribue jamais le mérite de ce qu'elle accomplit. Elle est persuadée d'être un imposteur. Elle minimise ses réussites et grossit ses erreurs ou ses lacunes.

Christine surcompense sa dépendance en se comportant comme si elle n'avait besoin de personne. Elle est trop indépendante. Peu importe son anxiété, elle se force à tout affronter seule. Cette tendance à être extrême, à agir comme si on n'avait jamais besoin d'autrui, c'est la contre-dépendance. C'est un indice important de la présence du schéma «dépendance». Les personnes contre-dépendantes refusent de demander l'aide de qui que ce soit, même quand cela s'avère nécessaire. Elles ne veulent pas qu'on les conseille, qu'on les appuie, qu'on les oriente. Elles refusent de se faire aider, car en se faisant aider, elles se sentent trop vulnérables.

CHRISTINE:
*Si je me tournais vers quelqu'un, je serais beaucoup trop dépendante. Après mon accident, quand j'étais chez mes parents, j'ai eu très peur de dépendre à nouveau de ma famille.*

Si vous être contre-dépendant, vous ressentez la même dépendance que les personnes dépendantes même si vous refusez de l'admettre. Vous semblez apte à fonctionner normalement, mais il vous en coûte beaucoup d'anxiété. Ce sentiment intérieur est révélateur de votre personnalité réelle.

## Les origines du schéma «dépendance»

Le schéma «dépendance» peut prendre forme tant chez les enfants couvés par leurs parents que chez les enfants que leurs parents négligent.

Les parents qui couvent leurs enfants maintiennent ceux-ci dans la dépendance. Ils favorisent les comportements dépendants et découragent les comportements autonomes. Ils étouffent leurs enfants et ne leur accordent pas la possibilité de développer leur autonomie.

Les parents négligents ne s'occupent pas de leurs enfants. Dès leur plus jeune âge, ceux-ci sont livrés à eux-mêmes et sont forcés à une autonomie prématurée. Ces enfants donnent l'impression d'être autonomes, alors qu'en réalité ils sont très dépendants.

À notre naissance, nous dépendons totalement de nos parents. Quand ceux-ci comblent nos besoins physiques, quand ils nous vêtent, nous nourrissent, nous gardent au chaud, ils établissent les fondements de notre intégration au monde extérieur. Chez l'individu, l'autonomie se développe en deux étapes.

> ### *Les deux étapes vers l'indépendance*
>
> 1. Établir une base solide.
> 2. S'éloigner de cette base pour devenir autonome.

Si une de ces deux étapes fait défaut, l'individu court le risque de présenter le schéma «dépendance».

En l'absence d'une base solide, en l'absence d'un climat de sécurité en période normale de dépendance, il est difficile pour l'enfant de développer son autonomie. La dépendance de ses premières années lui manque, sa quête se poursuivra. Christine déclare: «Je me sens comme une enfant qui joue à être adulte.» Votre compétence, votre autonomie, vous paraissent irréelles. Vous avez l'impression que le sol va se dérober sous vos pieds.

Nos parents ont pour tâche de nous procurer une base solide, puis de nous aider à nous en détacher pour acquérir notre autonomie. Ils doivent nous aider suffisamment, mais pas trop. L'équilibre entre trop et trop peu est difficile à atteindre. Heureusement, la plupart des parents y parviennent et leurs enfants acquièrent une autonomie normale. Mais les enfants de ceux qui pèchent par excès dans un sens ou dans l'autre développent souvent le schéma «dépendance».

Dans le meilleur des mondes, nos parents nous permettraient d'explorer l'univers tout en nous rassurant sur leur présence et leur aide si celles-ci s'avéraient nécessaires; ils auraient confiance en notre aptitude à l'autonomie. Ils feraient en sorte que nous nous sentions en sécurité, ils nous donneraient la liberté et le courage d'agir par nous-mêmes.

Le schéma «dépendance» prend forme très tôt dans la vie d'un enfant. Les parents qui ne comblent pas les besoins de dépendance de l'enfant ou qui l'empêchent de devenir autonome le font habituellement dès ses premières années, en général avant même qu'il n'apprenne à marcher. Quand l'enfant entre à l'école, ce schéma a déjà pris racine. La dépendance que nous constatons plus tard, par exemple à l'adolescence, est la continuation d'un processus enclenché depuis longtemps.

## La protection excessive

Le plus souvent la dépendance provient d'un excès de protection de la part des parents. C'est le cas de Marguerite et de Guillaume.

> ### *La protection excessive comme source de la dépendance*
>
> 1. Vos parents vous couvent et vous traitent comme si vous étiez plus jeune que vous ne l'êtes en réalité.
> 2. Vos parents décident pour vous.
> 3. Vos parents s'occupent de tous les détails de votre vie et vous n'apprenez jamais à prendre vos responsabilités.

4. Vos parents font vos devoirs scolaires à votre place.
5. Vos parents vous donnent peu ou pas de responsabilités.
6. Vous êtes rarement séparé de vos parents et vous n'avez pas d'identité propre.
7. Vos parents critiquent vos opinions et doutent de vos compétences.
8. Quand vous entreprenez une tâche nouvelle, vos parents interviennent par un excès de conseils et de directives.
9. Vos parents vous procurent un tel sentiment de sécurité que vous n'essuyez aucun rejet ou échec important tant que vous vivez avec eux.
10. Vos parents sont craintifs et vous mettent sans cesse en garde contre les dangers qui vous menacent.

Il y a deux aspects à la protection excessive. Le premier est l'intrusion. Le parent intervient et agit avant que l'enfant n'ait la possibilité de le faire de lui-même. Cela part sans doute d'une bonne intention du parent; il peut vouloir faciliter la vie de l'enfant ou l'empêcher de commettre des erreurs. Mais les parents qui font tout pour leurs enfants empêchent ceux-ci d'apprendre à se débrouiller avec compétence. Quand nous commettons des erreurs puis essayons à nouveau, nous apprenons à maîtriser le monde dans lequel nous vivons. C'est le fondement de l'apprentissage. Sans expérience directe, cet apprentissage n'a pas lieu. Nous n'apprenons alors qu'à compter sur nos parents.

L'enfance de Guillaume en est un exemple. Son père intervenait dans tous les aspects de sa vie.

GUILLAUME:
*Mes réussites scolaires étaient très importantes pour mon père. Quand j'avais de la difficulté à faire mes devoirs ou à solutionner un problème, il s'en chargeait à ma place. Il rédigeait mes dissertations et effectuait mes travaux scientifiques.*
*Vous savez, je ne me souviens pas d'avoir jamais étudié seul, mon père a toujours fait presque tout mon travail à ma place.*

En dépit de toute l'aide reçue, à son entrée au secondaire Guillaume était un élève moyen. Il réussissait bien dans ses travaux à la maison tels que les dissertations et les devoirs de sciences, mais il échouait à ses examens en raison de son anxiété. Devant sa feuille d'examen, il était seul. Même si son père passait des heures, la veille, à réviser avec lui sa matière, même s'il était intelligent, ses résultats demeuraient faibles. Avec le temps, ses résultats scolaires souffrirent de cet état de choses. Guillaume se persuada qu'il était un mauvais élève et que son succès dépendait de son père.

GUILLAUME:

*Je me trouvais paresseux. Sinon, pourquoi aurais-je laissé mon père faire mon travail à ma place?*

Le père de Guillaume ne se mêlait pas uniquement des études de son fils, il intervenait aussi dans sa vie sociale, sa vie sportive, ses loisirs et ses activités quotidiennes. La présence du père saturait la vie de Guillaume. Son père décidait pour lui. Il lui prodiguait des conseils, lui donnait des directives. Dans tous les domaines, il empêchait Guillaume d'apprendre à agir par lui-même.

L'autre aspect de la protection excessive consiste pour le parent à miner les efforts de l'enfant à agir par lui-même. Le parent critique le jugement de l'enfant et déprécie ses décisions.

MARGUERITE:

*Ma mère disait toujours: «Si au moins tu m'avais écoutée.» Elle était une adepte du «je t'avais prévenue». À ce jour, j'ai encore l'impression de me tromper si je ne suis pas ses conseils.*

Guillaume se souvient d'avoir un jour voulu rédiger sans l'aide de son père une dissertation en histoire. Repoussant abruptement sa chaise, ce dernier dit: «Très bien. Mais ne viens pas pleurer sur mon épaule si tu ne trouves rien d'intéressant à dire.»

Le père de Guillaume le dénigrait sans cesse, et Guillaume en souffrait. Encore aujourd'hui, il est très sensible à la critique, particulièrement celle provenant de figures de l'autorité. Mais chez la plupart des parents qui encouragent la dépendance de leurs enfants, ce dénigrement est plus subtil. La mère de Marguerite critiquait rarement sa fille. Elle l'encourageait au contraire beaucoup et se montrait très affectueuse. Mais elle était une femme craintive et devenait anxieuse dès que Marguerite s'éloignait d'elle. Marguerite ressentait cette anxiété et l'absorbait. Elle devint, comme sa mère, une personne très appréhensive.

Pour bon nombre de nos patients dépendants, le monde est un endroit menaçant parce qu'un de leurs parents voyait des dangers partout. En rendant sa fille dépendante, la mère de Marguerite lui a également transmis son schéma «vulnérabilité». «N'y va pas!» disait-elle. «Ne sors pas; il fait trop froid. Tu tomberas malade. Ne sors pas, c'est trop dangereux. Ne sors pas, il fait trop sombre.»

Ainsi que l'illustre la mère de Marguerite, les parents qui encouragent la dépendance de leurs enfants ne les privent pas d'affection. Le manque d'amour ou d'affection ne pose pas de problème, au contraire. Les parents qui couvent leurs enfants sont souvent très affectueux, mais en général ils sont aussi souvent apeurés, nerveux, anxieux ou agoraphobes. Ils empêchent leurs enfants de s'éloigner d'eux afin de se protéger contre leurs propres peurs d'être abandonnés. Ce faisant, ils freinent leur accession à l'autonomie. Eux-mêmes manquent trop de sécurité personnelle pour être en mesure de leur procurer un sentiment de sécurité. Ils donnent beaucoup d'amour à leurs enfants, mais leur nient le soutien et la liberté nécessaires au développement de leur autonomie.

Nous avons constaté que la dépendance se démarque des autres schémas d'une façon très intéressante quand elle est le résultat d'une protection excessive. En général, les patients qui ont été couvés par leurs parents n'ont pas gardé de mauvais souvenirs. Les souvenirs qui émergent sont ceux d'un milieu familial très rassurant. De nombreuses personnes dépendantes ont eu une enfance heureuse, jusqu'à ce qu'elles se voient forcées de quitter le foyer familial et d'affronter l'adversité, le rejet et la solitude de la vraie vie.

Parfois, ces patients se souviennent d'avoir vu leurs élans retenus, surtout si leur dépendance s'accompagne de vulnérabilité.

MARGUERITE:
*Je me souviens d'être allée à la plage à Ocean City et d'avoir voulu rester dans l'eau. Je nageais, je ne touchais pas le fond. Soudain, j'ai vu ma mère. Elle semblait effrayée et elle criait: «Reviens, c'est trop profond!»*
*Je me souviens de lui avoir répondu: «Non, je m'amuse, laisse-moi nager», mais elle insistait. «Tu vas te noyer, c'est trop profond.» Finalement, j'ai eu peur aussi et je suis sortie de l'eau. Après, j'étais déprimée.*

Ce souvenir illustre bien ce que Marguerite ressentait quand elle était petite. Ses mouvements étaient restreints, sa mère n'avait de cesse de la protéger. «J'aurais si souvent aimé pouvoir faire des choses toute seule, mais ma mère ne me le permettait pas. Alors, je capitulais, puis j'étais déprimée.»

Chez les patients qui furent des enfants couvés, les images qui émergent pendant les exercices d'imagerie mentale sont souvent celles d'un enfant entouré d'adultes. Marguerite s'est vue, «tout petite, entourée de tous ces adultes, toutes ces grandes personnes». Guillaume s'est vu «assis sur une petite chaise, tandis que son père marchait de long en large à pas de géant».

Parfois, le souvenir évoque la passivité. Dans cette image de lui assis sur la petite chaise, Guillaume note ce que son père lui dit. L'anxiété devant une situation nouvelle est un autre thème fréquent. Ces souvenirs-là sont plus douloureux que les autres, car toute nouvelle situation provoque un sentiment de dépendance et d'incompétence.

Les schémas «dépendance» et «assujettissement» vont souvent de pair. Une personne soumise reste dépendante. Le père de Guillaume assujettissait son fils. Le parent qui couve trop ses enfants a souvent tendance à les dominer de façon excessive.

GUILLAUME:
*Il m'arrive de penser que je n'aurais jamais dû devenir comptable. C'est mon père qui voulait ça, pas moi. Il voulait que je lui ressemble.*

Le père de Guillaume a imposé son image à ce dernier, forçant so~~~~~ conformer quelles qu'aient pu être ses dispositions naturelles. Les ambitions de Guillaume ne comptaient pas, de sorte que ce dernier a perdu peu à peu son identité. Il a dit un jour ressentir un vide intérieur profond. Si vous n'avez pas de sentiment d'identité personnelle, vous êtes dépendant. Vous ressentez un vide intérieur que seule peut combler la présence d'une autre personne, une personne avec une identité définie.

La fusion est souvent le compagnon de la protection excessive. «Emmêlement», «fusion», ces termes signifient une osmose entre deux êtres qui ne font qu'un. Leurs deux identités se confondent. Guillaume et Marguerite sont tous deux fusionnés à leur famille. Cette fusion est plus importante dans le cas de Guillaume. Guillaume éprouve de la difficulté à se séparer de sa famille même pendant une brève période, car il croit ne pas pouvoir se débrouiller seul dans la vie. Il ne parvient pas à devenir adulte, à quitter le foyer. Il a une identité fusionnelle.

Bon nombre de personnes dépendantes dans la vingtaine sont parvenues à un moment de leur vie où elles devraient quitter la maison familiale, mais elles sont encore trop fusionnées au père et à la mère pour y parvenir. Leurs amis volent de leurs propres ailes, tandis qu'eux habitent encore chez leurs parents. Ils vivent une situation difficile auprès de parents qui continuent à encourager leur dépendance, à leur prodiguer leurs conseils, à orienter leurs décisions, à dénigrer leur jugement. On pourrait croire qu'une telle dépendance est le plus souvent le cas des femmes, car dans nos sociétés, les filles sont plus protégées que les garçons. Mais notre expérience nous montre que ce n'est pas forcément le cas. Nous voyons autant d'hommes dépendants que de femmes dépendantes.

## La dépendance due à la négligence

La dépendance peut aussi être due à la négligence. C'est le cas des individus contre-dépendants. Trop faibles, trop incompétents, assaillis de problèmes, absents ou négligents, leurs parents ne leur prodiguent pas les conseils nécessaires, ne les orientent pas et ne les protègent pas suffisamment. Ces patients présentent à la fois les schémas «dépendance» et «carence affective». Très tôt, l'enfant constate qu'on ne le protège pas et il ne se sent pas en sécurité. Il recherche toujours une position de dépendance.

1. Vos parents ne vous conseillent pas suffisamment et ne vous orientent pas adéquatement.
2. Vous devez prendre des décisions qui ne sont pas de votre âge.
3. Vous devez vous comporter comme un adulte, même si vous n'êtes qu'un enfant.
4. On s'attend que vous ayez des idées et un comportement qui dépassent vos capacités.

Ce fut le cas de Christine.

CHRISTINE:
*Ma mère était alcoolique et absorbait des tranquillisants. Elle ne savait pas prendre soin d'elle-même, encore moins de moi. Mon père était toujours absent. Il avait ses copains, son cercle.*

Christine n'avait ni guide ni protecteur. Sa mère n'était pas suffisamment forte pour s'occuper d'elle, son père s'en désintéressait.

La mère de Christine était une femme anxieuse, peu sûre d'elle et très dépendante. Elle fit en sorte que sa fille assume pour elle un rôle de mère substitut. Christine dut devenir autosuffisante pour assumer ce double rôle parental: être une mère pour elle-même et pour sa propre mère. Elle développa ses compétences et son indépendance. Mais elle manquait de sécurité sous-jacente et aspirait à la dépendance normale d'une enfant de son âge.

Christine grandit en devant prendre des décisions trop graves pour une enfant qui manque du jugement et de l'expérience nécessaires.

CHRISTINE:
*J'avais toujours l'impression de nager en eau profonde, l'impression de me tromper. J'aurais aimé pouvoir demander conseil à quelqu'un.*

Ces enfants voudraient pouvoir compter sur une personne de confiance qui les déchargerait de leurs responsabilités. Ils remettent leurs jugements en question, doutent de leur compétence, mais n'ont d'autre choix que de persévérer.

L'enfant n'est souvent pas conscient de ce qui lui manque. Il n'a conscience que de son anxiété chronique, des pressions qu'il subit, de la lassitude qui l'accable quand ses responsabilités deviennent trop lourdes à porter ou qu'il croit être un imposteur s'il s'attaque à des tâches difficiles.

## La dépendance et les relations amoureuses

Vous pouvez dépendre de vos parents, de vos frères ou de vos sœurs, de vos amis, de votre amoureux, de votre conjoint, de votre mentor, de votre employeur, de votre thérapeute, et ainsi de suite. Vous pourriez même dépendre d'un enfant. Vous êtes peut-être un parent dépendant que l'enfant prend en charge. C'est le cas de Marguerite et de sa fille Julie, âgée de cinq ans.

MARGUERITE:
*Ça peut sembler bizarre, mais Julie me rassure. Je peux faire des tas de choses avec Julie que je serais incapable de faire seule. Par exemple, me rendre au supermarché. J'ignore ce qu'elle pourrait faire s'il m'arrivait quelque chose, mais je me sens en sécurité avec elle.*

Marguerite a entrepris une thérapie entre autres raisons parce que Julie, qui fréquente la maternelle, n'est plus à ses côtés toute la journée.

## Signaux de danger
## au début d'une relation amoureuse

Il est inévitable que votre schéma «dépendance» se manifeste dans vos relations amoureuses. Vous êtes attiré par les personnes qui la stimulent, ce qui vous permet de revivre des circonstances de votre enfance. Voici quelques-uns des signaux qui indiquent que votre schéma «dépendance» est activé par cette relation.

1. Votre partenaire est un parent pour vous, une personne forte qui vous protège.
2. Il semble aimer s'occuper de vous et vous traite comme un enfant.
3. Vous vous fiez davantage à son jugement qu'au vôtre. Il prend presque toutes les décisions.
4. Vous n'avez pas de sentiment d'identité quand vous êtes à ses côtés. En son absence, votre vie reste en suspens.
5. Il assume toutes les dépenses et gère votre budget.
6. Il critique vos opinions, vos goûts, vos compétences dans vos tâches quotidiennes.
7. Quand vous affrontez une nouvelle responsabilité, vous lui demandez toujours conseil même s'il s'agit d'un domaine qu'il ne connaît pas.
8. Il fait tout à votre place. Vous n'avez pratiquement aucune responsabilité.
9. Il ne semble jamais craintif ou vulnérable, mais toujours sûr de lui.

Si ce tableau correspond à la relation que vous vivez, vous êtes toujours aussi dépendant qu'un enfant. Notez que les caractéristiques qui décrivent votre partenaire sont aussi celles qui décrivent vos parents. Rien n'a donc changé en ce qui vous concerne. Votre dépendance d'enfant se poursuit dans votre vie adulte. Vous avez peu de responsabilités, peu d'inquiétudes, peu de défis. Si cela vous semble satisfaisant pour le moment, songez au prix que vous devez payer pour préserver ce statu quo. Vous payez de votre volonté, de votre liberté, de votre fierté. Le prix à payer, c'est vous-même.

# La capitulation devant
# le schéma «dépendance»

Si vous trouvez un partenaire qui aimerait vous aider à devenir autonome, vous devrez néanmoins éviter certains pièges. Vous pourriez gauchir votre partenaire jusqu'à ce qu'il s'ajuste à votre schéma «dépendance».

En fait, vous ajustez presque toutes vos relations à ce moule, car ne dépendez-vous pas aussi de vos amis quoique dans une moindre mesure? Ne dépendez-vous pas d'inconnus dans certaines situations, quand il n'y a personne d'autre?

THÉRAPEUTE:
*Dites-moi ce qui s'est passé quand vous êtes arrivée à l'épicerie.*
MARGUERITE:
*Eh bien, tout d'abord j'ai voulu savoir s'il y aurait quelqu'un pour m'aider si j'avais besoin d'aide. Il y avait une femme devant moi, je l'ai trouvée sympathique, et je me suis dit qu'elle pourrait m'aider si les choses tournaient mal.*
THÉRAPEUTE:
*Est-ce toujours ce que vous faites d'abord, chercher quelqu'un qui puisse vous aider?*
MARGUERITE:
*Oui. Je m'assure que quelqu'un pourra m'aider.*
THÉRAPEUTE:
*Avez-vous déjà été forcée de demander de l'aide à une telle personne?*
MARGUERITE:
*Non. Jamais. L'occasion ne s'est pas encore présentée. Mais on ne sait jamais.*

Le schéma «dépendance» peut aussi agir sur votre comportement au travail. Vous évitez les responsabilités et vous ne prenez pas d'initiatives qui vous permettraient d'obtenir de l'avancement.

Voici comment vous maintenez votre schéma «dépendance» en amour et au travail.

---

### Les pièges de la dépendance

1. Vous demandez toujours conseil à des personnes plus sages ou plus fortes que vous.
2. Vous minimisez vos succès et grossissez vos échecs.
3. Vous évitez les défis.
4. Vous ne prenez pas de décisions par vous-même.
5. Vous ne vous occupez pas de vos finances et vous n'assumez pas les décisions qu'il vous arrive de prendre.
6. Vous ne vivez qu'à travers vos parents/votre partenaire.
7. Vous dépendez davantage de vos parents que la plupart des personnes de votre âge.
8. Vous évitez de rester seul ou de voyager seul.

9. Vous refusez d'affronter vos peurs et vos phobies.
10. Vous ne savez pas comment affronter bon nombre de situations quotidiennes.
11. Vous n'avez jamais vécu longtemps seul.

Si, comme Christine, vous êtes contre-dépendant, vous prenez d'autres moyens pour renforcer votre dépendance. Vous faites en sorte de toujours travailler sans filet.

### Indices de contre-dépendance

1. Vous ne demandez jamais de conseils à personne. Vous devez toujours tout faire vous-même.
2. Vous accumulez les défis, vous affrontez vos peurs, mais vous êtes constamment stressé.
3. Votre partenaire compte beaucoup sur vous, de sorte que vous faites tout et prenez toutes les décisions.

Vous ne tenez pas compte d'un besoin normal de dépendance raisonnable qui voudrait que vous vous reposiez de temps en temps. En visualisation, Christine exprime clairement ce besoin.

THÉRAPEUTE:
*Qu'est-ce que vous voyez?*
CHRISTINE:
*Je me vois, toute petite. Ma mère est assise sur le canapé et j'ai envie de traverser la pièce, de m'asseoir près d'elle et de poser ma tête sur ses genoux.*

## Comment modifier votre schéma «dépendance»

Voici les étapes à franchir pour y parvenir.

1. Soyez conscient d'avoir été un enfant dépendant. Entrez en contact avec l'enfant incompétent/dépendant en vous.
2. Énumérez les situations, les tâches, les responsabilités, les décisions qui vous amènent à dépendre des autres.
3. Énumérez les défis, les changements, les phobies que vous évitez parce qu'ils vous effraient.
4. Forcez-vous systématiquement à affronter vos tâches quotidiennes et vos décisions sans demander l'aide de personne. Relevez les défis, effectuez les changements que vous avez toujours fuis. Commencez par les plus faciles.

5. Quand vous surmontez seul une épreuve quelconque, attribuez-vous-en le mérite, ne le minimisez pas. Si vous échouez, ne vous découragez pas. Recommencez jusqu'à ce que vous y parveniez.

6. Analysez vos relations passées et décelez-y les scénarios récurrents de dépendance. Énumérez les pièges que vous devez éviter.

7. Évitez les partenaires forts et portés à vous couver: ce sont ceux qui vous attirent le plus.

8. Si vous trouvez un partenaire qui vous traite d'égal à égale, donnez une chance à la relation de réussir. Assumez votre part des responsabilités et des décisions.

9. Ne vous plaignez pas si votre partenaire/votre employeur refuse de vous aider autant que vous le voudriez. Ne faites pas toujours appel à lui pour vous conseiller et vous rassurer.

10. Relevez de nouveaux défis, acceptez de nouvelles responsabilités au travail, mais faites-le graduellement.

11. Si vous être une personne contre-dépendante, admettez que vous puissiez avoir besoin de conseils. Faites appel aux autres. N'assumez pas plus de responsabilités que vous n'en êtes capable. Mesurez votre tolérance selon votre anxiété.

1. *Soyez conscient d'avoir été un enfant dépendant. Entrez en contact avec l'enfant incompétent/dépendant en vous.*

Il vous faut avant tout savoir pourquoi vous êtes ainsi. Qui a favorisé votre dépendance? Votre mère, qui craignait de vous permettre des initiatives? Votre père, qui dénigrait ce que vous accomplissiez sans lui? Étant le benjamin de la famille, avez-vous été couvé par les autres? Que vous est-il arrivé?

Fouillez vos souvenirs d'enfance. Rappelez-vous qu'un sentiment de dépendance est un excellent point de départ pour cette exploration. Une manifestation du schéma «dépendance» dans votre vie quotidienne est un excellent prétexte à un exercice d'imagerie mentale. Retirez-vous dans un endroit calme et appelez vos souvenirs.

MARGUERITE:

*Je suis allée au centre commercial avec Antoine pour tenter de dominer ma panique, et il m'y a abandonnée. Nous étions assis sur un banc, et je voulais essayer de circuler toute seule; je lui ai demandé de m'attendre sur le banc. Je suis allée à la pharmacie, puis je suis revenue, et il était parti. J'ai senti la panique me gagner immédiatement. Je courais partout à sa recherche. Quand je l'ai trouvé, il était caché derrière une colonne et il se moquait de moi. Tout ce temps, il m'avait observée en riant. Il trouvait ça très drôle. Pour lui, c'était une bonne plaisanterie. J'aurais pu le tuer.*

THÉRAPEUTE:

*Fermez les yeux et revivez ce moment.*

MARGUERITE:
*D'accord. (Elle ferme les yeux.) Je le vois, derrière la colonne. Il m'observe.*

THÉRAPEUTE:
*Que ressentez-vous?*

MARGUERITE:
*La même chose que d'habitude. Je le déteste, mais en même temps sa présence me rassure.*

THÉRAPEUTE:
*Essayez de vous rappeler une occasion où vous avez ressenti cela quand vous étiez petite.*

MARGUERITE:
*(Pause.) D'accord. Je suis près de la porte de la maison. Mon père et ma mère s'apprêtent à sortir le soir, et ils me laissent avec la gardienne, Louise. Je les regarde s'en aller, je pleure, je les supplie de rester. Louise essaie de me faire rentrer dans la maison, mes parents sortent, descendent les marches du perron. Ma mère se retourne. Elle semble inquiète.*

Cette image illustre comment les schémas «dépendance» et «sentiment d'abandon» peuvent être activés simultanément.

D'autres circonstances peuvent susciter l'émergence de souvenirs. Guillaume nous a relaté un rêve qui révélait sa dépendance d'enfant. Il nous disait combien il appréhendait une rupture avec Carole lorsqu'il s'est souvenu de ce rêve.

GUILLAUME:
*Je montais l'escalier avec mes parents qui marchaient à mes côtés en me tenant la main. J'étais petit. Tout à coup, ils se sont éloignés de moi, et l'escalier est devenu de plus en plus à pic, les marches de plus en plus hautes, et je ne parvenais plus à les gravir seul.*

Lorsqu'une image surgit, efforcez-vous de vous rappeler les sentiments comparables que vous avez connus dans votre enfance. Cet enfant vit toujours en vous et il a peur. Réconfortez-le. Encouragez-le. Dites-lui qu'il peut faire des choses tout seul. L'enfant dépendant en vous a besoin d'une aide que vous seul pouvez lui donner. Apprenez à vous encourager à acquérir votre indépendance.

2. *Énumérez les situations, les tâches, les responsabilités, les décisions qui vous amènent à dépendre des autres.*
Décrivez votre dépendance de façon explicite afin de la voir avec objectivité. Voici en quoi Guillaume se considère dépendant de ses parents.

---

### Comment je dépends de mes parents

1. Ils me logent.
2. J'ai un emploi assuré dans l'entreprise familiale.
3. Ils assument les réparations de ma voiture.
4. Ils me nourrissent.
5. Ils lavent mes vêtements.
6. Ils investissent mon argent.
7. Ils planifient mes vacances.
8. Ils planifient mes temps libres.

---

Cette liste doit servir de base aux changements que vous devez effectuer. Ces tâches sont celles de la survie quotidienne; tout le monde ou presque est apte à les assumer.

3. *Énumérez les défis, les changements, les phobies que vous évitez parce qu'ils vous effraient.*

Énumérez les défis que vous avez évité de relever. Certains sont plus faciles que d'autres. Voici la liste de Marguerite:

---

### Défis que j'ai évité de relever

1. M'affirmer en présence d'Antoine.
2. Prendre le métro.
3. Faire des courses toute seule.
4. Rester seule à la maison.
5. Conduire sur l'autoroute.
6. Aller au cinéma avec Antoine.
7. Aller danser avec Antoine.
8. Aller au restaurant avec des amies.
9. Consulter un avocat en vue d'un divorce.
10. Suggérer à Antoine de consulter un conseiller en relations de couple.

---

Efforcez-vous d'inclure des éléments touchant tous les domaines de votre vie. Marguerite ne travaillait pas quand elle nous a d'abord consultés; elle n'est parvenue à cette étape que beaucoup plus tard. Votre liste devrait néanmoins comporter des éléments reliés à votre travail. Par exemple, un des aspects de la vie professionnelle de Guillaume que nous avons abordés en thérapie a été sa tendance à demander conseil à son père au moindre doute quant à la façon de résoudre un problème. (Son père, nous l'avons dit, dirige la firme comptable qui emploie Guillaume.) Guillaume a dû apprendre à tolérer son anxiété et à résoudre seul ses difficultés. Il a commis des erreurs au début, mais il a amélioré son rendement et peu à peu assumé des responsabilités supplémentaires. Au bout d'environ un an, il a démissionné et trouvé un emploi ailleurs. Ce pas a exigé de lui un effort considérable, mais Guillaume est devenu plus sûr de lui.

4. *Forcez-vous systématiquement à affronter vos tâches quotidiennes et vos décisions sans demander l'aide de personne. Relevez les défis, effectuez les changements que vous avez toujours fuis. Commencez par les plus faciles.*

Au moyen des deux listes que vous avez préparées, établissez un plan d'action. Évaluez le degré de difficulté de chaque étape en vous basant sur l'échelle suivante.

### Échelle de valeur

| 0 | Très facile |
|---|---|
| 2 | Un peu difficile |
| 4 | Moyennement difficile |
| 6 | Très difficile |
| 8 | Presque impossible |

Voici l'évaluation de Marguerite:

| *Tâches que j'évite* | *Degré de difficulté* |
|---|:---:|
| 1. M'affirmer en présence d'Antoine. | 6 |
| 2. Prendre le métro. | 5 |
| 3. Faire des courses toute seule. | 3 |
| 4. Rester seule à la maison. | 6 |
| 5. Conduire sur l'autoroute. | 4 |
| 6. Aller au cinéma avec Antoine. | 5 |
| 7. Aller danser avec Antoine. | 7 |
| 8. Aller au restaurant avec des amies. | 3 |
| 9. Consulter un avocat en vue d'un divorce. | 7 |
| 10. Suggérer à Antoine de consulter un conseiller en relations de couple. | 8 |

Commencez par les plus faciles. Assurez-vous d'avoir inclus des défis relativement aisés à surmonter. Planifiez votre stratégie avec soin: ceci est très important, même en ce qui concerne les défis faciles. Vous devez être préparé.

Marguerite a d'abord voulu se rendre à l'épicerie, faire ses courses toute seule. Nous avons longuement discuté des différents scénarios qui pourraient se présenter. Si elle se sentait envahie par la panique, elle ferait des exercices de respiration profonde afin d'apaiser ses symptômes. Si elle se sentait assaillie par des pensées négatives, elle ferait l'effort de les confronter et de les rectifier. Si l'envie de fuir la prenait, elle se convaincrait de pouvoir dominer la situation et elle resterait. Examinez chaque éventualité et prévoyez votre réponse si elle se présente.

Vous voudrez sans doute affronter plusieurs fois des défis présentant un même niveau de difficulté avant d'affronter une situation plus complexe.

Ajoutez-en à votre liste selon les besoins. Marguerite a ajouté à sa liste des défis de niveau 3 avant de passer au niveau 4: se rendre seule dans un grand magasin en dehors des heures d'affluence, faire de l'exercice, gérer son carnet de chèques. Vous devez avoir maîtrisé chaque étape avant de passer à la suivante. Vous devez développer vos aptitudes systématiquement. Nous voulons que vous éprouviez une sensation de maîtrise.

5. *Quand vous surmontez seul une épreuve quelconque, attribuez-vous-en le mérite, ne le minimisez pas. Si vous échouez, ne vous découragez pas. Recommencez jusqu'à ce que vous y parveniez.*

Quand vous accomplissez quelque chose, il est important que vous vous en attribuiez le mérite. Vous avez sans doute tendance à penser que vous n'y avez pas droit puisque vous devriez pouvoir accomplir ces choses depuis longtemps. Quand Marguerite a surmonté seule sa première épreuve, faire des courses seule à l'épicerie, voici quelle a été sa réaction.

MARGUERITE:
*Ça ne m'a pas tellement enchantée, à vrai dire. Après tout, tout le monde va à l'épicerie. Qu'y a-t-il de si extraordinaire à cela?*
THÉRAPEUTE:
*Mais pour quelqu'un qui souffre de crises de panique, c'est extraordinaire.*

Sachez apprécier vos succès à leur juste valeur. Vous réussirez certaines choses et vous échouerez dans d'autres. Sachez reconnaître vos accomplissements et tirer des leçons de vos erreurs.

Si vous avez été beaucoup critiqué par vos parents, vous avez sans doute tendance à être trop sévère envers vous-même. Si vous êtes porté à vous dénigrer, cessez immédiatement. Sachez vous encourager. Cela fait partie des attentions que vous devez apprendre à vous accorder à vous-même. Vous progresserez mieux même si vous n'atteignez pas la perfection, vous vous sentirez plus fort et vous développerez vos aptitudes.

6. *Analysez vos relations passées et décelez-y les scénarios récurrents de dépendance. Énumérez les pièges que vous devez éviter.*

Énumérez les personnes les plus importantes de votre vie. Incluez les membres de votre famille, vos amis, vos amants ou maîtresses, vos enseignants, vos employeurs, vos collègues. Analysez chacune de ces relations tour à tour. Qu'est-ce qui, chez cette personne et en vous-même, favorisait votre dépendance? Quels pièges devez-vous éviter?

Voici la liste de Marguerite:

### Les pièges du schéma «dépendance»

1. Me comporter comme une enfant plutôt qu'en adulte.
2. Rester auprès de quelqu'un, peu importe la façon dont cette personne me traite.
3. M'accrocher.
4. Choisir des personnes qui aiment diriger ma vie et s'occuper de moi.
5. Renoncer à ma vie pour être avec quelqu'un. Vivre sa vie au lieu de la mienne.
6. Ne pas prendre mes propres décisions.
7. Ne pas avoir de revenus personnels.
8. Ne pas aller au bout de mes possibilités.

Cette liste énumère les pièges vécus dans vos relations personnelles. Vous ne pouvez les surmonter si vous n'en êtes pas d'abord conscient.

Marguerite a franchi cette étape avec nous. Avec notre soutien, elle a développé de l'assurance et s'est affirmée durant nos séances. Nous avons pu constater une fois de plus combien une seule relation saine peut contribuer à la guérison d'une personne. En s'affirmant avec nous, Marguerite a appris à s'affirmer avec Antoine. Après avoir pris conscience des effets de son autonomie dans une relation, elle ne pouvait plus reculer. Vous ne le voudrez pas davantage. Renoncer au désespoir que suscite la dépendance pour la sérénité et la force de l'autonomie procure un grand soulagement. «C'est merveilleux de ne pas avoir autant besoin de lui», a dit Marguerite.

*7. Évitez les partenaires forts et portés à vous couver: ce sont ceux qui vous attirent le plus.*

Voilà le plus difficile: éviter les partenaires qui vous attirent le plus. N'oubliez pas que l'attirance est maximale envers ceux qui déclenchent votre schéma. Vous êtes ainsi porté vers les personnes qui aiment vous dominer et vous protéger, vers les partenaires qui vous incitent à adopter une position de dépendance.

L'attirance entre Marguerite et Antoine était très forte. Ils stimulaient l'un l'autre leur schéma respectif. Grâce à la thérapie, Marguerite a osé s'affirmer davantage. Elle a appris à fonctionner seule et n'appréhendait plus autant de le perdre.

MARGUERITE:
*Je ne resterai avec Antoine que s'il accepte de changer. Je ne lui permettrai plus de me maltraiter. Je préfère être seule que de tolérer ses abus.*

Quand il a constaté qu'il risquait vraiment de perdre Marguerite, Antoine a accepté de suivre une thérapie. La menace de l'abandon l'a incité à changer, comme c'est souvent le cas avec les personnes narcissiques. Au moment où nous rédigeons ces lignes, ils étaient tous les deux en thérapie et s'efforçaient d'améliorer leur relation de couple. Quel que soit le résultat de leurs efforts communs, Marguerite a décidé de s'affranchir du schéma «dépendance».

8. *Si vous trouvez un partenaire qui vous traite d'égal à égale, donnez une chance à la relation de réussir. Assumez votre part des responsabilités et des décisions.*

Vous constaterez sans doute que les partenaires potentiels qui favorisent votre indépendance et votre autonomie ne vous attirent pas, ou que l'attirance que vous ressentez pour eux décroît avec le temps. Nous étions persuadés que l'absence d'étincelles entre Guillaume et Carole était due au fait que cette dernière contestait sa dépendance. Il vaut peut-être la peine que vous donniez à la relation une chance de réussir. Si vous avez déjà été attiré par cette personne, par exemple au début de votre relation, l'attirance pourrait renaître à mesure que vous deviendrez plus sûr de vous.

Si vous trouvez un partenaire qui souhaite vous voir acquérir votre autonomie, donnez une chance à cette relation de réussir. Résistez à la tentation du dénigrement. Au début de leurs fréquentations, Guillaume était attiré par Carole. Mais il devint vite évident que Carole s'opposait à ce que Guillaume se comporte comme un enfant et qu'il s'attende qu'elle se substitue à sa mère. Elle désirait un compagnon qui soit son égal. Elle refusait de prendre charge de sa vie. Avec le temps, Guillaume cessa de désirer Carole. Il nous dit qu'elle n'était pas une femme pour lui, qu'il ne l'aimait pas et qu'il lui préférait les autres femmes.

Nous avons encouragé Guillaume à rester avec Carole. Il a graduellement pris sa vie en main. Il a emménagé seul, il a changé d'emploi, il a géré son argent, il a préparé ses propres repas et il a planifié son emploi du temps. À mesure qu'il devenait plus confiant, son désir pour Carole s'est ranimé. Son attirance pour elle est presque entièrement revenue.

9. *Ne vous plaignez pas si votre partenaire/votre employeur refuse de vous aider autant que vous le voudriez. Ne faites pas toujours appel à lui pour vous conseiller et vous rassurer.*

Ce conseil s'adresse aux personnes qui insistent sur leur droit d'être dépendantes. Vous devez comprendre que personne n'est obligé de s'occuper de vous. Il est normal que vous sachiez vous débrouiller seul. Quand vous affrontez un problème au travail, votre premier réflexe est de courir chercher de l'aide. Vous ne vous donnez sans doute même pas la peine d'essayer d'affronter seul vos difficultés. Nous voulons que vous développiez le comportement d'affronter seul vos problèmes. Si vous vous efforcez de faire de votre mieux et que vous n'y parvenez toujours pas, alors vous pourrez demander qu'on vous aide.

GUILLAUME:
*Quand je m'initiais au système informatique de gestion de notre comptabilité, je me tournais vers mon père à la moindre question. Il se mettait en colère contre moi, mais il répondait. Je n'ai jamais consulté le manuel.*

*Plus tard, quand j'ai fait l'effort de le consulter et de l'apprendre, j'ai constaté que j'en étais capable. Je fais rarement appel à mon père maintenant, et quand il m'arrive de le faire, il ne sait pas toujours trouver une solution à mon problème.*

Livré à vos propres moyens, vous serez tenté de vous rassurer sur vos méthodes. C'est une drogue qui calme votre anxiété. Vous devez vous en sevrer. Vous devez apprendre à tolérer l'anxiété que vous cause le fait de travailler seul. Elle s'estompera. Soyez confiant. Un jour, vous ne la ressentirez presque plus.

10. *Relevez de nouveaux défis, acceptez de nouvelles responsabilités au travail, mais faites-le graduellement.*
Développez vos habiletés avec méthode. Ne courez pas après l'échec en voulant en faire trop, trop vite. Gardez le contrôle de votre apprentissage.
Vous pouvez adopter la méthode décrite plus haut, employée par Marguerite pour surmonter ses peurs. Énumérez les responsabilités professionnelles que vous avez toujours évitées. Prenez note des tâches individuelles et des responsabilités de groupe en les évaluant selon une échelle de 0 (facile) à 8 (extrêmement difficile). Commencez par relever les défis les plus simples. Recommencez tant que vous n'êtes pas devenu maître de ce niveau de difficulté. Maîtrisez chaque niveau de difficulté avant de passer au suivant.
S'il vous est impossible de dominer les situations même les plus faciles, c'est sans doute parce que vous devriez d'abord vous attaquer à des tâches encore plus simples. Donnez-vous des défis réalistes. Nous avons pu constater que même les personnes les plus dépendantes peuvent trouver quelques défis facilement surmontables.

11. *Si vous êtes une personne contre-dépendante, admettez que vous puissiez avoir besoin de conseils. Faites appel aux autres. N'assumez pas plus de responsabilités que vous n'en êtes capable. Mesurez votre tolérance selon votre anxiété.*
On dit, en psychothérapie, que la guérison repose sur la relation. Cela semble avoir été le cas avec Christine. Notre relation avec elle a contribué à sa guérison. Nous étions les premières personnes dont elle acceptait l'aide. Elle acceptait de se montrer vulnérable avec nous. Elle nous a dévoilé ses faiblesses et ses incertitudes, elle nous a fait connaître l'enfant traumatisé en elle. Elle en a d'abord ressenti beaucoup d'anxiété, mais après s'être assurée qu'elle pouvait avoir confiance en nous, elle s'est laissée aller à une certaine dépendance. Nous avons encouragé cette dépendance normale chez elle, et Christine a appris à en tenir compte grâce à des exercices d'imagerie mentale.

THÉRAPEUTE:
*Que voyez-vous?*
CHRISTINE:
*Je dois avoir environ huit ans. Je suis au salon. Ma mère est étendue sur le canapé, dans les vaps, et regarde la télévision. J'essaie de repasser mes vêtements avant d'aller à l'école parce qu'une de mes camarades s'est moquée de mes vêtements froissés.*

Thérapeute:

*Je veux que l'adulte que vous êtes devenue entre dans cette image et vienne en aide à cet enfant.*

Christine:

*Ce n'est pas facile. Je ne sais pas quoi dire. Je suppose que je dirais: «Viens, je vais te montrer comment on repasse; ce n'est pas si compliqué. Je suis désolée que tu doives tout faire toi-même. Je sais que c'est beaucoup te demander. Mais je suis là pour toi si tu as besoin d'aide. Tu peux t'adresser à moi quand tu veux.»*

Peu à peu, Christine s'est donné la permission de demander du secours. S'il y a dans votre vie quelqu'un en qui vous voudriez avoir confiance, assurez-vous que cette personne est digne de cette confiance. Ne la choisissez pas à l'aveuglette, sans être certain que vous pourrez compter sur elle en cas de besoin. Christine dut renoncer au type d'hommes qui l'intéressaient de prime abord. Elle était attirée par les hommes faibles, fragiles, souvent toxicomanes. Pour surmonter votre contre-dépendance, vous devrez sans doute transformer radicalement vos penchants amoureux.

Vous devrez en outre réduire le nombre de vos responsabilités. Vous devez apprendre la modération dans les tâches que vous assumez à la maison, au bureau, dans votre entourage, pour vos amis. Mesurez votre degré de tolérance selon votre anxiété. Si votre anxiété augmente trop, cela signifie que vous en faites trop et que vous devez renoncer à certaines responsabilités. Maintenant, quand Christine se sent angoissée en présence d'un ami ou d'un collègue, elle comprend qu'elle est trop portée à vouloir aider et conseiller cette personne. Elle prend du recul et se concentre sur sa propre vie.

Voici comment Christine décrit ses progrès en thérapie:

Christine:

*Il me fallait rééquilibrer ma vie; il fallait que je m'occupe des autres et qu'on s'occupe de moi. Ça ne m'était jamais arrivé. Je suis plus calme, je n'ai pas l'impression de nager à contre-courant.*

## Le mot de la fin

La guérison du schéma «dépendance» suppose qu'on doive sortir de l'enfance pour pénétrer dans l'âge adulte. Il faut troquer la peur et la fuite contre un sentiment de compétence et l'assurance de pouvoir se débrouiller seul. Cessez de lutter pour qu'on s'occupe de vous. Apprenez à prendre soin de vous-même. Apprenez à croire en vos propres aptitudes à relever les défis de la vie.

# 11

## «LA CATASTROPHE EST IMMINENTE» LE SCHÉMA «VULNÉRABILITÉ»

> **ROBERT:** TRENTE ET UN ANS. IL A SOUVENT DES CRISES DE PANIQUE.

À son arrivée, Robert est dans tous ses états. C'est à peine s'il peut s'asseoir et nous dire ce qui ne va pas.

ROBERT:
*Je ne sais pas si j'ai raison d'être ici, mais on m'a dit de venir. Je vais d'un médecin à l'autre et aucun ne peut trouver ce qui cloche. Ils me disent que c'est de l'anxiété, que je devrais consulter un «psy».*
THÉRAPEUTE:
*Qu'en pensez-vous?*
ROBERT:
*Je pense que je suis sûrement très malade physiquement, mais qu'ils n'ont pas encore trouvé ce dont je souffre.*

Robert a des crises de panique.

ROBERT:
*D'habitude, c'est très soudain. Ça me tombe dessus tout d'un coup. Je me sens perdu. La tête me tourne, j'étouffe. Mon cœur bat à tout rompre. Tout semble irréel.*
THÉRAPEUTE:
*Que ressentez-vous? Que se passe-t-il, selon vous?*
ROBERT:
*J'ai l'impression de faire une dépression nerveuse, d'être en train de devenir fou.*

Parfois, Robert est persuadé d'avoir une tumeur au cerveau ou un problème cardiaque.

ROBERT:
*Auparavant, je me précipitais chaque fois à l'urgence. Je croyais faire un infarctus ou une rupture d'anévrisme, ou quelque chose comme ça. C'était terrible. Je croyais que j'étais en train de mourir.*
THÉRAPEUTE:
*Vous ne le pensez plus?*
ROBERT:
*Parfois. Il m'arrive de sentir une forte pression dans la tête, et j'ai peur qu'il s'agisse d'un anévrisme. Mais j'ai fini par me convaincre que tout irait bien, que je ne mourrais pas. Voyez-vous, c'est arrivé si souvent. Il faut que ce soit vraiment très aigu pour que je pense que je vais mourir. La plupart du temps, j'ai surtout peur de perdre la tête.*
THÉRAPEUTE:
*Qu'entendez-vous par «perdre la tête»?*
ROBERT:
*Que je vais me mettre à hurler, à délirer ou à entendre des voix, et que ça ne s'arrêtera jamais.*

Quand nous demandons à Robert si cela s'est jamais produit, il répond par la négative. Il a simplement peur que cela se produise.

---

**HENRIETTE:** QUARANTE-DEUX ANS. SES PHOBIES NUISENT À SON MARIAGE.

---

Henriette consulte avec son mari, Wilfrid. Quand nous leur demandons de nous dire ce qui ne va pas, ils déclarent que Henriette a des phobies.

WILFRID:
*Elle ne fait rien. Nous ne pouvons pas aller en vacances parce qu'elle refuse de prendre l'avion; nous ne nous baignons pas parce qu'elle refuse d'entrer dans l'eau; et elle refuse de prendre l'ascenseur. Nous ne pouvons pas aller en ville les soirs de week-ends parce que c'est trop dangereux. Et nous ne pouvons pas non plus dépenser d'argent parce que nous devons tout économiser. Vivre avec elle, c'est comme vivre en prison. Ça me rend fou!*

Henriette admet que ses phobies réduisent de beaucoup leurs activités. Mais elle n'aime pas qu'on la pousse.

HENRIETTE:
*Je préfère rester à la maison. Je ne m'amuserais pas si j'acceptais de faire ce qu'il veut. Quelle sorte de vacances ce serait, pour moi, si je devais toujours penser à ma peur que l'avion tombe pendant le vol du retour, ou à ma peur de prendre*

*l'ascenseur? Ou si je devais passer la soirée en ville à craindre qu'on nous attaque? Je préfère ne pas y aller!*

Avec le temps, les phobies de Henriette se sont intensifiées et sont devenues une véritable source de conflits dans son couple.

## Questionnaire relatif au schéma «vulnérabilité»

Ce questionnaire vise à évaluer l'importance de ce schéma. Répondez aux questions qui suivent en utilisant l'échelle ci-dessous.

### Échelle de cotation

Dans mon cas, l'énoncé est:
1. Absolument faux.
2. Faux dans l'ensemble.
3. Plus vrai que faux.
4. Modérément vrai.
5. Vrai dans l'ensemble.
6. Absolument vrai.

Si vos réponses comportent des 5 ou des 6, il se peut que ce schéma s'applique à vous, même si votre score total est bas.

| Pointage | Énoncés |
|---|---|
| | 1. Je ne peux pas échapper à l'impression d'un danger imminent. |
| | 2. Je pense que la catastrophe peut survenir à tout moment. |
| | 3. J'ai peur de l'indigence, de devenir un itinérant. |
| | 4. J'ai peur d'être attaqué par un criminel, un voleur, etc. |
| | 5. J'ai peur de tomber gravement malade, bien que mon médecin me juge en santé. |
| | 6. J'ai peur de prendre seul l'avion, le train, etc. |
| | 7. Je fais des crises d'anxiété. |
| | 8. Je suis très attentif à mes sensations physiques et je m'inquiète de leur signification. |
| | 9. J'ai peur de perdre le contrôle de moi-même en public ou de devenir fou. |
| | 10. J'ai peur de la ruine, de me retrouver sans le sou. |
| | VOTRE TOTAL:<br>(Additionnez vos points pour les questions 1 à 10.) |

---

## Interprétation des résultats

10-19    Très bas. Ce schéma ne vous affecte sans doute pas du tout.
20-29    Assez bas. Ce schéma vous affecte sans doute à l'occasion.
30-39    Modéré. Ce schéma est un problème pour vous.
40-49    Élevé. Ce schéma joue un rôle important dans votre vie.
50-60    Très élevé. Il s'agit d'un schéma fondamental dans l'organisation
        de votre personnalité.

---

# La vulnérabilité

L'émotion la plus souvent associée au schéma «vulnérabilité» est l'anxiété. Une catastrophe est imminente, et vous êtes persuadé que vous ne saurez pas y faire face. Le schéma comporte deux facettes: d'une part, vous exagérez le danger, d'autre part vous minimisez votre aptitude à l'affronter.

Ce qui vous effraie dépend du type de vulnérabilité que vous présentez. Il y en a quatre types. Plus d'un peut s'appliquer à une seule personne.

---

## Les types de vulnérabilité

1. La peur de la maladie
2. La peur du danger
3. La peur de l'indigence
4. La peur de perdre le contrôle

---

### • LA PEUR DE LA MALADIE •

Si vous êtes de ceux qui ont peur de la maladie, vous êtes peut-être hypon-condriaque, obsédé par votre état de santé. Les médecins ont beau vous dire que rien ne cloche, vous êtes certain d'être atteint du sida, du cancer, de la sclérose en plaques, ou de quelque autre maladie grave.

La plupart des gens qui ont des crises de panique appartiennent à cette catégorie. Vous êtes sans cesse à l'affût des symptômes d'une maladie. Vous êtes sensibilisé à votre corps. La moindre sensation hors de l'ordinaire, peu importe sa cause, peut déclencher la panique. Le chaud, le froid, l'exercice, la colère, l'enthousiasme, la caféine, l'alcool, les médicaments, le sexe, les hauteurs, les transports, toutes ces choses peuvent éveiller en vous des sensations qui déclenchent une crise de panique.

ROBERT:
*J'ai eu une crise de panique hier, très soudainement. J'étais dans le train et je lisais une revue.*

THÉRAPEUTE:
*Quel était le sujet de l'article?*
ROBERT:
*Juste un article. Je ne m'en souviens pas.*
THÉRAPEUTE:
*À quoi pensiez-vous quand la crise a commencé?*
ROBERT:
*Je pensais à la maladie de Parkinson. Ma main tremblait en tenant le magazine, et je me suis dit: «Si c'était la maladie de Parkinson?»*

Voilà les mots déclencheurs de panique: «Si c'était?»

Vous surveillez sans arrêt tout ce qui, dans votre milieu ambiant, pourrait être relié à la maladie. Vous lisez tout ce qui vous tombe sous la main sur cette question, ou encore vous évitez carrément d'en parler. Vous courez chez le médecin au moindre symptôme ou vous le fuyez carrément, car vous craignez qu'il vous découvre une quelconque maladie. Quoi qu'il en soit, votre santé vous préoccupe sans cesse.

Vous évitez les activités qui pourraient déclencher une crise de panique. Au début de sa thérapie, Robert ne faisait aucun exercice, il ne faisait même pas l'amour. Les sensations physiques de l'exercice et de l'amour le rendaient anxieux, elles ressemblaient trop aux sensations de panique. Il ne jouait plus au tennis, un sport qu'il aimait pourtant. En fuyant son schéma «vulnérabilité», Robert handicapait gravement sa vie.

Il se peut que vous ayez ce schéma parce que vous êtes réellement de santé fragile. Peut-être étiez-vous un enfant malingre, de sorte qu'aujourd'hui, vous avez exagérément peur de tomber malade. Ou bien, l'un de vos parents avait des ennuis de santé. Toutefois, pour parler de schéma, votre peur doit être excessive et irréaliste dans le moment présent.

### • LA PEUR DU DANGER •

Si vous appartenez à cette catégorie de gens, vous vous inquiétez trop pour votre sécurité et celle de vos proches. Pour vous, le monde est rempli de dangers.

WILFRID:
*Elle passe la journée à lire les histoires de meurtres des journaux. Elle ne veut même pas sortir sur le palier le soir.*
HENRIETTE:
*Il fait très sombre le soir, devant la maison. Je n'aime pas sortir le soir.*
WILFRID:
*Nous avons un système d'alarme très sophistiqué; elle a insisté pour que je l'achète. Mais elle continue d'avoir peur des cambrioleurs.*
HENRIETTE:
*S'ils sont habiles, ce n'est pas un système d'alarme qui les arrêtera. Je lui répète sans cesse d'installer des barreaux aux fenêtres du rez-de-chaussée, mais il refuse.*

WILFRID:

*C'est ridicule! Le quartier n'est pas dangereux! Nous n'avons pas besoin de bar-*
*reaux aux fenêtres!*

Votre sentiment d'insécurité est disproportionné par rapport aux dangers réels. Vous vous méfiez de quiconque a l'air louche ou dangereux. Vous avez toujours peur qu'on vous attaque.

Vous appréhendez aussi les accidents de voiture et les écrasements d'avion. Ces catastrophes hors de votre contrôle pourraient se produire au moment le plus inattendu. Par conséquent, tout comme Henriette, vous évitez peut-être de voyager. Les cataclysmes naturels tels que les inondations et les tremblements de terre vous terrorisent. Peu importe les probabilités, vous croyez que quelque chose vous arrivera à vous.

WILFRID:

*Pendant la guerre du Golfe, elle ne voulait même pas aller en ville pendant la*
*journée. Elle appréhendait une attaque terroriste.*

HENRIETTE:

*On disait que New York était une cible importante des terroristes!*

WILFRID:

*Oui, bon. Et naturellement, entre des millions de possibilités, nous en aurions été*
*victimes.*

Ce schéma est épuisant. Vous êtes sans cesse tendu et sur vos gardes. Vous pensez que si vous relâchez un tant soit peu votre vigilance, une catastrophe se produira.

### • LA PEUR DE L'INDIGENCE •

La peur de l'indigence, celle des générations qui ont connu la crise économique des années trente, paralyse les personnes que les questions d'argent obsèdent. Vous êtes terrifié à l'idée de tout perdre et de vous retrouver à la rue.

HENRIETTE:

*Je sais que je pense à l'argent. Mais je nous imagine vieux et pauvres. Parfois j'ai*
*peur de finir itinérante.*

Peu importe votre sécurité financière, vous avez toujours l'impression que la ruine vous guette.

Vous pensez souvent en terme de coussins de sécurité. Vous devez posséder un certain montant d'argent en banque pour vous sentir en sécurité, pour savoir que vous n'irez pas en deçà d'un certain seuil. Vous économisez cette somme et vous devenez extrêmement anxieux si vos ressources baissent en deçà de ce seuil.

Vous ne dépensez pas facilement votre argent et vous faites des économies de bouts de chandelles.

Henriette:

*Je sais que je suis ridicule. L'autre jour, je suis allée jusqu'à Long Island pour acheter un pantalon parce que j'avais un coupon-rabais de dix dollars. Bien entendu, ils n'avaient pas ma taille. Entre-temps, l'autobus et le taxi m'avaient coûté huit dollars aller et retour.*

Vous vous inquiétez sans raison de ne pas pouvoir payer vos factures (même quand vous avez amplement les moyens de le faire). Vous êtes à l'affût du moindre indice de récession (même quand le climat économique est excellent). Ces indices vous donnent raison de vous inquiéter. Vous craignez que les membres de votre famille ne tombent au chômage (même quand rien ne le justifie). Vous avez probablement trop de polices d'assurances.

La gestion de vos finances est très importante pour vous. Vous pensez que si vous relâchez votre surveillance, vous perdrez tout contrôle et vous dilapiderez votre bien. Vous êtes très conservateur dans ce domaine. Vous n'achetez pas à crédit. Vous refusez de prendre des risques, quels qu'ils soient, avec votre argent, de peur de tout perdre.

Vous avez besoin de cet argent au cas où. Vous devez vous préparer à l'éventualité d'être sans ressources.

## • La peur de perdre le contrôle •

Ces personnes craignent surtout les catastrophes psychologiques telle la dépression nerveuse. Vous avez peur de perdre la raison ou le contrôle de vous-même. Les crises de panique entrent dans cette catégorie.

Robert:

*Quand j'éprouve cette sensation d'irréalité, j'ai peur de m'égarer de plus en plus, de ne jamais revenir à la raison, de parler tout seul et d'entendre des voix. Ça me terrifie. Je sens que tout m'échappe, que je pourrais faire n'importe quoi: me mettre à courir, à hurler en pleine rue, ou quelque chose comme ça.*

Vous avez peut-être peur de perdre le contrôle de votre corps, de vous évanouir, de tomber malade. Quelle que soit votre appréhension, elle est régie par le même mécanisme que celui de vos crises de panique. Vous interprétez la moindre sensation physique d'une manière catastrophique.

La pensée catastrophique est au cœur des différentes manifestations du schéma «vulnérabilité». Vous n'envisagez que le pire scénario possible et vous vous sentez devant lui aussi impuissant, aussi faible qu'un enfant.

Pour ceux d'entre vous qui sont sujets aux crises de panique, la pensée catastrophique intensifie la crise, qui ne devrait pas durer plus d'une ou deux minutes. Votre pensée catastrophique la fait durer beaucoup plus longtemps. «Et si j'étais en train de mourir? de devenir fou? de perdre le contrôle?» Quiconque s'en persuade a forcément une crise de panique.

La fuite contribue beaucoup à renforcer ce schéma. Presque toutes les personnes possédant le schéma «vulnérabilité» fuient certaines situations et se privent ainsi de plusieurs plaisirs de la vie.

Voici quelques-unes des origines possibles de ce schéma:

---

### Les origines du schéma «vulnérabilité»

1. Vous êtes devenu vulnérable à force d'observer et de vivre avec vos parents qui l'étaient. L'un d'eux avait des phobies ou des peurs spécifiques à un type de vulnérabilité (peur de perdre la raison, de tomber malade, d'être ruiné, etc.).
2. Vos parents vous couvaient, surtout en ce qui concernait le danger ou la maladie. Ils vous mettaient constamment en garde contre certains dangers. On vous a fait sentir fragile ou inapte à affronter les vicissitudes de l'existence (la vulnérabilité s'accompagne souvent de dépendance).
3. Vos parents ne vous ont pas suffisamment protégé. Vous n'étiez pas en sécurité physiquement, affectivement ou financièrement. (Ici, la vulnérabilité s'accompagne habituellement de carence affective ou de méfiance et d'abus.)
4. Vous étiez un enfant malade ou vous avez vécu un traumatisme grave (accident de voiture, par exemple) qui vous a rendu vulnérable.
5. L'un de vos parents a subi un traumatisme grave qui a peut-être entraîné sa mort. Vous en êtes venu à penser que le monde est un endroit dangereux.

---

Le schéma «vulnérabilité» prend le plus souvent sa source dans une famille où les parents ont eux-mêmes ce schéma. On apprend par l'exemple.

ROBERT:

*Ma mère était hypocondriaque. Elle courait toujours chez le médecin au moindre bobo. Je crois qu'elle avait aussi des crises de panique. Il est arrivé souvent qu'elle veuille subitement quitter l'endroit où elle se trouvait, ou qu'elle refuse de sortir. Je sais qu'elle n'aimait pas les foules. Elle me mettait toujours en garde contre tout: «Il fait froid, mets un chandail, ne sors pas, tu vas attraper froid.» Elle me surveillait sans cesse, prenait ma température, examinait ma gorge, et m'amenait constamment chez le médecin.*

THÉRAPEUTE:

*Et qu'en est-il de cette peur de «devenir fou»? La tenez-vous d'elle également?*

ROBERT:

*Je crois; elle était très superstitieuse. Elle parlait du mauvais œil, et ainsi de suite. Je me souviens qu'un jour, à l'adolescence, je voulais aller au planétarium voir le spectacle de lumières laser. Elle m'a dit de ne pas y aller, qu'elle avait entendu par-*

*ler d'une fille qui était tombée en transe à cause de cette lumière et qu'elle n'était jamais sortie de son hypnose. J'ai fini par ne pas y aller. Elle me terrorisait.*

Voilà un des modes de transmission directe de ce schéma. Vous apprenez à devenir vulnérable au contact de la vulnérabilité.

Par ailleurs, une protection excessive peut aussi engendrer le schéma «vulnérabilité». Des parents possédant ce schéma sont vraisemblablement portés à couver leurs enfants. Ils enseignent à l'enfant que le monde est un endroit dangereux.

ROBERT:

*Ma mère voyait des microbes partout. Elle était toujours en train de nettoyer et de désinfecter. Elle me mettait en garde contre les dangers de partager ma nourriture avec mes camarades. Un jour, elle me surprit avec mon ami Marcel, alors que nous nous apprêtions à devenir frères de sang. Elle a perdu la tête! C'était à croire que Marcel était atteint de peste bubonique!*

Ce message était renforcé par la certitude qu'avait Robert de ne pas être en mesure d'affronter le danger. Il était trop fragile, il avait besoin de sa mère. Sans elle pour le guider, quelque chose de terrible lui arriverait, il en était sûr. Il attraperait une terrible maladie, ou il entrerait dans une transe dont il ne sortirait jamais.

Pour Henriette, le chemin du schéma «vulnérabilité» fut plus inhabituel. Ses parents, des survivants de l'Holocauste, avaient été prisonniers ensemble dans un camp de concentration durant leur adolescence.

HENRIETTE:

*J'ai grandi dans un univers où l'Holocauste était encore possible, vous saisissez? L'horreur pouvait encore se produire. Souvent, je ne dormais pas, je restais là, couchée, terrifiée à la pensée que les nazis feraient irruption dans la maison. Dans la famille de mon père et dans celle de ma mère, presque tous ont été tués. Ils avaient un album de photos; presque tous étaient morts. Je feuilletais l'album. Il y avait là des photos d'enfants de mon âge.*

Vous imaginez bien que les parents de Henriette la couvaient. Ils lui ont inculqué la peur des autres, en particulier des non-juifs.

HENRIETTE:

*Ils me disaient toujours de me méfier de ceux qui n'étaient pas juifs, même mes amis ou nos voisins. Je me souviens que, quand j'étais en sixième année, ma meilleure amie n'était pas juive. Ma mère me disait toujours de me méfier d'elle, de ne pas trop m'en approcher. Elle m'a dit que lorsqu'elle était petite, en Allemagne, des voisins se sont tournés contre sa famille, sont devenus des ennemis.*

Henriette ne peut pas se sentir en sécurité. Le monde et les gens sont trop dangereux. Elle traverse la vie en étant constamment sur ses gardes.

La vulnérabilité peut être associée à plusieurs autres schémas. Si vos parents ont usé de violence, s'ils vous ont privé du nécessaire, s'ils vous ont abandonné, vous vous sentiez certainement vulnérable. Ces circonstances ont entamé votre sécurité. Au fond de vous, vous appréhendez toujours que cela se reproduise.

## Signaux de danger dans vos relations amoureuses

Vous êtes particulièrement attiré par les personnes qui peuvent vous prendre en charge. En choisissant quelqu'un qui vous protège, vous capitulez devant votre schéma «vulnérabilité» et, ce faisant, vous le renforcez. Les indices montrant que votre choix de partenaire est dicté par votre schéma sont énumérés ci-dessous.

---

1. Vous avez tendance à choisir des partenaires qui se montrent disposés à vous protéger des dangers et de la maladie. Votre partenaire est fort, vous êtes faible et désarmé.
2. L'important pour vous est que votre partenaire n'ait peur de rien, qu'il soit fort physiquement et prospère; vous voulez qu'il soit médecin ou qu'il ait ce qu'il faut pour apaiser vos peurs.
3. Vous êtes attiré par les personnes qui savent vous écouter et vous rassurer.

---

Vous recherchez une personne forte et sensible à vos problèmes. Vous voulez qu'elle vous cajole et vous couve. Vous voulez qu'elle vous procure un sentiment de sécurité.

---

### Les pièges du schéma «vulnérabilité»

1. Votre peur excessive de la vie quotidienne vous rend anxieux. Vous présentez peut-être un problème d'anxiété généralisée.
2. Votre état de santé vous inquiète au point où: (a) vous consultez inutilement le médecin, (b) votre besoin d'être constamment rassuré est un poids pour vos proches, (c) vous ne pouvez pas apprécier les bons côtés de la vie.
3. Vous faites des crises de panique à la moindre sensation physique et au moindre bobo.
4. Vous êtes terrifié à l'idée de tout perdre. Vous êtes par conséquent exagérément économe et vous préservez le statu quo dans votre car-

rière et votre situation financière. Vous gardez ce que vous possédez au détriment de nouveaux investissements ou de nouveaux projets. Vous ne prenez pas de risques.

5. Vous faites l'impossible pour protéger votre sécurité physique. Par exemple, vous ne sortez pas le soir, vous évitez les grandes villes et les transports publics. Votre vie est très limitée.

6. Vous fuyez les situations quotidiennes qui présentent un risque de danger, même minime. Vous ne prenez ni l'ascenseur ni le métro, vous fuyez les régions sujettes aux tremblements de terre.

7. Vous vous reposez sur votre partenaire pour apaiser vos peurs. Vous avez besoin qu'on vous rassure. Votre partenaire vous aide à éviter ce qui vous terrifie. Vous dépendez excessivement de cette personne. Il se peut que cette dépendance vous déplaise.

8. Votre anxiété chronique peut, en fait, faire de vous une personne susceptible aux malaises psychosomatiques (eczéma, asthme, colite, ulcères, rhumes).

9. Votre vie sociale est limitée, car vos peurs vous empêchent d'avoir des activités normales.

10. La vie de vos proches est limitée, car ils doivent s'adapter à vos phobies.

11. Vous risquez de transmettre vos phobies à vos enfants.

12. Vous disposez de tout un éventail de réponses excessives pour vous protéger. Vous avez des obsessions et des compulsions ou vous êtes superstitieux.

13. Vous abusez des médicaments, de l'alcool, de la nourriture, etc., pour apaiser votre anxiété chronique.

Un des plus grands dangers que vous courez consiste à tenter d'échapper à votre vulnérabilité. Vous fuyez un si grand nombre d'activités que l'équilibre de votre vie et de celle de vos proches est menacé. Votre schéma restreint votre liberté.

HENRIETTE:
*J'ai parfois l'impression de vivre enfermée dans un nuage noir, tandis que le monde extérieur est vivant et lumineux. Je passe à côté de la vie.*

Votre anxiété est telle que vous ne pouvez jouir de la vie.

HENRIETTE:
*J'assistais avec Wilfrid au concert de l'école de Stéphane. En regardant mon fils jouer, je me suis sentie très heureuse tout à coup. J'ai pris conscience du fait que je suis rarement heureuse. Mais ce jour-là, le bonheur a pris le dessus, je ne ressentais pas la moindre anxiété.*

Vous vous protégez au point de vous fermer à la vie.

Robert était prisonnier d'un travail qu'il détestait parce qu'il avait peur de prendre des risques. Il était programmeur.

ROBERT:
*C'est un travail ennuyeux et routinier, bien en deçà de mes aptitudes. Je pourrais être analyste. Ça me déprime. Je reste assis toute la journée à refaire constamment les mêmes gestes.*

THÉRAPEUTE:
*Pourquoi ne pas chercher un autre travail ailleurs?*

ROBERT:
*Je me le demande parfois. Mais j'ai la sécurité d'emploi et un bon salaire. Il n'y a aucun risque qu'on me congédie.*

Quand, devant un risque à prendre, vous en pesez le pour et le contre, la sécurité est le facteur le plus important. Elle compte plus pour vous que tous les avantages que vous pourriez en retirer. Vivre, pour vous, ne consiste pas à vous épanouir et à être heureux, mais à prévenir le danger.

Le schéma «vulnérabilité» affecte aussi votre vie sociale. Votre besoin constant d'être rassuré épuise vos êtres chers. (Nous en savons quelque chose. Auparavant, nous avions cette approche avec nos patients vulnérables.) Rien ne vous rassurera jamais assez. C'est un puits sans fond.

Le schéma «vulnérabilité» vous prive en outre de l'énergie et du temps nécessaires à une vie sociale normale. Au lieu de fréquenter des amis, vous courez chez le médecin ou vous faites installer des systèmes d'alarme. Vos symptômes, tels que les crises de panique et les malaises psychosomatiques, contribuent eux aussi à vous éloigner de la vie et à vous démoraliser. Bien entendu, il y a des tas d'endroits que vous ne pouvez fréquenter. On pourrait vous attaquer, vous pourriez dépenser trop d'argent. Vous demandez à vos proches de restreindre leurs activités pour vous accommoder.

Les schémas «dépendance» et «vulnérabilité» vont souvent la main dans la main. Si vous composez avec votre vulnérabilité en choisissant un partenaire fort qui vous rassure sans cesse, vous n'apprenez jamais à affronter seul la vie. La solitude fait de vous la proie de cette vulnérabilité. Vous avez besoin d'une présence constante à vos côtés, et cette situation peut donner lieu à de l'animosité chez les deux membres du couple.

WILFRID:
*Elle se fâche quand je refuse de l'accompagner. Elle m'en veut. Ça me dépasse. Est-ce que je dois la suivre partout où elle va?*

Vous êtes superstitieux. Vous observez certains rituels magiques pour écarter le danger.

HENRIETTE:

*Avant d'aller dormir, je fais cinq fois le tour de la maison et je vérifie tout. Le fer à repasser, la cuisinière, le four à micro-ondes, le grille-pain, le séchoir à cheveux, la chambre des enfants, la voiture et le garage.*

THÉRAPEUTE:

*Cela semble contraignant. Pourquoi cinq fois?*

HENRIETTE:

*Parce que sans cela, je ne peux pas dormir.*

THÉRAPEUTE:

*Qu'arrive-t-il si vous ne faites pas votre tournée?*

HENRIETTE:

*Je suis couchée et je m'inquiète. Je ne peux pas dormir tant que je n'ai pas tout vérifié cinq fois.*

Compter, vérifier, laver, nettoyer... ce sont là des rituels obsessifs-compulsifs qui visent à écarter le danger comme par magie. Ils contribuent à saper votre énergie.

Tous ces comportements vous confirment dans votre opinion que le monde extérieur est rempli de dangers. Vous ne parvenez pas à admettre que des précautions raisonnables suffiraient à le rendre sûr.

Voici la marche à suivre pour modifier ce schéma.

---

### Comment modifier votre schéma «vulnérabilité»

1. Essayez de retracer les origines de votre schéma.
2. Énumérez vos phobies.
3. Hiérarchisez vos phobies.
4. Demandez à vos êtres chers (votre conjoint, votre amant, votre famille, vos amis) de vous aider à affronter vos phobies.
5. Évaluez rationnellement les facteurs de risque.
6. Rédigez une fiche pour chacune de vos phobies.
7. Parlez à l'enfant en vous. Soyez pour lui une présence forte et courageuse.
8. Faites des exercices de relaxation.
9. Affrontez chacune de vos phobies par l'imagerie mentale.
10. Affrontez chacune de vos phobies dans la vie réelle.
11. Récompensez-vous à chaque obstacle surmonté.

---

*1. Essayez de retracer les origines de votre schéma.*

Vos parents avaient-ils des phobies? Vous couvaient-ils? Vous négligeaient-ils? Dans quel domaine avez-vous appris à être vulnérable? La maladie? Les voyages? L'argent? Les dangers du milieu immédiat? La perte de contrôle?

L'origine du schéma est souvent évidente. Vous la connaissez peut-être déjà. Cette prise de conscience est importante, mais elle a souvent moins d'impact sur le schéma dont il est question ici que sur les autres. C'est un bon début, mais c'est insuffisant pour opérer un réel changement.

2. *Énumérez vos phobies.*

Vous devez examiner vos phobies avec objectivité. Voyez comment vous capitulez devant votre vulnérabilité (en vous protégeant à l'excès) et comment vous évitez votre vulnérabilité (en fuyant les situations qui la renforcent).

Reportez-vous au tableau suivant. Énumérez les situations qui vous effraient: prendre le métro, marcher dans la rue la nuit, dépenser votre argent, fréquenter des endroits remplis de microbes, etc. Évaluez chaque phobie sous différents aspects. Selon une échelle de 0 (inexistante) à 100 (aussi intense que vous puissiez l'imaginer), mesurez son intensité et votre degré de fuite, définissez la surprotection qui vous vient de vous-même et de vos proches.

Voici les réponses de Robert à l'énoncé: «Rester seul à la maison le soir.» Robert avait peur du «malheur qui pourrait se produire. Je serai seul, rien ne pourra me distraire de mes pensées angoissantes.» Robert appréhendait de faire une crise de panique et de devenir fou.

| Situation appréhendée | Intensité de la peur | Degré de fuite | Comment je me surprotège | Comment ma famille me surprotège |
|---|---|---|---|---|
| Rester seul chez moi le soir. | 75 % | 80 % | J'invite des amis, je leur parle au téléphone, je sors, je travaille tard, j'invite une amie de cœur à passer la nuit avec moi. | Les membres de ma famille me parlent sans cesse au téléphone. |

Refaites cet exercice pour chacune de vos phobies. Prenez conscience de la façon dont se manifeste le schéma «vulnérabilité» dans votre vie.

### 3. Hiérarchisez vos phobies.

Vous devez organiser vos phobies d'après un ordre hiérarchique. Pour surmonter chacune d'elle, déterminez des étapes réalistes à franchir. Mesurez l'anxiété que vous occasionne chaque étape selon une échelle de 1 à 100. Classez-les par ordre d'importance en commençant par la plus facile. Voici la liste de Henriette:

| Situations | Degré d'anxiété |
|---|---|
| 1.  NATATION | |
|    1.  Nager en eau peu profonde | 20 |
|    2.  Nager en eau profonde | 65 |
| 2.  ASCENSEURS | |
|    1.  Cinq étages ou moins avec une autre personne | 25 |
|    2.  Cinq étages ou moins seule | 40 |
|    3.  Cinq étages ou plus avec une autre personne | 60 |
|    4.  Cinq étages ou plus seule | 80 |
| 3.  ALLER EN VILLE | |
|    1.  Aller en ville le jour avec une autre personne | 30 |
|    2.  Aller en ville le jour seule | 50 |
|    3.  Aller en ville le soir avec une autre personne | 75 |
|    4.  Aller en ville le soir seule | 100 |
| 4.  RESTER SEULE À LA MAISON | |
|    1.  Rester seule à la maison le jour en me servant du téléphone | 30 |
|    2.  Rester seule à la maison le jour sans me servir du téléphone | 45 |
|    3.  Sortir seule le soir devant la maison | 50 |
|    4.  Rester seule à la maison en début de soirée | 55 |
|    5.  Rester seule à la maison le soir en me servant du téléphone | 80 |
|    6.  Rester seule à la maison le soir sans me servir du téléphone | 95 |
| 5.  DÉPENSER DE L'ARGENT | |
|    1.  Dépenser quelques économies pour des activités de loisir | 35 |
|    2.  Chercher une maison plus grande | 55 |
|    3.  Vendre quelques polices d'assurances | 75 |
|    4.  Dépenser pour des vacances familiales coûteuses | 85 |
| 6.  SORTIR SEULE | |
|    1.  Aller à l'épicerie sans Wilfrid ou les enfants | 40 |
|    2.  Me rendre seule en voiture chez des amis | 60 |

| | |
|---|---|
| 3. Aller seule au centre commercial | 85 |
| 7. VOYAGES | |
| 1. Planifier un voyage | 30 |
| 2. Faire une excursion d'une journée avec ma famille | 50 |
| 3. Prendre le train seule pour un voyage d'une journée | 85 |
| 4. Faire un voyage de deux jours avec ma famille | 95 |
| 5. Prendre l'avion | 100 |

Prévoyez autant d'étapes que nécessaire pour chaque phobie. L'important est que ces défis soient surmontables. Vous devez toujours commencer par un obstacle facile à franchir.

Cet exercice vise à vous faire renoncer graduellement à fuir (par exemple, vous rendre là où vous avez l'habitude d'éviter d'aller) et à vous protéger à l'excès (par exemple, prendre plus souvent des risques sans l'aide de personne). Assurez-vous de bien couvrir ces deux aspects. En guise de référence, reportez-vous à votre premier tableau.

4. *Demandez à vos êtres chers (votre conjoint, votre amant, votre famille, vos amis) de vous aider à affronter vos phobies.*

Faites en sorte que vos proches sachent ce que vous faites. Dites-leur que vous vous efforcez de surmonter vos sentiments de vulnérabilité. Demandez-leur de vous protéger et de vous rassurer moins souvent. Demandez-leur de le faire graduellement.

Incitez les personnes autour de vous à vous exprimer leur propre vulnérabilité. Elles en ressentiront vraisemblablement un grand soulagement.

WILFRID:
*C'est bon de ne pas toujours devoir être le plus fort. Ça m'usait. Enfin, moi aussi, j'ai des problèmes dont j'aimerais discuter avec Henriette sans la bouleverser. Au travail, surtout, je rencontre des problèmes dont j'aimerais pouvoir lui parler.*

La plupart des gens seront enchantés de ne plus être forcés de vous protéger à l'excès. L'excès de sollicitude finit par lasser. De toute façon, il ne s'agit pas de renoncer complètement à vous protéger, mais de parvenir à vous protéger normalement.

Vous vous êtes entouré de certaines personnes précisément parce que leur présence renforce votre schéma. Pour que vous puissiez surmonter votre schéma «vulnérabilité», cela doit cesser.

5. *Évaluez rationnellement les facteurs de risque.*

Les gens possédant le schéma «vulnérabilité» croient le risque de danger plus élevé qu'il l'est en réalité.

THÉRAPEUTE:

*Quelles sont, d'après vous, les probabilités que votre avion s'écrase?*

HENRIETTE:

*Je ne sais pas. Une chance sur mille, je dirais.*

THÉRAPEUTE:

*Une fois montée à bord, ce facteur augmente-t-il?*

HENRIETTE:

*Oui, il semble plus élevé. Je dirais, six sur dix.*

THÉRAPEUTE:

*Saviez-vous qu'il y a à peine une chance sur un million que votre avion s'écrase?*

Servez-vous d'abord de votre intuition pour évaluer les facteurs de risque. Vous avez l'impression que ce risque est élevé. Mais votre intuition est fausse, car elle vous est dictée par votre schéma.

Nous voulons que vous appreniez à être plus réaliste. Recueillez toute l'information nécessaire. Demandez l'opinion des autres. Renseignez-vous. Une plus grande précision dans le détail diminuera votre anxiété.

Notez le facteur de risque de chaque situation qui vous effraie, tel que vous le percevez quand cette situation se présente. Notez ensuite un facteur de risque réaliste en vous fondant sur les opinions des personnes de votre entourage qui ne partagent pas votre schéma «vulnérabilité».

Servez-vous de l'exemple suivant, préparé par Robert.

| Situation appréhendée | Facteur de risque intuitif | Facteur de risque réaliste |
|---|---|---|
| Perdre la raison lors d'une crise de panique | 99 % | 25 % |

Le facteur de risque réaliste de 25 % noté par Robert est encore trop élevé. Le risque qu'une personne perde la raison lors d'une crise de panique est pratiquement nul. Selon toute vraisemblance, une telle chose ne s'est jamais produite. Le trouble panique a beaucoup été étudié, mais on ne rapporte aucun cas où la crise aurait entraîné la perte de raison. Il n'y a pas davantage de cas de décès ou de perte de contrôle de soi. Ces choses-là ne se produisent tout simplement pas pendant une crise de panique. Vous craignez seulement qu'elles se produisent.

En d'autres termes, vous ne risquez pas plus de mourir, de devenir fou ou de perdre le contrôle de vous-même pendant une crise de panique qu'à n'importe quel autre moment de votre vie. La crise n'accroît pas ce risque.

Votre exagération des facteurs de risque vient de votre tendance à dramatiser. Vous voyez d'emblée la pire éventualité de toutes et vous estimez qu'elle est la plus susceptible de se produire. En réalité, le risque que vous soyez victime d'une catastrophe est extrêmement faible.

6. *Rédigez une fiche pour chacune de vos phobies.*

N'oubliez pas que votre schéma vous porte à exagérer le danger. Encouragez-vous à affronter ce que vous tentez de fuir et renoncez à un excès de protection.

Voici la fiche de Henriette concernant sa phobie des ascenseurs.

---

### Fiche de vulnérabilité

Je sais que j'ai peur, actuellement, de prendre l'ascenseur. J'ai peur que ne survienne une catastrophe. Par exemple, un incendie pourrait éclater et l'ascenseur s'arrêterait. Cela me semble très probable.

Mais en réalité, c'est mon schéma «vulnérabilité» qui est en action. J'exagère sans doute le facteur de risque. Je me forcerai donc à prendre l'ascenseur, en dépit de ma peur, et je constaterai que ce n'est pas dangereux.

Je sais que je serai tentée de compter cinq fois le nombre d'étages avant d'entrer dans la cabine. Ce faisant, j'aurai l'impression d'être plus en sécurité. Mais ce n'est pas nécessaire, je suis en sécurité de toute façon. Compter le nombre d'étages relève de la superstition. Quoi qu'il en soit, c'est un fardeau dont je veux me débarrasser.

---

Consultez votre fiche chaque fois que se manifeste votre schéma. Ce réflexe peut contribuer à désamorcer votre tendance à dramatiser. Réévaluez toujours les facteurs de risque. Affrontez la situation qui vous fait peur. Avec le temps, votre anxiété s'estompera et vous vous sentirez plus calme.

7. *Parlez à l'enfant en vous. Soyez pour lui une présence forte et courageuse.*

Les sentiments associés à votre schéma sont ceux de l'enfant vulnérable en vous. Vous devez devenir le parent intérieur de cet enfant intérieur. Faites appel à l'imagerie mentale.

THÉRAPEUTE:
*Visualisez une situation où vous vous êtes sentie vulnérable quand vous étiez petite. Ne forcez pas les souvenirs. Décrivez la première image qui vous vient à l'esprit.*
HENRIETTE:
*Je suis dans la cuisine en compagnie de ma mère et de notre nouvelle voisine. Elle s'appelle Blanche. Elle est très gentille.*

*J'ai environ six ans. Je n'avais pas tout à fait six ans quand Blanche a emménagé dans notre quartier. Je suis à table et je mange un sandwich. J'entends Blanche demander à ma mère ce que signifient les chiffres tatoués sur son bras. Elle vient tout juste de remarquer ce tatouage. Ma mère lui explique qu'elle a été dans un camp de concentration. «Il y a très longtemps, dit-elle. Je n'étais qu'une enfant.»*

*C'est la première fois que j'entends vraiment parler de cette histoire. Je savais que quelque chose de terrible était arrivé, mais, pour la première fois, je comprends.*

THÉRAPEUTE:
*Que ressentez-vous?*
HENRIETTE:
*Un grand frisson. J'ai peur. J'ai très peur.*

Quand vous êtes entré en contact avec ce sentiment de vulnérabilité, pénétrez dans votre souvenir en tant qu'adulte et réconfortez l'enfant en vous. Efforcez-vous de le rassurer.

HENRIETTE:
*J'entre dans l'image. Je m'assois à table avec l'enfant Henriette et je lui dis: «N'aie pas peur. Tu es en sécurité. Tu es chez toi, je suis là, tu n'as rien à craindre. Personne ne te fera du mal. Il n'y a pas de nazis ici. Si tu veux aller jouer dehors, j'irai avec toi. Je te protégerai. Je vais t'aider à affronter ce qui te fait peur.*

Faites intervenir l'adulte chaque fois que votre schéma se manifeste. Rassurez-vous. Dites-vous que vous n'avez rien à craindre. Aidez l'enfant en vous à se sentir suffisamment en sécurité pour affronter la situation.

8. *Faites des exercices de relaxation.*

Les techniques de relaxation peuvent vous aider à recentrer votre esprit et votre corps. Elles permettent d'alléger les symptômes de l'anxiété et vous empêchent de vous laisser envahir par la peur de la catastrophe.

Voici un exercice facile, en deux volets: un volet méditation et un volet respiration. Respirez lentement avec le diaphragme. Limitez-vous à huit inspirations par minute en vous assurant que seul votre estomac agit. Ne soulevez pas votre poitrine. Cette technique prévient l'hyperventilation, qui est une des principales causes des symptômes de l'anxiété, en particulier des crises de panique.

La méditation suit le rythme de la respiration. En inspirant, dites-vous «détends-toi». En expirant dites-vous «respire». Répétez ces mots mentalement avec lenteur, au rythme de votre respiration.

Utilisez cette technique de relaxation chaque fois que votre schéma «vulnérabilité» est réactivé. Vous en retirerez un grand bienfait.

ROBERT:
*Au début, cet exercice me rendait nerveux. J'ai eu du mal à m'y astreindre. Je n'aimais pas me concentrer sur ma respiration.*
THÉRAPEUTE:
*Je sais. Cette technique est un peu difficile au début.*
ROBERT:
*Mais j'y suis parvenu. Maintenant, elle m'est d'un grand secours. Quand je sens monter la panique, je l'utilise. Je me sens plus calme et je peux affronter la situation.*

9. *Affrontez chacune de vos phobies par l'imagerie mentale.*

Le schéma «vulnérabilité» est souvent déclenché par des images. Si vous êtes attentif, vous constaterez que, non seulement vous avez des pensées catastrophiques, mais vous avez des images catastrophiques. Des images précises d'un dénouement désastreux vous assaillent, et, naturellement, vous avez peur.

Nous aimerions que l'imagerie mentale vous serve à voir le bon côté des choses et non pas le mauvais. Imaginez des circonstances favorables, des situations où vous renoncerez à vous faire aider, que vous affronterez avec courage et efficacité.

Référez-vous au tableau hiérarchique que vous avez préparé. Commencez par l'obstacle le plus facile à surmonter. Installez-vous dans un fauteuil confortable, faites vos exercices de respiration et de méditation pour vous détendre. Quand vous serez détendu, imaginez la situation qui vous effraie. Imaginez que vous l'affrontez comme vous aimeriez pouvoir le faire.

Thérapeute:
*Que voyez-vous?*
Henriette:
*Je suis devant la porte de l'ascenseur. Wilfrid est avec moi ainsi que la Henriette adulte. Leur présence me rassure.*
*J'ai envie de compter le nombre d'étages cinq fois, mais je résiste. Quand je décide de ne pas compter, j'ai une bouffée d'anxiété, mais elle passe. Je me sens bien. Je suis forte et j'ai confiance.*
*L'ascenseur arrive, la porte s'ouvre. Nous entrons. Je reste calme et je fais mes exercices de relaxation. Bientôt, l'ascenseur s'arrête et nous en sortons. Nous sommes parvenus au cinquième étage et je me sens bien.*

Gravissez chaque échelon un à un. L'imagerie mentale peut vous aider à dominer vos peurs. Vous avez souvent imaginé une situation tragique. Il est temps pour vous d'imaginer une circonstance heureuse où vous êtes en sécurité.

10. *Affrontez chacune de vos phobies dans la vie réelle.*

Tout ce que vous avez accompli jusqu'ici doit déboucher sur une modification de votre comportement. C'est la meilleure façon de transformer votre schéma. Quand vous serez parvenu à ne plus fuir, quand vous aurez compris que vous déformiez la réalité, vous ne pourrez plus reculer. Plus vous affronterez de situations difficiles et plus vous constaterez que rien de grave ne se produit, plus vous vous sentirez en sécurité. Plus vous serez en sécurité, plus vous serez disposé à affronter des situations difficiles.

Encore une fois, reportez-vous au tableau hiérarchique de vos phobies et commencez par l'étape la plus facile. Recommencez chaque étape jusqu'à ce vous vous y sentiez à l'aise. Ne passez pas à l'étape suivante avant d'éprouver un sentiment de maîtrise. Gravissez les échelons petit à petit, jusqu'à ce que vous soyez capable de tout accomplir. Servez-vous de vos fiches, faites vos exercices de respiration et de méditation, rassurez l'enfant en vous pour vous aider à affronter chaque situation.

11. *Récompensez-vous à chaque obstacle surmonté.*

Si vous pensez à vous récompenser, vous renforcez chacune de vos réussites. Après avoir surmonté une étape, félicitez-vous. Reconnaissez le mérite de l'enfant en vous. Vous méritez des louanges: il fallait du courage pour faire ce que vous avez fait. Affronter ses phobies n'est pas une tâche aisée.

Rappelez-vous qu'aucune de vos appréhensions ne s'est concrétisée. Vous serez ainsi davantage conscient du fait que vos sentiments de vulnérabilité sont grandement exagérés.

## Le mot de la fin

Si vous surmontez le schéma «vulnérabilité», vous enrichirez votre existence. Vos peurs vous font passer à côté d'un grand nombre de joies. Robert et Henriette ont constaté une grande amélioration dans leur vie depuis qu'ils ont franchi les étapes dont nous venons de parler.

ROBERT:

*Je pense que ce qui m'a le plus incité à persister a été de me rendre compte de tout ce qui m'échappait. Je me privais de tant de choses. Je consacrais ma vie à mon anxiété.*

Si vous ne pouvez surmonter seul votre schéma «vulnérabilité», consultez un thérapeute. Pourquoi restreindre votre vie et vous priver de ses joies? Sortir de sa «vulnérabilité», c'est revenir à la vie.

# 12

## «JE NE VAUX RIEN» LE SCHÉMA «SENTIMENT D'IMPERFECTION»

---
**ALINE:** TRENTE ANS. ELLE SE CROIT INDIGNE D'ÊTRE AIMÉE.
---

Aline paraissait effrayée quand elle est entrée dans notre bureau. De toute évidence, elle n'aimait pas parler d'elle-même. Nous nous sommes efforcés de la mettre à l'aise. Au bout d'un certain temps, nous lui avons demandé de nous dire les raisons de sa visite. Elle nous a confié qu'elle était déprimée.

ALINE:
*Je suis très sévère envers moi-même. Je me dis toujours: «Comment pourrait-on avoir envie d'être avec moi?» Il y a ce type, par exemple, que je fréquente depuis quelques mois. Presque un an, en fait. Il s'appelle Mathieu. L'autre jour, j'ai laissé un message sur son répondeur téléphonique. En attendant qu'il retourne mon appel, je me disais: «Je sais qu'il ne me rappellera pas. Il ne veut plus me voir.» Il a dû découvrir qui je suis en réalité. On dirait que j'attends le moment où il me verra telle que je suis.*
*Même quand il m'a rappelée, je n'étais pas tranquille. Je me disais: «Il n'a pas vraiment envie de me parler. Il a envie de raccrocher.»*
THÉRAPEUTE:
*Vous n'arrivez pas à croire qu'il vous aime.*

À mesure que la conversation avance, je constate qu'Aline songe à épouser Mathieu.

— Il m'a demandé de l'épouser il y a quelques semaines. Il est vraiment bon pour moi. Je serais folle de ne pas l'épouser.

Mais pour des raisons qu'elle ne s'explique pas, Aline a peur du mariage.

ALINE:
*Je n'ai pas vraiment connu de relation amoureuse satisfaisante auparavant. Le dernier homme que j'ai eu envie d'épouser n'était pas exactement un type formidable. Il était cruel. Toujours en train de me reprocher quelque chose.*
THÉRAPEUTE:
*Mathieu semble bien différent.*
ALINE:
*Je sais. C'est autre chose. Je crois que j'ai peur de laisser quelqu'un s'approcher. Et Mathieu veut s'approcher.*

Voilà pourquoi Aline est venue en thérapie. Elle traverse une «crise d'intimité».

---

**ANDRÉ:** QUARANTE-TROIS ANS. SA FEMME ET LUI, QUI CONSULTENT ENSEMBLE, ONT DES PROBLÈMES DE COUPLE.

---

À première vue, André présente une maîtrise de soi plutôt rigide. Pendant toute la durée de la séance, nous décelons en lui une colère froide et contenue. Il consulte avec sa femme, Marie. Ils ont des problèmes conjugaux.

André et Marie sont mariés depuis sept ans et ont un enfant. Marie vient de découvrir qu'André a une maîtresse. Elle a menacé de le quitter s'il refusait d'entrer en thérapie. Lors de notre première rencontre, il nous a dit: «Ce n'est pas moi qui ai besoin d'être ici. Si vous voulez savoir, c'est elle qui a des problèmes.» On eût dit qu'il s'attendait que nous l'aidions à régler les problèmes de sa femme.

Pendant toute la durée de la séance, André ne cesse de critiquer Marie et de nous critiquer. Le contact est très laborieux. Il garde ses distances. Après que nous lui ayons expliqué en quoi consiste notre méthode, il réplique: «Tout cela me semble bien simpliste. C'est tout?» Nous savons qu'il nous met au défi, et nous le lui disons.

— Vous voulez vous assurer que nous sommes en mesure de vous aider.

Il s'efforce de nous mettre sur la défensive. Quand il voit qu'il n'y parvient pas, il commence à nous respecter.

Nous sommes quelque peu irrités, mais demeurons suffisamment empathiques. Nous savons qu'au fond André a peur de nous. Il a peur que nous le voyions tel qu'il est.

## Questionnaire relatif au schéma «sentiment d'imperfection»

Ce questionnaire vise à évaluer l'importance de ce schéma. Répondez aux questions qui suivent en utilisant l'échelle de cotation.

## Échelle de cotation

Dans mon cas, l'énoncé est:
1. Absolument faux.
2. Faux dans l'ensemble.
3. Plus vrai que faux.
4. Modérément vrai.
5. Vrai dans l'ensemble.
6. Absolument vrai.

Si vos réponses comportent des 5 ou des 6, il se peut que ce schéma s'applique à vous, même si votre score total est bas.

| Pointage | Énoncés |
|---|---|
| | 1. Aucun être ne pourrait m'aimer s'il me connaissait vraiment. |
| | 2. Je suis fondamentalement médiocre et imparfait. Indigne d'amour. |
| | 3. J'ai des secrets que je ne veux pas révéler, même à mes proches. |
| | 4. C'est ma faute si mes parents n'ont pas pu m'aimer. |
| | 5. Je cache ma véritable personnalité, qui est inacceptable. Je ne suis pas celui que je prétends être. |
| | 6. Je suis souvent attiré par des personnes (parents, amants, amis) qui me critiquent et me rejettent. |
| | 7. J'ai souvent tendance à critiquer et à rejeter les autres, surtout ceux qui semblent m'apprécier. |
| | 8. Je dénigre mes qualités. |
| | 9. J'ai énormément honte de moi-même. |
| | 10. L'une de mes plus grandes peurs est que l'on en vienne à découvrir mes défauts. |
| | VOTRE TOTAL: (Additionnez vos points pour les questions 1 à 10.) |

## Interprétation des résultats

| | |
|---|---|
| 10-19 | Très bas. Ce schéma ne vous affecte sans doute pas du tout. |
| 20-29 | Assez bas. Ce schéma vous affecte sans doute à l'occasion. |
| 30-39 | Modéré. Ce schéma est un problème pour vous. |
| 40-49 | Élevé. Ce schéma joue un rôle important dans votre vie. |
| 50-60 | Très élevé. Il s'agit d'un schéma fondamental dans l'organisation de votre personnalité. |

# Le sentiment d'imperfection

Le plus souvent, le «sentiment d'imperfection» s'accompagne d'un sentiment de honte. Vous avez honte quand on découvre vos défauts. Vous feriez presque n'importe quoi pour éviter ce sentiment. Vous vous assurez donc par tous les moyens possibles que vos défauts resteront cachés.

Vous vous dites que votre imperfection est intérieure, donc imperceptible. Elle est au cœur de votre personnalité, et vous rend indigne d'être aimé, contrairement au schéma «sentiment d'exclusion» qui repose sur des caractéristiques superficielles, donc perceptibles. Le sentiment d'imperfection est un état intérieur. Ce schéma n'est pas aussi décelable que le schéma «sentiment d'exclusion», bien qu'il soit un des plus fréquents. Puisque vous imaginez un défaut caché, inaperçu, vous avez d'autant plus peur d'être découvert.

Environ la moitié de nos patients ont le «sentiment d'imperfection» parmi leurs schémas fondamentaux, bien que ces patients soient tous très différents en apparence. Chacun compose à sa façon avec son sentiment de honte. Certains manquent de confiance en eux (capitulation). D'autres paraissent normaux (fuite). D'autres encore ont l'air si bien dans leur peau qu'on ne croirait jamais qu'ils possèdent ce schéma (contre-attaque).

Aline est de ceux qui capitulent devant leur schéma. Elle se croit remplie de défauts.

> ALINE:
> *J'ai toujours eu l'impression que quelque chose clochait au fin fond de moi, que personne ne pouvait déceler. J'ai toujours pensé que personne ne m'aimerait jamais.*
> THÉRAPEUTE:
> *Quand vous imaginez qu'on vous aime, que ressentez-vous?*
> ALINE:
> *Ça m'humilie.*

Aline croit posséder une tare secrète qui la rendrait tout à fait repoussante aux yeux des autres, mais elle est incapable de la définir.

Elle est en outre persuadée que cette tare secrète, quelle qu'elle soit, est immuable. Elle est au cœur d'elle-même, elle la définit, et le mieux qu'elle puisse faire, c'est l'occulter, tout en s'efforçant de retarder le moment où quelqu'un, devenant trop intime, saura la découvrir.

Aline croit fermement que personne ne peut l'aimer. Elle réfute sans cesse les indices prouvant qu'on l'estime et qu'on apprécie sa compagnie.

> ALINE:
> *J'ai dit à Mathieu que je ne voulais pas aller au mariage de son frère.*
> THÉRAPEUTE:
> *Pourquoi? Je croyais que vous désiriez y aller?*

ALINE:
*Oui, mais je savais que Mathieu ne tenait pas à ce que j'y aille.*
THÉRAPEUTE:
*Mais il vous a invitée à l'accompagner?*
ALINE:
*Oui, mais je savais qu'il n'y tenait pas vraiment.*

Même dans ses rapports avec nous, elle donne une importance exagérée aux indices qui lui font croire qu'on ne l'aime pas et qu'on la rejette; elle s'efforce de déformer nos propos dans le but de démontrer que nous ne nous intéressons pas vraiment à elle.

THÉRAPEUTE:
*Nous aimerions savoir si vous accepteriez de venir une heure plus tôt la semaine prochaine.*
ALINE:
*Vous ne voulez pas que je vienne? Si vous ne voulez pas, c'est d'accord. Enfin, je suppose que vous avez autre chose à faire.*
THÉRAPEUTE:
*Non, ce n'est pas ça. Nous voulons que vous veniez. Seulement, nous aimerions savoir s'il vous serait possible de devancer notre rendez-vous d'une heure.*

Aline est très portée à l'autodépréciation. Nous l'avons souvent entendue dire: «Je ne vaux rien», «je suis une imbécile», «je ne suis bonne à rien», «je n'ai rien à offrir». Au début de sa thérapie, elle s'attribuait ainsi tous les défauts, allant parfois, dans les moments les plus difficiles, jusqu'à la haine d'elle-même. Elle s'estimait alors «exécrable et dégoûtante».

Le «sentiment d'imperfection» d'Aline la rend beaucoup trop vulnérable dans ses relations affectives. L'autre personne est tellement en mesure de lui faire du mal. Elle ne sait ni se protéger ni se défendre. André se situe aux antipodes. Il semble invulnérable. Personne ne peut le blesser. Il a maîtrisé la contre-attaque au point où personne ne se doute de rien. André lui-même n'a pour ainsi dire aucune conscience du sentiment de honte qui le ronge.

André offre un bon exemple de narcissisme fragile. Un narcissiste pèche par défaut d'empathie, blâme les autres pour ses ennuis personnels et croit fermement que tout lui est dû. Le narcissisme des gens comme André leur sert à lutter contre leur certitude profonde que personne, jamais, ne les aimera et ne les respectera. C'est comme s'ils disaient à la ronde: «Je serai si exigeant, si supérieur et si unique que vous ne pourrez jamais plus m'ignorer ou me juger.» (Nous avons parlé de ce style de contre-attaque dans le chapitre 4. Le chapitre sur le «sentiment que tout nous est dû» couvre d'autres aspects du narcissisme et propose des moyens de le contrer.)

Les narcissistes maintiennent leur égocentrisme à n'importe quel prix. André constatait la désagrégation de son mariage à une femme qu'il aimait profondément, mais il était incapable de reconnaître ses problèmes. Il préférait tout perdre plutôt que de se rendre vulnérable. C'est souvent le cas. Tant qu'ils n'ont pas été acculés au pied du mur, les narcissistes refusent de changer. Mais la menace de rupture peut parfois les motiver à changer, comme dans le cas d'André.

MARIE:

*Il avait beau me faire de la peine, il avait beau me voir souffrir, ça ne changeait rien. J'aurais pu verser toutes les larmes de mon corps, il continuait à voir cette femme. C'est seulement quand il a compris que je le quittais vraiment qu'il a consenti à rompre avec elle.*

André et Marie possèdent tous les deux le schéma «sentiment d'imperfection». Lui contre-attaque en opposant son narcissisme à sa honte, tandis qu'elle capitule devant son sentiment d'indignité. Il la rejette, elle est rejetée. Ce faisant, ils revivent ensemble le rejet de leurs parents respectifs.

Si vous avez le schéma «sentiment d'imperfection», vous vous situez sans doute à mi-chemin des deux extrêmes représentés par Aline et André. Vous vous permettez peut-être d'être vulnérable dans certains domaines et pas dans d'autres. Nous avons de nombreux patients dans ce cas. Ils se montrent très disposés à parler de leur vie, mais ils esquivent certains sujets qui réveillent leurs sentiments de honte ou d'insuffisance.

Il est plutôt rare qu'un patient consulte en sachant déjà qu'il se sent imparfait. La plupart le cachent ou évitent de le reconnaître, car la honte et la haine d'eux-mêmes associées à ce schéma sont trop éprouvantes. Sans en avoir conscience, ils s'efforcent de ne pas voir la honte démesurée qui les ronge. Ils se plaignent d'un tas d'autres choses, de problèmes de couple ou de dépression.

Vous souffrez peut-être d'une vague mélancolie chronique sans en connaître la cause. Vous ne vous rendez pas compte que votre dépression provient de votre mésestime de vous-même. Ce sentiment d'indignité, cette colère envers vous-même constituent un aspect important de la dépression. Vous avez peut-être l'impression d'avoir toujours été dépressif, sans cesse menacé par une dépression mineure tapie dans l'ombre.

Si vous optez pour la fuite, la toxicomanie ou les compulsions sont peut-être votre lot. L'alcool, les drogues, l'excès de travail et de nourriture sont des moyens de combattre le «sentiment d'imperfection».

---

*Les origines du schéma «sentiment d'imperfection»*

1. Un membre de votre famille vous critiquait, vous méprisait ou vous punissait à l'excès. On jugeait ou punissait toujours sévèrement votre apparence, votre comportement ou vos propos.
2. Un de vos parents vous a donné l'impression que vous le déceviez.
3. Un de vos parents ou les deux vous ont rejeté ou mal aimé.

4. Un membre de votre famille a abusé de vous sexuellement, physiquement ou émotionnellement.
5. On vous a rendu responsable de tous les malheurs qui s'abattaient sur
votre famille.
6. Vos parents vous répétaient toujours que vous étiez mauvais, nul, bon à
rien.
7. On vous comparait défavorablement à vos frères et sœurs et on les
préférait à vous.
8. L'un de vos parents a quitté le foyer familial et vous vous en êtes tenu
responsable.

Le schéma «sentiment d'imperfection» provient de ce que vous ne vous
sentiez pas digne d'être aimé ni respecté dans votre enfance. L'un de vos parents, ou les deux, vous critiquait ou vous rejetait constamment.

ALINE:
*Un jour, j'ai lu un livre qui disait que le but de toute femme était d'inspirer l'amour.
Et moi, je n'ai jamais su faire ça, inspirer l'amour.*

Le sentiment d'imperfection est envahissant. C'est la certitude de ne pas
être digne d'affection. Vous vous sentiez si inadéquat, si rempli de défauts que
même vos parents ne pouvaient ni vous aimer ni vous apprécier pour ce que
vous étiez.

Vous étiez presque certainement convaincu que vos parents avaient raison
de vous critiquer, de vous mépriser, de vous rejeter ou de vous refuser leur
amour. Vous pensiez que vous ne méritiez pas mieux. Vous vous faisiez des tas
de reproches. Tout ce qui arrivait était de votre faute, parce que vous étiez nul,
inadéquat, méchant, et que vous étiez farci de défauts. Pour cette raison, au
lieu de vous révolter du traitement que vous receviez, vous vous sentiez honteux
et malheureux.

Le schéma d'Aline est dû en grande partie à la sévérité des jugements de
son père. Très tôt, il lui fit comprendre clairement qu'elle le décevait.

ALINE:
*Je ne me mesurais jamais à ses attentes. Tout clochait en moi. Au repas, si je me tai-
sais, il me reprochait de ne pas parler; si je parlais, il me trouvait ennuyeuse.*

Aline a intégré les critiques de son père et assumé pour elle-même l'opinion qu'il avait d'elle.

ALINE:
*Je me demande toujours pourquoi Mathieu voudrait m'épouser. Je n'ai rien à offrir.
Je suis tellement immature. Je n'ai pas ce qu'il faut pour qu'un homme s'intéresse*

*longtemps à moi. Je n'ai rien de bien spécial. Je ne suis ni belle ni très intelligente. J'ai une personnalité quelconque.*

THÉRAPEUTE:

*Qui parle? À qui appartient la voix que vous entendez mentalement?*

ALINE:

*C'est la voix d'Éric. Mon ancien petit ami.*

THÉRAPEUTE:

*Y a-t-il quelqu'un d'autre?*

ALINE:

*(Pause.) C'est la voix de mon père.*

Tout comme Aline, vous avez intégré la voix du parent qui se montrait critique envers vous jusqu'à ce qu'elle fasse partie de vous. D'une certaine façon, votre schéma est la voix de ce parent, la voix que vous entendez vous critiquer sans répit, vous punir et vous rejeter.

La honte a peut-être joué un rôle majeur durant toute votre enfance. Chaque fois que votre imperfection était révélée au grand jour, vous aviez profondément honte, non pas de défauts superficiels, mais de votre personnalité même.

ALINE:

*Quand j'étais adolescente, j'ai passé tout un après-midi à me renseigner sur une question politique, l'affaire Watergate je crois, de façon à pouvoir en parler au dîner. Et quand j'ai ouvert la bouche, mon père m'a dit: «C'est tout ce que tu trouves à dire?»*

THÉRAPEUTE:

*Qu'avez-vous ressenti?*

ALINE:

*J'ai eu si honte d'avoir voulu être intéressante et d'avoir complètement échoué.*

THÉRAPEUTE:

*Oui, comme si vous aviez osé montrer que vous espériez une chose à laquelle vous n'aviez pas droit.*

ALINE:

*C'est-à-dire?*

THÉRAPEUTE:

*Que vous espériez être aimée de lui.*

On est en droit de se demander pourquoi le père d'Aline était si froid et pourquoi il la rejetait. Il y a fort à parier que ce soit parce que lui-même présentait le schéma «sentiment d'imperfection». Mais il composait avec ce schéma en contre-attaquant. Il se revalorisait en méprisant Aline et en lui donnant l'impression d'être pleine de défauts. Il en faisait son bouc émissaire, sans doute parce qu'il voyait en elle le reflet de ses propres imperfections. C'est souvent le cas. Nous avons maintes fois constaté que les parents possédant un schéma «sentiment d'imperfection» le lèguent à leurs enfants. Un schéma se transmet ainsi de génération en génération.

Les parents qui favorisent chez l'enfant l'éclosion du schéma «sentiment d'imperfection» sont souvent ceux qui le jugent défavorablement et le punissent. Puisque les schémas «sentiment d'imperfection» et «méfiance et abus» vont souvent de pair, les abus physiques, émotionnels ou sexuels sont parfois également présents. Bien qu'il soit possible pour un enfant victime d'abus de penser que c'est injuste et de se révolter sans développer un «sentiment d'imperfection», cela se produit rarement. La plupart du temps, l'enfant assume la responsabilité de ce qui lui arrive. Il a honte et se sent coupable.

De nombreux enfants trouvent une façon de compenser leur «sentiment d'imperfection». On assiste alors à une fusion de ce schéma avec les schémas «sentiment que tout nous est dû» et «exigences élevées». Nombreux sont ceux qui, parce qu'ils ont été critiqués sévèrement dans leur enfance et parce qu'ils ont été amenés à se sentir tarés, compensent en s'efforçant de devenir supérieurs dans un domaine spécifique. Ils se fixent des objectifs très élevés et aspirent au succès et à la reconnaissance sociale. Ils se montrent parfois arrogants et prétentieux. L'argent et la popularité apaisent leur sentiment d'imperfection.

Ce fut le cas d'André. Il présente toutes les apparences du succès. Propriétaire d'une boîte de nuit à la mode fréquentée par des vedettes de cinéma, il arpente tous les soirs son établissement en distribuant des privilèges à ceux qu'il considère importants. Il décide qui aura le droit d'entrer, à qui il offrira des consommations gratuites, qui aura accès à la salle V.I.P. Il se délecte d'anecdotes relatant comment il a refusé une faveur à telle ou telle célébrité. Mais son sentiment d'imperfection est toujours sous-jacent.

André:
*Une seule personne m'a rendu mal à l'aise dans mon établissement. C'était une vedette de cinéma masculine. Il est entré en crânant comme si l'endroit lui appartenait, et j'ai décidé de le mettre à sa place. Je lui ai donné une table vraiment médiocre. En m'éloignant, je me suis retourné pour le regarder. Il me foudroyait du regard. C'était un regard méprisant.*

Thérapeute:
*Qu'avez-vous ressenti à ce moment?*

André:
*J'ai eu l'impression qu'il me voyait tel que j'étais. Que je ne le leurrais pas du tout. Que j'étais un imposteur.*

André a toujours l'impression que tout va s'écrouler. Son narcissisme est fragile. Son moi est en péril; il pourrait s'effondrer et révéler le bon à rien qu'il croit être.

Les parents d'André le critiquaient constamment et le méprisaient. De plus, ils adoraient son frère aîné, ce qui compliquait encore plus sa vie.

André:
*Vous comprenez, ce n'était pas facile d'être son frère. Il était plus beau, plus intelligent, plus drôle. Et, comme mes parents, il me traitait comme de la merde. Il s'en*

*prenait à moi, et mes parents trouvaient ça drôle. Ils lui offraient ce qu'il y avait de mieux, et à moi, les choses usagées. Eh bien, maintenant, il n'a pas ce qu'il y a de mieux. C'est moi qui l'ai. Lui n'est rien.*

Parfois, un enfant développe le schéma «sentiment d'imperfection» quand il se compare défavorablement à une sœur ou un frère avantagé. Souvent c'est par rapport à un enfant plus âgé de la famille. Il est facile pour ce dernier d'être meilleur en tout puisqu'il est plus vieux. Il est plus brillant, plus vif, plus fort, plus compétent. En outre, les aînés sont souvent critiques envers leurs frères ou sœurs plus jeunes et moins expérimentés.

L'humiliation fut un thème récurrent dans l'enfance d'André. On le tournait sans cesse en dérision en raison de ses lacunes.

ANDRÉ:

*Un jour que mon père devait amener mon frère et moi assister à une partie de base-ball, mon frère est tombé malade et n'a pu venir. Moi, je me suis préparé, et j'ai attendu près de la porte. J'étais très content. Mon père est descendu, il m'a regardé et il m'a demandé où je croyais aller comme ça. J'ai dit: «À la partie de base-ball.» Et il m'a répondu qu'il serait fou d'aller voir la partie de base-ball juste pour me faire plaisir. Je ne lui ai jamais rien demandé depuis.*

André a appris à dissimuler ses pensées et ses sentiments réels. Sa personnalité véritable est devenue un secret pour tout le monde, sauf pour lui. Il s'est ainsi senti moins vulnérable. Il pouvait préserver sa dignité. Se révéler tel qu'il était présentait de trop grands dangers. Tout ce qu'il avait à offrir était reçu avec mépris. Se montrer sous son vrai jour signifiait faire face à la honte, et la pire humiliation consistait à dévoiler son besoin d'amour.

Le prix à payer pour cacher notre moi réel comme l'a fait André est très élevé. Nous traversons une sorte de deuil. Quelque chose meurt en nous. La spontanéité, la joie, la confiance, l'intimité cèdent la place à une coquille hermétiquement fermée. Nous nous construisons un faux moi, plus dur, moins vulnérable. Mais peu importe la dureté extérieure, au fond de nous, nous faisons douloureusement le deuil de nous-mêmes.

En vous enfermant dans une coquille protectrice, vous survivez au quotidien. En surface, tout semble aller pour le mieux. Mais c'est un leurre. Intérieurement, vous vous croyez imparfait et indigne d'être aimé. La coquille vous empêche de faire face à votre problème fondamental. Un moi réel que l'on garde caché ne peut pas guérir. Vous devez renoncer à l'illusion en faveur de la vérité.

Il est très important de savoir que le schéma «sentiment d'imperfection» n'est pas fondé sur un défaut réel. Les personnes souffrant d'un handicap mental ou physique grave ne présentent pas forcément le schéma «sentiment d'imperfection». Le facteur le plus important n'est donc pas l'existence d'un défaut, mais bien la mésestime de vous-même que vous ont inculquée vos parents et les autres membres de la famille. Si les membres de votre famille vous avaient aimé, apprécié et respecté, vous n'auriez pas le sentiment d'être bon à rien ou nul et vous n'auriez pas honte de vous-même, quelles que soient vos forces et vos faiblesses.

---

### Signaux de danger dans vos relations amoureuses

1. Vous évitez totalement les fréquentations amoureuses.
2. Vous passez d'une brève liaison passionnée à l'autre, ou vous avez plusieurs aventures simultanément.
3. Vous êtes attiré par les personnes qui vous critiquent et vous déprécient sans cesse.
4. Vous êtes attiré par les personnes qui abusent de vous physiquement ou émotionnellement.
5. Vous êtes attiré par les personnes qui ne s'intéressent pas vraiment à vous et vous espérez gagner leur amour.
6. Vous n'êtes attiré que par les personnes très belles et très désirables, même lorsqu'il est évident qu'elles ne s'intéresseront jamais à vous.
7. Vous ne vous sentez bien qu'au contact de personnes qui ne cherchent pas à vous connaître à fond.
8. Vous ne fréquentez que des personnes que vous jugez inférieures et que vous n'aimez pas vraiment.
9. Vous êtes attiré par les personnes qui refusent de s'engager ou de vous voir régulièrement. Ce sont sans doute des personnes mariées, ou qui veulent conserver leur liberté de rencontrer d'autres personnes, qui voyagent beaucoup ou qui vivent dans une autre ville.
10. Vous choisissez de vous engager avec des personnes que vous méprisez, dont vous abusez, ou que vous négligez.

---

Vous composez peut-être avec votre schéma «sentiment d'imperfection» en évitant les relations amoureuses à long terme, en n'ayant aucune relation amoureuse, en multipliant les relations amoureuses superficielles ou en ayant plusieurs relations simultanément. En évitant les engagements à long terme, vous vous assurez que personne ne vous connaît assez intimement pour découvrir vos défauts.

Vous pourriez aussi éviter les relations d'intimité en vous attachant à une personne qui refuse de s'engager. Vous vous fréquentez, mais vous avez des vies séparées qui rendent impossible une réelle intimité.

André a eu un grand nombre d'aventures pendant toute la durée de son mariage; il avait toujours une maîtresse, parfois deux. Mais il n'a connu qu'une seule femme qu'il croyait pouvoir aimer; étonnamment, il a choisi de ne pas la voir. Il se peut que, tout comme André, vous évitiez de fréquenter des personnes qui vous intéressent vraiment, et que vous n'établissiez de contact qu'avec celles que vous ne pourrez jamais aimer.

Vous avez peut-être une relation avec une personne qui habite au loin ou qui voyage sans cesse. Vous ne pouvez la voir que les week-ends. Il y a de nombreuses façons de former des relations qui vous permettent de fuir l'intimité qui vous effraie.

Aline est moins appréhensive qu'André en ce qui concerne les relations d'intimité. Elle a des amants et elle tombe amoureuse. Mais elle est attirée par des hommes qui la critiquent et la rejettent, par exemple, son ancien petit ami. Leur relation a duré plusieurs années bien qu'il ait toujours fait preuve de cruauté envers elle et qu'il l'ait abreuvée d'injures.

De nombreuses personnes prisonnières de relations amoureuses maso-chistes et qui tolèrent d'être maltraitées sont victimes du schéma «sentiment d'imperfection». Elles croient ne pas mériter mieux. Lorsque nous avons demandé à Aline pourquoi elle n'avait pas mis fin plus tôt à sa relation, elle a répondu: «Je m'estimais chanceuse d'avoir quelqu'un qui veuille de moi.»

Si vous avez le schéma «sentiment d'imperfection», méfiez-vous des fortes attirances amoureuses. Vous êtes sans doute plus attiré par des partenaires qui vous critiquent et vous rejettent. Ils renforcent votre sentiment d'imperfection. Les partenaires qui vous abreuvent de reproches vous sont familiers en ce qu'ils se font l'écho de votre milieu familial. Nous vous conseillons vivement de ne pas fréquenter des personnes qui vous maltraitent plutôt que de vous efforcer de gagner leur amour.

---

### Les pièges du schéma «sentiment d'imperfection»

1. Quand vous sentez que votre partenaire vous accepte, vous le cri-tiquez sévèrement et votre sentiment amoureux s'estompe. Vous com-mencez à le mépriser et à le juger négativement.
2. Vous cachez votre moi réel de façon que votre partenaire ne vous con-naisse jamais très bien.
3. Vous êtes jaloux et possessif.
4. Vous vous comparez sans cesse défavorablement aux autres, vous êtes envieux, vous vous croyez inférieur.
5. Vous avez toujours besoin que votre partenaire vous rassure sur son estime.
6. Vous vous dépréciez devant lui.
7. Vous permettez à votre partenaire de vous critiquer, de vous dénigrer ou de vous maltraiter.
8. Vous n'acceptez pas facilement la critique constructive; vous êtes sur la défensive ou carrément hostile.
9. Vous êtes très critique avec vos enfants.
10. Vos succès vous donnent l'impression d'être un imposteur. Vous avez très peur que vos succès soient éphémères.
11. Les obstacles professionnels ou les rejets amoureux vous rendent abattu et extrêmement dépressif.
12. Parler en public vous terrorise.

Si vous êtes en relation avec un partenaire qui vous aime et que vous pourriez aimer, certains pièges sont néanmoins à éviter si vous ne voulez pas renforcer votre schéma «sentiment d'imperfection» dans cette relation.

Votre tendance à critiquer peut être un problème majeur. Si vous êtes narcissique, vous êtes sans doute plus à l'aise en compagnie d'une personne que vous jugez inférieure. Ainsi, vous n'avez pas à vous inquiéter d'être découvert, jugé ou rejeté. Le mariage d'André et de Marie illustre bien cette situation.

MARIE:
*André critique tout ce que je fais. Quand je suis avec lui, j'ai l'impression de tout faire de travers.*

Lorsque André nous consultait sans sa femme, il nous faisait part de ses conquêtes sexuelles. Les femmes qu'il nous décrivait n'étaient jamais à la hauteur de ses attentes. L'une n'avait pas la bonne teinte de cheveux, l'autre avait les jambes trop courtes, l'autre encore un emploi sans intérêt. En fait, André avait des critères très précis en matière de femmes.

THÉRAPEUTE:
*Qu'attendez-vous d'une relation amoureuse?*
ANDRÉ:
*Je cherche une femme aux cheveux blonds, grande mais pas trop, 1,70 m, pas davantage, la peau mate. Mince et athlétique. Des seins pas trop gros. Je veux qu'elle s'habille de façon assez conservatrice. Enfin, qu'elle soit élégante mais avec un peu de fantaisie. Et je veux qu'elle ait du succès, mais pas trop. Pas plus que moi. (Il rit.)*
THÉRAPEUTE:
*L'avez-vous déjà trouvée?*
ANDRÉ:
*Jamais de la vie.*

André reproche à ses conquêtes de ne pas se mesurer à ses critères de perfection. C'est sa façon à lui de ne pas se préoccuper de leurs sentiments envers lui. Si vous présentez un schéma «sentiment d'imperfection», vous dépréciez peut-être vos partenaires. Vous croyez que le partenaire idéal verra vos lacunes et vous rejettera éventuellement.

André est plus sévère avec la personne qu'il aime le plus, soit sa femme Marie. En fait, la véhémence de ses reproches est un indice de son amour pour elle. Plus il l'aime, plus elle compte à ses yeux et plus il devient cinglant avec elle, presque de façon réflexe.

Vous croyez sans doute qu'une personne capable de vous aimer ne doit pas valoir grand-chose. Comme le disait Groucho Marx: «Je ne voudrais jamais faire partie d'un club qui m'accepterait comme membre», comme si le fait de vous aimer constituait une erreur.

ANDRÉ:

*Les femmes sont des conquêtes pour moi. La chasse me passionne, mais quand j'ai capturé ma proie, je m'en désintéresse.*

THÉRAPEUTE:

*À quel moment avez-vous capturé votre proie?*

ANDRÉ:

*(Pause.) Quand elle commence à m'aimer, je suppose.*

Les relations amoureuses sont des relations d'intimité; voilà pourquoi votre faux moi fonctionne à plein régime. Comme le dit Aline: «J'ai toujours l'impression de jouer un rôle avec Mathieu.» Le manque d'authenticité est un élément que l'on retrouve fréquemment avec ce schéma. Vous croyez que seul votre faux moi est digne d'amour. En dissimulant votre vrai moi, vous ne pouvez pas croire que votre partenaire puisse vous aimer pour ce que vous êtes. En n'étant pas totalement ouvert, vous vous confirmez dans votre opinion selon laquelle votre vrai moi est honteux et méprisable. Vous êtes terrorisé à l'idée d'être découvert. Votre partenaire pourrait déceler le bon à rien sous la façade.

ALINE:

*Je sais qu'un jour nous allons nous marier, puis qu'il se réveillera et dira que nous avons commis une erreur, qu'il ne m'aime pas vraiment. J'ignore pourquoi il ne l'a pas encore fait. Mais il le fera.*

THÉRAPEUTE:

*Et vous êtes à l'affût de ce moment.*

ALINE:

*Oui. Ce n'est qu'une question de temps.*

Comme Aline, vous envisagez peut-être de rompre, car la situation est si chargée d'angoisse que vous ne pouvez plus la tolérer.

L'envie et la jalousie sont presque toujours des facettes du schéma «sentiment d'imperfection». Vous vous comparez sans cesse défavorablement aux autres.

ALINE:

*Quand nous sortons boire un verre ou que nous nous réunissons entre amis, j'ai toujours l'impression qu'il préfère la compagnie des autres femmes à la mienne. Il me dit que je suis folle, et je suppose que je le suis d'une certaine façon. Il ne flirte pas, il ne fait rien de tel. Seulement, je me mets à penser que les autres femmes sont plus jolies, plus désirables ou plus intéressantes. Moi aussi je préférerais leur compagnie à la mienne si j'étais lui. Il suffit qu'il adresse la parole à une autre femme pour que j'en sois toute retournée.*

Aline idéalise les autres femmes et exagère ses lacunes. Dans ces comparaisons, elle n'est jamais gagnante. Elle passe beaucoup de temps à penser que les autres femmes sont plus désirables qu'elle.

Pour se rassurer sur l'amour de Mathieu, elle le bombarde de questions: «Tu veux être avec elle, n'est-ce pas?» «Tu ne crois pas que cette fille est plus jolie que moi?» Elle s'accroche à Mathieu, craint de le laisser seul. Ses tentatives pour l'isoler de ses rivales se retournent habituellement contre elle. Elle se montre dépendante et peu sûre d'elle, ce qui éloigne Mathieu. Elle perd de la valeur à ses yeux.

Mathieu a décrit ce processus lors d'une séance conjointe avec Aline.

MATHIEU:

*L'autre soir, nous sommes allés danser avec mon copain Claude et sa nouvelle petite amie, Élise. Aline a boudé et elle a dit que j'aimerais mieux être avec Élise. Comme ça, pour rien. C'était vraiment agaçant.*

*J'aime sincèrement Aline, mais je n'ai pas envie de vivre avec une femme qui ne me laisse même pas aller aux toilettes cinq minutes sans m'accuser de vouloir la tromper.*

Votre comportement n'est peut-être pas aussi évident que celui d'Aline. Vous avez sans doute appris, comme André, à masquer votre jalousie tout en ressentant intérieurement la même chose qu'eux, c'est-à-dire que le monde est plein de rivaux plus séduisants que vous pour votre partenaire.

Vous tolérez sans doute difficilement la critique, vous êtes hypersensible. Le moindre reproche soulève un sentiment de honte démesuré. Vous niez véhémentement vos torts ou vous dénigrez la personne qui ose vous faire une remarque désobligeante. Reconnaître la moindre de vos lacunes équivaut à vous laisser envahir par des émotions négatives reliées à votre «sentiment d'imperfection». Vous vous protégez donc en niant vos défauts, vos erreurs, vos torts. Le fait d'être ainsi toujours sur la défensive et de refuser la moindre critique peut se révéler un problème grave.

Nous avons noté que vous êtes susceptible d'être le plus attiré par les personnes qui déclenchent votre schéma «sentiment d'imperfection». Le revers de cette médaille est que les personnes qui vous traitent bien vous ennuient. Paradoxalement, vous avez besoin d'amour, mais plus votre partenaire vous en donne, moins il vous attire. Ce fut le cas d'André et de Marie.

ANDRÉ:

*Quand nous nous sommes rencontrés, j'étais fou d'elle. Je croyais sincèrement que ça y était, que je n'aurais jamais plus besoin d'une autre femme. Mais après notre mariage, ç'a fondu. Je n'ai plus eu envie de faire l'amour avec elle. Nous n'avons pas fait l'amour ensemble depuis plus d'un an.*

Les situations qui renforcent votre schéma sont celles qui vous excitent le plus, car elles correspondent à votre opinion de vous-même. Le fait qu'une personne que vous appréciez puisse vous apprécier à son tour vous paraît invraisemblable.

Ce sont là les deux mouvements du balancier en ce qui vous concerne. D'une part, vous pourchassez une personne que vous désirez beaucoup et que vous ne croyez pas mériter. Votre désir est aussi grand que votre peur. D'autre part, vous pourchassez une personne qui vous aime et vous accepte. Elle vous effraie moins, mais vous la dépréciez bientôt et votre désir s'éteint.

Le «sentiment d'imperfection» est décelable dans d'autres types de relations affectives. Nous avons noté précédemment que vous composez parfois avec la honte que vous ressentez en étant excessivement critique avec vos enfants et en les rejetant. Vous leur faites ce qu'on vous a fait. Ils sont vos boucs émissaires. Vulnérables et innocents, ils ne peuvent vous empêcher de les maltraiter.

MARIE:

*André s'en prend toujours aux enfants. Il ne leur pardonne pas la moindre erreur, même banale. Il ne se rend pas compte du mal qu'il leur fait.*

Mépriser vos enfants vous revalorise, temporairement du moins.

Parmi les personnes qui remportent des succès rapides et sombrent ensuite dans l'autodestruction (alcool ou drogues, par exemple), beaucoup possèdent un schéma «sentiment d'imperfection». C'est souvent le cas des vedettes de la scène ou du cinéma et des gens d'affaires. Parce que leur succès entre en contradiction avec l'opinion qu'ils ont d'eux-mêmes, ils sont incapables de le tolérer longtemps. Les efforts que le succès exige de personnes qui ne s'aiment pas sont si considérables qu'elles finissent par se détruire.

Si vos succès professionnels servent à compenser votre sentiment d'imperfection, votre bien-être est extrêmement aléatoire. Toute votre estime de vous-même en dépend. La moindre défaillance, le moindre échec vous rend nerveux. Quant aux échecs majeurs, par exemple un congédiement, une faillite, un revers de fortune, un supérieur qui vous traite avec froideur, ils vous précipitent dans la honte. Vous ne connaissez sans doute que les extrêmes: le succès qui vous transporte au septième ciel ou l'échec accompagné d'un sentiment de nullité.

Les professions qui exigent que vous parliez en public sont sans doute les plus difficiles pour vous, car rien ne vous protège. La peur de parler en public est particulièrement aiguë chez les personnes qui ont un schéma «sentiment d'imperfection». Elles croient qu'on décèlera leur personnalité réelle, que leurs symptômes (sueurs froides, tremblements, aphonie) révéleront leurs failles.

---

*Comment modifier votre schéma «sentiment d'imperfection»*

1. Prenez conscience des sentiments d'imperfection et de honte qui ont marqué votre enfance. Ressentez l'enfant blessé en vous.
2. Énumérez les comportements qui indiquent que vous composez avec votre sentiment d'imperfection par la fuite ou la contre-attaque (c'est-à-dire, en évitant ou en compensant).

3. Efforcez-vous de mettre fin à vos comportements de fuite ou de contre-attaque.
4. Soyez à l'écoute de vos sentiments d'imperfection et de honte.
5. Énumérez les personnes qui vous ont attiré le plus et celles qui vous ont attiré le moins.
6. Énumérez vos défauts et vos qualités d'enfant et d'adolescent. Énumérez vos défauts et vos qualités d'adulte.
7. Évaluez la gravité de vos défauts actuels.
8. Mettez au point une stratégie pour corriger vos défauts qui peuvent être corrigés.
9. Écrivez une lettre à celui de vos parents qui vous a dénigré.
10. Rédigez une fiche aide-mémoire.
11. Efforcez-vous d'être plus authentique dans vos relations d'intimité.
12. Acceptez l'amour que vous portent vos êtres chers.
13. Ne permettez plus qu'on vous maltraite.
14. Si, des deux membres de votre couple, vous êtes le plus critique, cessez de déprécier votre partenaire. Agissez de même dans vos autres relations affectives.

*1. Prenez conscience des sentiments d'imperfection et de honte qui ont marqué votre enfance. Ressentez l'enfant blessé en vous.*

La première étape consiste à revivre les sentiments d'imperfection et de honte ressentis dans votre enfance. D'où proviennent-ils? Qui vous a critiqué? Qui vous a humilié? Qui vous a donné l'impression que vous étiez bon à rien et que vous n'étiez pas aimé? Votre père? Votre mère? Votre frère? Votre sœur? Vous trouverez presque certainement la réponse dans votre vie familiale.

Efforcez-vous de vous rappeler certains événements spécifiques de la façon la plus détaillée possible. Regardez de vieilles photos. Visitez les lieux de votre enfance; recourez à l'imagerie mentale.

Prenez le temps de vous installer confortablement dans une pièce obscure. Fermez les yeux et appelez vos souvenirs. Ne les forcez pas. Laissez-les émerger à votre conscience. Si vous avez besoin d'un déclencheur, recourez à un événement de votre vie actuelle qui stimule votre sentiment d'imperfection.

ALINE:
*Je me souviens que, quand j'étais petite (je devais avoir environ sept ans), mon oncle a fait un placement de 50 000 $ à mon nom. En réalité, c'est pour ma mère qu'il l'a fait, mais à l'époque, j'ai cru que c'était pour moi. Parce qu'il m'aimait bien. J'étais très gênée de le voir quand j'ai su la vérité.*

THÉRAPEUTE:
*Essayez de visualiser ces circonstances.*

ALINE:

*(Elle ferme les yeux.) Je suis dans ma chambre en train de m'habiller. Ma mère vient de me dire que nous allons en visite chez mon oncle. Je m'habille avec soin. Je veux être jolie pour lui.*

*Quand je sors de ma chambre, je demande à mon père ce qu'il pense de ma tenue. Il me répond que je ferais bien de me changer, que je n'y vais pas, qu'il ira seul avec ma mère. Il dit que mon oncle n'a que faire d'une petite morveuse pendue à ses basques.*

*Je me fâche et lui dis que mon oncle veut me voir, sinon pourquoi m'aurait-il donné tout cet argent?*

*Mon père rit et me dit: «Est-ce que tu crois vraiment que ce cadeau est pour toi?»*

THÉRAPEUTE:

*Que ressentez-vous?*

ALINE:

*Comme je l'ai dit, je me sens ridicule. Tout à coup je comprends que le cadeau de mon oncle ne m'était pas destiné et j'ai honte de m'être habillée joliment. Je reste debout dans le hall et je me sens ridicule. Je m'efforce de ne pas pleurer.*

Nous voulons que vous soyez en contact avec cet enfant qui, réclamant de l'amour, ne recevait que désapprobation et rejet. Imaginez-vous, enfant, désirant ces choses. Imaginez les êtres chers qui vous les refusaient. Laissez-vous aller à revivre votre douleur.

Entrez dans l'image en tant qu'adulte et réconfortez cet enfant. Le réconfort, l'amour, le soutien et l'éloge peuvent apaiser la honte.

ALINE:

*J'entre dans l'image. Je prends la petite fille par la main et l'entraîne loin de son père. Nous sortons de la maison, nous partons au loin. Je prends la petite fille sur mes genoux, je l'embrasse et je la berce. Je lui dis que je l'aime, que tout ira bien, qu'elle peut pleurer si elle en a envie.*

Reliez ces sentiments à votre sentiment d'imperfection actuel. Ressentez-vous l'enfant blessé en quête d'approbation et de respect?

2. *Énumérez les comportements qui indiquent que vous composez avec votre sentiment d'imperfection par la fuite ou la contre-attaque (c'est-à-dire, en évitant ou en compensant).*

Jugez-vous trop sévèrement les autres? La critique vous met-elle sur la défensive? Dépréciez-vous vos êtres chers? Accordez-vous trop d'importance au rang social et au succès? Cherchez-vous à impressionner les autres? Avez-vous toujours besoin qu'on vous rassure? C'est votre façon de contre-attaquer ou de surcompenser.

Abusez-vous de l'alcool ou des drogues? De la nourriture? Du travail? Fuyez-vous l'intimité? Évitez-vous de parler de vos sentiments? Appréhendez-vous constamment le rejet? C'est votre façon de fuir ou d'éviter.

Décrivez clairement vos fuites ou vos contre-attaques. Soyez à l'affût de ces comportements et notez-les par écrit.

3. *Efforcez-vous de mettre fin à vos comportements de fuite ou de contre-attaque.*

Vous ferez ainsi émerger plus facilement vos sentiments d'imperfection. Vous ne pouvez modifier un schéma sans d'abord admettre son existence.

Vous accordez peut-être trop d'importance au succès pour compenser votre très piètre opinion de vous-même. Vous niez vos défauts en vous mettant en valeur. Mais vous exagérez. Cela devient votre seul et unique but, vous centrez toute votre vie sur la nécessité de devoir réussir. C'est le cas d'André.

André:
*Je dis toujours que le manque de temps est ce qui m'empêche de me consacrer davantage à ma famille. Je n'ai pas le temps. Je suis au club de onze heures du matin jusqu'à trois ou quatre heures du matin au moins cinq soirs par semaine.*
Marie:
*Quand il est à la maison, il récupère. Il ne veut rien faire d'autre que rester coucher et regarder la télé.*
Thérapeute:
*Votre vie consiste essentiellement à travailler ou à vous reposer de votre travail.*

Toute la vie d'André consiste à viser le succès et le prestige. Il le fait pour jeter de la poudre aux yeux. Quand il est en compagnie d'une femme, il ne sait pas parler d'autre chose. C'est sa façon à lui de se prouver qu'il est digne d'être aimé. Résultat, il a du succès et du prestige, mais il manque toujours d'affection. Il cherche l'amour mais se contente de l'admiration. Son succès lui procure un soulagement temporaire, mais n'apaise jamais son sentiment d'imperfection fondamental.

Succès et prestige peuvent devenir une accoutumance. Vous en voulez toujours davantage, vous n'en avez jamais assez pour être heureux. Le succès ne saura jamais remplacer une personne qui pourrait bien vous connaître et vous aimer.

De même, si vous fuyez sans cesse vos sentiments d'imperfection, si vous buvez, si vous évitez les relations d'intimité, si vous dissimulez vos sentiments et vos pensées véritables, vous êtes dans une impasse. Votre schéma «sentiment d'imperfection» fige et résiste à tout changement.

André évitait de se rapprocher de sa famille de plusieurs façons. Les jours où il restait à la maison, il fumait de la marijuana et buvait de la bière. La plupart du temps, il s'enfermait dans sa chambre pour regarder la télévision. Aux repas, il se vantait de ses réussites ou dénigrait ses enfants. Parfois, il trouvait une excuse pour sortir et aller retrouver une de ses maîtresses.

Nous nous sommes entendus avec lui pour qu'il cesse de fuir de la sorte pendant un mois. Nous aimerions que vous fassiez de même. Interrompez vos modes habituels de comportement qui vous empêchent de faire face à vos sentiments d'imperfection. Reconnaissez qu'ils sont bien réels. Seulement alors pourrez-vous entreprendre de les changer.

4. *Soyez à l'écoute de vos sentiments d'imperfection et de honte.*

Prenez conscience des circonstances qui réactivent ce schéma. Ayez les yeux ouverts. Énumérez les situations qui soulèvent vos sentiments de honte ou d'indignité. Votre réaction montre que votre schéma est en activité. Voici la liste d'Aline:

---

### Circonstances qui provoquent en moi un sentiment d'imperfection

1. Je suis seule, c'est samedi soir; je n'ai rien à faire. Mathieu est absent. J'ai l'impression que personne ne veut me voir.
2. Je déjeune au restaurant avec ma meilleure amie Sarah. Je la trouve mieux que moi: plus intelligente, plus jolie, plus intéressante. Au lieu de parler de moi, je m'efface.
3. Je parle à ma mère au téléphone. Elle me reproche de ne pas me décider à me marier. Elle semble au désespoir et me laisse entendre que je ne trouverai personne d'autre si je ne dis pas «oui» maintenant.

---

Énumérez toutes les manifestations de votre schéma: quand vous n'êtes pas sûr de vous, que vous vous trouvez inadéquat, que vous craignez d'être rejeté; quand vous vous comparez aux autres ou que vous êtes jaloux; quand le moindre manque d'égards vous bouleverse, que la moindre critique vous met sur la défensive; quand vous permettez qu'on vous maltraite, car vous ne croyez pas mériter mieux. Notez toutes les circonstances qui stimulent votre schéma «sentiment d'imperfection».

Nous savons que c'est là une tâche difficile. Nous nous efforçons tous dans la vie de ne pas souffrir. Ne perdez pas espoir et souvenez-vous que l'admission de ces sentiments constitue le premier pas vers la solution d'un problème qui vous rend malheureux.

En outre, notez les reproches que vous ont adressés vos divers partenaires amoureux. Cherchez les récurrences. Vous a-t-on souvent reproché d'être jaloux, de manquer d'assurance, d'être hypersensible? Vous a-t-on dit que vous aviez trop besoin d'être rassuré, que vous étiez trop vulnérable? Ces reproches vous donneront de précieux indices sur la façon dont vous renforcez votre schéma.

5. *Énumérez les personnes qui vous ont attiré le plus et celles qui vous ont attiré le moins.*

Nous voulons que vous analysiez vos choix amoureux. Faites la liste de tous vos partenaires amoureux. Regroupez-les en deux catégories: ceux qui vous ont le plus attiré, ceux qui vous ont le moins attiré. Comparez. Étiez-vous plus attiré par les partenaires les plus critiques? Par ceux qui vous rejetaient le plus? Par les plus distants ou ambivalents? Êtes-vous plus attiré par une personne avant d'en faire la conquête? Votre intérêt diminue-t-il par la suite? Les personnes qui vous ont aimé vous ont-elles ennuyé?

6. *Énumérez vos défauts et vos qualités d'enfant et d'adolescent. Énumérez vos défauts et vos qualités d'adulte.*

Nous aimerions que vous posiez sur vous-même un regard objectif, ce qui n'est actuellement pas le cas. Vous êtes biaisé. Vous exagérez vos défauts et faites peu de cas de vos qualités. Soyez plus scientifique. Énumérez les défauts et les qualités qui étaient vôtres dans votre enfance, dans votre adolescence et aujourd'hui.

Voici la liste d'Aline:

---

### *Mes qualités dans l'enfance et à l'adolescence*

1. J'étais intelligente.
2. J'étais sensible.
3. J'étais aimable avec les autres.
4. Je savais chanter.
5. J'avais des qualités de chef (j'étais meneuse de claque en chef et présidente de ma classe au secondaire).
6. J'étais gentille avec mon frère et ma sœur plus jeunes.
7. J'étais populaire auprès des autres filles.

### *Mes défauts dans l'enfance et à l'adolescence*

1. Il m'est difficile de relever des défauts spécifiques. Je n'avais seulement pas grand-chose à offrir. Personne ne recherchait ma compagnie. J'ai toujours eu l'impression que quelque chose en moi déplaisait aux autres, qu'ils percevaient ce défaut, mais je ne sais pas en quoi il consistait exactement. Je déplaisais surtout aux garçons. Quand j'étais adolescente, les garçons ne voulaient pas sortir avec moi.

---

Aline a constaté avec étonnement que rédiger cette liste n'était certes pas facile.

ALINE:
*C'est étrange: parler de mes qualités m'a bouleversée. J'ai trouvé très difficile d'énumérer mes côtés positifs.*

THÉRAPEUTE:
*Vous n'en avez pas l'habitude.*

ALINE:
*Énumérer mes défauts aussi a été difficile. Au début, j'étais étonnée de ne pas en trouver un seul. Ensuite, j'ai compris que ce n'était pas une question de défauts spécifiques. C'était l'ensemble de ma personne qui clochait.*

Aline a trouvé également difficile de rédiger la liste de ses qualités et de ses défauts actuels. Elle est parvenue à se trouver de nombreuses qualités, mais elle a eu du mal à énumérer ses défauts. Elle se sent inadéquate de façon générale.

Ces listes doivent servir à vous renseigner sur vos imperfections et sur vos qualités. Analysez-les. Elles ont aidé Aline à constater qu'elle possédait de nombreuses qualités dont elle ne tenait pas compte.

Vous pouvez aussi demander à vos amis et aux membres de votre famille de vous aider (mais n'interrogez pas les membres de votre famille qui sont responsables de votre schéma). Aline ne parvenait pas, au début, à admettre qu'elle puisse avoir des qualités. Elle n'en avait absolument pas l'habitude.

ALINE:
*Vous savez, quand on me parlait d'une de mes qualités, sur le coup, je disais, oui, je sais, mais ce n'est pas très important. Je sais que je suis gentille, je sais que j'ai de bons côtés. Mais ces bons côtés ne semblaient pas à mes yeux faire de moi quelqu'un de valable.*
THÉRAPEUTE:
*D'emblée, vous ne tenez pas compte de vos côtés positifs.*

Quand une qualité vous vient à l'esprit, ne la niez pas: notez-la plutôt. Si les personnes que vous consultez vous parlent de côtés positifs auxquels vous croyez difficilement, inscrivez-les quand même. Notez tout, sans passer de jugement.

Ne vous attardez pas aux qualités de votre faux moi, celles qui facilitent votre quête de succès. Quand vous demandez aux autres ce qu'ils apprécient en vous, dites-leur d'être spécifiques, ne vous contentez pas de généralités telles que «Tu es formidable» ou «Je t'aime bien». S'ils ne précisent pas ce qu'ils apprécient en vous, vous en concluerez qu'ils décrivent votre faux moi et non pas votre moi réel.

Vous serez surpris de constater que les gens répondront volontiers à vos questions. Nous avons constaté une nette amélioration de l'estime de soi chez les patients qui ont osé demander à leurs amis et à leurs proches ce qu'ils appréciaient en eux.

*7. Évaluez la gravité de vos défauts actuels.*

Quand vous aurez fini de rédiger votre liste, demandez-vous quels seraient vos sentiments envers une personne dotée de vos qualités et de vos défauts. N'oubliez pas que nul n'est parfait, que tout le monde possède à la fois des défauts et des qualités.

ALINE:
*Je dois avouer que cette personne me plairait. Je penserais qu'elle a des problèmes avec les hommes, mais que c'est quand même quelqu'un de bien. Mais je continue de penser que je ne suis bonne à rien. Enfin, je sais que je vaux quelque chose, mais je ne le ressens pas.*

Tout comme Aline, il se peut que vous ne vous sentiez pas mieux dans votre peau à ce stade-ci. Nous considérons important, qu'au minimum intellectuellement, vous admettiez que vous en valez la peine et que vous sachiez pourquoi.

Consultez quotidiennement cette liste. Ne niez pas vos qualités. Rognez votre schéma. Vous serez ainsi mieux en mesure de faire le pas entre la reconnaissance intellectuelle et l'acceptation émotionnelle.

8. *Mettez au point une stratégie pour corriger vos défauts qui peuvent être corrigés.*

Quelles lacunes pourriez-vous combler? Bon nombre de personnes découvrent que leurs lacunes sont liées à des circonstances précises et qu'elles pourraient être comblées, qu'elles ne sont ni inhérentes ni immuables. Planifiez une stratégie de changement.

Nous constatons souvent que les faiblesses énumérées par nos patients sont le résultat et non la cause de leur schéma. Autrement dit, elles représentent des manifestations de leur schéma. Tant Aline que André ont découvert qu'un grand nombre de leurs faiblesses étaient des stratégies qu'ils avaient développées pour parer à leur sentiment d'imperfection.

Par exemple, nous avons analysé l'énoncé d'Aline selon lequel elle «ne plaisait pas aux garçons» (énoncé qui devient «les hommes ne me trouvent pas séduisante» sur la liste de ses défauts d'adulte). Elle a interrogé quelques-uns de ses amis; ceux-ci lui ont confirmé que certaines de ses caractéristiques pouvaient effectivement déplaire aux hommes, notamment son empressement et son manque de sécurité. Le rapport que nous avons développé avec elle nous amène à la même conclusion. Mais ces comportements sont une conséquence de son schéma. En fait, Aline n'a pu déceler en elle une seule faiblesse qui ne lui soit pas associée. Son sentiment d'imperfection reflète donc clairement la façon dont elle a été traitée dans son enfance et non pas sa manière d'être fondamentale.

Quand Aline a pris conscience du fait que ses comportements résultaient de son schéma, elle a pu les contrer avec une facilité relative.

ALINE:
*Quand je suis avec Mathieu, que j'ai démesurément besoin de lui et que je suis jalouse, je me dis que ça ne donnera rien de l'embêter avec ça. Je me dis que ça me nuira.*

THÉRAPEUTE:
*Que ressentirez-vous, selon vous?*

ALINE:
*Je me sentirai faible et sans valeur. En outre, ça le mettra en colère. Ça ne sert à rien. Au travail, c'est pareil. Quand l'envie me prend de l'appeler pour m'assurer qu'il m'aime encore, je me retiens. Je me dis que ça ne donnera rien du tout. En réalité, je me sens mieux depuis que j'ai cessé de le harceler au téléphone.*

THÉRAPEUTE:
*Or, si vous ne vous accrochez pas, que faites-vous?*

ALINE:

*Je me parle. Je me dis que tout va bien, qu'il m'aime. Je me dis que je mérite son amour.*

THÉRAPEUTE:

*Très bien. Vous vous réconfortez.*

Les faiblesses d'André étaient surtout une forme de contre-attaque ou de compensation: sa propension au dénigrement, son besoin de jeter de la poudre aux yeux, son «ergomanie» (bourreau de travail), ses infidélités. Nous avons noté plus haut que André a accepté de mettre un frein à ces comportements pendant un mois.

ANDRÉ:

*Le plus étrange est que je suis plus détendu, que j'ai davantage l'impression de me prendre en main. Surtout au travail. Personne ne me dérange plus.*

THÉRAPEUTE:

*Vous avez l'impression d'être davantage en possession de vous-même.*

Le plus difficile, pour André, a été de consacrer du temps à sa femme et à ses enfants tout en restant lui-même. Il s'est trouvé démuni tout à coup face à eux, sans masque.

ANDRÉ:

*Je me sens nerveux en leur présence. Comme si j'ignorais de quoi parler. Et j'ai honte de la façon dont je les ai traités, surtout les enfants.*

THÉRAPEUTE:

*L'important est que vous ne les maltraitiez plus.*

ANDRÉ:

*C'est vrai. Marie et les enfants ont l'air plus heureux.*

THÉRAPEUTE:

*Et vous?*

ANDRÉ:

*Moi aussi, d'une certaine façon. L'autre jour, par exemple, ma plus jeune fille a mis ses bras autour de mon cou et m'a embrassé. J'en étais éberlué. Elle n'avait pas fait ça depuis si longtemps.*

9. *Écrivez une lettre à celui de vos parents qui vous a dénigré.*

Nous aimerions que vous écriviez aux membres de votre famille qui vous ont dénigré quand vous étiez petit. Rien ne vous oblige à leur expédier ces lettres. En fait, il y a de bonnes chances que vous ne désiriez pas les expédier. L'important est que vous vous sentiez parfaitement libre d'exprimer vos sentiments avec sincérité. Nous voulons que vous exhaliez votre colère et votre tristesse aux personnes qui vous ont maltraité. Nous voulons que vous réagissiez à ce qu'elles vous ont fait.

Dites-leur ce qu'elles vous ont fait subir. Dites-leur quel effet cela fait d'être critiqué et déprécié. Expliquez-leur pourquoi vous ne méritiez pas un tel traitement. Soulignez-leur les qualités que vous possédiez qu'elles ont sous-évaluées ou dont elles n'ont pas tenu compte.

Dites-leur ce que vous auriez souhaité pouvoir vivre. Parlez-leur de l'aide et de l'approbation dont vous auriez eu besoin; dites ce que cela aurait signifié pour vous et comment une meilleure attitude aurait pu transformer votre existence. Dites-leur aussi ce que vous attendez d'elles maintenant.

Ne les excusez pas, ne rationalisez pas. Vous pourrez faire cela plus tard, si vous le décidez. La route de la guérison est longue. Quand vous serez parvenu au terme de ce cheminement, quand vous aurez dominé votre schéma «sentiment d'imperfection», vous pourrez choisir de leur pardonner. Auparavant, affirmez-vous et libérez-vous des rancœurs réprimées.

Nous sommes conscients du fait que vous pourriez être fortement porté à défendre vos parents même s'ils vous ont fait du tort. Vous acceptez difficilement de leur reconnaître des failles. Vous dites des choses telles que: «Ils ont fait ce qu'ils ont pu», ou «Eux aussi avaient des problèmes», ou encore «Ils agissaient ainsi pour mon bien». Efforcez-vous de ne pas justifier leurs actes dans cette lettre et contentez-vous de dire franchement ce qui s'est passé et l'effet que leur comportement a eu sur vous.

Voici la lettre d'André à son père:

*Cher papa,*

*Tu as été cruel avec moi quand j'étais petit. Tu te comportais comme si je ne valais rien, comme si je n'avais rien de spécial ou d'intéressant à offrir. Je ne comptais tout simplement pas pour toi. Tu te fichais de mes émotions, tu te fichais que je souffre ou que je sois blessé. Tu n'étais pas intéressé à m'aimer.*

*Ce qui m'a le plus fait souffrir a été que tu me compares sans cesse à [mon frère] René. À côté de lui, je ne valais rien à tes yeux. Avec lui, tu paraissais heureux et enjoué. Avec moi, tu étais méchant et on aurait dit que je te dégoûtais. Comme si je te décevais.*

*Tu n'étais jamais content de moi. Je n'osais plus te montrer qui j'étais. Je te cachais tout ce qui comptait pour moi. Quand je pense à mon enfance, je me souviens surtout d'avoir eu honte de moi-même.*

*Malgré ton attitude, je sais que j'avais des qualités. J'étais intelligent. J'étais futé. Déjà, à seize ans, j'avais un petit commerce de cartes de baseball. J'avais des intérêts (dont tu te fichais) différents de ceux de mon frère. Je n'étais sans doute pas parfait, mais tu as eu tort de me traiter comme tu l'as fait.*

*Je te hais de m'avoir fait ça. Ma femme menace de me quitter, mes enfants sont malheureux, et j'use mes forces au travail pour tenter de me prouver que je vaux quelque chose. J'ai chassé les gens que j'aimais et j'essaie de me valoriser en prenant de la cocaïne ou en pourchassant des filles dont je me fiche complètement. Tout ça parce que je ne m'aime pas, et je ne m'aime pas parce que toi et le reste de la famille m'avez maltraité.*

*Vous m'avez tous abandonné. As-tu jamais pensé au bien que ça m'aurait fait de te savoir une seule fois content de moi, fier de moi, heureux de m'avoir pour fils? Tu m'as forcé à me replier sur moi-même. Je n'ai plus voulu montrer à quiconque qui j'étais en réalité.*

*Je m'efforce maintenant d'avoir une vie plus enrichissante. Par conséquent, je ne tolérerai plus que tu m'insultes de quelque façon que ce soit. Si tu veux préserver notre relation, tu vas devoir changer d'attitude avec moi. Si tu ne le fais pas, dis-toi que ce sera fini entre nous.*

*André*

Ce ne fut certes pas facile pour André d'en arriver à écrire cette lettre. Il lui a fallu beaucoup de force et de courage. Mais une chose est sûre: il s'est senti beaucoup mieux après l'avoir écrite.

Il en sera de même pour vous. Une telle lettre, une lettre qui énonce clairement ce qui vous est arrivé, vous aidera à guérir. «La vérité est libératrice.»

10. *Rédigez une fiche aide-mémoire.*

Rédigez une fiche que vous garderez sur vous et consultez-la chaque fois que votre schéma «sentiment d'imperfection» sera réactivé, chaque fois, comme le dit Aline, «que la voix de mon père me martèle le crâne». Nous voulons que vous affaiblissiez petit à petit le parent critique en vous.

ALINE:
*Je veux apprendre à m'aimer davantage, mais il m'est difficile de perdre l'habitude de me déprécier. J'ai beau vouloir ne pas le faire, je n'y parviens pas encore.*
THÉRAPEUTE:
*C'est normal. Pour vaincre une mauvaise habitude, le secret est d'être à l'affût de nos attitudes et comportements négatifs et de les prévenir chaque fois qu'ils se manifestent.*

La fiche est l'arme qui fera taire la voix de votre schéma. Elle vous signale les deux côtés de la médaille. D'une part, le parent critique et peu affectueux que vous avez intégré, qui vous dénigre, vous ignore, vous humilie et qui vous fait sentir indigne et honteux. D'autre part, l'enfant vulnérable en vous et son besoin d'être aimé, accepté, approuvé et apprécié à sa juste valeur. La fiche vous aide à chasser le parent critique pour que votre partie saine puisse combler les besoins de l'enfant vulnérable en vous. En fin de compte, guérir, c'est s'aimer. Cette fiche vous aidera à vous aimer.

Inscrivez sur cette fiche toutes vos belles qualités. Dites pourquoi vos parents n'avaient pas raison de vous dénigrer comme ils l'ont fait, en quoi ce qu'ils vous ont dit était faux ou moins important qu'ils ne le prétendaient. Soyez objectif. Faites en sorte d'être constructif dans vos énoncés et non pas vindicatif.

Voici la fiche d'Aline:

---

## *Fiche sur le sentiment d'imperfection*

En ce moment, je me sens nulle et humiliée. Je suis entourée de gens, surtout des femmes, qui me semblent supérieurs en tout: par leur apparence, leur intelligence, leur personnalité. Leur présence m'écrase complètement.

Mais c'est faux. Dans les faits, c'est mon schéma qui a été réactivé. La vérité est que je suis moi aussi une personne de valeur. Je suis sensible, intelligente, aimante, bonne. La vérité est que plusieurs personnes m'estiment (nommez-les). Je n'ai pas permis aux autres de s'approcher de moi assez pour qu'ils puissent m'apprécier. Mais croire aux énoncés de cette fiche est un pas dans la bonne direction.

---

Gardez cette fiche sur vous. Consultez-la pour vous rafraîchir la mémoire. Vous combattrez ainsi la honte qui vous ronge et l'impression que vous ne méritez pas qu'on vous aime.

11. *Efforcez-vous d'être plus authentique dans vos relations d'intimité.*
Aline et André se situent chacun aux antipodes de ce schéma. Aline est trop vulnérable, André ne l'est pas suffisamment. Aline a dû apprendre à se protéger davantage, André à révéler davantage sa vraie nature.

Si vous ressemblez à André, efforcez-vous d'être plus vrai dans vos relations affectives. Cessez d'essayer de prouver que vous êtes parfait. Soyez vulnérable. Dévoilez certains de vos secrets. Reconnaissez certaines de vos lacunes. Laissez les autres vous connaître mieux. Vous constaterez que vos secrets ne sont pas si humiliants que vous ne le pensiez. Chacun possède ses déficiences.

ANDRÉ:
*J'ai fait une chose qui m'a étonné. L'autre soir, Marie et moi sommes allés chez des amis. Un de ses camarades d'université, Richard, était présent.*
*Marie et Richard se sont mis à bavarder et j'en ai ressenti un pincement de jalousie. Je suis toujours jaloux quand ils se rencontrent parce qu'ils semblent prendre grand plaisir à bavarder ensemble. Ils ont l'air si ravis, contrairement à ce qui se passe entre Marie et moi.*
*En temps normal, je me serais vengé en flirtant avec une fille. Mais je ne l'ai pas fait. J'ai choisi d'avouer ma jalousie à Marie.*
THÉRAPEUTE:
*Et que s'est-il passé?*
ANDRÉ:
*Marie a dit: «Donc, ça t'affecte? Je pensais que ça t'était égal!»*

Sa peur de paraître vulnérable empêchait André de montrer à Marie qu'elle comptait pour lui. Il avait peur de lui exprimer son amour. Cette fois, le fait de lui manifester une jalousie normale et raisonnable lui est venu en aide.

Vous pouvez doser ce que vous révélez de vous-même. Faites-le peu à peu. Gardez le contrôle. Au début d'une relation, un dévoilement trop important de votre insécurité peut faire fuir l'autre personne. Les premiers mois requièrent une certaine forme de stratégie. Mais à mesure que s'accroît votre intimité et que vous sentez que votre partenaire vous aime vraiment, vous pouvez vous ouvrir davantage. Tout révéler tout de suite est risqué.

Parfois nos patients nous avouent ne pas savoir quel degré de vulnérabilité il est prudent d'exprimer. Si c'est le cas, fiez-vous au rythme de votre partenaire. S'il parle de lui-même d'une manière plus authentique, faites de même. Recherchez l'équilibre.

Si vous gardez le secret sur certaines circonstances, par exemple sur celles qui vous ont humilié, dévoilez-les peu à peu à vos proches. Bon nombre des secrets que nous gardons jalousement ne sont pas si terribles qu'on le croit. Les confier à une autre personne suffit à en atténuer la gravité. Nous constatons que l'autre personne nous aime quand même, et nous en sommes apaisés.

Votre honte est sans doute grande au point de vous avoir incité à vous replier sur vous-même. Il importe que vous sachiez qu'on peut vous aimer tel que vous êtes.

12. *Acceptez l'amour que vous portent vos êtres chers.*

Le plus difficile consiste sans doute à vous laisser aimer. Vous n'avez pas l'habitude d'être bien traité, cela vous rend inconfortable. Être maltraité ou ignoré vous est plus familier. Vous tolérez mal qu'on s'occupe de vous, qu'on vous admire, qu'on vous vienne en aide. Vous refusez ces marques d'estime ou vous n'en tenez pas compte.

> ALINE:
> *C'est bizarre... Le plus pénible pour moi a été d'accepter que Mathieu me complimente, de recevoir ces compliments sans les nier. L'autre soir, quand nous nous apprêtions à sortir, il m'a dit que j'étais belle. J'ai failli répondre: «Non, je ne le suis pas», mais je me suis retenue.*
> THÉRAPEUTE:
> *Qu'avez-vous dit?*
> ALINE:
> *J'ai dit «merci».*

Aline et André ont dû apprendre à accepter d'être aimés. Cet apprentissage a été très douloureux pour tous les deux.

> MARIE:
> *Il s'est produit quelque chose d'étrange l'autre soir. André est rentré du club très bouleversé. Tout avait mal marché.*

*Je me suis étendue auprès de lui, je l'ai serré dans mes bras et je l'ai réconforté. J'ai caressé son visage.*
*Tout à coup, il s'est mis à pleurer à gros sanglots.*
Thérapeute:
*Il recevait ce qui lui avait tant manqué.*
Marie:
*Je ne m'étais jamais sentie si proche de lui; je ne l'ai jamais autant aimé que ce soir-là.*

Nous voulons que vous acceptiez l'amour qu'on vous porte. Ne repoussez pas ceux qui vous aiment.

13. *Ne permettez plus qu'on vous maltraite.*
Comme nous l'avons noté plus haut, vous avez tendance à choisir des partenaires, même des amis intimes, qui vous dénigrent et vous rejettent. Analysez vos relations affectives actuelles. Permettez-vous aux autres de vous dénigrer ou de vous critiquer injustement?

Aline:
*Mathieu ne fait pas cela. Mais quelqu'un d'autre, oui. C'est Line, ma meilleure amie. Nous sommes amies depuis toujours. Quand nous étions petites, elle habitait la maison voisine de la nôtre.*
*Elle était toujours méchante avec moi lorsque j'étais petite. Elle ne voulait pas jouer avec moi, ou bien elle se moquait de moi.*
*Encore aujourd'hui elle me déprécie. L'autre jour, elle m'a dit: «Tu devrais laisser Mathieu t'offrir cette bague avant qu'il ne change d'idée.» J'ai trouvé ça très cruel de sa part.*
Thérapeute:
*Quelle a été votre réaction?*
Aline:
*Je n'ai pas eu de réaction. J'étais trop bouleversée.*

Affirmez-vous. Affirmez votre droit au respect. Dites à cette personne que vous ne tolérerez plus la cruauté de ses jugements. Exigez qu'on vous accepte tel que vous êtes. Souvenez-vous des principes qui régissent l'affirmation de soi. Soyez modéré dans vos propos et ne vous montrez pas agressif. La pondération est beaucoup plus efficace. Tenez-vous droit et regardez l'autre personne dans les yeux. Soyez direct. Soyez précis. Avant tout, n'essayez pas de vous justifier. Dites ce que vous avez à dire calmement et posément.

Aline:
*J'ai invité Line à dîner. Elle est arrivée avec deux heures de retard. Nous avions commencé le repas sans elle, de sorte que j'ai dû me lever pour aller préparer son assiette. Tout était trop froid ou trop cuit. J'étais furieuse.*

*À un moment donné, nous étions seules à table. Je lui ai dit que j'étais fâchée qu'elle soit arrivée si tard, que cela avait gâché un dîner que j'avais préparé avec soin.*

*Elle a répondu que je ne manquais pas de culot de lui faire de tels reproches au moment où elle était si bouleversée à cause de Léonard. Léonard est son petit ami. Ils s'étaient querellés. C'était la raison de son retard.*

*Je ne me suis pas laissée faire. J'ai eu le réflexe de me défendre, mais je me suis retenue. Je lui ai seulement répété qu'elle avait eu tort d'arriver aussi en retard.*

Faites attention de ne pas verser dans l'excès contraire. Acceptez les critiques occasionnelles qui sont proférées sans mépris. Sachez différencier la critique constructive de la critique déraisonnable et extrême.

Si votre ami ou votre partenaire ne change pas d'attitude, songez à mettre fin à votre relation. Essayez tout. Donnez-lui l'occasion de faire l'effort de changer d'attitude. S'il s'agit de votre partenaire amoureux, envisagez une thérapie de couple. La thérapie vous aidera peut-être à régler votre problème. Mais, au bout du compte, vous devrez vous affirmer et obtenir que l'autre personne change d'attitude, ou vous devrez rompre. Vous ne parviendrez jamais à guérir votre sentiment d'imperfection si vos relations affectives demeurent malsaines. La transformation d'un schéma sans cesse renforcé par les personnes qui nous entourent est pratiquement impossible.

Nous avons constaté que les relations de couple de la plupart des patients qui présentent un schéma «sentiment d'imperfection» peuvent être sauvées. Il suffit qu'ils s'affirment pour que leur partenaire modifie son comportement et cesse de se montrer aussi critique. En fait, certains d'entre eux opèrent très volontiers ce changement. Ils préfèrent la compagnie d'une personne qui s'affirme.

Il arrive à l'occasion que le partenaire ne supporte pas une relation d'égal à égal, le plus souvent parce qu'il a lui-même un schéma «sentiment d'imperfection». Son dénigrement est une forme de contre-attaque qui lui permet d'oublier qu'il a honte de lui-même et qu'il se mésestime. Il n'est pas suffisamment sain pour faire face à son insécurité et pour prendre les moyens qui s'imposent pour guérir.

D'autres patients adultes vivent ou travaillent toujours avec le membre de leur famille qui les a dénigrés ou qui les a mal aimés. Cette cohabitation nuit beaucoup au processus de guérison. Nous vous conseillons donc fortement d'éviter une telle intimité avec la personne qui a favorisé la formation de votre schéma.

14. *Si, des deux membres de votre couple, vous êtes le plus critique, cessez de déprécier votre partenaire. Agissez de même dans vos autres relations affectives.*

Cessez de dénigrer votre partenaire. Il ne le mérite pas. Rappelez-vous que ce n'est pas en méprisant les autres qu'on parvient à s'aimer soi-même.

Ceci est vrai aussi en ce qui concerne vos enfants. Ils sont innocents et vulnérables. Vous les trahissez. Brisez le cycle. Ne leur léguez pas votre schéma «sentiment d'imperfection».

Vous vous sentez coupable à bien des égards d'avoir causé du tort à votre conjoint ou à vos enfants. Ne vous laissez pas submerger par cette culpabilité. L'important est de changer maintenant.

André:

*Quand je pense à ce que j'ai pu dire aux enfants, j'en suis tout retourné. Pourtant, je sais que je n'ai pas choisi mon schéma, que je ne suis pas responsable de son existence. Mais maintenant il m'appartient de m'en libérer, pour le bien de mes enfants.*

Thérapeute:

*Si vous parvenez à surmonter vos sentiments d'imperfection, vous ne vous vengerez plus sur vos enfants.*

Vous devez vous regarder en face, vous pardonner et faire en sorte de changer, tout de suite.

Louangez vos êtres chers. Vous ne les aimez pas pour rien. Ils possèdent des qualités méritoires. Recherchez une relation d'égal à égal. Renoncez aux luttes de pouvoir.

## Le mot de la fin

La rapidité de la transformation du schéma «sentiment d'imperfection» dépend en partie de la sévérité de vos parents. Plus grave aura été le rejet subi, plus intense la haine ou la violence, plus difficile sera le changement. Vous aurez peut-être besoin de consulter un thérapeute. N'hésitez pas à le faire au besoin. Il n'y a aucune honte à demander de l'aide.

Changer signifie parvenir à vous apprécier peu à peu davantage, à traiter les autres avec plus d'égards, à ne plus permettre qu'on vous maltraite. À l'exception des patients qui vivent des relations d'abus extrême, cette transformation n'exige pas de bouleversements soudains ou radicaux. Le changement se fera progressivement. Les patients apprennent peu à peu à mieux s'apprécier. Ils sont moins sur leurs gardes et acceptent plus facilement l'amour qu'on leur porte. Ils se rapprochent des autres. Ils se sentent estimés et aimés.

N'oubliez pas que ce processus exige du temps. Vous en avez pour plusieurs années d'efforts, mais les progrès seront tangibles et ne tarderont pas à se manifester. Vous prendrez peu à peu conscience du fait que votre sentiment d'imperfection vous a été inculqué, qu'il n'était pas inhérent. Quand vous aurez admis qu'il ne trouve pas d'assises dans la réalité, vous serez en bonne voie de guérison.

# 13

## «MA VIE EST UN ÉCHEC»
## LE SCHÉMA «SENTIMENT D'ÉCHEC»

> **CAROLINE:** TRENTE-HUIT ANS. ELLE CROIT QUE SA VIE PROFESSIONNELLE EST UN ÉCHEC.

À son arrivée, Caroline semble tendue, abattue. Elle nous dit avoir songé à consulter depuis longtemps, sans jamais le faire.

CAROLINE:
*Je suis très déprimée depuis quelque temps.*
THÉRAPEUTE:
*Quand cela a-t-il commencé?*
CAROLINE:
*En fait, je suis déprimée depuis très longtemps. J'ai parfois l'impression d'être en dépression depuis toujours.*
*Mais il y a quelques semaines, quelque chose m'a beaucoup bouleversée. Mon mari et moi étions au restaurant quand j'ai vu par hasard mon amie Raymonde. Nous nous sommes connues à l'université. En bavardant, j'ai appris qu'elle venait d'être promue associée de son étude d'avocats.*
THÉRAPEUTE:
*C'est ce qui vous a bouleversée?*
CAROLINE:
*Oui. Enfin, regardez-moi. J'ai trente-huit ans et je ne suis que secrétaire de production. Commissionnaire, en fait. Et ce, depuis quinze ans.*

Caroline est secrétaire de production à la télévision. Elle occupe ce poste de niveau inférieur depuis le début de sa carrière. Elle n'a pour ainsi dire eu aucune promotion. «J'ai l'impression d'être une ratée», dit-elle.

> **Luc:** Cinquante ans. A du succès mais croit qu'il a échoué.

Luc présente le syndrome de l'imposteur. Ces gens-là ne pensent pas que leur succès soit mérité. Ils sont persuadés que les autres les imaginent plus compétents qu'ils le sont en réalité. Luc est agent de presse pour un homme politique influent, mais il a l'impression que sa vie professionnelle est un échec.

Luc:
*Je ne suis pas fou. Je sais que j'ai un poste important, qu'on pense beaucoup de bien de moi. On dit que j'ai du succès. Mais je suis toujours inquiet. Comme si j'avais toujours besoin d'approbation. Si mon patron me dit que j'ai fait un bon travail, je suis aux anges, mais s'il fait la moindre petite correction, j'ai peur qu'il ne m'apprécie plus, qu'il me congédie.*
Thérapeute:
*Comme s'il avait découvert le pot aux roses.*
Luc:
*Oui. Comme si j'avais toujours fait semblant et qu'il venait de s'en apercevoir.*

Le succès de Luc est fragile. Il a peur qu'on découvre l'imposture et que sa carrière s'écroule.

## Questionnaire relatif au schéma «sentiment d'échec»

Ce questionnaire vise à évaluer l'importance de ce schéma. Répondez aux questions qui suivent en utilisant l'échelle ci-dessous.

### Échelle de cotation:

Dans mon cas, l'énoncé est:
1. Absolument faux.
2. Faux dans l'ensemble.
3. Plus vrai que faux.
4. Modérément vrai.
5. Vrai dans l'ensemble.
6. Absolument vrai.

Si vos réponses comportent des 5 ou des 6, il se peut que ce schéma s'applique à vous, même si votre score total est bas.

| Pointage | Énoncés |
| --- | --- |
| | 1. J'ai l'impression d'être moins compétent que d'autres dans les domaines où la performance est importante. |
| | 2. Je ne crois pas être capable de réussir. |

| | |
|---|---|
| | 3. La plupart des gens de ma génération ont plus de succès professionnel que moi. |
| | 4. Je n'ai pas eu de succès dans mes études. |
| | 5. Je ne me sens pas aussi intelligent que les gens que je fréquente. |
| | 6. Mes échecs professionnels m'humilient. |
| | 7. La présence des autres me gêne, car je ne me sens pas à la hauteur sur le plan professionnel. |
| | 8. J'ai souvent l'impression qu'on me croit plus compétent que je ne le suis en réalité. |
| | 9. Je ne pense pas posséder de talent particulier qui ait une quelconque importance. |
| | 10. Je suis sous-employé. |
| | VOTRE TOTAL:<br>(Additionnez vos points pour les questions 1 à 10.) |

### Interprétation des résultats

| | |
|---|---|
| 10-19 | Très bas. Ce schéma ne vous affecte sans doute pas du tout. |
| 20-29 | Assez bas. Ce schéma vous affecte sans doute à l'occasion. |
| 30-39 | Modéré. Ce schéma est un problème pour vous. |
| 40-49 | Élevé. Ce schéma joue un rôle important dans votre vie. |
| 50-60 | Très élevé. Il s'agit d'un schéma fondamental dans l'organisation de votre personnalité. |

## Le sentiment d'échec

Vous avez l'impression que, comparativement à celle de vos pairs, votre vie est un échec. La plupart du temps, vous avez conscience de ce schéma: votre sentiment d'échec émerge constamment.

CAROLINE:
*Je ne suis pas intelligente. Je n'ai pas ce qu'il faut pour avancer. C'est toujours pareil: des gens plus jeunes obtiennent des postes équivalents au mien, puis ils me dépassent. Comprenez-moi. J'ai trente-huit ans et je me fais concurrencer par des jeunes de vingt-deux et vingt-trois ans. C'est humiliant. On peut difficilement faire pis.*

Vos sentiments d'échec sont sûrement aussi douloureux pour vous que pour Caroline.

La plupart des gens qui possèdent le schéma «sentiment d'échec» ressemblent plus à Caroline qu'à Luc. C'est-à-dire, leur réussite est bien inférieure à leur potentiel de réussite. Leur situation objective correspond à leur impression d'avoir échoué. On trouve aussi à l'occasion des gens tels que Luc, des gens qui ont du succès mais croient être des imposteurs.

Luc:

*Je ne me sens pas à ma place au travail. J'ai l'impression que tous mes collègues sont de très haut calibre et que je n'ai rien à faire avec eux. Je suis parvenu à les convaincre que je suis plus intelligent et plus compétent que je ne le suis en réalité. Ils finiront bien par découvrir la vérité.*

Quelles que soient vos réussites ou votre situation, intérieurement c'est du pareil au même. Que vous sembliez avoir ou non du succès, vous estimez être un raté. Tant Caroline que Luc sont convaincus que leurs lacunes les destinent à ne jamais connaître le succès.

C'est surtout la fuite qui renforce votre schéma «sentiment d'échec». Votre évitement vous empêche de progresser. Vous refusez de faire le nécessaire pour accroître vos connaissances et évoluer dans votre carrière. Vous laissez passer certaines occasions d'avancement. Vous avez peur de ne pas réussir dans une nouvelle entreprise.

Caroline:

*Il y a quelques semaines, j'ai demandé à mon patron de me confier l'échéancier d'un certain projet. Je n'ai pas l'habitude de ce genre de démarche, mais je me suis sentie obligée d'agir.*

*Il m'a dit de rédiger une proposition. Un plan, en quelque sorte. Eh bien, trois semaines ont passé et je n'ai encore rien fait. Le projet démarre demain. Maintenant, il est trop tard.*

Les personnes possédant le schéma «sentiment d'échec» ont souvent tendance à utiliser la fuite comme mode d'adaptation. Elles refusent de se perfectionner, d'entreprendre quelque chose de nouveau, de prendre des responsabilités, bref, de relever les défis qui pourraient leur permettre de réussir. Elles se disent souvent: «À quoi bon?» À quoi bon se démener pour rien?

Votre évitement est parfois très subtil. Vous semblez acharné au travail tout en le fuyant. Vous remettez au lendemain, vous vous laissez distraire, vous faites les choses à moitié, vous gérez mal vos tâches: vous vous sabotez vous-même.

Luc:

*Le dernier projet qu'on m'a confié m'a tellement angoissé que je n'y ai pas touché avant cette semaine. Je suis très en retard, je travaille sous pression, je sais que je n'aurai pas le temps d'y apporter tout le soin nécessaire. Toute cette histoire m'a mis à plat.*

Votre tendance à fuir le moindre risque d'échec nuit à la qualité de votre travail. Cette attitude peut se solder par un recul ou un congédiement.

Une autre façon de capituler consiste à déformer les événements et les circonstances de manière à vous confirmer dans votre opinion: vous exagérez le négatif et vous fermez les yeux sur le positif.

Luc:

*Je sais que je déforme la réalité. Hier, par exemple, mon patron a beaucoup apprécié un communiqué de presse que j'avais rédigé, mais il a émis une toute petite réserve. Bien entendu, j'ai ruminé cette réserve toute la nuit.*

Il se peut que vous soyez sujet à des sentiments dépressifs.

Caroline:

*À l'âge que j'ai, je n'ai encore rien fait de ce que j'aurais voulu accomplir. J'ai l'impression que je n'y parviendrai jamais.*

Vos échecs vous dépriment, vous entrevoyez peu d'espoir de changement.

Le schéma «sentiment d'échec» est relativement facile à diagnostiquer. Vous en avez sans doute pleine conscience.

Ce schéma est issu de sentiments d'échec que vous avez ressentis dans votre enfance. Voici quelques-unes de ses origines possibles.

---

### Les origines du schéma «sentiment d'échec»

1. L'un de vos parents (souvent le père) jugeait très sévèrement vos résultats scolaires, vos performances sportives, etc. Il vous disait souvent que vous étiez stupide, crétin, inepte, nul, etc. Il était peut-être abusif. (Les schémas «sentiment d'imperfection» ou «méfiance et abus» s'ajoutent peut-être au schéma «sentiment d'échec».)
2. L'un de vos parents, ou les deux, avait une carrière très prospère, et vous avez cru ne jamais pouvoir vous montrer à la hauteur de ses attentes. Vous avez renoncé. (Le schéma «exigences élevées» s'ajoute peut-être à votre schéma «sentiment d'échec».)
3. Vous aviez l'impression que l'un de vos parents, ou les deux, était indifférent à votre succès, ou pis, le ressentait comme une menace. Ce parent rivalisait peut-être avec vous, ou bien craignait que vos succès vous éloignent de lui. (Les schémas «carence affective» ou «dépendance» s'ajoutent peut-être à votre schéma «sentiment d'échec».)
4. Vous n'étiez pas aussi doué que vos camarades à l'école ou dans les activités sportives, et vous vous sentiez inférieur. Vous aviez des difficultés d'apprentissage ou une concentration réduite, vous étiez dyslexique. Vous avez renoncé à tout effort de peur d'être humilié par vos camarades. (Le schéma «sentiment d'exclusion» s'ajoute peut-être à votre schéma «sentiment d'échec.)
5. On vous comparait souvent défavorablement à vos frères et sœurs. Parce que vous doutiez d'être jamais à la hauteur, vous avez renoncé.
6. Vous étiez originaire d'un autre pays, vos parents étaient des immigrants, votre famille était plus pauvre ou moins instruite que celles de vos camarades. Vous vous sentiez inférieur et incapable de vous mesurer à eux.

7. Vos parents étaient trop indulgents. Vous n'avez jamais appris à vous discipliner ou à prendre vos responsabilités. Vous ne faisiez pas vos devoirs et vous n'appreniez pas vos leçons. Vous avez échoué dans vos études. (Vous présentez peut-être aussi le schéma «sentiment que tout nous est dû».)

Vous voyez que d'autres schémas peuvent être associés au schéma «sentiment d'échec»: «sentiment d'imperfection», «méfiance et abus», «exigences élevées», «carence affective», «dépendance», «sentiment d'exclusion» et celui que «tout nous est dû».

Plusieurs facteurs ont amené Caroline à développer un schéma «sentiment d'échec» dans son enfance.

CAROLINE:
*Une des choses qui m'ont fait souffrir, c'est que mes parents se désintéressaient de mes études. Cela faisait du reste partie de leur indifférence générale à mon endroit. Enfin, les autres enfants avaient peur d'apporter leur bulletin à la maison. Moi, ça ne m'a jamais inquiétée parce qu'ils se fichaient de mes résultats scolaires. C'est à peine s'ils le signaient.*

*Le plus étonnant est que j'étais jalouse des enfants qui n'osaient pas montrer leur bulletin à leurs parents. Un jour, j'étais aux toilettes avec ma copine Lili. Elle s'était enfermée dans une cabine, elle pleurait et se lamentait: «Je ne peux pas rentrer à la maison, mon père va me tuer», et ça n'en finissait plus. Elle avait beau être bouleversée, je l'enviais. N'est-ce pas étrange?*

THÉRAPEUTE:
*Quelqu'un se préoccupait d'elle.*

CAROLINE:
*Oui. Et puis, il y avait le fait que j'étais souvent malade. Je faisais de l'asthme. J'étais souvent absente les premières années, de sorte que j'ai pris beaucoup de retard que je n'ai jamais rattrapé. C'est un miracle que j'aie pu étudier à l'université.*

Personne n'a aidé Caroline quand elle a pris du retard. Personne ne l'a poussée à rattraper le temps perdu. Elle a développé la réaction habituelle de fuite.

CAROLINE:
*Je faisais semblant d'être malade pour ne pas avoir à aller à l'école. Si j'avais un examen ou un devoir à remettre, je tombais malade. J'étais incapable d'affronter l'humiliation d'un autre échec.*

THÉRAPEUTE:
*Étudiiez-vous les matières dans lesquelles vous étiez faible?*

CAROLINE:
*Non. Je regardais la télévision. J'ai passé toute mon enfance vautrée devant la télévision.*

Caroline n'a pas su développer les habiletés et la discipline nécessaires à son perfectionnement. Elle travaillait le moins possible tout en faisant semblant de travailler.

Le schéma de Caroline procédait de la carence affective. Celui de Luc procédait surtout du sentiment d'imperfection.

LUC:

*Mon père me critiquait tout le temps, pas seulement à propos de mes études. Il n'y avait guère que mes exploits qui ne m'étaient pas reprochés. Mais je n'y croyais pas vraiment; j'étais certain de ne pas savoir réellement ce que je faisais.*

La certitude d'être un imposteur n'était pas nouvelle pour Luc. Enfant, il réussissait bien à l'école, mais il se sentait en général trop incapable pour croire en ses capacités.

Il semble, à la réflexion, que son père ait rivalisé avec lui, qu'il ait dénigré son fils afin de se revaloriser.

LUC:

*Quand il a perdu son travail et que nous avons dû emménager dans une maison plus petite, il a été très dur avec moi. J'avais huit ans. Il se revalorisait en m'humiliant.*

Les succès scolaires de Luc menaçaient son père. Il craignait que son fils le surpasse et il le punissait pour ses réussites. Il a ainsi miné l'assurance de Luc et son aptitude à croire en son potentiel.

Le schéma «sentiment d'échec» se nourrissant à l'échec, toute votre vie professionnelle est un désastre. Votre peur de l'échec est telle que vous le provoquez. Voici comment vous vous sabotez vous-même et comment vous faites en sorte de ne jamais réussir.

---

### *Les pièges du schéma «sentiment d'échec»*

1. Vous ne faites pas le nécessaire pour développer vos habiletés professionnelles (vous ne terminez pas vos études; vous ne vous documentez pas; vous refusez les stages d'apprentissage auprès d'un expert). Vous vous laissez porter par le courant ou vous cherchez à tromper les autres.

2. Vous optez pour un travail en deçà de vos aptitudes réelles (par exemple, vous avez un diplôme universitaire, vous êtes doué pour les maths, mais vous conduisez un taxi).

3. Vous ne faites pas le nécessaire pour obtenir de l'avancement; vous vous freinez inutilement (vous refusez les promotions ou vous ne les sollicitez pas; vous ne vous mettez pas en valeur; vous ne faites pas valoir vos talents auprès des personnes qui pourraient vous aider; vous préférez la sécurité du cul-de-sac).

4. Vous ne tolérez pas de travailler pour quelqu'un d'autre ou d'occuper un poste inférieur; par conséquent, vous œuvrez dans un domaine autre que votre spécialité et vous piétinez. (Remarquez ici le chevauchement avec les schémas «sentiment que tout nous est dû» et «assujettissement».)

5. Vous travaillez, mais on vous congédie toujours en raison de vos retards, de votre manie de tout remettre au lendemain, de la médiocrité de votre travail, de votre attitude déplaisante, etc.

6. Vous ne savez pas fixer votre choix, vous allez d'un emploi à l'autre, vous ne développez de compétences dans aucun domaine. Vous faites tout et n'importe quoi dans un univers de spécialisation. Par conséquent, vous n'allez jamais bien loin.

7. Vous optez pour une carrière où il est extrêmement difficile de parvenir au sommet et vous ne savez pas quand renoncer (par exemple, le théâtre, les sports professionnels, la musique).

8. Vous n'avez pas su faire preuve d'initiative ou prendre des décisions au travail, par conséquent, on ne vous a pas offert de poste de responsabilité.

9. Vous avez l'impression d'être stupide et sans talent, vous croyez être un imposteur et ce, en dépit de vos succès.

10. Vous minimisez vos aptitudes et vos réussites, vous exagérez vos faiblesses et vos erreurs. Vous avez l'impression d'avoir échoué bien que vous ayez aussi bien réussi que vos collègues.

11. Vous avez choisi un partenaire amoureux qui a réussi. Vous vivez par procuration sans rien accomplir par vous-même.

12. Vous compensez vos maigres réussites et votre manque d'habiletés dans certains domaines en accordant trop d'importance au reste (par exemple, votre apparence, votre charme, votre vivacité, votre altruisme). Intérieurement, vous êtes persuadé que votre vie est un échec.

Pour la plupart, ces attitudes sont associées à la fuite. Vous évitez de faire le nécessaire pour progresser. En fuyant, vous déformez les événements et faites en sorte qu'ils renforcent l'opinion que vous avez de vous-même (stupide, sans talent, incompétent).

On peut aussi compenser ses échecs professionnels en excellant dans d'autres domaines. Les hommes pourront être de grands sportifs ou d'habiles séducteurs; les femmes pourront être très belles ou très altruistes. Mais ces compensations ne suffisent pas, surtout pour les hommes, car la société valorise avant tout leur réussite professionnelle. Un homme qui croit avoir échoué dans sa carrière croira avoir échoué dans la vie. Bien entendu, ces différences entre hommes et femmes sont moins évidentes depuis que les femmes accordent plus d'importance à leurs carrières professionnelles.

À l'adolescence, Luc a compensé son schéma en se révoltant. Il s'habillait avec extravagance et roulait en moto. Il devint un grand séducteur. Il trouva le moyen de se valoriser sans jamais toucher le nœud du problème. Il compensait ses sentiments d'échec en réussissant dans des domaines plus marginaux.

Caroline compense en choisissant un partenaire amoureux qui a réussi. Son mari, Victor, est scénariste en chef d'une populaire émission de télévision. Les réceptions, les congrès et autres manifestations reliées au travail de son mari lui permettent de frayer avec des gens de la haute société.

Votre sentiment d'échec vous pousse peut-être à assumer d'autres rôles ou à rechercher la compagnie de personnes qui ont réussi. C'est une façon de fuir, de ne pas surmonter les obstacles sur le chemin de votre réussite.

Ces compensations sont fragiles. Elles s'écroulent aisément, succombent au sentiment d'échec. Vous devez affronter directement votre peur du succès.

Voici les étapes à franchir pour modifier votre schéma «sentiment d'échec».

---

### Comment modifier votre schéma «sentiment d'échec»

1. Sachez si votre sentiment d'échec est justifié ou exagéré.
2. Entrez en contact avec l'enfant en vous qui croyait et croit encore que sa vie est un échec.
3. Aidez cet enfant à prendre conscience d'avoir été injustement traité.
4. Reconnaissez vos talents, vos habiletés, vos compétences et vos réussites.

Si vous avez vraiment échoué comparativement à vos pairs:
5. Efforcez-vous de déceler le scénario qui se répète d'un échec à l'autre.
6. Quand vous aurez pris conscience de ce scénario, élaborez un plan d'action pour y mettre fin.
7. Rédigez une fiche qui vous aidera à briser le cercle vicieux. Respectez rigoureusement votre plan d'action, étape par étape.
8. Demandez à vos proches de vous seconder.

---

*1. Sachez si votre sentiment d'échec est justifié ou exagéré.*

En premier lieu, assurez-vous que votre sentiment d'échec est justifié. Ainsi que nous l'avons noté, la plupart du temps, comme Caroline, vous disposerez d'un bon nombre d'indices. Vous avez échoué comparativement à vos pairs. Parfois aussi, comme Luc, ce n'est qu'une impression et les indices qui l'étaieront pécheront par leur rareté.

Énumérez quelques-uns de vos camarades d'école ou d'université. Choisissez-les parmi les derniers de classe, les étudiants moyens et les étudiants doués. Notez les accomplissements de chacun dans son domaine. Ont-ils beaucoup progressé? Quel est leur revenu? Quelles sont leurs responsabilités professionnelles? Où vous situez-vous par rapport à eux?

2. *Entrez en contact avec l'enfant en vous qui croyait et croit encore que sa vie est un échec.*

Évoquez les circonstances où vous avez été critiqué, humilié, comparé à d'autres ou découragé par les membres de votre famille et par vos pairs. Prenez conscience des origines de votre schéma.

Lorsqu'une circonstance de votre vie actuelle réactive votre schéma «sentiment d'échec», explorez-le par l'imagerie mentale. Installez-vous dans une pièce obscure et fermez les yeux. Imaginez l'événement en question avec le plus de clarté et d'émotion possible. Laissez émerger un souvenir d'enfance ayant suscité une émotion identique. Ne forcez rien. Laissez les images surgir à votre conscience.

Voici un exemple d'imagerie de Caroline.

CAROLINE:
*Seigneur, j'ai vraiment tout gâché. je me sens mal. C'est incroyable. Je me suis trompée sur l'heure de livraison des décors. J'ai transmis un horaire erroné à mon patron, et il a engagé des hommes en temps supplémentaire pour qu'ils aident au transport, et ils sont tous arrivés au mauvais moment. Mon patron a dû les payer quand même. Il était furieux. Seigneur, je m'en veux. J'y pense tout le temps. (Elle pleure.)*

THÉRAPEUTE:
*Voulez-vous faire un exercice d'imagerie mentale?*

CAROLINE:
*D'accord. (Elle pleure.)*

THÉRAPEUTE:
*Fermez les yeux et imaginez ce qui s'est produit avec votre employeur.*

CAROLINE:
*Bien. Je suis dans son bureau. Il va entrer d'un moment à l'autre pour discuter de ce qui s'est passé.*

THÉRAPEUTE:
*Comment vous sentez-vous?*

CAROLINE:
*Très nerveuse. Prise de panique. Je fais les cent pas, je ne sais pas quoi faire de mon corps. Mon cœur bat à tout rompre. Mon Dieu, j'ai si peur.*

THÉRAPEUTE:
*Bien. Maintenant, puisez dans vos souvenirs pour retrouver une sensation similaire qui remonte à votre enfance.*

CAROLINE:
*D'accord. Je suis en sixième année. L'institutrice est présente, elle se promène dans la classe en interrogeant les élèves. Nous devions lire la veille un chapitre d'un ouvrage sur l'Afrique et préparer un compte rendu. Bien entendu, je ne l'ai pas fait. Je n'ai rien fait. Elle se promène dans la classe, bientôt ce sera mon tour, et je n'aurai rien à dire.*

L'imagerie mentale peut vous aider à identifier les origines de votre schéma. L'enfant qui éprouvait un sentiment d'échec est encore bien vivant en vous.

3. *Aidez cet enfant à prendre conscience d'avoir été injustement traité.*

Bien souvent, nous échouons dans notre enfance parce qu'on nous oriente vers un domaine qui ne nous convient pas. Certains parents nourrissent des ambitions pour leurs enfants, ils veulent les voir réussir dans un domaine de leur choix sans égard à leurs aptitudes particulières et à leurs goûts personnels.

Le père de Luc était un immigrant qui a travaillé dur pour instruire ses enfants. Il désirait que Luc soit médecin. Même quand son fils était tout petit, il déclarait à qui voulait l'entendre qu'il serait médecin.

LUC:

*Les maths et les sciences ne m'intéressaient pas. J'avais un tempérament créateur, j'étais attiré par la peinture et l'écriture. Mon père écartait mes penchants artistiques d'un revers. «Avec un métier pareil, tu voyageras toujours en métro», disait-il.*

*J'ai fait des études préparatoires à la médecine, mais ce n'était pas pour moi. J'étais très malheureux. J'avais beau étudier et étudier, je n'obtenais jamais mieux qu'un «C» dans toutes les matières. J'ai frôlé la dépression nerveuse.*

*Quand j'ai décidé de m'inscrire en lettres, mon père s'est mis en colère. Il a cessé de payer mes études. J'ai dû faire des emprunts. Il était vraiment furieux. (Il imite la voix de son père:) «C'est un métier qui ne mène nulle part, tu ne pourras jamais gagner ta vie.»*

*Encore aujourd'hui, il continue de déprécier ce que je fais. Pourtant, j'ai un excellent travail, on me respecte, on parle de moi dans les journaux. Je gagne beaucoup d'argent. Il continue de me déprécier. Il parle du fils du voisin, qui est chirurgien et qui a un véritable revenu.*

Quels étaient vos talents et vos aptitudes quand vous étiez enfant? Ce que l'on attendait de vous était-il réaliste? Qu'auriez-vous pu accomplir si on vous avait louangé, appuyé, et orienté vers des domaines correspondant à votre potentiel?

Exprimez votre ressentiment contre les personnes qui vous ont fait croire que vous échouiez. Affirmez-vous. Vous pouvez leur écrire ou leur parler directement, ou encore les affronter par l'imagerie mentale.

THÉRAPEUTE:

*En l'imaginant, dites à votre père ce que vous ressentez. Dites comment vous affecte son attitude.*

LUC:

*D'accord. Papa, quand tu me dénigres pour ce que je fais et que tu répètes combien les médecins sont prospères, ça me dérange. C'est très frustrant pour moi d'avoir réussi aux yeux de tous sauf aux tiens. Chaque fois que je te vois, j'ai l'impression d'avoir raté ma vie. C'est fou! J'ai réussi ma vie! Tu ne peux donc pas comprendre cela?*

Imaginez un de vos parents ou un collègue, et dites-lui ce que vous ressentez.

À vous de décider si vous voulez lui parler face à face. Si vous optez pour cette solution, soyez prêt à accepter que cette personne rejette vos accusations. N'entretenez pas de faux espoirs, ne croyez pas que vos propos suffiront à la faire changer d'attitude sur-le-champ. Si cela se produit, tant mieux; mais n'y comptez pas.

L'important est que votre attitude vous rende votre fierté. Comportez-vous convenablement. Soyez calme et pondéré. Énoncez clairement et brièvement votre point de vue. Si l'autre personne vous cherche querelle, restez sur votre position tant que vous n'aurez pas dit ce que vous avez sur le cœur. Dites-lui comment vous réagissez à son attitude et ce que vous attendez d'elle.

THÉRAPEUTE:

*Qu'avez-vous dit à votre père?*

LUC:

*Je lui ai dit qu'il était injuste, que j'avais beaucoup plus de talent et de compétences que ceux qu'il me prêtait quand j'étais petit. Je lui ai dit qu'il m'a beaucoup nui en me faisant croire que j'étais nul. Il m'interrompait sans cesse, mais je lui demandais poliment de me laisser aller au bout de ma pensée. Je lui ai dit que je m'attendais qu'il m'appuie davantage dorénavant. Je voulais qu'il apprécie ce que j'ai accompli à sa juste valeur.*

THÉRAPEUTE:

*Comment vous sentiez-vous?*

LUC:

*Eh bien, ça n'a pas été facile, mais je me suis senti mieux après. Encore maintenant, quand j'y repense, je me sens bien.*

Vous verrez combien il est réparateur de faire face à quelqu'un quand on parvient à le faire calmement et avec assurance.

Si vous ne pouvez pas confronter directement les gens qui vous ont fait souffrir, vous devez le faire mentalement. Écrivez-leur des lettres que vous ne leur expédierez pas, ou faites des exercices d'imagerie mentale. Faites en sorte que votre côté fort s'exprime et rejette la notion d'échec qu'on vous a inculquée.

4. *Reconnaissez vos talents, vos habiletés, vos compétences et vos réussites.*

N'oubliez pas ce principe fondamental: il existe plusieurs types d'intelligence. L'intelligence requise par vos études n'est pas la seule. Il y a aussi l'intelligence verbale, mathématique, spatio-visuelle, musicale, physique, mécanique, interpersonnelle, et ainsi de suite. Elles sont toutes valables.

Quelles sont vos aptitudes? Avez-vous du talent pour le dessin? Êtes-vous manuel ou cérébral? Êtes-vous doué pour les sports ou pour la danse? Possédez-vous des dons créateurs? Vos rapports avec les autres sont-ils faciles? Il est rare qu'une personne ne possède aucune aptitude.

Évaluez vos réussites dans vos différents domaines de prédilection. Efforcez-vous d'être objectif. Nous savons que ce ne sera pas facile, car vous êtes porté à minimiser vos réussites et à grossir vos échecs. Résistez à ces déformations cognitives. Cessez d'accorder tant d'importance aux aspects négatifs. Sachez vous apprécier à votre juste valeur.

Nous devons savoir si vous avez été en mesure de miser sur votre potentiel véritable. Selon nous, les personnes qui réussissent le mieux sont celles qui ont su tirer profit de leurs aptitudes naturelles.

Énumérez vos aptitudes, vos talents, vos habiletés, vos réussites, en particulier dans les champs d'activités pour lesquels vous êtes naturellement doué. Consultez cette liste tous les jours pour vous rassurer sur votre potentiel. Faites-vous aider par vos amis ou par des personnes de confiance pour rédiger cette liste.

Voici la liste de Luc:

---

### Mes aptitudes et mes réussites

1. J'écris bien.
2. J'ai de bonnes idées. Je possède une imagination créatrice.
3. Je sais faire valoir mon point de vue.
4. Je suis très versé en politique.
5. J'ai un bon sens de l'humour, surtout dans le domaine politique.
6. Quand je ne suis pas trop anxieux, je suis très productif.
7. Je suis une figure connue de la scène politique new-yorkaise.

---

Pour ceux d'entre vous qui, comme Luc, ont une vision erronée de leurs échecs, les quatre premières étapes suffiront à produire un changement dans votre façon de vous percevoir.

Mais ce ne sera pas le cas de la plupart d'entre vous dont la perception des échecs est justifiée. Parvenus à la quatrième étape, vous continuerez de penser que vous avez échoué. Vous saurez déceler vos aptitudes et vos talents, vous pourrez confronter les personnes qui vous ont fait du tort, vous serez compatissant envers l'enfant en vous et vous saurez apprécier vos réussites à leur juste valeur. Mais vous continuerez de croire que vous avez raté votre vie.

Ces premières étapes ne suffiront pas à la plupart d'entre vous. Vous devrez aussi apprendre à modifier votre comportement. Vous devrez transformer votre désir de fuir en désir d'affronter la situation et de la contrôler. Luc n'a pas développé tous ses talents: il aurait aimé se consacrer à la littérature, mais il en a été empêché par l'attitude de son père. Il a aussi eu tendance à remettre au lendemain les tâches qui le rendaient anxieux.

Si, comparativement aux autres, vous avez réellement échoué, passez aux étapes suivantes.

5. *Efforcez-vous de déceler le scénario qui se répète d'un échec à l'autre.*
Faites le bilan de votre vie: enfance, études, vie professionnelle. Étiez-vous incompétent dès le départ ou possédiez-vous des aptitudes que le manque de soutien a estompées?

Quelle était la réaction de vos parents face à vos réussites et vos échecs? Vous jugeaient-ils négativement? Vous appuyaient-ils? Vous encourageaient-ils? Évitiez-vous certaines tâches ou faisiez-vous preuve de persistance? Refusiez-vous de relever les défis qui se présentaient?

Analysez votre mode habituel de fonctionnement dans votre carrière. Avez-vous opté pour une carrière au-dessus de vos capacités? Avez-vous dispersé vos efforts dans plusieurs domaines? Travaillez-vous dans un domaine où votre potentiel est sous-exploité? Avez-vous fui les responsabilités, les initiatives, les promotions? Avez-vous remis vos tâches au lendemain, manqué de souplesse, cédé à la complaisance? Avez-vous manqué de discipline, évité de parfaire vos compétences, de faire valoir votre travail ou d'acquérir de nouvelles connaissances?

Vraisemblablement, vous aurez simplement eu une réponse de fuite. Vous constaterez que vos échecs sont dus à votre tendance à éviter certaines situations plutôt qu'à l'incompétence, à l'absence de talent ou à la stupidité.

La réponse de fuite de Caroline ressortait clairement dans son bilan. Sa santé fragile l'a beaucoup retardée dans ses études et elle n'a jamais rattrapé le temps perdu. Ses années d'études ont été une humiliation pour elle.

CAROLINE:
*Si souvent, quand on m'interrogeait, j'ignorais la réponse. Cela m'embarrassait beaucoup. Les autres enfants se moquaient de moi. Ils me traitaient d'«imbécile» dans la cour de récréation.*

Plus l'école lui déplaisait, plus elle l'évitait. Ses absences fréquentes et ses échecs, c'étaient l'œuf et la poule. Chacun engendrait l'autre comme dans un cercle vicieux.

Caroline avait du talent pour la peinture. Elle était très visuelle et douée pour le dessin. Elle redécorait sa chambre, elle dessinait et peignait. Mais elle ne sut pas développer ces aptitudes à l'école, où elle sombrait sous l'anxiété.

CAROLINE:
*Un jour, au secondaire, le prof m'a demandé de concevoir les décors d'une pièce de théâtre que nous étions en train de monter. Nous avions eu un devoir en dessin et il avait beaucoup apprécié mon travail.*
*J'ai refusé. J'aurais aimé le faire, mais j'avais trop peur.*

Il est vrai que, dans certains domaines, Caroline n'était pas très douée. Mais elle aurait pu contourner ses lacunes et miser sur ses forces. Elle ne l'a pas fait. Le traumatisme de ses échecs scolaires l'a incitée à tout fuir.

6. *Quand vous aurez pris conscience de ce scénario, élaborez un plan d'action pour y mettre fin.*

À la base, cela signifie que vous devrez faire le nécessaire pour vaincre votre tendance à l'évitement. Vous ne devez plus contourner les obstacles mais les affronter. Reconnaissez que vous avez des aptitudes et des limites, et recherchez les activités qui mettent vos forces en valeur.

Réfléchissez à la façon dont vous pourriez vous orienter vers les domaines dans lesquels vous êtes le plus compétent. Il se pourrait que vous deviez changer de carrière, ou simplement vous réorienter dans votre travail actuel.

Quels outils possédez-vous pour atteindre vos objectifs? Énumérez les comportements qui gagneraient à être différents. Établissez un échéancier. Quelle sera la première étape à franchir? Cessez de trouver des excuses et engagez-vous à ne plus fuir. Acceptez le risque de l'échec. C'est la seule façon de réussir.

Assignez-vous de petites tâches. Nous croyons que le plus long voyage commence par le premier pas. Élaborez une stratégie réaliste dont chaque échelon peut être gravi sans mal. Commencez par quelque chose de facile. Si le premier obstacle est infranchissable, vous ne parviendrez pas au but.

Vous possédez des talents que vous n'avez pas su développer. Vos nombreuses dérobades ont nui à votre formation. Il se peut que vous deviez repartir de zéro en matière de formation professionnelle. Vous pourriez même devoir retourner aux études.

Attribuez-vous le mérite de vos progrès. Récompensez-vous. Encouragez-vous. Sachez admettre que vous progressez.

Caroline a des aptitudes visuelles et pour le dessin. Elle s'est donc donné pour but de devenir conceptrice de décors pour la télévision. Elle n'avait jamais opté pour ce champ d'activité qui pourtant l'intéressait au plus haut point et avait plutôt choisi d'œuvrer dans l'administration, la planification et la gestion de personnel, domaines pour lesquels elle n'était pas douée. Elle faisait mal son travail et enviait les décorateurs.

Caroline se mit à regarder travailler les décorateurs après ses heures de bureau. Elle se lia peu à peu d'amitié avec eux et leur offrit bénévolement ses services. Elle suivit des cours de dessin. Quelque temps plus tard, on lui offrit un poste d'apprenti auprès d'un décorateur. Elle dut assumer une baisse de salaire, mais elle savait qu'elle était sur la bonne voie.

Elle s'efforça de s'adonner à des tâches qui faisaient appel à ses aptitudes visuelles et laissa à d'autres le soin de s'occuper de l'administration. Elle renonça à courir après l'échec.

Nous savons que c'est là la partie la plus difficile du processus de changement. Vous devrez vous pousser à agir. Mais chacun de vos succès vous encouragera à aller de l'avant. La réussite appellera la réussite. Contrer l'évitement a toujours un effet positif dans la vie de quelqu'un.

C'est le début qui est le plus ardu. Après, tout devient plus facile.

7. *Rédigez une fiche qui vous aidera à briser le cercle vicieux. Respectez rigoureusement votre plan d'action, étape par étape.*

Admettez votre schéma «sentiment d'échec» et votre tendance à la fuite. Énumérez les indices qui prouvent que vous possédez le potentiel nécessaire à votre réussite. Incitez-vous à gravir les échelons un à un. Rappelez-vous que fuir a des conséquences négatives.

Voici la fiche que Caroline a rédigée avec notre aide.

---

### *Fiche sur le «sentiment d'échec»*

En ce moment, je suis envahie par des sentiments d'échec. C'est une sensation familière, que j'ai ressentie toute ma vie durant. J'ai toujours évité ce qui aurait pu m'apporter le succès. Je n'ai jamais tenu compte de mes aptitudes en dessin bien que mes professeurs me les aient signalées, et bien que j'aie aimé les cours d'arts plastiques et que j'aie obtenu de bons résultats dans cette matière. J'ai toujours couru après l'échec en m'adonnant à des activités pour lesquelles je n'avais pas d'aptitude particulière.

Mon attitude d'évitement a pris forme quand j'étais petite, malade et solitaire. Quand j'ai pris du retard dans mes études, personne ne m'a aidée à le rattraper. On n'a rien remarqué. Fuir m'a aidée à affronter la vie quand j'étais enfant, mais plus maintenant.

Je suis sur la bonne voie. Je m'efforce de faire carrière dans la conception de décors. J'ai de bonnes chances d'y réussir. Je dois m'efforcer de ne pas perdre de vue mon objectif et me rappeler sans cesse que je fais des progrès.

Je ne dois plus fuir. La fuite mène inévitablement à l'échec. Quelle est la prochaine étape? Voilà ce que je devrais faire. Planifier la prochaine étape à franchir.

---

À mesure que vous changerez d'attitude, reconnaissez que vous faites des progrès. Notez ces progrès sur votre fiche.

#### 8. *Demandez à vos proches de vous seconder.*

Efforcez-vous de susciter autour de vous des circonstances qui contrent votre schéma «sentiment d'échec» au lieu de le stimuler. Si vos parents ou votre partenaire vous découragent ou vous critiquent, réagissez. Demandez-leur de vous aider et de vous encourager à modifier votre comportement. Si votre partenaire est une personne qui a réussi, rappelez-vous qu'il est important aussi pour vous de réussir, même si votre situation financière ne vous oblige pas à avoir une carrière.

## Le mot de la fin

Nous avons noté que le schéma «sentiment d'échec» est souvent associé à d'autres schémas. Si vous voulez vraiment modifier ce schéma, vous devrez vraisemblablement attaquer de front des problèmes connexes. Luc a dû également travailler sur son schéma «sentiment d'imperfection» et Caroline sur son schéma «carence affective». Lisez les chapitres concernant chacun de vos autres schémas et efforcez-vous de les surmonter aussi.

Surmonter le schéma «sentiment d'échec» procure beaucoup de satisfaction. Tout un pan de votre vie jusque-là envahi par la honte et les tensions peut s'avérer une source d'estime de soi. Mais vous devez être disposé à lutter, à cesser de fuir et à miser sur vos talents réels.

# 14

## «*JE FAIS TOUJOURS CE QUE TU VEUX!*» LE SCHÉMA «*ASSUJETTISSEMENT*»

> **CHARLES:** TRENTE ANS. LES BESOINS DES AUTRES PASSENT TOUJOURS AVANT LES SIENS.

Au premier abord, Charles nous a paru anxieux et désireux de plaire. Il était immédiatement d'accord avec tout ce que nous disions. La plupart des patients consacrent au moins une partie de notre première consultation à décider si nous correspondons à leurs attentes. Pas Charles. Il semblait s'inquiéter davantage de ce que nous pensions de lui, si, en tant que patient, il correspondait à nos attentes.

Charles est marié et a deux jeunes enfants. On pourrait le qualifier de mari mené par le bout du nez. Sa femme, Linda, est exigeante à l'extrême. Il s'efforce de la contenter mais il y parvient rarement. Elle prend toutes les décisions. Il a de la difficulté à discipliner ses enfants. Quand il s'y risque, il se sent coupable. Il travaille dans une entreprise de textiles fondée par son père. Il n'a jamais voulu entrer au service de son père, mais il s'y est résigné. Il n'aime pas son travail.

Charles se sent à l'étroit dans sa vie. Il a entrepris une thérapie pour cause de dépression. Il rêve parfois qu'il s'enfuit, qu'il part vers une destination inconnue où il peut être qui il veut.

> **MARIE-HÉLÈNE:** VINGT-QUATRE ANS. SE SENT PRISONNIÈRE D'UN MARI DOMINATEUR.

Marie-Hélène nous a semblé d'une jovialité où perçait un peu d'amertume. Elle fut sur ses gardes dès le début et semblait croire que nous chercherions à la dominer.

THÉRAPEUTE:
*Vous semblez malheureuse en ménage.*
MARIE-HÉLÈNE:
*Êtes-vous en train de me dire que je devrais demander le divorce?*

Nous avons dès lors été très attentifs à ne rien dire qui puisse être interprété comme une volonté de domination.

Marie-Hélène était encore adolescente lors de son mariage et à la naissance de son premier bébé. Elle est mariée depuis sept ans et elle a deux enfants.

MARIE-HÉLÈNE:
*Mon problème, c'est Denis, mon mari. Il est très tatillon. Je suis toujours en train de le servir. J'ai l'impression d'être son esclave. Quand il désire quelque chose, il faut que je me précipite pour le lui apporter. Ce n'est pas tout. Il faut que tout soit fait comme il l'entend. Si ce n'est pas exactement comme il le désire, il se met en colère. Il peut être très méchant. Et ça n'arrête pas. Hier, il a hurlé pendant des heures parce que je l'avais réveillé dix minutes plus tard que d'habitude.*

Pour Marie-Hélène, la vie avec Denis est intolérable. En outre, il lui interdit de fréquenter ses amies en dehors de la maison. Un jour, il l'a surprise alors qu'elle sortait en cachette pour aller voir des amis. Il l'a frappée. Peu après, elle a décidé de nous consulter.

Marie-Hélène est profondément malheureuse, mais elle craint la réaction de Denis si elle le quittait. Elle croit aussi qu'il est de son devoir de rester à cause des enfants. Sa relation de couple est d'autant plus désespérante qu'elle reflète sa relation avec son père. Elle s'est mariée avant tout pour quitter la maison paternelle. Elle est encore plus malheureuse maintenant.

Charles et Marie-Hélène ont tous les deux le schéma «assujettissement». Ils permettent aux autres de les dominer.

## Questionnaire relatif au schéma «assujettissement»

Ce questionnaire vise à évaluer l'importance de ce schéma. Répondez aux questions qui suivent en utilisant l'échelle ci-dessous.

### Échelle de cotation

Dans mon cas, l'énoncé est:
1. Absolument faux.
2. Faux dans l'ensemble.
3. Plus vrai que faux.

4. Modérément vrai.
5. Vrai dans l'ensemble.
6. Absolument vrai.

Si vos réponses comportent des 5 ou des 6, il se peut que ce schéma s'applique à vous, même si votre score total est bas.

| Pointage | Énoncés |
|---|---|
| | 1. Je permets aux autres de me dominer. |
| | 2. Si je n'accède pas aux désirs des autres, j'ai peur qu'ils se vengent, qu'ils se fâchent ou qu'ils me rejettent. |
| | 3. Quelqu'un d'autre a pris à ma place les décisions importantes de ma vie. |
| | 4. Je parviens difficilement à faire respecter mes droits. |
| | 5. Je veux toujours plaire et je recherche sans cesse l'approbation d'autrui. |
| | 6. Je fais l'impossible pour éviter les confrontations. |
| | 7. Je donne plus que je ne reçois. |
| | 8. Je ressens profondément la souffrance des autres; ainsi, c'est toujours moi qui m'occupe de mes proches. |
| | 9. Si je fais passer mes besoins avant ceux des autres, je me culpabilise. |
| | 10. Je suis une bonne personne, car je pense aux autres avant de penser à moi. |
| | VOTRE TOTAL: (Additionnez vos points pour les questions 1 à 10.) |

### Interprétation des résultats

| | |
|---|---|
| 10-19 | Très bas. Ce schéma ne vous affecte sans doute pas du tout. |
| 20-29 | Assez bas. Ce schéma vous affecte sans doute à l'occasion. |
| 30-39 | Modéré. Ce schéma est un problème pour vous. |
| 40-49 | Élevé. Ce schéma joue un rôle important dans votre vie. |
| 50-60 | Très élevé. Il s'agit d'un schéma fondamental dans l'organisation de votre personnalité. |

## L'assujettissement

À bien des égards, la vie est pour vous un rapport de forces. Les autres dirigent votre vie, vous vous sentez dominé par eux. Votre assujettissement provient de la certitude que vous devez plaire à vos parents, vos frères, vos sœurs, vos amis, vos professeurs, la personne que vous aimez, votre conjoint, votre employeur, vos collègues, vos enfants et même les inconnus. La seule exception à cette règle, la seule personne envers laquelle vous ne ressentez pas cette obligation, c'est vous-même. Les désirs des autres l'emportent toujours sur les vôtres.

Charles et Marie-Hélène ont ceci en commun que tous deux se sentent prisonniers de leur vie. L'assujettissement est une sensation oppressante. C'est un fardeau. Combler les désirs de tout un chacun est une lourde responsabilité. C'est épuisant. Une telle vie est dépourvue de joie et de liberté. L'assujettissement vous prive de votre liberté, car tous vos choix sont dictés par les réactions d'autrui. Vous ne vous préoccupez pas de vous-même. Vous ne vous dites pas «Voici ce que je veux et ce que je ressens», mais bien «Voici ce que tu veux pour être content de moi».

L'assujettissement vous prive de la notion même de ce que vous voulez et de ce dont vous avez besoin. Il vous prive de vous-même. Charles, que son père a poussé dès l'enfance à entrer dans l'entreprise familiale, a obéi en dépit du fait qu'il n'a pas envie d'être un homme d'affaires. Mais il ne sait pas ce qu'il voudrait vraiment. Il n'a jamais fait en sorte de le découvrir. Il est passif. Il subit la vie.

CHARLES:
*Je n'obtiens pas ce que je veux de la vie. Je ne sais pas comment l'obtenir.*
THÉRAPEUTE:
*Vous avez l'impression de n'obtenir que ce qu'on daigne bien vous accorder. Vous ne cherchez pas à répondre à vos besoins réels.*

Vous avez l'impression de n'avoir aucun contrôle sur votre propre vie. Vous êtes prisonnier des circonstances ou emporté par le destin. Vous n'agissez pas, vous réagissez. Vous ne pensez pas être en mesure de résoudre vous-même vos problèmes. Vous vous contentez d'attendre et de croire que, soudainement, par miracle, tout rentrera dans l'ordre.

Vous pensez sans doute être une personne avec laquelle il est facile de s'entendre. Puisque vous êtes si amène, si disposé à faire plaisir, puisque vous évitez les conflits, vous êtes d'un abord agréable. Vous êtes une personne accommodante. L'une de vos plus belles qualités, selon vous, est la souplesse, la faculté d'adaptation. Mais vous ne parvenez pas à imposer des limites aux exigences d'autrui. Quand on vous présente des demandes irréalistes, par exemple de faire plus que votre part de travail, vous répondez par l'affirmative. Et vous ne parvenez pas davantage à demander aux autres de changer d'attitude, même si cette attitude vous ennuie.

De même, vous tirez une certaine fierté des services que vous rendez aux autres, du fait que vous les aidez et que vous vous montrez attentif à leurs besoins. Vous avez raison. La disponibilité est une vertu chez les personnes douées d'abnégation. Vous êtes sans doute très apte à secourir autrui, vous en faites peut-être même votre carrière. Mais là où le bât blesse, c'est que vos besoins sont noyés dans votre altruisme. Vous n'en parlez pas et vous ne savez pas vous affirmer.

Votre assujettissement entame votre estime de vous-même. Vous ne croyez pas avoir droit aux mêmes privilèges que les autres. Tout le monde a des droits, sauf vous. Voici ce que Linda nous a dit à propos de Charles lors d'une consultation conjointe:

> LINDA:
> *Il m'a vraiment rendue furieuse l'autre soir.*
> THÉRAPEUTE:
> *Que s'est-il passé?*
> LINDA:
> *Nous sommes allés au restaurant. Quand on lui a apporté son assiette, tout était froid. Mais il n'a pas osé la renvoyer à la cuisine. Il a mangé et il a passé la soirée à se plaindre.*
> CHARLES:
> *Ça me semblait ridicule de faire toute une histoire pour une chose aussi banale.*

Une telle pudeur se rencontre souvent chez les personnes assujetties: elles ne se battent pas pour ce qu'elles veulent parce que c'est anodin. Mais s'ils ne sont pas comblés, tous ces besoins anodins totalisent une vie entière de frustration.

Quand nous avons parlé à Charles de son assujettissement, il a répondu qu'il n'était pas soumis mais accommodant. Selon nous, Charles était plus passif qu'accommodant. Les gens accommodants savent s'affirmer dans quelques domaines et peuvent s'exprimer sur les questions importantes, moins sur les questions anodines. Ils feront valoir certains de leurs droits. Mais l'assujettissement musèle. On tait son opinion, que le sujet soit important ou pas, et quel qu'en soit le prix. Le schéma «assujettissement» vous prive de votre identité. La colère réprimée est un autre indice montrant que vous êtes soumis plutôt qu'accommodant.

Le fait de ne pas avoir d'identité propre, de ne pas vraiment savoir qui vous êtes, vous expose au danger de vous fondre à la personne qui vous domine. Vous êtes si occupé à pourvoir à ses besoins qu'une certaine osmose a lieu; les frontières entre vous et l'autre personne s'estompent. Vous faites vôtres ses buts et ses opinions. Vous vous appropriez ses valeurs. Vous vous confondez à elle. Vous pourriez aussi vous soumettre à un groupe, en particulier à un mouvement charismatique. Il se pourrait que vous succombiez à l'appel d'une secte.

Nous avons découvert dans notre pratique deux motifs importants qui poussent les personnes soumises à se laisser dominer par les autres. D'une part, elles se sentent coupables ou veulent alléger les souffrances d'autrui; d'autre part, elles craignent le rejet, les représailles, ou l'abandon. Voilà les motifs soutendant les deux types d'assujettissement.

---

### Les deux types d'assujettissement

1. L'abnégation (l'assujettissement dû à la culpabilité)
2. La soumission (l'assujettissement dû à la peur)

Charles est assujetti par culpabilité. Il veut qu'on l'approuve, il veut être aimé de tout le monde. La quête d'approbation est sa motivation première. En outre, Charles est très sensible à la souffrance d'autrui. Lorsqu'il ressent cette souffrance, il est porté à vouloir l'apaiser. Il s'efforce de combler les besoins de ses semblables. Lorsqu'il croit avoir échoué, il se culpabilise. La culpabilité le bouleverse. L'abnégation lui permet de l'éviter. Marie-Hélène, quant à elle, est assujettie parce qu'elle a peur d'être punie. C'est une peur justifiée: Denis est un homme cruel et dominateur. Mais on peut se demander pourquoi Marie-Hélène a fui une relation de dominant à dominée avec son père, pour entrer dans une relation identique avec son mari. Dans son mariage, Marie-Hélène reproduit les scénarios d'assujettissement de son enfance.

### • L'ABNÉGATION •

L'abnégation consiste à se croire responsable du bien-être d'autrui. Vous avez peut-être dû assumer de trop grandes responsabilités dans votre enfance, et veiller sur le bien-être physique ou émotionnel d'un parent, d'un frère, d'une sœur ou d'un autre membre de votre famille. L'un de vos parents était peut-être un malade chronique ou en dépression. Adulte, vous croyez que la responsabilité des autres vous échoit. Ce faisant, c'est vous que vous négligez.

Votre abnégation est une vertu poussée à l'extrême. S'occuper des autres a de nombreux côtés admirables.

CHARLES:
*C'est peut-être de l'abnégation, mais je fais du bien autour de moi. Tous mes amis viennent me parler de leurs problèmes. Quand ma mère est malade, c'est moi qu'elle appelle. C'est moi qui la conduis chez le médecin, qui lui procure ce dont elle a besoin.*
*Je fais aussi du bénévolat dans un refuge pour itinérants. Je suis membre de Greenpeace et d'Amnistie internationale. Ce sont des gens comme moi qui font en sorte que le monde est habitable.*

Vous faites preuve d'empathie, peut-être par tempérament. Vous ressentez la douleur d'autrui et vous vous efforcez de l'apaiser. Vous cherchez à arranger les choses, à faire en sorte que tout aille pour le mieux.

Il importe de noter que votre abnégation est délibérée. Ceux qui vous ont dominé dans votre enfance ne vous ont pas forcé à combler tous leurs besoins. Mais leur faiblesse ou leur souffrance vous a incité à donner préséance à leurs besoins.

Les personnes qui font acte d'abnégation sont en général moins irritées que les autres personnes assujetties, mais elles ressentent néanmoins une certaine rancœur. Il y a un déséquilibre entre ce que vous donnez (beaucoup) et ce que vous recevez (très peu). Les personnes à qui vous donnez tout ne sont peut-être pas en faute si elles vous rendent peu, mais vous leur en voulez un peu, même si vous n'en êtes pas tout à fait conscient.

La culpabilité est le moteur principal de votre schéma. Vous vous sentez coupable chaque fois que vous faites passer vos besoins en premier. Vous vous culpabilisez chaque fois que vous vous révoltez de devoir vous soumettre aux volontés d'autrui. Vous vous culpabilisez chaque fois que vous tentez de vous affirmer. Vous vous culpabilisez quand vous ne parvenez pas à apaiser une souffrance. La culpabilité intensifie votre schéma «assujettissement».

Chaque fois que vous refusez d'être assujetti, vous vous culpabilisez. Chaque fois que vous vous culpabilisez, vous faites de nouveau preuve d'abnégation. Vous apaisez votre culpabilité en mettant encore plus d'énergie à vous soumettre et à réprimer votre amertume. Vous ne pourrez opérer de transformation en vous sans d'abord tolérer votre sentiment de culpabilité.

Charles alterne entre la culpabilité et la colère dans sa relation avec sa femme. Il s'efforce constamment de lui plaire, mais plus il lui donne, plus elle semble lui demander. Bien entendu, ses exigences le fâchent. Mais quand Charles est en colère, il s'en culpabilise aussitôt et s'efforce encore plus de satisfaire aux exigences de sa femme. Ainsi, il alterne entre la colère envers sa femme et la culpabilité face à cette colère.

### • La soumission •

Le deuxième type d'assujettissement est la soumission. Vous vous soumettez involontairement. Que vous en ayez ou non le choix, vous pensez devoir le faire. Enfant, vous vous soumettiez pour éviter d'être puni ou abandonné, le plus souvent par un parent. Votre parent menaçait de vous faire du mal ou de vous retirer son affection ou son attention. Votre assujettissement était contraint. Vous êtes presque toujours fâché, même si vous n'en êtes pas conscient.

Marie-Hélène est une personne soumise. Pendant toute son enfance et son adolescence, elle a vécu sous le joug d'un père très strict.

MARIE-HÉLÈNE:
*Si je sortais, il voulait savoir où j'allais. Quand je revenais, il voulait savoir d'où je venais. Il m'a interdit de fréquenter les garçons jusqu'à l'âge de dix-sept ans, c'est-à-dire bien plus tard que mes camarades. Je n'avais pas le droit de me maquiller ou de porter des robes moulantes. Je n'avais pas le droit de sortir les soirs de semaine et, les week-ends, je devais rentrer tôt. C'était très ennuyeux.*
THÉRAPEUTE:
*Qu'arrivait-il si vous désobéissiez?*
MARIE-HÉLÈNE:
*Il m'interdisait de sortir ou il gueulait. Parfois, il me frappait. Je le détestais.*

Elle avait l'impression de vivre en prison. Elle obéissait à son père parce qu'elle en avait peur. Intérieurement, elle était rongée par la révolte.

Si votre schéma «assujettissement» est de ce type, vous entretenez de fausses croyances: vous attribuez aux personnes qui vous assujettissent un pouvoir supérieur à celui qu'ils ont dans les faits. La personne qui vous assujettit dans votre vie présente, que ce soit votre mari, votre épouse ou un parent, a très peu d'autorité sur vous en réalité, tandis que vous détenez le pouvoir de mettre fin à votre assujettissement. Certaines personnes peuvent échapper à cette règle, par exemple votre employeur, mais même face à lui vous êtes plus fort que vous ne le pensez. Il se peut que vous deviez mettre fin à vos relations avec une personne pour y parvenir, mais vous pouvez vous libérer de l'assujettissement. Rien ne vous oblige à rester auprès d'une personne qui vous domine ou qui abuse de vous.

Il fut un temps où votre assujettissement était réellement involontaire: dans votre enfance, vous étiez dépendant et impuissant face à la personne qui vous assujettissait. Un enfant ne peut tolérer la peur de la punition ou du rejet. Votre assujettissement était adapté dans ces circonstances. Parvenu à l'âge adulte, vous n'êtes plus dépendant ni impuissant. Vous avez le choix. Vous devez prendre conscience de cette réalité pour parvenir à opérer des transformations dans votre vie.

## *L'utilité de la colère*

Vous semblez être une personne conciliante, mais des émotions intenses vous étouffent. Le fait de devoir sans cesse répondre aux exigences de quelqu'un d'autre au détriment des vôtres nourrit votre colère. La colère est inévitable lorsque nos besoins sont constamment réprimés. Vous avez peut-être l'impression qu'on vous domine ou qu'on se sert de vous, qu'on profite de vous, que vos besoins ne comptent pas.

Vous nourrissez une colère chronique, mais vous n'en avez sans doute pas conscience. Si l'on vous demandait de vous décrire, le mot colère ne vous viendrait probablement pas à l'esprit.

CHARLES:
*J'étais un peu ennuyé que Linda insiste pour que je passe la prendre avant d'aller dîner. Cela m'a obligé à faire un grand détour, pourtant elle était juste à côté de la gare.*

Parce que vous considérez dangereux et malsain de vous fâcher ouvertement, vous niez votre colère et vous la réprimez.

Vous serez sans doute étonné de l'apprendre, mais la colère est une composante essentielle de toute relation saine. Elle indique que quelque chose cloche, que l'autre personne est peut-être injuste avec vous. Idéalement, la colère nous incite à nous affirmer et à corriger la situation. Quand elle produit cet effet, elle peut nous être d'un grand secours. Mais puisque vous la retenez et que vous refusez de vous affirmer, vous ne tenez pas compte des signaux que votre corps vous donne et vous ne faites rien pour remédier à la situation.

Vous n'êtes pas toujours conscient de la façon dont votre colère fera éruption. Il se peut que vous perdiez patience pour une vétille, que votre réaction soit disproportionnée par rapport à cet incident. Marie-Hélène qui, d'habitude, affiche une sereine passivité, s'emporta violemment un jour que sa fille Camille rentrait dîner avec dix minutes de retard. Sa fureur fut telle qu'elle les sidéra toutes deux.

Marie-Hélène:
*J'étais près de la porte quand Camille est entrée. Tout à coup, je me suis mise à hurler. Je ne l'avais jamais agressée avec une telle violence. C'était incroyable. Elle m'a regardée, en état de choc, puis elle a éclaté en sanglots. Je l'ai aussitôt prise dans mes bras en lui demandant pardon. C'est alors que j'ai décidé d'entrer en thérapie.*

Il n'est pas rare que de telles éruptions de colère surprennent autant la personne assujettie que l'objet de sa fureur. La colère contenue qui explose soudainement semble presque toujours disproportionnée par rapport à l'incident qui l'a déclenchée.

Votre colère s'exprime parfois directement, mais la plupart du temps elle est indirecte, déguisée; vous l'exprimez d'une manière plus subtile, de façon passive-agressive. Vous vous vengez sans qu'il n'y paraisse, en remettant au lendemain, en n'étant pas ponctuel, en propageant des ragots. Vous agissez parfois ainsi à votre insu. Si on vous presse de questions, vous niez votre colère. Par exemple, lorsque Marie-Hélène s'est emportée contre sa fille, elle en voulait en réalité à son employeur.

Thérapeute:
*Pourquoi vous êtes-vous fâchée ainsi contre Camille?*
Marie-Hélène:
*J'étais rentrée tard du travail et je me hâtais de préparer le dîner avant le retour de Denis. Camille avait promis de m'aider, mais elle est arrivée en retard. J'étais de très mauvaise humeur quand je suis revenue à la maison. Mon patron m'avait encore une fois demandé de rester.*

La vérité était que le patron de Marie-Hélène exigeait d'elle de très longues heures de travail. Elle ne lui en faisait jamais le reproche et elle ne s'affirmait jamais de façon appropriée devant lui. En revanche, elle se vengeait indirectement en étant toujours en retard le matin et en ne respectant pas ses échéances. Son patron ne pouvait pas conclure de façon certaine que le manque de ponctualité de Marie-Hélène était un indice d'hostilité à son endroit.

Les comportements passifs-agressifs (la procrastination, les ragots, le fait d'accepter une responsabilité et de ne pas la respecter, les justifications) ont pour but d'irriter les autres, mais les personnes qui sont victimes de tels comportements ne peuvent pas savoir s'ils sont délibérés.

En cours de thérapie ou autrement, les personnes assujetties parviennent parfois à s'affirmer davantage, mais elles en ressentent une grande culpabilité.

Votre schéma «assujettissement» vous incite à croire que vous avez tort d'exprimer vos besoins. Vous devez apprendre à tolérer cette culpabilité tout en persistant à vous affirmer. Aussi longtemps que vous ne saurez pas vous affirmer, la colère vous grugera même si vous n'êtes pas toujours conscient de ses conséquences néfastes.

## Le révolté: «Je ne céderai jamais»

De façon générale, les personnes assujetties sont plus à l'aise dans un rôle passif, mais certaines d'entre elles composent avec leur schéma «assujettissement» en contre-attaquant. Elles inversent les rôles et deviennent agressives et dominatrices. Elles surcompensent leur sentiment d'assujettissement par la révolte.

Contrairement à Charles et à Marie-Hélène, les révoltés se comportent comme si eux seuls et leurs besoins avaient de l'importance. Si c'est votre cas, vous composez avec votre assujettissement en devenant agressif, provocant, égocentrique. Vous vous rebellez. Mais intérieurement, vous ne différez pas des autres personnes assujetties: comme elles, vous croyez que vous ne comptez pas et qu'on vous domine. Votre agressivité est un masque, une fausse identité. Quelque chose vous pousse à vous affirmer à l'excès. Vous pouvez sembler insolent. Il se peut qu'on vous juge trop autoritaire et dominateur. Mais vos bravades cachent un être qui se laisse facilement intimider.

Chez les personnes révoltées, la colère est à fleur de peau. Vous êtes sans doute irritable la plupart du temps et sujet à des emportements inattendus. Dans l'enfance ou à l'adolescence, vous réagissiez par la désobéissance ou la turbulence à la discipline parentale. Vous sortiez souvent de vos gonds ou vous aviez un problème de comportement à l'école. Vous avez sans doute encore des conflits avec les autorités de tout ordre. Vous perdez facilement contenance et vous exprimez votre mécontentement de façon inopportune. Vous contestez l'autorité. La moindre suggestion, les ordres, les pressions et les commandements sont interprétés par vous comme des indices de domination et vous ne les tolérez pas.

Les personnes rebelles sont en révolte contre leurs parents depuis toujours. Elles ne semblent pas capables de mettre fin à leurs conflits et d'entrer résolument dans la vie adulte. Ce sont en quelque sorte d'éternels adolescents qui poursuivent des ambitions ou qui vivent des relations contraires à celles que leurs parents souhaitaient pour eux.

Les personnes révoltées ne sont pas plus libres que les autres personnes assujetties. Leurs décisions, en matière d'intérêts personnels ou de relations affectives, ne sont pas les leurs mais celles des personnes contre lesquelles elles se révoltent. À force de déroger à leurs règles, elles vivent autant dans la sujétion que les personnes qui s'y conforment. La phrase qui suit les décrit bien: «Pourquoi ces enfants ont-ils traversé la rue? Parce qu'on leur a interdit de le faire.»

> **ROSE:** DIX-NEUF ANS. ELLE CONTRÔLE SON ALIMENTATION AU POINT D'ÊTRE ANOREXIQUE.

Certaines personnes compensent leur schéma «assujettissement» en se maîtrisant à l'excès. Parce qu'elles sentent que les autres domaines de leur vie leur échappent, elles cherchent à se dominer elles-mêmes à certains égards. C'est le cas de Rose. Rose souffre d'un problème alimentaire appelé *anorexia nervosa*. Elle se prive de nourriture au point d'être décharnée, mais continue de se trouver trop grosse.

En examinant de plus près son contexte familial, nous constatons que sa mère l'a toujours dominée et traitée comme une enfant. Rose a appris à obéir à la volonté de sa mère au détriment de ses propres besoins.

ROSE:
*J'ai toujours été «une bonne fille». J'ai toujours été obéissante. Personne dans ma famille ne me croit capable de créer des problèmes.*
PÈRE:
*C'est vrai. Je dirais même qu'elle a toujours été trop parfaite.*

Rose a si souvent négligé ses propres besoins qu'elle en venue à ne plus savoir en quoi ils consistent. Elle ignore ses sentiments réels, ses émotions la confondent.

Son poids est la seule chose qui n'échappe pas à son contrôle. Elle le maîtrise furieusement. La quantité de nourriture qu'elle consent à absorber est une source de conflit entre sa mère et elle. Rose contre-attaque la domination de sa mère en contrôlant à l'excès son alimentation. La nourriture est son champ de bataille. Par l'anorexie, elle exprime sa révolte contre la domination maternelle tout en reproduisant à son insu un schéma «assujettissement».

## Les origines du schéma «assujettissement»

1. Vos parents se sont efforcés de vous contrôler et de dominer les moindres aspects de votre vie.
2. Vos parents vous punissaient, vous menaçaient ou se mettaient en colère quand vous ne vous conformiez pas à leur volonté.
3. Vos parents vous traitaient avec froideur ou rompaient tout contact si vous n'étiez pas d'accord avec eux sur certains points.
4. Vos parents ne vous permettaient pas de prendre vos propres décisions quand vous étiez enfant.
5. Votre père ou votre mère était absent ou irresponsable, et vous avez dû vous occuper de vos frères et sœurs.
6. Vos parents vous confiaient leurs problèmes personnels; vous étiez confiné à un rôle de confident.
7. Vos parents vous culpabilisaient ou vous accusaient d'être égoïste si vous refusiez de leur obéir.

8. Vos parents étaient des martyrs ou des saints: ils renonçaient à leurs propres besoins par altruisme et ne se préoccupaient que de ceux des autres.

9. À votre avis, on ne respectait ni vos droits, ni vos besoins, ni vos opinions quand vous étiez enfant.

10. Vous deviez sans cesse mesurer vos paroles et vos actes, car vos parents étaient portés à l'inquiétude et à la dépression.

11. Vous vous révoltiez souvent contre vos parents, car vous ne jouissiez pas de la même liberté que vos camarades.

Dans votre enfance, vous étiez soumis à la volonté de vos proches, qu'il s'agisse de vos parents, de vos frères et sœurs, de vos camarades ou de quelqu'un d'autre. Mais si l'«assujettissement» est votre principal schéma, il est probable qu'il se soit agi de votre père ou de votre mère, puisque les parents sont les êtres les plus importants dans la vie d'un tout jeune enfant.

Vous n'aviez peut-être qu'une conscience vague de votre assujettissement. Vous étiez peut-être amer envers l'un de vos parents ou les deux, ou vous vous sentiez opprimé. Même parvenu à l'âge adulte, il se peut que vous n'ayez pas encore pris conscience de l'importance de cet assujettissement passé. La thérapie peut permettre au patient de voir clair, peut l'aider à comprendre combien il était assujetti à ses parents. Cette prise de conscience s'accompagne souvent d'une grande colère. Si c'est votre cas, il importe que vous sachiez que les motifs qui incitent les parents à assujettir leurs enfants sont nombreux et variés.

On trouve à un extrême les parents abusifs qui assujettissent leurs enfants par égoïsme, tel le père de Marie-Hélène. Ces parents dominent totalement leur progéniture en la punissant ou en la privant d'affection. Pour survivre, l'enfant est obligé de se soumettre.

MARIE-HÉLÈNE:
*L'autre soir, j'observais le comportement de mon père avec ma fille. Je le regardais agir exactement comme il avait agi avec moi. Il insistait pour qu'elle demande encore et encore la permission de se lever de table. Il n'appréciait pas sa façon de faire. Elle n'a que quatre ans! Ma fille pleurait, et plus elle pleurait, plus il la grondait.*

Si l'un de vos parents était abusif, toxicomane, alcoolique, ou s'il avait un autre problème grave, il a peut-être employé les grands moyens pour vous soumettre à sa volonté. De tels parents manquent souvent d'empathie et font passer leurs besoins avant ceux de leurs enfants. Ils nuisent énormément à ces derniers. Si tels étaient vos parents, vous avez très probablement un schéma «assujettissement» important. La thérapie pourrait vous aider à le surmonter.

Environ à mi-chemin du continuum «assujettissement», l'un de vos parents vous a sans doute critiqué ou réprimandé chaque fois que vous avez tenté de manifester votre individualité. Ce fut le cas de Charles. Si Charles osait exprimer des demandes, son père le traitait de lavette égoïste.

CHARLES:
*J'ignore ce que je voudrais faire si je quittais l'entreprise paternelle pour voler de mes propres ailes.*
THÉRAPEUTE:
*Aviez-vous des goûts particuliers quand vous étiez enfant, y avait-il quelque chose qui vous passionnait?*
CHARLES:
*Oui. J'adorais jouer du piano, mais mon père s'y opposait. Il disait que ce n'était pas assez viril. Il se moquait de moi. Il ne m'a pas permis de suivre des cours. Il voulait que je m'adonne à des activités sportives. Il me forçait à essayer de me joindre à une équipe. J'ai toujours échoué. Il se mettait en colère contre moi parce que je n'étais pas un bon athlète.*

Le père de Charles désirait un fils à son image. Si Charles résistait, il le critiquait. Charles en a conclu que le fait d'exprimer des besoins pouvait lui nuire. Cette croyance l'a accompagné toute sa vie. À l'âge adulte, il se jugeait très négativement dès que l'envie lui prenait de s'affirmer.

Il a épousé une femme semblable à son père. Linda a une idée bien arrêtée de la sorte d'homme qu'elle voudrait qu'il soit. Elle le gronde s'il dévie du chemin qu'elle lui trace. Elle se plaint s'il s'installe au piano et le pousse à se montrer plus ambitieux au travail. Charles lui en veut mais se garde de le montrer. Au contraire, il se confond en excuses et se soumet humblement. Il affiche le même comportement avec tout le monde. Il permet aux autres de le dominer et répète les scénarios vécus autrefois avec son père.

L'abnégation de Charles provient aussi de sa relation avec sa mère. Déprimée et dépendante, elle a gardé le lit pendant presque toute l'enfance de Charles.

CHARLES:
*Je lui tenais compagnie, je la distrayais. Elle était toujours si démoralisée. Je restais auprès d'elle au lieu de jouer avec mes petits camarades. Je les entendais dehors, mais je restais avec elle dans sa chambre.*
THÉRAPEUTE:
*Que faisiez-vous pour elle?*
CHARLES:
*Je lui faisais la lecture, je conversais avec elle. Je lui apportais de la nourriture et j'essayais de la convaincre de manger.*
THÉRAPEUTE:
*Jouer avec vos amis a dû vous manquer.*
CHARLES:
*Oh, ça ne me faisait rien.*

Charles ne s'est pas vraiment révolté, car sa mère ne l'obligeait pas à se sacrifier pour elle. Il le faisait parce qu'elle avait besoin de lui. Intérieurement, il ressentait un grand manque.

Les cas de Charles et de Marie-Hélène illustrent seulement certaines des formes que peut prendre l'assujettissement chez l'enfant. Ce schéma est très courant. Aussi, nous vous décrirons ci-dessous quelques-unes de ses autres formes.

> **MARIE-CLAIRE:** VINGT-QUATRE ANS. C'EST UNE «BRAVE FILLE» QUI OBÉIT À SA MÈRE ET À SON MARI.

Les parents de Marie-Claire croyaient bien faire, mais ils la couvaient. Sa mère tenait à la protéger des conséquences néfastes de la moindre mauvaise décision.

MARIE-CLAIRE:
*Ma mère prenait toutes mes décisions pour moi. En bonne petite fille, j'obéissais. Elle choisissait mes amis, mes cavaliers, mon école, mes vêtements, mes jeux... n'importe quoi.*

Sa mère opérait sur elle une forme très subtile de domination. Si Marie-Claire se rebellait et tentait de s'affirmer, sa mère sapait sa confiance en insinuant qu'elle n'était pas apte à décider pour elle-même.

Marie-Claire a aussi développé le schéma «dépendance» (voir chapitre 10) parallèlement au schéma «assujettissement». Cela est visible dans son inaptitude à prendre des décisions. Devenue adulte, la situation n'a pas changé. Son mari, Antoine, déclare:

ANTOINE:
*Elle ne prend aucune initiative. C'est toujours moi qui décide du restaurant, de l'émission de télé, du lieu de villégiature, des projets de rénovation. Si nous sommes entre amis et que nous discutons de la façon d'occuper la soirée, jamais elle ne dira: «Allons au cinéma.» Et quand je lui demande ce qu'elle aurait envie de faire, elle répond invariablement: «Ça m'est égal; faisons ce que tu voudras.»*
MARIE-CLAIRE:
*Mais ça m'est vraiment égal. Je n'ai pas vraiment de préférences.*

Cependant, comme ce fut le cas avec sa mère, si Marie-Claire exprime une préférence, son mari la ridiculise et elle redevient aussitôt la petite fille soumise.

> **GUY:** TRENTE-SEPT ANS. ENFANT, IL FUT LE PÈRE SUBSTITUT DE SA MÈRE ALCOOLIQUE.

Comme c'est si souvent le cas chez les enfants d'alcooliques, Guy a consacré beaucoup de son temps à prendre soin de sa mère. Très tôt, l'abnégation lui a permis de préserver sa relation mère-fils. En s'assurant qu'elle allait bien, il la gardait près de lui. Il s'est occupé de sa mère. Il est devenu son père substitut.

GUY:

*Je faisais les courses et la cuisine. J'appelais son patron et je mentais pour elle quand elle avait trop bu pour aller travailler. Très souvent, je me suis déclaré malade à l'école pour pouvoir rester à la maison et prendre soin d'elle. J'ai tout tenté pour qu'elle arrête de boire. Je cachais son whisky. Je contrôlais la quantité d'alcool qu'elle ingurgitait. Je marquais les bouteilles avant d'aller dormir. Je la suppliais de trouver de l'aide.*

THÉRAPEUTE:

*Vous a-t-on aidé?*

GUY:

*Non. De temps à autre une tante ou un oncle me demandait ce qui se passait, mais je mentais en répondant que tout allait pour le mieux. Je savais qu'ils n'étaient pas vraiment intéressés à connaître la vérité.*

Adulte, Guy s'efforce encore de sauver les autres. Il est médecin. Il a appris à mettre son sens de l'abnégation au service de sa profession.

Sa vie personnelle est plus difficile. Il est codépendant. Il recherche les personnes qui ont besoin d'aide, surtout les femmes alcooliques, et il se sacrifie pour elles. Il a tenté de vaincre ce mode d'autodestruction en se joignant à un groupe d'enfants d'alcooliques. Sa relation avec son amie du moment est plus saine. Il peut lui faire part de ses besoins et, quand il le fait, son amie se montre réceptive. Guy apprend qu'il est plus sain de vivre des relations où ses besoins peuvent être comblés.

Vous vous êtes peut-être reconnu dans un de ces personnages, bien que votre cas puisse être différent. Nombreux sont les chemins de l'enfance qui débouchent sur le schéma «assujettissement». Le facteur important est que, pour des raisons qui échappaient alors à votre contrôle, vous vous soyez soumis à une autre volonté. Maintenant, les circonstances de votre vie ont changé mais vous continuez à vous soumettre aux volontés d'autrui, par soumission ou par abnégation.

---

## *Signaux de danger dans vos relations amoureuses*

1. Votre partenaire est une personne dominatrice qui s'attend que vous fassiez ses quatre volontés.
2. Votre partenaire possède une très forte personnalité et sait exactement ce qu'il veut en toute circonstance.

3. Votre partenaire s'irrite ou se met en colère si vous êtes en désaccord avec lui ou si vous veillez à vos propres besoins.
4. Votre partenaire ne respecte ni vos opinions, ni vos besoins, ni vos droits.
5. Votre partenaire boude ou s'éloigne de vous quand vous faites les choses à votre manière.
6. Votre partenaire est si fragile et sensible que vous êtes forcé de vous occuper de lui.
7. Vous devez mesurer vos paroles et vos actes parce que votre partenaire abuse de l'alcool ou a des sautes d'humeur.
8. Votre partenaire manque de compétence et de sens de l'organisation, de sorte que vous assumez toutes les tâches.
9. Votre partenaire est irresponsable et instable, de sorte que vous devez être doublement responsable et stable.
10. Vous laissez votre partenaire prendre vos décisions, car la plupart du temps vous n'avez pas d'opinion ferme.
11. Votre partenaire vous culpabilise ou vous trouve égoïste si vous exprimez votre volonté.
12. Votre partenaire est triste, s'inquiète facilement et est sujet à la dépression, et vous en êtes réduit à l'écouter.
13. Votre partenaire est une personne très dépendante qui s'accroche à vous.

Vous êtes très attiré par les personnes qui réactivent votre schéma. Vos relations avec elles sont intenses, car elles vous font revivre l'assujettissement de votre enfance. Avec chaque nouveau partenaire, vous reproduisez les scénarios de vos jeunes années. Même si vous êtes du type révolté et que vous dominez votre partenaire, il s'agit encore et toujours d'assujettissement.

Un scénario récurrent chez les personnes soumises consiste à trouver un partenaire agressif, dominateur, à la personnalité de chef. Votre passivité vous pousse à rechercher un modèle de force. Il faut que quelqu'un vous dise quoi faire et quoi penser. Vous dépendez des autres pour vos décisions. Ce fut le cas de Marie-Claire, dont la mère assumait toutes les décisions. En «bonne fille», elle était l'enfant idéale: polie et obéissante, appliquée dans ses études. L'homme qu'elle a épousé était le gendre rêvé de ses parents. Elle est aujourd'hui une épouse modèle.

Marie-Claire:
*Je ne suis pas parfaitement satisfaite de ma vie, mais si je me plains, Antoine sort de ses gonds. Il entre dans une colère noire.*

Thérapeute:
*Pourquoi est-ce si terrible qu'il se fâche?*

Marie-Claire:
*Rien que d'y songer, ça me fait peur. S'il fallait qu'il décide de me quitter?*

Marie-Claire dépend entièrement de son mari. Une séparation de quelques heures à peine la plonge dans l'anxiété. Elle a surtout peur qu'il la quitte dans un moment de colère, car elle se croit incapable de vivre sans lui. Elle lui est totalement soumise. Sa dépendance alimente son assujettissement et son assujettissement alimente sa dépendance.

Si vous faites preuve d'abnégation, vous êtes sans doute attiré par des personnes dépendantes. Vous veillez avant tout à combler leurs besoins. Vous vous efforcez de les sauver ou de les secourir. Il arrive que les personnes soumises optent pour des partenaires narcissiques qui exigent beaucoup, donnent peu en retour et se moquent des sentiments des autres. Donner sans retour vous est familier. Si vous êtes révolté, vous optez pour quelqu'un d'encore plus soumis que vous ne l'êtes, de manière à le dominer.

---

### Les pièges du schéma «assujettissement»

1. Vous vous soumettez presque toujours à la volonté d'autrui.
2. Vous cherchez trop à plaire; vous êtes prêt à presque tout pour qu'on vous accepte et vous aime.
3. Vous abondez toujours dans le sens des autres.
4. Vous êtes plus à l'aise quand quelqu'un d'autre domine la situation.
5. Vous feriez presque n'importe quoi pour éviter les conflits. Vous êtes accommodant.
6. Vous ne connaissez pas vos besoins et vos préférences.
7. Vous ne savez pas orienter votre carrière.
8. Vous vous occupez toujours des autres; presque personne ne vous écoute et ne s'occupe de vous.
9. Vous vous révoltez; vous opposez un refus systématique à tout ce qu'on vous demande de faire.
10. Vous ne supportez pas de dire ou de faire quoi que ce soit qui puisse blesser quelqu'un.
11. Vous ne mettez pas fin aux situations qui vous font vous sentir prisonnier ou qui vous frustrent.
12. Parce que vous ne voulez pas passer pour une personne égoïste, vous exagérez dans l'autre sens.
13. Vous vous sacrifiez souvent pour les autres.
14. Vous assumez régulièrement plus que votre part de responsabilités au travail ou à la maison.
15. Si quelqu'un souffre ou a des problèmes, vous vous efforcez de lui venir en aide, même à vos dépens.
16. Vous vous mettez en colère si on vous dit quoi faire.
17. Vous avez souvent l'impression qu'on profite de vous, que vous donnez plus que vous ne recevez.
18. Vous vous culpabilisez quand vous exprimez vos besoins.
19. Vous ne faites pas en sorte que vos droits soient respectés.

20. Vous résistez subtilement à la volonté d'autrui. Vous remettez au lendemain, vous multipliez les erreurs, vous vous justifiez sans cesse.
21. Vous êtes en conflit avec toute forme d'autorité.
22. Vous ne savez pas demander de l'avancement ou des augmentations de salaire.
23. Vous croyez manquer d'intégrité; vous êtes trop conciliant.
24. On dit que vous manquez d'énergie et d'ambition.
25. Vous minimisez vos réussites.
26. Vous manquez de fermeté dans vos négociations.

Ce sont là les pièges à éviter en amour et dans votre vie professionnelle. Mais même dans une relation fondée sur l'égalité vous pourriez encore trouver des façons de renforcer votre schéma. Et même si vous occupez un poste qui vous offre des possibilités d'avancement, vous pourriez saboter les chances qui s'offrent à vous afin de conserver votre position de soumission.

Dans toute relation, votre colère couve à petit feu. L'accumulation des rancœurs menace la stabilité des relations de dominé-dominant. Vous réprimez très tôt votre ressentiment dans le but d'éviter les conflits. Ainsi, vous préservez votre relation, mais cela ne saurait durer toujours. Au bout de quelques années, votre colère contenue est telle que vous pourriez éclater, bouleversant ainsi la relation. Vous pourriez aussi battre en retraite ou vous venger. Souvent, des problèmes sexuels viennent compliquer les choses. Avec le temps, vous évoluez et vous savez davantage qui vous êtes. Si vous parvenez à vous affirmer, si vous refusez de rester dans une relation de dominant-dominé, vous ferez en sorte que votre relation s'adapte à votre nouvelle maturité ou vous y mettrez un terme.

## Au travail

Le schéma «assujettissement» peut avoir un impact profond sur votre vie professionnelle. Aussi, nous allons tenter d'explorer davantage cet aspect de la question.

Les personnes assujetties, et plus particulièrement les personnes qui font preuve d'abnégation, font souvent profession d'aider leurs semblables. Elles sont médecins, infirmières, femmes au foyer, enseignantes, ministres du culte, thérapeutes, et ainsi de suite. Il leur est naturel de graviter vers les domaines de la santé et du bien-être. Le schéma «assujettissement» mutile un être, mais il est aussi associé à une extrême réceptivité aux besoins et aux souffrances d'autrui. Vous exercez vraisemblablement une profession qui fait appel à votre grande disponibilité.

Si vous fuyez la notoriété, sans doute êtes-vous le bras droit d'une personne forte qui peut s'enorgueillir de votre loyauté et de votre serviabilité. Vous êtes à bien des égards l'employé idéal. Vous êtes obéissant, loyal, peu exigeant. Vous sollicitez sans doute rarement une augmentation de salaire. Vous vous efforcez de plaire, surtout à vos supérieurs, et il n'y a guère de limites à votre dévouement. En voici un exemple, tiré d'une consultation conjointe de Charles et de Linda.

LINDA:

*Une autre chose qui me rend furieuse, c'est que Charles ne veut pas que nous prenions des vacances ensemble. Il ne veut pas demander de congé à son père. Nous n'avons pas pris de vacances depuis six ans!*

CHARLES:

*Tu ne comprends pas. Ils ne peuvent pas se passer de moi au bureau. Papa serait déçu. Je ne peux pas le laisser tomber.*

Charles voudrait prendre des vacances et passer plus de temps avec sa famille, mais son travail a toujours préséance sur ses désirs.

Vous avez sans doute une forte tendance à acquiescer à tout, à vous dire du même avis que votre employeur ou vos collègues, dans le seul but de leur plaire. C'est le cas de Hélène.

> HÉLÈNE: TRENTE-QUATRE ANS. SON ASSUJETTISSEMENT L'EMPÊCHE DE RÉALISER SON PLEIN POTENTIEL PROFESSIONNEL.

Hélène est cadre intermédiaire dans une grande entreprise. Elle a fait de brillantes études en administration, mais n'a pas gravi les échelons du succès aussi rapidement que ses collègues.

Hélène est portée à dire ce que les autres veulent entendre plutôt que ce qu'elle estime vrai, en particulier dans ses rapports avec ses supérieurs. Elle se retient de leur présenter des suggestions ou d'être en désaccord, même lorsque son avis pourrait avoir un certain poids. Elle n'exprime pas ses idées ni ses opinions, préférant se taire quand il faudrait parler.

Lorsqu'on la questionne sur l'état de ses travaux, elle les présente sous un jour trop favorable dans le seul but de plaire. Elle assume une charge de travail trop lourde et, bien entendu, ne peut pas respecter ses échéances.

Contrairement à Hélène qui, bien qu'elle ait des opinions, ne les exprime pas, de nombreuses personnes assujetties ont l'impression de ne pas avoir d'opinion arrêtées, sur les questions qui concernent leur travail. Elles sont confuses et indécises, comme Marie-Claire, qui présente conjointement les schémas «dépendance» et «assujettissement». Plutôt que de penser par elle-même, elle se plie aux attentes des autres. Elle est très dévouée, mais son travail ne porte pas l'empreinte de sa personnalité.

MARIE-CLAIRE:

*L'autre jour, au travail, j'étais dans tous mes états. Je devais décider d'inclure ou non certains montants dans mon rapport au conseil de sécurité, et mon patron était absent pour la journée. J'ai failli faire une crise de panique.*

THÉRAPEUTE:
*Comment vous en êtes-vous tirée?*
MARIE-CLAIRE:
*J'ai demandé conseil à tout un chacun. Ça m'a rendue très confuse. L'opinion d'un tel me semblait sensée, mais il suffisait qu'un autre dise le contraire pour que ça me paraisse tout aussi juste.*
THÉRAPEUTE:
*En d'autres termes, vous étiez encore plus confuse qu'avant.*

Marie-Claire n'a pas une notion très claire de son identité professionnelle dans l'entreprise qui l'emploie, et la qualité de son travail s'en ressent. Le fait que certains collègues soient parvenus au haut de l'échelle avec moins d'efforts l'irrite.

Au travail, votre passivité nuit sans doute à votre avancement. Vous n'avez pas assez d'ambition ou d'initiative. Vous évitez les postes de direction qui vous obligeraient à faire preuve d'autonomie. Vous préférez rendre des comptes à un supérieur qui vous dirige et vous oriente.

> **CATHERINE:** TRENTE ANS. DOUÉE POUR LES ÉTUDES, ELLE N'A AUCUNE AUTONOMIE PROFESSIONNELLE.

Catherine est avocate dans un petit bureau. Elle a fait des études brillantes sous l'étroite direction de son professeur. Ses problèmes ont commencé quand elle est entrée sur le marché du travail. Ses tâches requièrent une autonomie et un esprit d'initiative au-delà de ses capacités.

CATHERINE:
*Je sais que je devrais avoir mes propres clients, mais j'évite de le faire. Je n'en peux plus. On me pousse tellement à produire.*

Habituée à la passivité de l'assujettissement, Catherine ne peut apprécier sa nouvelle indépendance.

> **ÉLISABETH:** VINGT-HUIT ANS. ELLE NE SAIT PAS METTRE SES COMPÉTENCES EN VALEUR.

Élisabeth illustre un autre aspect de l'assujettissement qui peut nuire à votre réussite. Dans une agence de publicité, elle fait partie d'une équipe de concepteurs composée de six personnes. Elle est brillante et douée d'une grande imagination. Mais elle a la fâcheuse habitude de se sous-estimer.

ÉLISABETH:
*Je travaille fort. Ma contribution au sein de l'équipe est appréciée. Mais je n'ai pas assez confiance en moi. Je n'aime pas être le centre d'attention. L'autre jour, quand*

*Grégoire s'est attribué le mérite de mon projet de campagne publicitaire pour un mélange à gâteaux, je n'ai pas su prendre la parole et mettre les choses au clair.*
THÉRAPEUTE:
*Je croyais que vous deviez présenter ce projet de campagne.*
ÉLISABETH:
*À la dernière minute, j'ai laissé Grégoire s'en charger, et il s'en est attribué tout le mérite.*

En outre, Élisabeth est une piètre négociatrice; elle capitule trop vite. Elle a aussi du mal à s'affirmer auprès de ses subalternes, car elle cherche trop à plaire et pèche par manque d'autorité. Elle les complimente sur leur travail même quand celui-ci n'est pas satisfaisant et leur laisse trop leurs coudées franches. Elle se charge des tâches ennuyeuses qu'elle devrait déléguer à d'autres, et quand ses subalternes se montrent déraisonnables dans leurs exigences, elle ne sait pas dire non. Bien entendu, les gens profitent de cette situation.

L'amertume est une conséquence inévitable d'un tel assujettissement professionnel. Mais vous la réprimez et vous l'exprimez rarement ouvertement, ce qui a pour effet de l'accroître au lieu de l'apaiser. Par conséquent, vous extériorisez votre ressentiment par des comportements autodestructeurs.

Il se peut que vous conteniez longtemps votre amertume, puis qu'elle éclate brusquement d'une façon incompatible avec la situation. Peut-être aussi ne parvenez-vous pas à fixer des limites à la somme de travail qu'on peut vous confier. La colère monte en vous peu à peu, puis elle éclate au moment le plus inattendu en pleine réunion de travail, ou bien vous employez un ton trop agressif avec un client ou un subalterne. Cette attitude peu professionnelle nuit à votre réputation.

Le plus souvent, cependant, l'amertume s'exprime de façon passive-agressive. C'est le cas de Charles.

CHARLES:
*Mon père est beaucoup trop exigeant. Il profite du fait que je suis disposé à en faire toujours plus.*
THÉRAPEUTE:
*Avez-vous jamais dit à votre père que vos tâches sont trop lourdes?*
CHARLES:
*Non. Il devrait le savoir. Je lui dis que tout est parfait, mais le ton que j'emploie devrait suffire à le renseigner.*

Charles se venge par des moyens détournés. Il exprime sa rancœur par des actes plutôt qu'en paroles. Il traverse le bureau le visage morose. Il casse du sucre sur le dos de son père et pousse ses collègues à faire de même. Il remet ses tâches au lendemain, puis il justifie ses retards par toutes sortes d'excuses.

## Les révoltés et le travail

Les révoltés sont aux antipodes de ce comportement: ils dominent et contrôlent leur entourage.

> **TIMOTHÉE:** QUARANTE-TROIS ANS. SERVILE FACE À SON PATRON, IL BOUSCULE SES INFÉRIEURS.

Vous vous soumettez peut-être à la volonté de certaines personnes au travail, puis vous vous vengez sur les autres. Timothée agit ainsi. Gérant du département de mode masculine dans un grand magasin, il s'incline devant le gérant général, s'efforce toujours en vain d'obtenir son approbation.

TIMOTHÉE:
*Le gérant général ne m'aime pas, pour des raisons que j'ignore. Il essaie parfois de m'humilier. L'autre jour, il m'a réprimandé devant des clients et d'autres employés. Il m'a ordonné de rester là et de plier des vêtements comme n'importe quel commis.*
THÉRAPEUTE:
*Quelle a été votre réaction?*
TIMOTHÉE:
*J'ai obéi. J'ai plié les vêtements.*

Bien entendu, une telle situation alimente la rancœur. Timothée se venge sur les vendeurs et les autres employés.

TIMOTHÉE:
*Je suis tyrannique. Je lance des ordres, et on a intérêt à m'obéir au doigt et à l'œil. Si mes subalternes font des bêtises, je ne manque pas de leur dire ma façon de penser, clairement, pour que tout le département soit au courant.*
THÉRAPEUTE:
*Vous les traitez encore plus durement que votre supérieur ne vous traite.*

Timothée a deux comportements extrêmes. D'une part, il est servile et désireux de plaire. De l'autre, il est exigeant et irascible. D'une part, il semble calme et serein. De l'autre, sa fureur n'a pas de bornes.

Voici les étapes à franchir pour modifier le schéma «assujettissement».

---

### Comment modifier votre schéma «assujettissement»

1. Prenez conscience de l'enfant assujetti que vous avez été. Ressentez-le.
2. Énumérez les circonstances qui, au travail et à la maison, vous poussent à l'assujettissement et à l'abnégation.

3. Développez peu à peu vos propres opinions et préférences dans différents domaines: le cinéma, la nourriture, les loisirs, la politique, les sujets de l'heure, la gestion du temps, et ainsi de suite. Apprenez à vous connaître et à connaître vos besoins.

4. Énumérez ce que vous faites pour les autres et ce que vous leur donnez, énumérez aussi ce qu'eux font pour vous et ce qu'ils vous rendent. Combien de temps passez-vous à écouter les autres? Combien de temps passent-ils à vous écouter?

5. Mettez fin à votre comportement passif-agressif. Forcez-vous systématiquement à vous affirmer, à exprimer vos désirs et vos besoins. Commencez par des choses simples.

6. Efforcez-vous de demander aux autres de s'occuper de vous. Demandez-leur de vous aider. Parlez-leur de vos ennuis. Efforcez-vous de créer un équilibre entre ce que vous donnez et ce que vous recevez.

7. Mettez fin à vos relations avec les personnes trop égocentriques et égoïstes pour s'intéresser à vos besoins. Évitez les relations à sens unique. Affranchissez-vous des relations qui vous emprisonnent.

8. Efforcez-vous de confronter les autres plutôt que de vous montrer trop conciliant avec eux. Exprimez calmement vos rancœurs dès que vous les ressentez. Apprenez à accepter de déplaire, de faire de la peine, de susciter la colère d'une autre personne.

9. Ne justifiez pas votre désir de plaire. Cessez de vous convaincre que ce n'est pas important.

10. Penchez-vous sur vos relations passées et décelez-y votre tendance à rechercher des partenaires dominateurs ou dépendants. Énumérez les pièges à éviter. Si possible, fuyez les personnes égoïstes, irresponsables ou dépendantes qui vous attirent fortement.

11. Si vous trouvez un partenaire qui se préoccupe de vos besoins, qui s'intéresse à votre opinion et sait l'apprécier, quelqu'un d'assez fort pour assumer sa part des responsabilités, donnez à cette relation une chance de réussir.

12. Soyez plus énergique au travail. Attribuez-vous le mérite de vos réussites. Ne permettez pas aux autres de profiter de vous. Demandez les promotions ou les augmentations de salaire auxquelles vous avez droit. Déléguez certaines responsabilités.

13. (Aux révoltés.) Efforcez-vous de ne pas faire le contraire de ce qu'on attend de vous. Sachez ce que vous voulez et faites-le, même si cela correspond à ce que vos supérieurs vous demandent.

14. Rédigez des fiches aide-mémoire et consultez-les fréquemment.

1. *Prenez conscience de l'enfant assujetti que vous avez été. Ressentez-le.*

Le schéma «assujettissement» possède une forte charge émotionnelle. Cela est en partie dû au fait que les émotions de l'enfance sont très intenses. Les enfants ne peuvent pas moduler leurs émotions comme peuvent le faire les adultes; celles-ci conservent leur qualité primitive. Quand le schéma «assujettissement» entre en action, ces émotions sont libérées et vous habitent: la colère, la culpabilité, la peur.

Vous cherchez habituellement à fuir une telle intensité, vous faites en sorte de ne pas ressentir d'émotions aussi douloureuses en les niant et en les réprimant. Puis, à votre insu, vous exprimez votre assujettissement dans l'action, vous assumez maintes et maintes fois un rôle passif dans vos relations. Sachez qu'aucune transformation ne peut se produire tant que vous n'accepterez pas d'admettre l'existence de certaines émotions et tant que vous refuserez d'en faire l'expérience.

Pour prendre conscience de l'enfant assujetti en vous, rien ne vaut l'imagerie mentale. Concentrez-vous d'abord sur une circonstance de votre vie actuelle qui déclenche votre assujettissement. Fermez les yeux et laissez émerger un souvenir qui suscite en vous la même émotion que maintenant. Efforcez-vous de remonter le plus loin possible dans votre enfance. Ne forcez rien. Laissez les images émerger à votre conscience. En compagnie de qui étiez vous? De votre mère? De votre père? D'un frère, d'une sœur, d'un ou d'une amie?

MARIE-HÉLÈNE:
*Je ne parlais pas à Denis, l'autre soir, et il ne s'en est même pas aperçu.*

THÉRAPEUTE:
*Étiez-vous en colère contre lui?*

MARIE-HÉLÈNE:
*En colère? J'essayais de lui dire quelque chose et il ne m'écoutait pas. Il m'interrompait sans cesse pour parler de lui. Alors, j'ai décidé de me taire. Il ne s'en est même pas aperçu.*

THÉRAPEUTE:
*Visualisons la situation. Fermez les yeux et reculez dans le temps jusqu'à ce soir-là, quand Denis refusait de prêter attention à ce que vous disiez. Pouvez-vous faire ça?*

MARIE-HÉLÈNE:
*Oui. J'essaie de faire en sorte qu'il m'écoute.*

THÉRAPEUTE:
*Bien. Maintenant, essayez de vous rappeler une occasion où vous avez ressenti la même chose quand vous étiez petite.*

MARIE-HÉLÈNE:
*Eh bien (pause)... Je vois mon père. J'essaie de lui dire que toutes mes copines ont la permission de rentrer tard le soir du bal étudiant, mais il ne m'écoute pas. Il continue de crier après moi, il dit qu'il n'est pas question que sa fille reste dehors jusqu'aux petites heures. Je suis si frustrée que j'ai envie de hurler.*

De tels exercices d'imagerie mentale soulèvent les émotions. Vous serez surpris des résultats. Efforcez-vous d'accepter vos émotions et d'en tirer des leçons. Peut-être découvrirez-vous une colère réprimée envers les personnes qui vous ont assujetti. Faites l'expérience de cette colère, elle fait partie de votre côté sain. Elle a son utilité, puisqu'elle vous annonce que vous devez changer d'attitude dans vos relations avec autrui. Elle vous met en contact avec cette partie de vous qui réclame des changements, qui appelle votre évolution. C'est par la colère que vous saurez entrer en contact avec cet aspect de vous-même. Sans doute est-elle le seul indice de ce que vous voulez réellement.

L'imagerie mentale vous permet aussi de retracer l'évolution de votre schéma «assujettissement». Reculez jusqu'à votre enfance. Notez comment vos expériences ont renforcé votre schéma et fait en sorte que vous assumiez un rôle soumis dans vos relations. Persistez tant que vous ne parviendrez pas à avoir une perception plus réaliste de votre contexte familial d'origine. Nous espérons que vous parviendrez à éprouver de la tristesse ou de la colère face à ce que vous avez vécu sans pour autant y trouver la justification de votre assujettissement actuel.

2. *Énumérez les circonstances qui, au travail et à la maison, vous poussent à l'assujettissement et à l'abnégation.*

Soyez à l'affût de vos réactions. Sachez vous observer de l'extérieur, avec détachement. Analysez chaque manifestation de votre assujettissement. Énumérez les circonstances qui vous paraissent difficiles: ce sont celles-là que vous devriez apprendre à dominer.

Voici la liste de Marie-Hélène:

---

### *Étapes à franchir pour surmonter l'assujettissement*

1. Dire au camelot de se donner la peine de déposer le journal sur le seuil quand il pleut.
2. Dire à une vendeuse que je n'ai pas besoin d'aide.
3. Ne pas donner d'argent à mes enfants au-delà de leur allocation hebdomadaire.
4. Demander à Denis de conduire les enfants à l'école les jours où j'ai des cours.
5. Dire à papa de ne plus réprimander les enfants en ma présence.
6. M'accorder une journée pour faire ce qui me plaît: courir les boutiques, lire dans le parc, voir des amis, etc.
7. Dire à Dorothée (mon amie) que je lui en veux de ne pas faire sa part dans le covoiturage des enfants.
8. Dire à Denis ce que je ressens quand il me critique en public.
9. Dire à Denis qu'il a tort de me critiquer en public ou quand je n'ai rien fait de mal.
10. Quand Denis et moi irons acheter un canapé, lui exprimer mes préférences plutôt que d'acquiescer aux siennes.

3. *Développez peu à peu vos propres opinions et préférences dans différents domaines: le cinéma, la nourriture, les loisirs, la politique, les sujets de l'heure, la gestion du temps, et ainsi de suite. Apprenez à vous connaître et à connaître vos besoins.*

Ceci requiert un renversement de l'objet de votre attention. Au lieu de mettre toute votre énergie à tenter de déceler ce que veut ou ressent une autre personne, portez attention à vos besoins et à vos sentiments. Sachez où vont vos préférences.

THÉRAPEUTE:
*Quel film avez-vous vu l'autre soir?*

CHARLES:
Présumé innocent.

THÉRAPEUTE:
*Cela vous a-t-il plu?*

CHARLES:
*Je ne sais pas trop. C'était bien. Linda a aimé. Je n'y ai pas vraiment réfléchi.*

THÉRAPEUTE:
*Eh bien, efforcez-vous d'y réfléchir maintenant.*

CHARLES:
*Ça m'a paru un peu tiré par les cheveux.*

THÉRAPEUTE:
*Au point de vous déplaire?*

CHARLES:
*Non. J'ai bien aimé. J'étais curieux de voir ce qui allait arriver. Je n'arrêtais pas de me demander qui était le coupable.*

Ayez des opinions personnelles; ne vous rangez pas à l'avis des autres.

4. *Énumérez ce que vous faites pour les autres et ce que vous leur donnez, énumérez aussi ce qu'eux font pour vous et ce qu'ils vous rendent. Combien de temps passez-vous à écouter les autres? Combien de temps passent-ils à vous écouter?*

Faites une liste comparative de ce que vous contribuez à vos relations et de ce que vous recevez en retour. Faites cet exercice avec les relations les plus importantes de votre vie: la personne que vous aimez, votre conjoint, vos enfants, votre meilleur ami, vos parents, votre employeur. Pour chaque personne, rédigez deux colonnes: «Ce que j'apporte à cette personne» et «Ce que cette personne m'apporte». Vous constaterez rapidement un déséquilibre.

MARIE-HÉLÈNE:
*J'ai fait une liste pour Denis et moi. (Elle me tend la liste.)*

THÉRAPEUTE:
*(Lit.) Très intéressant. Ce que vous apportez à Denis comporte trente-deux éléments: «L'écouter parler de ses problèmes de bureau», «Acheter ses vêtements», «Préparer*

*ses repas», «Porter ses vêtements chez le nettoyeur», «Acheter ses cadeaux», «Faire sa lessive», et ainsi de suite. La colonne de Denis ne comporte qu'une entrée: «La sécurité financière».*

MARIE-HÉLÈNE:
*Oui. Je sais. Pas étonnant que j'en aie marre.*

Nous voulons que vous parveniez à un meilleur équilibre dans vos rapports interpersonnels. Il ne s'agit pas de cesser de donner, mais d'apprendre à donner moins, comme vous le feriez si vous vous sentiez libre d'agir à votre gré. Nous voulons aussi que ce que vous recevez en retour soit à la mesure de votre générosité: affection, écoute, soutien et respect.

5. *Mettez fin à votre comportement passif-agressif. Forcez-vous systématiquement à vous affirmer, à exprimer vos désirs et vos besoins. Commencez par des choses simples.*
Pour opérer une transformation dans votre vie, vous devez accepter de vous affirmer davantage et de mieux exprimer vos besoins. Vous devez accepter de changer d'attitude dans vos relations interpersonnelles.

Un comportement différent envers quelqu'un entraîne une attitude différente face à cette personne. Par exemple, on peut difficilement se laisser intimider par une autre personne quand on parvient à s'affirmer devant elle. Mais le plus important est qu'un changement de comportement transformera aussi la perception que vous avez de vous-même, en stimulant votre confiance en vous et votre estime de vous-même. Vous développerez ainsi un sentiment de maîtrise et de compétence.

La prochaine étape consiste à vous affirmer davantage. Nous savons que ce ne sera pas facile. Abordez-la graduellement. Commencez par vous affirmer dans des circonstances qui n'exigent pas trop de vous et, peu à peu, passez à des défis plus complexes.

Référez-vous à la liste que vous avez préparée. Évaluez le degré de difficulté de chaque énoncé selon l'échelle suivante:

## *Degré de difficulté*

0   Très facile
2   Un peu difficile
4   Moyennement difficile
6   Très difficile
8   Presque impossible

Voici l'évaluation de Marie-Hélène:

| *Moyens à prendre pour surmonter l'assujettissement* | *Degré de difficulté* |
|---|:---:|
| 1. Dire au camelot de se donner la peine de déposer le journal sur le seuil quand il pleut. | 2 |
| 2. Dire à une vendeuse que je n'ai pas besoin d'aide. | 3 |
| 3. Ne pas donner d'argent à mes enfants au-delà de leur allocation hebdomadaire. | 5 |
| 4. Demander à Denis de conduire les enfants à l'école les jours où j'ai des cours. | 4 |
| 5. Dire à papa de ne plus réprimander les enfants en ma présence. | 7 |
| 6. M'accorder une journée pour faire ce qui me plaît: courir les boutiques, lire dans le parc, voir des amis, etc. | 4 |
| 7. Dire à Dorothée (mon amie) que je lui en veux de ne pas faire sa part dans le covoiturage des enfants. | 5 |
| 8. Dire à Denis ce que je ressens quand il me critique en public. | 7 |
| 9. Dire à Denis qu'il a tort de me critiquer en public ou quand je n'ai rien fait de mal. | 8 |
| 10. Quand Denis et moi irons acheter un canapé, lui exprimer mes préférences plutôt que d'acquiescer aux siennes. | 4 |

Travaillez sur chaque étape en commençant par la plus facile. Voici quelques directives qui vous aideront.

Souvenez-vous que votre but consiste à franchir chaque étape. Ne permettez pas à votre schéma «assujettissement» de vous désorienter. Quand, par exemple, Marie-Hélène est parvenue à l'étape numéro 7, soit à parler à Dorothée de la question du covoiturage, elle devait sans cesse se rappeler qu'il lui fallait exprimer sa colère, et non pas plaire à Dorothée. Ne vous laissez pas distraire par l'objectif secret des personnes assujetties: plaire à autrui.

Quelle que soit la réaction de l'autre personne, insistez calmement. Si l'autre personne vous attaque, ne soyez pas sur la défensive. Ne vous défendez pas. Restez ferme. Voici, en guise d'exemple, un jeu de rôles auquel nous avons eu recours avec Marie-Hélène pour qu'elle trouve le courage d'affronter Dorothée. Nous avons joué le rôle de Dorothée.

Marie-Hélène:

*Dorothée, il y a quelque chose dont j'aimerais te parler. La question du covoiturage m'irrite. Ces cinq derniers mardis, tu m'as demandé de te remplacer. Je ne peux vraiment pas assumer cette responsabilité deux fois par semaine.*

Thérapeute:

*(Dans le rôle de Dorothée.) Je ne peux pas croire que tu puisses être aussi égoïste!*

Marie-Hélène:

*Tu peux me traiter d'égoïste, Dorothée, mais ça m'est réellement impossible de me charger du covoiturage deux fois par semaine.*

Soyez directe. Ne vous perdez pas en discours inutiles. On vous écoutera d'autant plus facilement que vous irez droit au but. Dites «je», et parlez de ce que vous ressentez. (Il est intéressant de noter que la plupart des personnes assujetties évitent le pronom «je» quand elles parlent de leurs émotions. Au lieu de «[je] t'en voulais de m'éviter», elles disent «Il est normal qu'on en veuille à quelqu'un qui nous évite».) Parler de ses sentiments est essentiel à l'affirmation de soi, en partie pour des raisons pratiques. Personne ne peut contester vos sentiments. Si vous dites: «J'avais raison et tu avais tort», on peut le contester; mais si vous dites: «Je t'en ai voulu d'agir comme tu l'as fait», personne ne peut vous contredire, personne ne peut dire: «Non, tu ne m'en as pas voulu.» En exprimant ce que vous ressentez, vous faites savoir à l'autre personne que vos sentiments ont de l'importance.

Accordez-vous une semaine d'efforts par exercice. Recommencez chacun des exercices aussi souvent que nécessaire afin d'arriver à le maîtriser. Si vous ne pouvez faire certains exercices qu'une seule fois, remplacez-les par d'autres comportant le même degré de difficulté.

Développez l'habitude de vous affirmer davantage et plus spontanément dans tous les domaines de votre vie, chaque fois que l'occasion se présente. Efforcez-vous d'y voir l'opportunité de mettre en pratique vos techniques d'affirmation.

*6. Efforcez-vous de demander aux autres de s'occuper de vous. Demandez-leur de vous aider. Parlez-leur de vos ennuis. Efforcez-vous de créer un équilibre entre ce que vous donnez et ce que vous recevez.*

Demandez davantage des autres. Parlez de vous. Bon nombre de personnes assujetties nous confient que, si elles parlent d'elles-mêmes «trop longtemps», elles deviennent anxieuses et font aussitôt dévier la conversation vers leur interlocuteur. Si l'anxiété vous gagne, sachez que c'est correct de parler de soi. C'est correct de confier vos ennuis à quelqu'un et de demander de l'aide. Vous constaterez que vos confidences vous rapprochent des autres. Si certaines personnes ne veulent pas vous écouter, demandez-vous si elles en valent la peine.

*7. Mettez fin à vos relations avec les personnes trop égocentriques et égoïstes pour s'intéresser à vos besoins. Évitez les relations à sens unique. Affranchissez-vous des relations qui vous emprisonnent.*

Au début de notre pratique, nous étions portés à vouloir préserver toutes les relations personnelles de nos patients. Si le patient était marié, nous voulions préserver son mariage. S'il avait une liaison, nous voulions préserver cette liaison. Nous ne pensons plus que les relations personnelles doivent à tout prix être sauvegardées. Certaines sont trop néfastes et offrent trop peu de potentiel de changement.

Certaines personnes de votre entourage refuseront de s'adapter à vos efforts pour apporter un meilleur équilibre à votre relation. S'il s'agit d'un conjoint ou d'un membre de votre famille, vous devez leur donner le temps de s'adapter. Mais s'ils ne changent pas d'attitude envers vous, vous devrez vous résoudre à un éloignement ou même à une rupture.

Le mariage de Charles a survécu. Linda s'est d'abord violemment révoltée contre son changement d'attitude, mais au fond, elle s'en réjouissait et était heureuse de voir son mari devenir un homme plus fort. Elle éprouvait aussi un certain soulagement à constater que Charles mettait un frein à ses exigences. Elle se sentait davantage en sécurité, pouvait se dominer plus facilement.

Le mariage de Marie-Hélène s'est soldé par une rupture. Denis n'acceptait pas de voir sa femme évoluer. Il aimait trop la dominer. Marie-Hélène en est venue à le quitter. Elle est retournée aux études, elle travaille, et elle commence à fréquenter d'autres hommes.

*8. Efforcez-vous de confronter les autres plutôt que de vous montrer trop conciliant avec eux. Exprimez calmement vos rancœurs dès que vous les ressentez. Apprenez à accepter de déplaire, de faire de la peine, de susciter la colère d'une autre personne.*

Apprenez à extérioriser votre colère convenablement et d'une façon constructive. Plutôt que de laisser votre colère vous dominer, apprenez à vous en servir pour améliorer vos relations personnelles.

Vous devez, pour ce faire, suivre quelques directives. Le principe de base est le suivant: gardez votre calme et exposez de nouveau votre point de vue, quelle que soit la réaction de votre interlocuteur. Ne lui permettez pas de vous obliger à vous défendre. Soyez ferme.

Je répète: restez calme. Ne criez pas; demeurer calme est plus persuasif. Crier montre que vous êtes en position de faiblesse. N'attaquez pas l'autre personne. Faites-lui part des comportements qui vous ont affecté.

Si votre relation est bonne dans l'ensemble, mais que vous avez un reproche à faire à votre interlocuteur, commencez par dire quelque chose de positif pour l'inciter à se montrer réceptif à vos propos. Les gens n'écoutent vraiment que s'ils sont dans un état de réceptivité. Si vous les courroucez, ils sont sur leurs gardes et ne veulent rien entendre. Engager la conversation sur une note positive contribue à la réceptivité de votre interlocuteur.

Par exemple, Charles, qui souhaitait dire à Linda de ne pas le réprimander en public, engagea la conversation ainsi: «Linda, je sais que tu m'aimes.» Faites en sorte que votre entrée en matière soit positive et vraie; n'inventez pas. Ensuite, critiquez non pas la personne elle-même, mais son comportement. Charles n'a pas dit à Linda: «Tu n'as aucune sensibilité», mais bien qu'il souhaitait la voir perdre une certaine habitude: «Tu me critiques parfois devant les gens.» Vous devez être précis dans vos exigences. Si vous décrivez claire-ment à votre interlocuteur le comportement qui devrait selon vous être amélioré, il sera plus facilement porté à acquiescer à votre demande. Enfin, concluez sur une note positive. La conclusion de Charles fut la suivante: «Je te suis très reconnaissant de m'avoir écouté jusqu'au bout.»

Choisissez le bon moment. Évitez ce genre de conversation quand vos émo-tions sont à fleur de peau. Attendez de pouvoir discuter dans le calme. Montrez-vous ferme, non seulement en paroles, mais aussi par votre tenue et par le ton de votre voix. Regardez la personne droit dans les yeux. Si cela peut vous aider, répétez l'exercice devant un miroir avant d'affronter réellement l'autre personne.

9. *Ne justifiez pas votre désir de plaire. Cessez de vous convaincre que ce n'est pas important.*

Vous devez exprimer vos préférences dans vos relations interpersonnelles. Profitez de chaque occasion qui se présente à vous. Commencez par des choses en apparence triviales, puis passez peu à peu aux plus importantes.

CHARLES:

*Cela vous semblera étrange, mais je crois que le premier changement est survenu le soir où Linda m'a demandé ce que je souhaitais pour le dîner: bifteck ou hamburger. J'ai failli lui répondre que cela m'était égal, mais je me suis retenu. J'ai choisi le bifteck.*

Pesez le pour et le contre de chaque option, faites votre choix et exprimez-le.

10. *Penchez-vous sur vos relations passées et décelez-y votre tendance à rechercher des partenaires dominateurs ou dépendants. Énumérez les pièges à éviter. Si possible, fuyez les personnes égoïstes, irresponsables ou dépen-dantes qui vous attirent fortement.*

Énumérez les relations qui ont compté dans votre vie. Quels en sont les scé-narios récurrents? Quels pièges devez-vous éviter? Êtes-vous attiré par les per-sonnes dominatrices? Vous fusionnez-vous à l'autre personne au point de perdre votre identité? Êtes-vous attiré par les personnes qui vous bousculent, vous menacent ou vous culpabilisent, ou par les personnes sans défense et dépen-dantes dont vous devez prendre charge? Les scénarios que vous décèlerez sont ceux qu'il vous faut éviter à tout prix. Ce sera difficile, nous en convenons, car ce sont précisément ces personnes qui vous attirent le plus. L'attirance est très forte, mais les relations sont de courte durée et vous en payez le prix. Au bout du compte, vous devenez amer et vous êtes malheureux. Vous feriez mieux d'opter pour une relation d'égal à égal, même si l'attirance est plus ténue.

11. *Si vous trouvez un partenaire qui se préoccupe de vos besoins, qui s'intéresse à votre opinion et sait l'apprécier, quelqu'un d'assez fort pour assumer sa part des responsabilités, donnez à cette relation une chance de réussir.*

Si vous vivez en compagnie d'un partenaire qui croit à l'égalité, donnez à cette relation la chance de survivre, même si cela vous est peu familier. Les personnes soumises qui vivent une relation saine y mettent habituellement fin très tôt. Elles ne s'y sentent pas à l'aise, se désintéressent de l'autre personne, elles ont l'impression que quelque chose leur manque ou que la passion n'est pas assez intense. Tant que vous ressentirez un certain attrait, donnez à cette relation une chance de réussir. En vous habituant à votre nouveau rôle, l'attirance pourrait faire surface.

12. *Soyez plus énergique au travail. Attribuez-vous le mérite de vos réussites. Ne permettez pas aux autres de profiter de vous. Demandez les promotions ou les augmentations de salaire auxquelles vous avez droit. Déléguez certaines responsabilités.*

Affirmez-vous aussi au travail. Corrigez les situations qui stimulent votre assujettissement. Louvoyez-vous devant votre employeur pour ensuite faire preuve de comportement passif-agresssif? Sacrifiez-vous vos intérêts au profit de ceux de vos subalternes? Permettez-vous à vos collègues et à vos concurrents de profiter de vous? Redressez ces situations. Vous aurez sans doute peur au début, mais la satisfaction que vous éprouverez vous encouragera à persister. Ne vous montrez pas plus agressif qu'il ne faut, mais soyez ferme.

13. (Aux révoltés). *Efforcez-vous de ne pas faire le contraire de ce qu'on attend de vous. Sachez ce que vous voulez et faites-le, même si cela correspond à ce que vos supérieurs vous demandent.*

Ce qui suit s'adresse aux personnes révoltées: affranchissez-vous des influences extérieures, des personnes contre lesquelles vous vous rebellez. Forgez vos propres opinions en vous penchant sur vous-même. Vous ne vous connaissez pas mieux que les autres personnes soumises et vous n'êtes pas plus libre qu'elles. Tant que vos opinions vous seront dictées par d'autres, vous serez une personne accablée et amère. Accordez-vous la liberté d'être d'accord avec vos supérieurs.

Gravissez un à un les échelons du changement. Vous devez autant que les autres apprendre à vous affirmer sans agressivité. Efforcez-vous de rétablir l'équilibre dans votre vie, de façon à donner aux autres autant que vous recevez d'eux.

14. *Rédigez des fiches aide-mémoire et consultez-les fréquemment.*

En période de crise, consultez vos fiches. Une fiche vous rappellera que vous avez le droit de vous affirmer. Voici un exemple de fiche rédigée par Charles sur la nécessité de ne pas se plier à des exigences déraisonnables.

### Fiche sur l'abnégation

J'ai le droit de dire «non» quand on est trop exigeant envers moi. Si je réponds pas l'affirmative, j'en voudrai à l'autre personne ainsi qu'à moi-même. Je peux tolérer la culpabilité qui accompagnerait un refus. Même si je blesse un peu l'autre personne, ce sera une blessure bénigne et temporaire. Les gens me respecteront davantage si j'apprends à leur dire «non». Et je me respecterai moi-même.

Voici une fiche rédigée par Marie-Hélène. Elle concerne sa relation avec Denis.

### Fiche sur la soumission

Ce que je veux compte. Je mérite le respect. Je ne dois pas permettre à Denis de me maltraiter. Je mérite mieux. Je peux m'affirmer. Je peux lui demander calmement qu'il me respecte, sans quoi je mettrai fin à la conversation. S'il ne peut pas évoluer suffisamment pour respecter mes droits, je peux rompre et trouver un homme qui corresponde mieux à mes attentes.

Gardez cette fiche sur vous. Quand votre schéma entre en action et qu'il devient temps pour vous de vous affirmer, lisez-la. Ces fiches vous aideront à franchir le pas entre la compréhension intellectuelle et l'acceptation émotionnelle.

## Le mot de la fin

Il est très important que vous vous accordiez le mérite de vos réussites à mesure que vous opérerez des transformations dans votre comportement. Rendez à César ce qui appartient à César. Il est beaucoup plus difficile de s'améliorer quand nos progrès ne sont pas récompensés. Ayez du recul, soyez plus conscient du chemin parcouru que du chemin qui vous reste à parcourir. Réjouissez-vous de toute amélioration, si minime soit-elle. Récompensez-vous à chaque étape franchie avec succès.

N'oubliez pas que votre schéma «assujettissement» se nourrit à une vie entière de souvenirs, de répétitions, de confirmations. L'assujettissement vous est familier. Ce schéma est au cœur de votre perception de vous-même et de votre perception du monde. Il est normal qu'il se débatte furieusement pour survivre. Il est normal que le fait de vous y accrocher vous réconforte et vous rassure, quelles qu'en soient les conséquences. Ne vous découragez pas si vos progrès sont lents.

L'indignation est tentante. Marie-Hélène dit: «Je suis une telle pâte molle. Je me déteste.» Mais cette attitude met un frein au progrès que vous pouvez faire. Reconnaissez les raisons qui vous ont fait adopter ce schéma. Vous deviez trouver le moyen de survivre émotionnellement dans votre enfance, mais ce qui était un secours autrefois vous nuit aujourd'hui. Vous devez y renoncer. Vous devez entreprendre un long voyage hors du comportement d'échec et de l'abnégation, et reprendre possession de votre vie.

# 15

## «CE N'EST JAMAIS SUFFISANT»
## LE SCHÉMA «EXIGENCES ÉLEVÉES»

> **PAULINE:** QUARANTE ANS. ELLE SE DOIT D'ÊTRE PARFAITE TANT DANS SA VIE PRIVÉE QUE DANS SA VIE PROFESSIONNELLE.

Pauline est ce qu'il est convenu d'appeler une superfemme. Elle fait tout. Elle est médecin et directrice du département d'anesthésiologie d'une université prestigieuse. Non seulement elle excelle dans la pratique de l'anesthésie, qui est l'une des branches les plus difficiles de la médecine, mais elle est également à la tête d'un vaste programme de recherches. Elle a reçu de nombreuses subventions gouvernementales et privées, publie dans d'importantes revues spécialisées et participe à des rencontres internationales de haut calibre. Son revenu annuel dépasse les deux cent mille dollars.

Parallèlement, c'est une épouse et une mère parfaite. Son mari, Pascal, est cadre d'entreprise; presque toutes les semaines, le couple se rend à une réception d'affaires ou reçoit des invités. Pauline tient également beaucoup à rester très présente auprès de ses enfants et leur consacre chaque jour une partie de son temps. Elle fait quotidiennement du conditionnement physique et joue très bien au tennis. Sa maison est immaculée et le terrain qui l'entoure est entretenu à la perfection. Pauline me dit qu'elle regrette de ne pouvoir se charger elle-même du jardinage.

THÉRAPEUTE:
*Ainsi vous essayez de tout faire.*
PAULINE:
*Oui. Et je suppose que j'y parviens. L'ennui est que je fais tant de choses que je suis dans un état lamentable. Je suis toujours pressée.*

THÉRAPEUTE:

*On dirait bien que vous en faites trop.*

PAULINE:

*C'est exact. Je ne jouis pas de la vie. On croirait qu'avec tout ce que je possède je pourrais en profiter un peu, mais ce n'est pas le cas. En fait, je suis très déprimée. Dépassée par les événements et démoralisée. C'est pour cette raison que je suis venue. J'en suis au point où je préférerais rester couchée.*

THÉRAPEUTE:

*Avez-vous allégé votre emploi du temps?*

PAULINE:

*Non, bien entendu. Je continue à tout faire. Je continue à me lever. Rien n'a changé. Mais je viens d'avoir quarante ans. Je voudrais profiter de la vie davantage. J'aimerais avoir du temps pour moi.*

> MICHEL: QUARANTE-DEUX ANS. SA QUÊTE INFATIGABLE DE SUCCÈS LE DÉTRUIT PHYSIQUEMENT.

Michel est lui aussi une personne qui a réussi. Il est lecteur de nouvelles dans une importante station de télévision new-yorkaise. Il est beau et il se dégage de lui un soupçon de supériorité. Il emploie un ton délibérément désinvolte pour me parler de ses réussites. Il est célèbre, il connaît des gens célèbres, il a beaucoup d'autorité dans son travail, il est riche, et il fréquente de très belles femmes, mannequins ou actrices. Néanmoins, Michel n'est pas heureux. Il en veut toujours davantage. Quelque chose le pousse.

THÉRAPEUTE:

*Pourquoi êtes-vous venu en thérapie?*

MICHEL:

*Je vais être franc. Je ne tiens pas à être ici. Mais mes médecins m'ont dit que mes problèmes de côlon et mes maux de tête sont dus au stress. Je dois apprendre à me détendre.*

THÉRAPEUTE:

*Vous voulez guérir votre côlon et vous débarrasser de vos maux de tête, mais ne rien changer à votre vie?*

MICHEL:

*Oui. Je n'ai pas l'intention de m'arrêter.*

## Questionnaire relatif au schéma «exigences élevées»

Ce questionnaire vise à évaluer l'importance de ce schéma cas. Répondez aux questions qui suivent en utilisant l'échelle de cotation de la page 293.

## Échelle de cotation

Dans mon cas, l'énoncé est:
1. Absolument faux.
2. Faux dans l'ensemble.
3. Plus vrai que faux.
4. Modérément vrai.
5. Vrai dans l'ensemble.
6. Absolument vrai.

Si vos réponses comportent des 5 ou des 6, il se peut que ce schéma s'applique à vous, même si votre score total est bas.

| Pointage | Énoncés |
|---|---|
| | 1. La deuxième place ne me suffit pas. Je dois être le meilleur en tout. |
| | 2. Rien de ce que je fais ne me satisfait totalement. |
| | 3. Je fais toujours en sorte que tout soit parfaitement en ordre. |
| | 4. Il faut toujours que je sois vêtu à la perfection. |
| | 5. J'ai tant à faire que je ne trouve jamais le temps de me détendre. |
| | 6. Mes relations personnelles souffrent de mon ambition. |
| | 7. Le stress que je vis affecte ma santé. |
| | 8. Si je fais une erreur, on a raison de me juger sévèrement. |
| | 9. J'ai un très fort esprit de compétition. |
| | 10. La richesse et la réussite sociale comptent énormément pour moi. |
| | VOTRE TOTAL: <br> (Additionnez vos points pour les questions 1 à 10.) |

## Interprétation des résultats

10-19 Très bas. Ce schéma ne vous affecte sans doute pas du tout.

20-29 Assez bas. Ce schéma vous affecte sans doute à l'occasion.

30-39 Modéré. Ce schéma est un problème pour vous.

40-49 Élevé. Ce schéma joue un rôle important dans votre vie.

50-60 Très élevé. Il s'agit d'un schéma fondamental dans l'organisation de votre personnalité.

## Les exigences élevées

Ce qui prime ici, c'est la pression intérieure. Vous ne pouvez jamais vous détendre et jouir de la vie. Vous foncez, foncez sans cesse, vous voulez toujours aller plus loin. Vous luttez pour être le meilleur en tout, que ce soit dans vos études, dans votre travail, dans les sports, dans vos loisirs, dans votre vie amoureuse et sexuelle. Vous devez posséder la plus belle maison et la meilleure voiture, avoir une carrière brillante, gagner beaucoup d'argent, être le plus beau ou la plus belle. Vous devez être parfait tant dans votre créativité que dans votre sens de l'organisation.

Le nom de ce shéma reflète le point de vue de l'observateur, non pas le vôtre. Nous jugions élevées et excessives les exigences de réussite de Michel et de Pauline, pas eux. Pour eux, elles étaient normales. Les personnes exigeantes réussissent souvent tout ce qu'elles entreprennent, mais leur succès n'est évident qu'aux yeux d'autrui. Les autres pensent que vous avez beaucoup de succès, mais vous tenez vos réussites pour acquises: elles sont seulement à la mesure de vos ambitions.

Certains symptômes physiques de stress, tels que l'irritabilité du côlon et les maux de tête de Michel, sont fréquents. Il peut s'agir d'hypertension, d'ulcères, de colite, d'insomnie, de fatigue chronique, de crises de panique, d'arythmie cardiaque, d'obésité, de maux de dos, d'affections dermatologiques, d'arthrite, d'asthme, etc.

MICHEL:
*On dirait que mon corps me dit qu'il n'en peut plus, que je dois ralentir.*
THÉRAPEUTE:
*Il faut bien que quelque chose cède.*

Pour vous, vivre c'est agir, travailler, réussir. Vous repoussez toujours vos limites. Vous ne vous arrêtez jamais pour jouir de la vie. Tout, même vos loisirs, tels que la natation ou les jeux, devient une corvée. Il a été question de cet aspect lors d'une séance conjointe avec Pauline et Pascal.

PAULINE:
*Je ne parviens pas à me détendre quand je joue au tennis. J'analyse mon jeu, je cherche à le perfectionner. Et ça m'ennuie terriblement quand je n'y parviens pas.*
THÉRAPEUTE:
*Même vos loisirs sont du travail pour vous.*
PASCAL:
*Oui. C'est pour cette raison que je n'aime pas jouer au tennis avec elle. Elle prend le jeu trop au sérieux, elle est trop tendue. Chaque partie devient une question de vie et de mort. Et elle ne supporte pas de perdre. Elle est mauvaise perdante.*

Les exigences élevées peuvent engendrer toute la gamme des émotions négatives. Vous êtes frustré et irrité de ne pas toujours satisfaire à vos propres critères. Vous êtes toujours exaspéré et très anxieux. Tout faire à la perfection vous obsède. Vous avez une perception aiguë du temps qui passe: vous avez tant à faire et si peu de temps pour y parvenir! Vous êtes stressé par le manque de temps. La grisaille de votre vie, le vide que vous ressentez malgré vos réussites vous dépriment.

Vous vous demandez peut-être pourquoi vous persistez. Si fatigué que vous soyez, vous en faites encore davantage au lieu de ralentir, vous assumez toujours plus de responsabilités. Vous semblez persuadé que le bonheur vous viendra éventuellement d'une de vos activités. Vous ne comprenez pas que votre façon d'aborder les problèmes rend toute satisfaction impossible. Inévitablement, tout ce que vous faites est cause de stress.

MICHEL:
*Je me dis toujours que si je parviens au sommet, je serai heureux.*
THÉRAPEUTE:
*Mais peu importe ce que vous obtenez, un nouveau travail, une nouvelle petite amie, une nouvelle voiture, un nouveau voyage, vous persistez dans vos exigences excessives. Ce sont ces exigences qui doivent changer.*

Vous croyez au succès, vous êtes persuadé que vos efforts vous conduiront au bonheur de l'excellence. Même si vous n'êtes pas entièrement convaincu d'avoir réussi, vous avez l'impression d'aller de l'avant, de vous rapprocher du but. C'est ce qui vous permet de persister. Vous voyez une lumière au bout du tunnel, ce moment privilégié où vous pourrez enfin vous reposer et jouir de la vie. Vous rêvez de votre liberté future.

THÉRAPEUTE:
*Qu'est-ce qui vous pousse? Pourquoi ne pas tout simplement vous arrêter?*
PAULINE:
*Je me le demande souvent. Je crois que je vois toujours la lumière au bout du tunnel, le moment où je pourrai enfin me reposer et jouir de ma réussite. Je me dis que j'approche du but.*

Mais ce moment de paix attendue n'arrive jamais. Et même s'il arrivait, vous trouveriez autre chose, vous vous fixeriez d'autres objectifs plus élevés. C'est le cercle vicieux qui alimente votre schéma. Au fond, vous n'êtes bien que si vous maintenez votre effort. Cela ne vous rend pas heureux, mais cela vous est familier. C'est le démon intérieur que vous connaissez le mieux.

Il existe trois principales variantes du schéma «exigences élevées». Vous pourriez vous reconnaître dans l'une d'elles, dans plus d'une ou dans toutes les variantes:

---

### *Les trois types d'exigences élevées*

1. Le perfectionnisme
2. L'ambition professionnelle
3. L'ambition sociale

---

## • LE PERFECTIONNISME •

La personne perfectionniste aspire à l'ordre parfait. Vous vous occupez de tous les détails, même minimes, vous appréhendez la moindre erreur. Si tout ne fonctionne pas à la perfection, vous en ressentez de la frustration et de l'amertume.

MICHEL:

*Mon rendez-vous avec Claudine a été un désastre. Au théâtre, six sièges au moins nous séparaient du centre. J'étais si furieux que c'est à peine si j'ai pu regarder la pièce.*

THÉRAPEUTE:

*Dommage. Je sais que vous teniez à voir cette pièce. C'est triste que vous n'ayez pu l'apprécier.*

Lorsque Michel sort, aucun détail ne lui échappe. Le siège doit être parfait, la nourriture sans défaut, la température ambiante idéale. Bien entendu, quelque chose cloche toujours, de sorte qu'il ne peut pas se détendre et profiter du moment.

Michel en veut au monde entier quand ce qui l'entoure le déçoit. Mais ce n'est pas le cas de toutes les personnes perfectionnistes. Certaines s'en veulent à elles-mêmes. Il se peut que vous vous blâmiez pour tout. C'est le cas de Pauline. Elle est aussi une perfectionniste, mais la plupart du temps, elle retourne sa colère contre elle-même.

THÉRAPEUTE:

*Alors, ce dîner, ça s'est bien passé?*

PAULINE:

*Très bien, sauf pour le riz qui était un peu trop cuit. Je m'en suis vraiment voulu pour ça.*

Lorsque Pauline repense à son dîner, elle s'acharne sur le seul point qui n'ait pas été absolument parfait et elle s'en fait le reproche.

L'obsession de la maîtrise de soi est fréquente. En fait, le contrôle est un aspect fondamental du perfectionnisme. Si vous sentez que d'autres domaines de votre vie vous échappent (à cause du schéma «vulnérabilité» ou «assujettissement», par exemple), le perfectionnisme vous permet de penser que vous pourrez arriver à dominer la situation.

## • L'AMBITION PROFESSIONNELLE •

Nous parlons ici d'ergomanie. L'ergomane travaille seize heures par jour, sept jours par semaine. La réussite professionnelle compte plus pour vous que tous vos autres besoins. Vous devez être le meilleur.

> PAULINE:
> *Je me souviens qu'à l'université, j'ai passé toute une nuit d'insomnie parce que j'appréhendais d'obtenir un «B» à mon examen de calcul différentiel. Je me disais que ce «B» me vaudrait de ne pas être reçue avec les honneurs. Je m'en voulais terriblement d'avoir échoué.*

Il faut faire une distinction entre le schéma «exigences élevées» et le schéma «sentiment d'échec». Le «sentiment d'échec» consiste à croire que vous avez échoué par rapport à vos pairs, que vous vous situez en deçà de la moyenne. Avec le schéma «exigences élevées» vous croyez que vous êtes au moins dans la moyenne, mais vous aspirez sans cesse au sommet, à la perfection. La personne possédant le schéma «sentiment d'échec» entreprendra une tâche et pensera aussitôt: «Je ne sais rien faire correctement, j'ai encore tout bousillé.» Celle avec le schéma «exigences élevées» entreprendra la même tâche et dira plutôt: «Ce n'était pas mal, mais j'aurais pu faire mieux.»

> PAULINE:
> *Ce n'est pas que je crains d'échouer. Je sais que je ferai du bon travail. Ma peur, c'est d'être médiocre, de ne pas trancher sur les autres.*

Le schéma «exigences élevées» peut parfois déboucher sur un sentiment d'échec. Si vos critères de réussite sont trop élevés pour que vous puissiez les atteindre, vous risquez de vous sentir incompétent, de croire que vous avez échoué. Vous êtes si loin du but que vous vous êtes fixé que vous avez l'impression d'avoir échoué en tout.

De nombreux ergomanes sont irritables et hostiles en permanence. C'est la personnalité de type A. Le type A en veut à quiconque réussit mieux que lui ou fait obstacle à son ambition. Ou bien, si les obstacles sont intérieurs, c'est à lui-même qu'il en veut. Il n'en fait jamais assez, il ne réussit jamais assez parfaitement à son goût. Il vit dans un état d'irritation permanente.

Votre ambition professionnelle est peut-être moins aiguë et s'exprime par un léger déséquilibre entre le travail et les loisirs. Vous ne parvenez pas à vous détendre vraiment, mais votre vie n'est pas entièrement faite de travail. Il se peut que votre ergomanie touche d'autres domaines de votre existence: la décoration intérieure, le magasinage, les loisirs, les sports. N'importe quoi, en somme, qui devient une corvée et dont vous êtes l'esclave.

## • L'ambition sociale •

L'ambition sociale porte à accorder une importance exagérée à la reconnaissance publique, au prestige, à la richesse, à la beauté, bref, au faux moi. C'est souvent une forme de contre-attaque qui veut compenser les schémas «sentiment d'imperfection» ou «sentiment d'exclusion».

Si votre ambition sociale passe la mesure, vous n'êtes jamais content de votre situation, peu importe vos accomplissements. Vous vous punissez, vous avez honte quand vous ne parvenez pas au sommet. Vous luttez sans cesse pour acquérir de plus en plus de pouvoir, d'argent, de prestige, mais vous n'êtes jamais heureux.

Thérapeute:

*C'est étrange. Vous avez réussi à vous faire inviter à cette réception très «sélect», vous vous êtes fait accompagner par, comme vous dites, «la plus belle femme qui soit», mais on dirait que vous avez été déçu.*

Michel:

*Je n'ai pas aimé les places qu'on nous a assignées à table. C'était évident que nous ne faisions pas partie des initiés.*

Michel n'est jamais content. Sa valeur n'est jamais suffisamment mise en évidence. Il aspire à plus de succès, mais quelles que soient ses réussites, au fond de lui il a toujours honte de qui il est.

Vous compensez parfois la carence affective par l'ambition sociale. Vous tentez de combler votre vide affectif par le pouvoir, la célébrité, le succès, l'argent, en substituant le prestige aux relations affectives enrichissantes. Mais le prestige ne vous comble jamais. L'une de nos patientes, Dominique, a épousé un homme riche et distant et passe sa vie à faire des achats. Elle possède tout ce qu'il y a de mieux. Elle reste chez elle, dans sa grande maison, entourée de tous ses biens, et ne parvient pas à trouver ce qui lui manque.

Voici les origines possibles du schéma «exigences élevées»:

---

### Les origines du schéma «exigences élevées»

1. Vos parents vous aimaient à la condition que vous vous mesuriez à leurs critères de réussite.
2. L'un de vos parents (ou les deux) avait des exigences personnelles excessives.
3. Vos exigences élevées vous permettaient de compenser un sentiment d'imperfection, d'exclusion, une carence affective ou un sentiment d'échec.
4. L'un de vos parents (ou les deux) vous humiliait ou vous critiquait si vous ne répondiez pas à ses attentes démesurées.

L'amour conditionnel des parents est une assise importante de ce schéma. Vos parents vous aimaient, vous approuvaient ou vous portaient attention uniquement quand vous aviez du succès ou quand vous accomplissiez quelque chose à la perfection. Ce fut le cas de Pauline.

PAULINE:
*J'avais l'impression de ne pas exister pour eux, sauf si je recevais un prix ou quand j'avais les meilleures notes. Je me souviens du jour où j'ai su que j'étais reçue à l'agrégation avec mention. Ma première pensée fut de courir prévenir mes parents, car je savais qu'ils seraient contents de moi. La plupart du temps, ils ne s'intéressaient pas à moi.*

L'amour conditionnel des parents oblige l'enfant à toujours devoir mériter leur affection. C'est une course interminable et ses récompenses sont rares. Nous avons un jour demandé à Pauline de nous donner une image de son enfance:

PAULINE:
*Je cours et je cours vers la maison, mais la maison m'échappe sans cesse. Plus j'essaie de m'en approcher, plus elle s'éloigne.*

D'autre part, vos parents vous ont peut-être comblé de leur amour quand vous répondiez à leurs attentes. L'important est que le fait de vous hisser au sommet de vos succès scolaires, de la beauté, du prestige, de la popularité, ou dans les sports était pour vous la meilleure façon de gagner leur affection, leur respect, parfois même leur adulation. Vos succès vous ont peut-être valu d'être placé sur un piédestal par vos parents.

Vos parents avaient peut-être eux-mêmes des exigences personnelles très élevées. Ils étaient perfectionnistes, ordonnés, ambitieux, énergiques. Ils vous ont transmis leur façon de voir et leur comportement. Dans ce cas, il est souvent étonnant de constater que nul n'était conscient de ces aspirations démesurées. C'était une situation normale.

PAULINE:
*Jusqu'à ma thérapie, je n'ai jamais pensé que je puisse avoir des exigences personnelles irréalistes. Je n'ai jamais considéré mes parents comme des perfectionnistes. Ils étaient pour moi des personnes normales avec des ambitions normales.*

*Mais quand j'ai commencé à y regarder de plus près, je me suis aperçue que ma mère exigeait toujours que sa maison soit parfaitement rangée. Il n'y avait jamais de désordre. Si je laissais traîner un bout de papier sur la table, après cinq minutes elle me disait de le ranger à sa place.*

*Mon père était très perfectionniste dans son travail. Il avait fondé sa propre entreprise et il faisait tout lui-même, même si ce n'était que suspendre une enseigne. Tout devait être fait à la perfection. Il n'arrêtait pas de travailler.*

Personne n'a jamais dit à Pauline: «Tu dois viser la perfection.» Elle l'a appris par l'exemple, en observant ses parents. Si vos parents avaient des exigences personnelles très élevées, ils vous les ont inculquées soit de façon directe, soit de façon subtile.

Les ambitions irréalistes des parents pour leurs enfants sont fréquentes dans les banlieues cossues où vivent de nombreux professionnels. Plus les parents œuvrent dans des domaines professionnels, plus leurs enfants sont sous pression. Dans ce milieu, on vise le succès. Mais bon nombre de nos patients avec des exigences élevées proviennent aussi de milieux ouvriers. Vos parents pouvaient être manœuvres, ouvriers spécialisés, fonctionnaires ou professionnels: les exigences élevées touchent toutes les classes de la société.

Certains de nos patients ont voulu se hisser hors de leur milieu social d'origine. Vous vous sentiez peut-être inférieur, ou vous pensiez que vos parents étaient inférieurs aux personnes de leur entourage, et vous en avez développé une grande ambition et le goût du prestige. Ce fut le cas de Michel. Élevé dans un quartier ouvrier, il en avait honte. Son école était fréquentée surtout par des enfants de la classe ouvrière, et il enviait les enfants des quartiers riches.

MICHEL:

*Mes origines modestes ne me satisfaisaient pas. Je voulais me mêler aux enfants des riches. Je voulais posséder ce qu'ils possédaient. J'ai décidé très jeune de devenir aussi riche qu'eux.*

Michel a très tôt planifié son existence dans le but de parvenir au sommet de l'échelle sociale. Son schéma «exigences élevées» est une réaction à sa honte de ses origines modestes (schéma «sentiment d'exclusion»).

Le schéma «exigences élevées» est parfois associé à d'autres schémas, par exemple, celui de la «carence affective». Vous avez constaté, dans votre enfance, que vos succès vous procuraient un peu de l'affection dont vous aviez besoin. Le succès permet parfois de se rapprocher des autres, mais c'est un piètre substitut pour l'affection véritable et la compréhension.

Un de vos parents vous a peut-être aiguillonné. La mère de Michel, qui aspirait à une meilleure situation sociale, considérait avoir épousé un homme d'une classe inférieure à la sienne. Michel lui permettait de satisfaire ses ambitions par procuration. Il n'avait donc droit à aucun répit. Sa mère le surveillait de près. Il nous a un jour tracé le portrait suivant de sa mère:

MICHEL:

*Je suis au lit et j'essaie de m'endormir. Je l'entends quand même qui me parle sans arrêt: «Lève-toi, tu as des tas de choses à faire. As-tu fini tes devoirs? Ne devrais-tu pas améliorer ton tennis? N'as-tu pas des amis à voir?»*

Les adultes avec des exigences élevées connaissent habituellement un taux de succès remarquable, mais leurs souvenirs d'enfance comportent bien peu de sentiments de réussite, ils sont davantage portés à se remémorer leurs échecs, leur marginalité, leur solitude. Quoi qu'ils aient fait, ils obtenaient rarement le respect, l'admiration, l'attention ou l'affection dont ils avaient besoin.

PAULINE:
*J'ai si souvent obtenu la meilleure note à l'école sans que mes parents s'y intéressent. Il fallait que je fasse quelque chose d'extraordinaire pour qu'ils prêtent attention à moi.*

Dans la famille de Pauline, très bien réussir était vu comme une chose normale. Les compliments étaient rares. Quand nous demandons à de tels patients s'ils sont perfectionnistes, ils répondent par la négative. Ils nient aussi que leurs parents l'aient été. Selon leurs critères, ils sont loin de la perfection.

Les parents ne se montrent pas toujours fiers de leurs enfants quand ils réussissent, et il arrive qu'ils les privent d'affection quand ils ne répondent pas à leurs attentes.

MICHEL:
*À ma première année d'université, on ne m'a pas invité à faire partie de la plus importante association étudiante. Ma mère ne m'a pas parlé pendant toute une semaine.*

Une autre patiente nous a confié que sa mère cessait de l'étreindre et de l'embrasser si elle n'obtenait pas un «A» dans ses études.

Vous vous rappelez peut-être des échecs cuisants. L'un de nos patients était ridiculisé par son père quand ses frères avaient le dessus sur lui dans les joutes sportives. Toute la famille était axée sur la compétition, sur la nécessité d'être premier en tout. Ses frères et lui se battaient pour déterminer lequel était le plus fort. Il est devenu un excellent athlète, mais il ne se souvient que des déceptions et de la pression subie. Il se peut que vous vous rappeliez avoir travaillé de toutes vos forces sans jamais parvenir au sommet.

Si vos parents vous humiliaient ou vous jugeaient sévèrement quand vous ne répondiez pas à leurs attentes, vous présentez sans doute aussi un schéma «sentiment d'imperfection».

---

### Les pièges du schéma «exigences élevées»

1. Votre santé se ressent du stress causé notamment par un surcroît de travail, pas seulement par les vicissitudes inévitables de l'existence.
2. L'équilibre est rompu entre travail et loisirs. La vie est une corvée dépourvue de plaisir.
3. Toute votre vie est axée sur le succès, le prestige et les biens matériels. Vous ne savez plus qui vous êtes ni ce qui pourrait vous rendre heureux.

4. Vous mettez trop d'énergie à organiser votre vie. Vous faites des listes, vous planifiez, vous nettoyez, vous réparez, vous ne consacrez pas assez de temps à la créativité et à la détente.
5. Vos relations interpersonnelles se ressentent du temps que vous passez à vous mesurer à vos ambitions, à votre travail, à votre réussite, etc.
6. Votre entourage se sent inapte ou anxieux en votre compagnie; on craint de ne pouvoir se mesurer à vos attentes.
7. Vous goûtez rarement votre succès. Vous avez rarement l'impression d'avoir vraiment accompli quelque chose. Vous passez tout de suite à une autre étape.
8. Vous vous sentez dépassé par les événements; vous manquez toujours de temps pour venir à bout des trop nombreux projets que vous entreprenez.
9. Vos exigences personnelles sont si élevées que bon nombre de vos activités deviennent des obligations ou des corvées dont vous ne tirez aucune satisfaction.
10. Vous remettez beaucoup au lendemain. Vos ambitions démesurées rendent vos tâches trop difficiles, et vous les évitez.
11. Le fait que votre entourage ne réponde pas à vos attentes vous irrite et vous frustre régulièrement.

Fondamentalement, le schéma «exigences élevées» vous fait perdre le contact de vous-même. Vous ne pensez qu'à l'ordre, à la réussite et au prestige; vous négligez vos besoins physiques, affectifs et sociaux.

PAULINE:
*J'ai souvent l'impression d'être une machine, de ne pas vivre vraiment. Comme si j'étais un automate.*

L'amour, la famille, l'amitié, la créativité, le plaisir, tout ce qui rend la vie digne d'être vécue, cèdent la place à votre obsession de la perfection.

PASCAL:
*Nous sommes allés à notre maison de campagne. Les enfants et moi avons aussitôt enfilé notre maillot de bain et nous sommes allés nous baigner. Pendant que nous riions et que nous nous amusions, Pauline était à l'intérieur, elle faisait le ménage, elle rangeait nos vêtements, elle était occupée à Dieu sait quoi. Nous l'appelions pour qu'elle vienne se joindre à nous. Elle répondait toujours, «J'arrive, j'arrive», mais elle n'est jamais venue.*

Vous payez très cher vos «exigences élevées». Vous laissez passer de nombreuses occasions d'être heureux et de vous épanouir.

Le succès est votre récompense. Vous êtes sans doute l'un des meilleurs dans votre domaine, quel qu'il soit. Il n'est pas rare de trouver une personne avec ce schéma à la tête d'une entreprise. Qui d'autre pourrait consacrer tant de temps et d'énergie à sa réussite professionnelle? Qui d'autre accepterait de lui sacrifier presque tout le reste? Les entretiens avec des personnes célèbres font constamment référence à leur souci de la perfection, à leur dévouement, à leur attention au détail, à leur énergie et à l'énergie qu'ils savent insuffler aux autres.

Mais vous ne goûtez pas votre succès. Quand vous en avez fini avec une tâche, vous passez à la suivante, effaçant du coup votre dernier accomplissement. Parfois, quand vous vous acharnez sur des choses sans importance, votre réussite ne veut rien dire. Est-il vraiment important que vos tiroirs de cuisine ou que les chambres des enfants soient toujours impeccables? Est-il vraiment important que la personne qui vous accompagne soit la plus belle de toutes ou que vous soyez la plus élégante? Est-il vraiment important que vous ayez obtenu une note de 99 et non pas de 100?

Vos relations amoureuses se ressentent également de vos exigences élevées. Vous voulez le partenaire idéal et vous ne vous contentez pas de demi-mesures. La femme idéale aux yeux de Michel est si belle, si talentueuse, si célèbre que des douzaines d'autres hommes la poursuivent de leurs assiduités. Michel ne l'intéresse pas le moins du monde.

Quand vous vivez une relation de couple, vous êtes souvent critique et exigeant. Vous voulez que tout votre entourage (surtout votre conjoint ou vos enfants) réponde à vos aspirations. Vous les dépréciez, sans doute à votre insu, quand ils n'y parviennent pas. Bien entendu, vos critères vous paraissent parfaitement réalistes, vos attentes normales et justifiées.

Les partenaires perfectionnistes vous attirent, à moins que, par jeu de polarité, vous n'ayez un faible pour les personnes détendues et désinvoltes. Vous arrêtez peut-être votre choix sur une personne qui contrebalance le stress de votre existence, qui vous apporte tout ce que vous avez perdu. Ce type de relation vous procure le seul soulagement et le seul agrément dont vous puissiez jouir.

Vous disposez probablement de très peu de temps à consacrer à vos êtres chers. Si vous êtes célibataire, vous négligez vos amis et la personne que vous aimez. Si vous êtes marié, vous négligez votre famille. Vous n'avez pas de temps pour eux. Vous êtes trop occupé à travailler, à ranger la maison, à grimper les échelons de la carrière. Vous vous dites que le jour viendra où vous pourrez vous reposer, trouver quelqu'un avec qui partager votre vie, ou consacrer du temps à votre conjoint et à vos enfants. Entre-temps, le temps vous file entre les doigts et votre vie affective est vide.

Quand il vous arrive de passer des moments auprès des êtres qui vous sont chers, vous êtes toujours tendu et intransigeant. Pauline consacre chaque jour du temps à ses enfants, mais elle n'en profite pas et ses enfants n'y trouvent aucun plaisir.

Pascal:
*Pauline a toujours quelque chose à leur reprocher. Je crois qu'elle les pousse trop. Regardez Sophie, notre fille. Elle souffre de maux de tête et d'estomac. Elle est seulement en troisième année et ses études la préoccupent déjà beaucoup trop.*

Les exigences élevées se transmettent de génération en génération. Vos parents vous les inculquent et vous les inculquez par la suite à vos enfants. Même quand vous leur consacrez du temps, vous les poussez à faire plus et mieux. Vous ne prenez pas le temps de les apprécier tels qu'ils sont. Vous vous privez d'une grande joie et vous les rendez malheureux.

On voit souvent des personnes affectées par ce schéma s'engager dans un projet d'envergure, puis être incapables de le mener à bien. L'attitude de toujours remettre au lendemain est souvent associée à ce schéma. Vos exigences personnelles sont si élevées qu'elles vous paralysent. Plus vous êtes tenté par un projet, plus vous risquez de le reporter à plus tard. Il se pourrait même que vous en veniez à vous écrouler, à ne plus être apte au travail, car vous ne pourrez plus subir la pression des objectifs que vous vous êtes fixés.

Votre schéma «exigences élevées» restreint vos possibilités de satisfaction. La poursuite effrénée de vos ambitions détruit vos chances de connaître l'amour, la sérénité, le bonheur, la fierté, le repos. Au lieu de cela, vous éprouvez de l'irritation, de la frustration, de la déception et, bien entendu, vous êtes victime de la pression et du stress. Vous devez prendre conscience du prix à payer pour votre perfectionnisme. Cela en vaut-il vraiment la peine?

Voici les étapes à franchir pour modifier le schéma «exigences élevées».

---

### Comment modifier votre schéma «exigences élevées»

1. Énumérez les domaines dans lesquels vos exigences sont trop élevées ou carrément irréalistes.
2. Énumérez les avantages qu'il y a à vous efforcer d'y répondre chaque jour.
3. Énumérez les inconvénients qui résultent de tels efforts.
4. Essayez d'imaginer votre vie sans ces pressions.
5. Prenez conscience des origines de votre schéma.
6. Imaginez ce qui se produirait si vous abaissiez vos critères d'environ le quart.
7. Calculez le temps que vous passez à respecter vos critères de perfection.
8. Efforcez-vous de vous fixer des buts plus réalistes en consultant des personnes dont la vie vous semble plus équilibrée que la vôtre.
9. Modifiez peu à peu votre emploi du temps ou votre comportement de façon à combler vos besoins profonds.

---

1. *Énumérez les domaines dans lesquels vos exigences sont trop élevées ou carrément irréalistes.*

Selon que vous soyez perfectionniste, ambitieux professionnellement ou socialement, votre liste pourra comprendre des éléments tels que le sens de l'ordre, la propreté, le travail, l'argent, le confort, la beauté, la performance athlétique, la popularité, le prestige ou la célébrité. Tous les domaines de votre vie qui sont soumis à des pressions peuvent faire partie de cette liste.

*2. Énumérez les avantages qu'il y a à vous efforcer d'y répondre chaque jour.*

Ces avantages seront presque certainement associés à votre taux de réussite. Ils proviennent de ce qu'on a une vie organisée, du succès, du prestige, et ils peuvent être considérables. Notre culture occidentale encourage énormément les exigences élevées. Voici la liste de Michel:

---

### Avantages que me procurent mes exigences élevées

1. Je peux acheter ce que je veux.
2. Je me sens différent des autres.
3. On me jalouse et on envie ce que j'ai.
4. Je peux avoir presque toutes les femmes que je veux.
5. Je fraye dans les milieux les plus en vue de la société.

---

Michel est comblé en apparence, mais il n'est pas heureux. Il n'apprécie rien de ce qu'il possède. Il est sans cesse insatisfait. Il attend toujours sa prochaine acquisition, sa prochaine conquête, sa prochaine promotion dans l'échelle sociale. Rien de ce qu'il a ne le satisfait.

Voici la liste de Pauline:

---

### Avantages que me procurent mes exigences élevées

1. Je gagne beaucoup d'argent.
2. Je suis une sommité dans ma profession.
3. J'ai gagné des prix.
4. Ma maison est presque toujours impeccable.
5. La vie domestique est très bien organisée.
6. Je suis une anesthésiologiste extrêmement compétente.

---

Encore une fois, ces avantages sont loin d'être négligeables. Pauline a raison d'être fière de son succès. Mais elle n'est toujours pas heureuse. Elle se sent toujours poussée à faire plus et mieux.

C'est sans doute aussi votre cas. Vos exigences personnelles vous procurent de grands avantages apparents, mais vous n'êtes pas vraiment heureux. À quoi peut bien servir une maison impeccable quand vous vous épuisez à la garder en ordre et que vous en voulez à quiconque vous nuit? À quoi sert d'occuper un poste de haut niveau si vous n'avez plus le temps pour le repos et pour l'amour? À quoi vous servent tous vos biens si vous ne pouvez pas en profiter?

*3. Énumérez les inconvénients qui résultent de tels efforts.*

Ce sont les conséquences néfastes de votre attitude, tout ce que vous devez sacrifier. Il peut s'agir de votre santé, de votre bonheur, de votre besoin de repos, de votre humeur. En énumérant ces inconvénients, songez à la qualité de votre vie affective, à la façon dont vos exigences élevées affectent votre vie familiale, vos relations avec vos proches et avec vos amis.

Voici la liste de Pauline:

> ## *Inconvénients de mes exigences élevées*
>
> 1. Je suis épuisée.
> 2. Je n'ai aucun plaisir dans la vie.
> 3. Mon mariage s'en ressent.
> 4. Je pousse trop mes enfants. Je n'apprécie pas leur compagnie. Ils semblent avoir peur de moi.
> 5. J'ai perdu de nombreux amis par négligence.
> 6. Je n'ai jamais de temps pour moi.

La liste de Michel ne comportait que deux éléments:

> ## *Inconvénients de mes exigences élevées*
>
> 1. Ma santé s'en ressent.
> 2. Je ne suis pas heureux.

Ces listes ont pour but de vous aider à peser le pour et le contre et à décider ce qui en vaut la peine. Les bienfaits vous suffisent-ils? Les inconvénients l'emportent-ils sur les avantages?

*4. Essayez d'imaginer votre vie sans ces pressions.*

Quand vous vous sentirez bousculé par les événements, quand vous serez porté à vous battre encore davantage, arrêtez-vous un instant et imaginez à quoi ressemblerait votre vie si vous vous permettiez de respirer un peu. Asseyez-vous, fermez les yeux et laissez affluer les images. Que pourriez-vous être en train de faire qui soit vraiment plus important? Quand Michel a fait cet exercice, il s'est rendu compte que la compagnie de la femme idéale (Françoise) ne lui était pas aussi agréable que celle de Julie.

MICHEL:

*L'autre soir, je dînais chez des amis avec Françoise, mais je ne cessais de penser à Julie. Je me disais que le fait que Françoise m'accompagne m'est très avantageux, puisqu'elle est plus belle et plus riche que Julie. C'est bien d'être vu avec Françoise. Mais j'aurais aimé que Julie soit là. Je me serais plus amusé.*

Cet exercice a pour but de vous aider à comprendre que les désagréments de votre vie sont directement liés à votre schéma «exigences élevées». Si vous abaissiez quelque peu vos critères de perfection, vous en élimineriez un bon nombre.

*5. Prenez conscience des origines de votre schéma.*

Comment a-t-il été créé? L'un de vos parents vous aimait-il conditionnellement? Vos parents étaient-ils des modèles de perfection? Nous avons noté que ce schéma peut être associé à d'autres schémas qui ont pris naissance dans l'enfance. Votre schéma «exigences élevées» fait peut-être partie d'un schéma plus fondamental, tel que le «sentiment d'imperfection», le «sentiment d'exclusion» ou la «carence affective».

6. *Imaginez ce qui se produirait si vous abaissiez vos critères d'environ le quart.*

Vous devez avant tout dominer votre tendance à penser que, dans la vie, c'est tout ou rien. Vous ne pensez qu'en termes de succès ou d'échec. Vous ne pouvez pas imaginer qu'on puisse simplement faire quelque chose correctement. Sur une échelle de 0 à 100, si votre score n'est pas de 100, 99 ou 98, il équivaut pour vous à 0. C'est votre manière de penser. Vous devez apprendre qu'on peut très bien obtenir 80 ou 70 sans considérer pour autant qu'on a échoué. Soyez fier de ce que vous accomplissez. Entre la perfection et l'échec, il y a une grande zone grise.

PAULINE:
*L'autre soir, les parents de Pascal sont venus dîner et j'ai préparé une lasagne. J'ai acheté une sauce toute faite. Ça m'a été très difficile. Je me suis sentie coupable toute la soirée. Chaque fois qu'on me complimentait sur le repas, je me sentais coupable, comme si je ne méritais pas ces compliments.*
*J'ai fait de gros efforts. Je me suis répété que le dîner était délicieux et que ça n'avait aucune importance que j'aie acheté de la sauce toute faite.*

Si vous pouviez vous contenter de moins que la perfection, vous en retireriez presque les mêmes bienfaits en terme d'avancement professionnel, de succès financier, d'éloges, de prestige, sans qu'il vous en coûte autant. Vous devriez seulement renoncer à une partie de ces avantages, mais ce sacrifice serait grandement compensé par une diminution du stress, une meilleure santé, des loisirs plus nombreux, une humeur plus sereine, et des relations affectives plus satisfaisantes.

7. *Calculez le temps que vous passez à respecter vos critères de perfection.*

Un bon moyen d'y parvenir est de mieux gérer votre temps. Préparez un échéancier en allouant une période de la journée à chacune de vos tâches. Vous n'avez pas le droit d'y consacrer plus de temps que prévu, et vous devez vous contenter du résultat obtenu pendant ce laps de temps.

Pauline a mis cette technique en pratique pour la rédaction d'un article de revue. Elle s'est donné six heures pour l'écrire.

PAULINE:
*Au bout de six heures, je me suis arrêtée. Mon article devrait rester tel quel, sans autre correction. Ce fut très difficile pour moi. J'avais encore beaucoup de remaniements à lui apporter. Mais j'ai pensé à mes enfants. Ils étaient plus importants que mon article.*

Quand vous déciderez du temps à allouer à chacune de vos responsabilités, tenez compte de son impact sur votre bonheur. Puis, consacrez plus de temps à ce qui compte le plus pour vous. Les personnes avec des exigences élevées manquent souvent de recul. Tout a pour elles la même importance. Vous consacrez sans doute autant de temps à faire une réservation d'avion qu'à rédiger un rapport important. Vous fractionnez votre échéancier en fonction du temps requis pour mener chaque tâche à bien, sans tenir compte de son impact sur votre qualité de vie.

Pauline avait calculé qu'il lui faudrait une vingtaine d'heures pour rédiger son article à sa pleine satisfaction. Mais sa famille comptant plus pour elle que son article, elle choisit d'allouer à celle-là davantage de temps.

Nous espérons vous faire comprendre ainsi que le prix à payer pour la perfection est trop élevé. Vous pouvez vous arrêter juste avant d'atteindre la perfection: votre vie ne changera que pour le mieux. Allouez à chaque tâche une période de temps réaliste; puis contentez-vous du résultat obtenu. Sans quoi, vous étirerez le temps à l'infini, et votre vie vous échappera complètement.

8. *Efforcez-vous de vous fixer des buts plus réalistes en consultant des personnes dont la vie vous semble plus équilibrée que la vôtre.*

Nous pouvons remplir ce rôle pour nos patients avec des exigences élevées. Nous pouvons leur donner une idée plus objective de ce qui est réaliste ou les aider à s'en forger une eux-mêmes. Il est important que vous y parveniez, car vos critères excessifs vous paraissent raisonnables. Vous ne devez pas vous fier à votre perception des choses. Demandez à d'autres ce qu'ils considèrent raisonnable. Si certaines personnes de votre entourage semblent avoir une existence plus équilibrée que la vôtre et jouir de la vie tout en ayant des exigences personnelles importantes, demandez-leur combien de temps elles consacrent au travail, au repos, à la famille, aux amis, au conditionnement physique, aux vacances et au sommeil. Tracez le plan d'une vie plus équilibrée.

9. *Modifiez peu à peu votre emploi du temps ou votre comportement de façon à combler vos besoins profonds.*

Transformez peu à peu votre vie jusqu'à ce qu'elle corresponde au plan que vous avez tracé. Pauline et Michel l'ont fait. Pauline a tiré profit des techniques de gestion du temps. Elle a réduit ses heures à l'hôpital et confié certaines responsabilités liées à ses projets de recherches à un assistant. Elle a appris à déléguer une partie de ses tâches. Elle a consacré plus de temps à son mari et à ses enfants. Elle s'est adonnée à la marche et aux loisirs d'extérieur. Toutefois, comme on peut l'imaginer, elle a dû résister à la tentation de rechercher là aussi la perfection.

PAULINE:
*Quand je me suis un peu libérée de mes obligations professionnelles, ma vie s'est améliorée. J'étais tout simplement plus heureuse. Tout le monde est plus heureux autour de moi. C'est ce qui m'encourage. C'est ce qui me permet de lâcher prise.*

Pauline garde toujours sur elle une fiche qui dit: «Je peux abaisser mes critères de perfection sans penser que j'ai échoué. Je peux accomplir certaines tâches modérément bien et en être fière quand même, sans ressentir le besoin de toujours atteindre la perfection.»

Pour Michel, le processus de changement fut légèrement différent. Il lui fallait transformer complètement sa notion de bonheur. Sa rencontre avec Julie fut un puissant catalyseur. À sa plus grande surprise, il en est tombé amoureux.

MICHEL:

*Quand je suis avec Julie, je me sens libéré d'un fardeau. J'ai envie de passer une soirée tranquille en sa compagnie, à préparer le repas ou à aller au cinéma. Le milieu social qui m'attirait ne m'intéresse plus autant.*

Pauline et Michel illustrent ce qu'une telle substitution comporte d'avantages. Renoncez à votre manie de l'ordre, à votre besoin de réussite ou de prestige en faveur d'une meilleure qualité de vie et de relations plus enrichissantes auprès de vos êtres chers.

# 16

## «JE PEUX OBTENIR TOUT CE QUE JE DÉSIRE» LE SCHÉMA «SENTIMENT QUE TOUT NOUS EST DÛ»

MAURICE: QUARANTE-TROIS ANS. SA FEMME MENACE DE LE QUITTER.

Avant même de rencontrer Maurice, son attitude nous a particulièrement irrités. Dès notre première conversation téléphonique, il nous a demandé si nous pouvions le recevoir le jeudi soir. Nous lui avons répondu que nous recevions nos patients le lundi et le mercredi uniquement.

— Donc, le jeudi, c'est impossible? a-t-il insisté.

Nous lui avons répété que nous ne travaillions pas le jeudi soir, et nous lui avons fixé un rendez-vous pour le lundi suivant. Il nous a rappelés deux fois avant ce même lundi:

— Est-ce qu'il serait possible que je vienne jeudi? a-t-il dit. Ce serait beaucoup plus facile pour moi.

Maurice s'est présenté à son premier rendez-vous avec vingt minutes de retard. Ses premières paroles en entrant dans notre bureau furent pour dire combien les lundis ne lui convenaient pas.

— Je dois traverser la ville.

Il a pris place sur le fauteuil et s'est plaint de ce qu'il n'y était pas à son aise.

— Puis-je le déplacer un peu?

Nous lui avons demandé pourquoi il consultait.

MAURICE:
*C'est à cause de ma femme, Jeanne. Elle menace de me quitter si je ne fais pas une thérapie. Et je ne veux pas qu'elle s'en aille.*

THÉRAPEUTE:
*Pourquoi menace-t-elle de vous quitter?*
MAURICE:
*Elle a su que j'avais une autre maîtresse.*
THÉRAPEUTE:
*Une autre? Ce n'est donc pas la première fois?*
MAURICE:
*Non. C'est la deuxième fois qu'elle le découvre.*
THÉRAPEUTE:
*C'est la deuxième fois que vous avez une aventure?*
MAURICE:
*Non. (Il rit.) C'est une manie. Je ne peux pas me contenter d'une seule femme.*

Avec le temps nous avons découvert d'autres motifs aux menaces de Jeanne. Jeanne nous les a confiées lors d'une séance conjointe du couple.

JEANNE:
*Je n'en peux plus. Il me faut toujours faire ses quatre volontés. J'en ai assez. C'est un enfant gâté. Il veut toujours faire à sa tête.*

Maurice semblait bouche bée devant l'attitude de Jeanne. «Elle fait une tempête dans un verre d'eau!» dit-il.

| NINA: TRENTE ANS. NE PARVIENT PAS À CONSERVER UN EMPLOI. |
| --- |

Nina aussi se présenta à son rendez-vous en retard.
— Désolée. Je ne suis pas très ponctuelle.

THÉRAPEUTE:
*Eh bien, dites-nous d'abord pourquoi vous êtes ici.*
NINA:
*Mon mari, Raymond, veut que je trouve du travail. Nous avons des ennuis d'argent.*
THÉRAPEUTE:
*Voulez-vous travailler?*
NINA:
*Non. En fait, je trouve assez injuste qu'après toutes ces années il veuille que j'aille travailler. Cela m'ennuie énormément.*
THÉRAPEUTE:
*Mais vous cherchez tout de même du travail?*
NINA:
*Oui. J'en cherche. Enfin, je n'ai pas le choix. Nous avons de sérieux problèmes d'argent. L'ennui, c'est que j'éprouve de la difficulté à trouver un emploi. Et à vrai dire, quand je travaillais, je ne parvenais pas à conserver mes emplois.*

THÉRAPEUTE:
*Pourquoi?*
NINA:
*Je trouve ça parfaitement ennuyeux. Je n'aime pas être obligée de faire ce qu'on me dit.*

Nina nous apparaît infantile. Tout nous porte à croire qu'elle est venue en thérapie pour que nous nous liguions avec elle contre son mari et que nous le persuadions de ne pas l'obliger à travailler.

THÉRAPEUTE:
*Croyez-vous que votre mari accepterait de venir en thérapie avec vous?*
NINA:
*Oui. Ce serait formidable. J'aimerais que vous lui fassiez entendre raison. Je ne suis vraiment pas taillée pour le travail.*
THÉRAPEUTE:
*Eh bien, si vous voulez lui dire ça, vous devrez le faire vous-même.*

Quand elle a compris que nous ne nous soumettrions pas à ses caprices, elle s'en est irritée: «Pourquoi me faites-vous ça?» a-t-elle dit.

## Questionnaire relatif au schéma «sentiment que tout nous est dû»

Ce questionnaire vise à évaluer l'importance de ce schéma. Répondez aux questions qui suivent en utilisant l'échelle ci-dessous.

### Échelle de cotation

Dans mon cas, l'énoncé est:
1. Absolument faux.
2. Faux dans l'ensemble.
3. Plus vrai que faux.
4. Modérément vrai.
5. Vrai dans l'ensemble.
6. Absolument vrai.

Si vos réponses comportent des 5 ou des 6, il se peut que ce schéma s'applique à vous, même si votre score total est bas.

| Pointage | Énoncés |
|---|---|
| | 1. Je tolère mal qu'on me dise «non». |
| | 2. Je me fâche quand je n'obtiens pas ce que je veux. |
| | 3. Je suis spécial ou unique; on ne devrait pas m'imposer les contraintes habituelles. |
| | 4. Mes besoins passent en premier. |
| | 5. Je ne parviens pas à cesser de boire, de fumer, de trop manger ou de modifier d'autres problèmes de comportements. |
| | 6. Je n'ai pas de discipline pour les tâches ennuyeuses ou routinières. |
| | 7. J'agis par impulsion, mes émotions dictent mes actes et ça me crée des problèmes. |
| | 8. Je deviens facilement frustré et je capitule dès que je n'atteins pas mon but. |
| | 9. J'exige qu'on fasse les choses à ma manière. |
| | 10. La gratification immédiate compte plus pour moi que la réussite à long terme. |
| | VOTRE TOTAL:<br>(Additionnez vos points pour les questions 1 à 10.) |

## Interprétation des résultats

10-19  Très bas. Ce schéma ne vous affecte sans doute pas du tout.

20-29  Assez bas. Ce schéma vous affecte sans doute à l'occasion.

30-39  Modéré. Ce schéma est un problème pour vous.

40-49  Élevé. Ce schéma joue un rôle important dans votre vie.

50-60  Très élevé. Il s'agit d'un schéma fondamental dans l'organisation de votre personnalité.

# Le sentiment que tout nous est dû

Ce schéma se subdivise en trois catégories possédant chacune ses caractéristiques. Les trois se chevauchent; plus d'une pourraient s'appliquer à votre cas.

1. Tout nous est dû parce qu'on est un enfant gâté.
2. Tout nous est dû parce qu'on est dépendant.
3. Tout nous est dû parce qu'on est impulsif.

### • L'ENFANT GÂTÉ •

Vous vous croyez unique. Vous êtes exigeant et dominateur et vous n'en faites qu'à votre tête. Quand on se rebiffe, vous vous mettez en colère.

JEANNE:
*Nous nous sommes querellés parce que je veux m'inscrire à un cours et qu'il refuse.*
MAURICE:
*Je veux qu'elle soit à la maison quand je rentre du travail.*
JEANNE:
*J'y serais dans la demi-heure!*
MAURICE:
*Mais tu ne pourras pas préparer le repas.*
JEANNE:
*Maurice, ce ne serait qu'un soir par semaine. On peut faire livrer quelque chose ou aller dîner au restaurant.*
MAURICE:
*Tu ne comprends pas. Je travaille beaucoup. Que fais-tu de mon bien-être? (Il élève la voix.) Mon bien-être est important pour moi!*

Vous n'avez aucune empathie, les sentiments des autres ne vous intéressent pas. Vous n'avez pas d'égards pour les autres et vous abusez d'eux.

Les attentes et les préceptes de la société vous laissent indifférent. Vous vous considérez hors d'atteinte. Vous êtes de l'opinion que les autres devraient être punis s'ils violent les normes de la société, mais pas vous. Vous ne pensez pas devoir assumer les conséquences normales de vos actes.

MAURICE:
*Désolé d'être en retard. J'attendais qu'un crétin sorte d'une zone de stationnement interdit pour pouvoir garer ma voiture.*
THÉRAPEUTE:
*Vous avez garé votre voiture dans une zone interdite?*
MAURICE:
*Oui. Mais ça va. J'ai emprunté la voiture de mon beau-frère. Il est médecin et sa plaque d'immatriculation est identifiée. Si j'ai une contravention, je pourrai toujours m'en tirer.*

Vous vous appropriez ce que vous voulez sans vous en culpabiliser, car vous estimez y avoir droit. Contrairement à tous ceux qui agiraient comme vous, vous ne vous attendez pas à devoir en payer les conséquences. Vous vous en tirez toujours, ou vous manipulez les circonstances à votre avantage.

## • LA PERSONNE DÉPENDANTE •

Si vous êtes de la catégorie dépendante, vous vous arrogez le droit de dépendre des autres. Vous assumez un personnage faible, incompétent, dépendant, et vous vous attendez que les autres se montrent forts et s'occupent de vous.

Vous croyez qu'on vous doit tout, comme un enfant. C'est votre privilège. Les autres vous doivent tout.

Nina:

*Raymond est furieux. Il a découvert que je volais l'argent du ménage pour m'acheter des vêtements.*

Thérapeute:

*Pourquoi faites-vous ça?*

Nina:

*Eh bien, il refuse de me donner plus d'argent pour m'habiller. C'est très agaçant. Qu'est-ce que je suis censée faire? Toujours porter les mêmes vieux trucs élimés?*

Thérapeute:

*Je sais. Il refuse de vous donner autant d'argent parce que vous avez des problèmes financiers.*

Nina:

*Bon, il n'a qu'à mieux voir à nos affaires! Nous ne devrions pas en être là!*

Comme Nina, vous vous attendez qu'on vous fasse vivre. Vous laissez quelqu'un d'autre s'occuper du budget et prendre toutes les décisions.

Votre agressivité est vraisemblablement passive plutôt que directe. Si on ne s'occupe pas de vous, vous vous comportez en victime. Vous êtes en colère, mais vous vous retenez. Vous exprimez votre rancœur par des moyens détournés, en boudant, en étant passif-agressif, en devenant hypocondriaque, en geignant, et parfois en piquant des crises comme un enfant.

Vous ne vous croyez pas forcément supérieur aux autres. En fait, il se peut que vous vous efforciez de plaire et de vous montrer accommodant. Mais vous estimez avoir le droit de dépendre de quelqu'un d'autre. Ce schéma «sentiment que tout nous est dû» est la conséquence de votre impression d'être fragile et vulnérable. Vous avez besoin d'aide, on doit vous l'apporter.

## • La personne impulsive •

Vous avez depuis toujours de la difficulté à gérer vos comportements et vos émotions. Vous parvenez difficilement à dominer votre impulsivité. Vous laissez vos désirs et vos émotions dicter vos actes sans égard aux conséquences.

Vous ne tolérez pas suffisamment la frustration pour pouvoir accomplir des tâches à long terme, particulièrement lorsqu'elles sont ennuyeuses ou routinières. Vous n'avez aucun sens de l'organisation et vous manquez de discipline.

Nina:

*Bon, eh bien, je n'ai pas obtenu le poste d'agent de voyage.*

Thérapeute:

*Alors, vous vous êtes finalement présentée à l'agence? Que s'est-il passé?*

Nina:

*En fait, je n'ai pas vraiment postulé l'emploi. Il fallait que je remplisse des tas de formulaires que je ne comprenais pas. Il y avait trop de paperasse. Je n'ai trouvé personne pour m'aider à répondre aux questions une par une. Je me suis dit, si c'est comme ça pour le reste, je n'aimerais certainement pas ce travail. Ce n'est pas le genre d'emploi qui me convient.*

Comme Nina, vous êtes sans doute porté à tout remettre au lendemain. Quand vous abordez enfin une tâche, c'est à contrecœur, ou de façon passive-agressive. Vous ne parvenez pas à vous concentrer et à persévérer. Même quand vous voulez faire quelque chose, cela vous est difficile. Vous préférez la gratification immédiate à la satisfaction à long terme.

Ce besoin de gratification immédiate peut aussi prendre la forme d'une dépendance à la nourriture, à la cigarette, à l'alcool, aux drogues ou à la sexualité compulsive. Toutefois, de telles dépendances n'indiquent pas forcément que vous avez le schéma «sentiment que tout nous est dû». Pour que ce schéma existe, les dépendances, qui n'en sont qu'un des nombreux indices, doivent faire partie d'un ensemble de problèmes reliés à la maîtrise de soi et à la discipline personnelle.

Vous dominez sans doute difficilement vos émotions, en particulier la colère. Vous êtes peut-être sujet à la dépression, mais la colère est l'émotion qui prédomine. Vous ne parvenez pas à l'extérioriser en adulte. Vous vous comportez comme un enfant enragé. Vous devenez impatient, irritable, furieux.

JEANNE:
*Quand il se met à hurler, c'est si gênant. Il se fiche de l'endroit où nous sommes et de qui pourrait l'entendre. Tout à coup, il se met à crier. En public, chez des amis, n'importe où.*
MAURICE:
*Oui. Quand quelque chose me rend furieux, je veux que tout le monde le sache.*
JEANNE:
*Ça marche, je vous assure. Je fais ce qu'il veut rien que pour le faire taire. Tout le monde le fait.*

Vous vous arrogez le droit d'être furieux. Vous croyez avoir le droit d'épancher toutes vos humeurs sans vous préoccuper des autres.

Votre inaptitude à vous dominer et à dominer vos impulsions est dangereuse. Au pire, elle pourrait déboucher sur un comportement criminel. Toutefois, elle s'exprime en général par une fureur subite, une crise de rage ou un comportement déplacé.

NINA:
*Je me suis procuré une merveilleuse robe pour la soirée de vendredi prochain.*
THÉRAPEUTE:
*Comment avez-vous fait? Je croyais que Raymond ne vous donnait plus d'argent.*
NINA:
*Si vous me jurez de ne rien lui dire... En fait, je l'ai volée. Ça n'a pas été difficile. Je l'ai emportée en douce dans la cabine d'essayage et je l'ai glissée dans mon sac.*

THÉRAPEUTE:
*Comment comptez-vous expliquer cela à Raymond?*
NINA:
*Il ne risque pas de s'en apercevoir. De toute façon, c'est de sa faute. Il refuse de me donner de l'argent.*

Raymond s'est aperçu du vol. Cela l'a rendu furieux et il a exigé de Nina une séparation temporaire. C'était bien la dernière chose qu'elle souhaitait. Elle avait agi sous le coup d'une impulsion sans égard aux conséquences. Entre l'impulsion et l'acte, elle devait apprendre à réfléchir.

Contrairement à d'autres schémas qui vous portent à réprimer vos besoins, le sentiment que tout vous est dû vous porte à les exprimer à l'excès. Vous ne savez pas vous retenir, au contraire de la plupart des gens qui font preuve d'une retenue et d'une discipline adéquates.

La plupart des patients qui possèdent le schéma «sentiment que tout nous est dû» ne vivent pas de détresse, et c'est ce qui rend ce schéma si différent des autres schémas dont nous avons traité dans cet ouvrage. Aucun de nos patients ne nous a dit souffrir de se croire tout permis ou de se penser unique.

Par ailleurs nous avons plusieurs patients dont les partenaires présentent le schéma «sentiment que tous nous est dû» et c'est donc par nos patients que nous entrons en contact avec eux. (Nous leur proposons souvent de consulter en couple.) Bref, la personne qui estime que tout lui est dû ne consulte pas, mais pousse par son attitude son conjoint à le faire.

Votre vie ne devient intolérable que lorsque vous ne parvenez plus à éviter les conséquences fâcheuses de votre comportement, par exemple, quand on vous congédie parce que vous faites mal votre travail, ou quand votre conjoint menace de vous quitter. C'est seulement alors que vous prenez conscience de votre schéma et des souffrances qu'il entraîne autour de vous. Vous comprenez enfin que croire que tout vous est dû se paie et que cela peut sérieusement vous nuire.

## Les origines du schéma «sentiment que tout nous est dû»

Il y a trois façons très différentes d'en arriver à croire que tout nous est dû. La première est liée à la discipline familiale.

### Origine numéro 1: l'absence de discipline familiale

L'absence de limites est la cause la plus évidente de ce schéma. Les parents ne savent pas inculquer une discipline suffisante à l'enfant et celui-ci échappe à leur contrôle. L'enfant est gâté et obtient tout ce qu'il veut.

*(A) L'enfant gâté*

Les enfants obtiennent tout ce qu'ils veulent quand ils le désirent. On peut leur donner des choses matérielles ou faire leurs quatre volontés. Les enfants contrôlent leurs parents.

*(B) L'impulsivité*

Les enfants ne développent pas de tolérance à la frustration. On ne leur apprend pas à prendre leurs responsabilités et à assumer les tâches qui leur reviennent, qu'il s'agisse de leur part des travaux domestiques ou de leurs études. Les parents leur permettent de s'en tirer en ne les punissant pas.

Ils n'apprennent pas non plus à maîtriser leurs impulsions. Les parents autorisent leurs enfants à obéir à leurs impulsions (la colère, par exemple), sans leur faire payer les conséquences de leurs actes. L'un des parents ou les deux éprouvent peut-être aussi de la difficulté à maîtriser leurs impulsions et leurs émotions.

Par discipline, nous entendons l'instauration de règles raisonnables et des conséquences à leur manquement. La discipline familiale était absente de l'enfance de Maurice et de Nina. Leurs parents leur ont appris à s'arroger tous les droits. L'ambiance familiale était relâchée, tout leur était permis, ils obtenaient tout ce qu'ils voulaient. Ils n'ont pas appris à se fixer des limites.

Les parents doivent donner l'exemple de la discipline et de la maîtrise de soi. Des parents indisciplinés élèvent des enfants indisciplinés.

Maurice:

*Ouais... mon père agissait comme moi. Il avait des sautes d'humeur, il criait pour un rien. Je lui ressemble beaucoup.*

Jeanne:

*Et ta mère? Voyez-vous, sa mère est une pâte molle qui tolérerait n'importe quoi.*

Maurice:

*Je suppose qu'aucun des deux n'est un bon modèle de comportement.*

Les membres de la famille trouvaient normal l'infantilisme du père. Mais des adultes qui ne savent pas se maîtriser ne parviennent pas davantage à maîtriser leurs enfants. C'est en observant la discipline dont nos parents font preuve que nous apprenons la maîtrise de soi. Nous sommes tels qu'on nous a faits. Si nos parents nous imposent des limites claires, constantes et raisonnables, nous apprenons à nous les imposer à nous-mêmes.

Les patients qui n'ont pas appris l'autodiscipline n'ont pas non plus appris la réciprocité. Vos parents ne vous ont pas fait comprendre que, pour obtenir quelque chose, vous deviez offrir autre chose en échange. Ils prenaient soin de vous sans vous obliger à leur donner en retour.

Maurice et Nina ont une chose importante en commun: Maurice était le seul garçon de la famille et Nina la seule fille.

NINA:

*J'étais le bébé et la seule fille. Ma mère avait toujours désiré une fille. Elle a eu trois garçons avant moi. J'ai eu tout ce que je voulais, j'étais sa petite princesse. Mes parents, mes frères, tout le monde s'occupait de moi.*

Certains enfants (les enfants uniques, le cadet, le seul garçon ou la seule fille) sont plus exposés que d'autres à ce schéma, car on a davantage tendance à céder à tous leurs caprices.

---

### *Origine numéro 2: la dépendance excessive*

Lorsque les parents gâtent leurs enfants de manière à les faire dépendre d'eux, ces derniers en viennent à croire que tout leur est dû. Ces parents assument les responsabilités de leurs enfants, ils prennent leurs décisions, ils leur évitent la moindre tâche complexe. L'enfant grandit dans une sécurité excessive, il est surprotégé. On attend si peu de lui qu'il en vient à *exiger* cet excès de protection.

---

La différence entre le schéma «dépendance» et le schéma «sentiment que tout nous est dû» assorti de dépendance tient à une gradation. Plus on vous aura permis de dépendre de vos parents, c'est-à-dire, plus on vous aura protégé et satisfait vos caprices, plus vous serez porté à afficher des prétentions excessives. Si c'est votre cas, vous devriez prendre connaissance du chapitre consacré au schéma «dépendance».

---

### *Origine numéro 3: «le sentiment que tout nous est dû» comme moyen de contre-attaquer d'autres schémas*

La plupart de nos patients se servent de ce schéma pour en surcompenser d'autres, tels que le «sentiment d'imperfection», la «carence affective» ou le «sentiment d'exclusion». Pour en savoir davantage sur les origines de ces schémas, consultez les chapitres correspondants.

---

Si vous affichez des prétentions excessives afin de compenser une carence affective, on vous a sans doute privé ou gravement trahi dans votre enfance. Vos parents, froids et peu tendres, vous ont privé d'affection. Vous avez contre-attaqué en vous arrogeant tous les droits. Ou encore, vous avez été privé matériellement. Les familles de votre entourage étaient plus aisées, tandis que la vôtre était pauvre. Vous désiriez des choses que vous ne pouviez obtenir. Devenu adulte, vous faites en sorte d'obtenir tout ce que vous voulez.

Le fait d'estimer que tout lui est dû est parfois pour l'enfant une réaction saine, un moyen de s'adapter à cette période de sa vie. Cela vous a peut-être aidé à tolérer la solitude, le manque d'amour et d'attention, ou bien vous a permis de compenser les privations matérielles. L'ennui est que vous êtes allé trop loin. Devenu adulte, parce que avez appréhendé de subir les mêmes privations ou d'être trahi, vous êtes devenu exigeant, narcissique et dominateur. Vous avez semé la désaffection autour de vous. En voulant vous assurer que vos besoins soient comblés, vous avez repoussé les personnes les plus susceptibles de vous rendre heureux.

La question de savoir pourquoi certains enfants qui subissent des privations compensent par le schéma «sentiment que tout nous est dû» est intéressante. Comment en viennent-ils à développer cette stratégie? Selon nous, plusieurs facteurs entrent en ligne de compte. En premier lieu, le tempérament de l'enfant. Certains enfants sont plus énergiques que d'autres. Leurs dispositions naturelles les poussent à réagir activement plutôt que par la capitulation.

Ensuite, il faut voir si les parents permettent à l'enfant de contre-attaquer. Les parents qui privent leur enfant d'affection se plieront peut-être à ses exigences dans d'autres domaines. Les dons naturels de l'enfant peuvent aussi entrer en ligne de compte: une intelligence exceptionnelle, la beauté, le talent artistique. La mise en valeur de ces qualités procure à l'enfant l'attention dont il a besoin. L'enfant voit donc ses besoins comblés, du moins en partie.

La colère est une autre incitation aux prétentions excessives comme moyen de contrer les privations subies. Une colère extrême est un moteur puissant quand il s'agit de surmonter une enfance difficile. Elle permet de combattre l'injustice que l'enfant a ressentie.

Le schéma «sentiment que tout nous est dû» est le plus souvent une réaction au schéma «carence affective», mais elle peut aussi être une réaction à d'autres schémas. Une personne qui se sent indigne ou socialement indésirable peut compenser en se croyant unique. Si vous vous dites intérieurement: «Je suis inférieur», il se peut que vous compensiez ce sentiment en vous persuadant que: «Non, je suis spécial, je suis meilleur que les autres.»

L'inaptitude à développer une tolérance à la frustration et à maîtriser ses impulsions peut également devenir une forme de contre-attaque contre le schéma «assujettissement» (bien que ce ne soit pas habituellement la cause de l'impulsivité). Dans ces cas-là, l'enfant qui subissait une discipline trop sévère se rebellera plus tard en ne tolérant aucune forme de discipline ou de contrôle des émotions.

## Signaux de danger dans les relations amoureuses

Voici des indices que votre choix de partenaire est déterminé par votre schéma. Vous avez choisi quelqu'un qui renforce votre sentiment que tout vous est dû.

### L'enfant gâté

Les partenaires qui vous attirent sont ceux qui:

1. Sacrifient leurs besoins aux vôtres.
2. Vous permettent de les dominer.
3. Ont peur d'exprimer leurs besoins et leurs sentiments.
4. Tolèrent l'abus, la critique, etc.
5. Vous permettent de profiter d'eux.
6. Renoncent à leur identité et vivent à travers vous.
7. Dépendent de vous et acceptent de payer le prix de cette dépendance en se soumettant à vous.

### La personne dépendante

Vous êtes fortement attiré par des personnes compétentes et disposées à s'occuper de vous (consultez le chapitre consacré au schéma «dépendance»).

### La personne impulsive

Les personnes très organisées vous attirent, ainsi que les personnes disciplinées, compulsives, etc., qui contrebalancent votre propension au chaos et à la désorganisation.

Bref, vous préférez les personnes qui encouragent au lieu de défier votre schéma. Maurice et Nina ont connu des relations exemplaires à ce titre. Avant de se marier, Maurice avait maltraité et bousculé d'autres femmes chaleureuses et généreuses, et Nina avait connu d'autres hommes forts.

Vous constaterez sans doute, en vous penchant sur votre vie, que c'est également le cas de la plupart de vos relations. Ces scénarios vous permettent de recréer le climat de votre enfance où vous vous arrogiez tous les droits.

Bien entendu, selon nous, les personnes qui acceptent de vivre avec vous une telle relation sont également victimes de leur propre schéma. C'est un jeu qui se joue à deux.

Les tableaux ci-dessous énumèrent les pièges les plus courants des trois aspects de ce schéma:

### L'enfant gâté

1. Les besoins d'autrui ne vous intéressent pas. Vos besoins passent avant les leurs. Vous les blessez.
2. Vous abusez de votre entourage, vous l'humiliez ou vous le dénigrez.

3. Vous n'éprouvez aucune empathie pour les gens qui vous entourent. Ils croient que vous ne les comprenez pas et que vous ne vous souciez pas de ce qu'ils ressentent.

4. Vous obtenez plus que vous ne donnez. C'est inéquitable et injuste envers les autres.

5. Au travail, on vous congédie, on vous mute à un poste inférieur, etc. parce que vous ne vous préoccupez ni des besoins ni des sentiments de vos collègues, parce que vous refusez de vous plier au règlement, etc.

6. Votre conjoint, votre famille, vos amis ou vos enfants vous quittent, vous en veulent ou rompent tout contact avec vous parce que vous les maltraitez, que vous êtes injuste ou égoïste.

7. Vous avez des déboires avec la justice parce que vous ne respectez pas la loi, vous vous rendez coupable de fraude fiscale ou commerciale, etc.

8. Vous n'avez jamais éprouvé le bonheur de donner généreusement, de vivre une relation d'égal à égal.

9. Si vos prétentions excessives sont une forme de contre-attaque, vous n'affrontez jamais vos schémas sous-jacents. Vos besoins réels ne sont jamais comblés. Vous continuez à manquer d'affection, à vous sentir inadéquat ou socialement peu désirable.

## La personne dépendante

1. Vous n'apprenez jamais à vous occuper de vous-même, car vous exigez des autres qu'ils s'occupent de vous.

2. Vous empêchez les personnes de votre entourage de se ménager du temps. Vos exigences épuisent vos proches.

3. Les gens de qui vous dépendez finissent par se lasser ou s'irriter de votre dépendance et de vos caprices; ils vous quittent, vous congédient ou refusent de continuer à vous venir en aide.

4. Les personnes dont vous dépendez meurent ou vous quittent, et vous êtes incapable de vous débrouiller seul.

## La personne impulsive

1. Vous n'accomplissez jamais votre travail jusqu'au bout, vous ne progressez pas dans votre carrière. Vous n'allez jamais au bout de vos possibilités et vous vous sentez inapte en raison de vos échecs.

2. Votre entourage en vient à se lasser de votre irresponsabilité et rompt toute relation avec vous.

3. Votre vie est un désastre. Vous manquez de discipline pour vous orienter et vous organiser. Vous êtes dans une impasse.

4. Vous abusez de la drogue, de l'alcool ou de la nourriture.

5. Dans tous les domaines de votre vie, votre manque de discipline personnelle fait obstacle à la réalisation de vos ambitions.
6. Vous manquez d'argent.
7. Vous avez eu des déboires à l'école, avec la police ou au travail parce que vous ne parvenez pas à contrôler vos impulsions.
8. Vos sautes d'humeur et votre volatilité ont éloigné de vous vos amis, votre conjoint, vos enfants ou vos employeurs.

Il est essentiel que vous analysiez attentivement ces différents pièges, sans quoi vous n'accepterez pas de devoir changer.

Le schéma «sentiment que tout nous est dû» ne s'accompagne pas souvent du désir de changer. Contrairement aux autres schémas, vous ne souffrez pas. Au contraire, vous vous sentez bien. C'est votre entourage qui souffre.

THÉRAPEUTE:
*Maurice, vous devez permettre à Jeanne d'entreprendre une carrière. Votre attitude est injuste.*
MAURICE:
*Pourquoi le ferais-je? Pourquoi devrais-je vous obéir? J'aime ma vie telle qu'elle est. J'aime que Jeanne s'occupe de moi.*

On comprend aisément le point de vue de Maurice. En effet, pourquoi devrait-il changer? En surface, son schéma lui procure des tas d'avantages. De même, pourquoi Nina devrait-elle apprendre à se débrouiller seule quand elle est entourée de gens qui font tout pour elle?

Avec nos patients présentant le schéma «sentiment que tout nous est dû», nous sommes toujours à l'affût d'un levier. Pourquoi devraient-ils changer? En quoi leur schéma nuit-il à leur vie personnelle et professionnelle?

Déterminez ce qu'il vous en coûte d'afficher des prétentions excessives.

## Modifier le schéma «sentiment que tout nous est dû»

Lors de la rédaction du présent chapitre, nous avons souvent partagé un sentiment de futilité du fait de savoir que très peu de personnes possédant ce schéma s'astreindraient à le lire. D'habitude, elles ne veulent pas changer. Elles ne consultent pas les ouvrages qui traitent de développement personnel. Elles sont davantage portées à blâmer les autres pour leurs problèmes et maintiennent le statu quo.

Si vous représentez une exception à cette règle, si vos prétentions excessives nuisent à votre vie et que vous lisez ce chapitre, votre schéma «sentiment que tout nous est dû» vous affecte sans doute au point où il vous est devenu impossible de ne pas en tenir compte. Votre conjoint veut divorcer, votre amant s'apprête à vous quitter, votre sécurité d'emploi est en péril. Une circonstance particulière vous a précipité dans le chaos.

Nous comprenons que bon nombre des scénarios associés à ce schéma ne vous préoccupent pas. Cela vous est peut-être égal d'être, par votre attitude, injuste envers votre entourage et une cause de souffrance. Vous êtes égocentrique, nul ne vous intéresse que vous-même, deux facteurs qui ne sauraient que freiner votre désir de changement.

La section qui suit, consacrée au changement, comporte deux volets. Le premier s'adresse directement à ceux d'entre vous qui désirent vraiment apporter des changements à leur vie.

Nous pensons toutefois que la plupart des lecteurs de ce chapitre sont en réalité les victimes d'une personne qui estime que tout lui est dû. Ils s'efforcent de comprendre cette dernière, qu'il s'agisse de l'être cher, du conjoint, d'un parent.

Nous avons prévu une section qui s'adresse plus particulièrement à eux.

## Comment s'aider soi-même à surmonter le «sentiment que tout nous est dû»

Voici la marche à suivre pour modifier votre schéma.

1. Énumérez les avantages et les inconvénients associés à votre refus d'accepter des limites. Cette étape est cruciale pour la motivation au changement.
2. Confrontez vos justifications au refus d'accepter des limites.
3. Énumérez les manifestations de l'absence de limites dans votre vie quotidienne. Complétez le tableau intitulé «Limites».
4. Rédigez des fiches aide-mémoire pour vous aider à combattre vos prétentions excessives et votre manque de discipline personnelle.
5. Demandez à vos proches de commenter vos efforts et vos progrès.
6. Efforcez-vous de manifester de l'empathie envers votre entourage.
7. Si votre schéma constitue une forme de contre-attaque, efforcez-vous de reconnaître les schémas fondamentaux qui sous-tendent une telle attitude. Mettez en application les techniques de changement appropriées.
8. Si vous manquez de discipline personnelle, énumérez les obstacles à franchir, par ordre d'importance, en vous fondant sur leur potentiel d'ennui ou de frustration. Gravissez ces échelons un à un.
9. Si vous avez de la difficulté à maîtriser vos émotions, recourez à la technique de la «période de pause».
10. Si le schéma «sentiment que tout nous est dû» est jumelé à celui de la «dépendance», énumérez les obstacles à franchir par ordre de diffi-

culté. Commencez à assumer les responsabilités que vous avez jusqu'à présent confiées à d'autres. Prouvez-vous à vous-même que vous êtes une personne capable.

1. *Énumérez les avantages et les inconvénients associés à votre refus d'accepter des limites. Cette étape est cruciale pour la motivation au changement.*

En ce qui a trait aux inconvénients, n'omettez pas: le mal que vous faites aux autres; le risque que vos amis ou vos proches s'éloignent de vous; l'éventualité de perdre votre emploi ou de ne pas être promu; le risque d'une poursuite en justice contre vous; etc. Si l'impulsivité représente un problème, assurez-vous de tenir compte de la possibilité de ne jamais réaliser vos ambitions si vous ne développez pas une meilleure tolérance à la frustration. Assurez-vous de noter toutes les conséquences néfastes dont vous avez déjà fait l'expérience.

Voici la liste de Maurice:

---

### Avantages et inconvénients de mon schéma

#### Avantages

1. Je fais à ma tête, et j'aime ça.
2. J'obtiens tout ce dont j'ai besoin: l'argent, les femmes, le confort.
3. En me mettant en colère, je force habituellement les gens à faire ce que je veux.
4. Je domine la plupart des gens et j'aime ça.
5. Je me sens unique.
6. Je suis unique; je ne devrais pas être forcé d'observer les mêmes règles de vie que tout le monde.

#### Inconvénients

1. Jeanne menace de me quitter.
2. Les gens m'en veulent ou m'évitent.
3. Mes collègues de travail ont peur de moi et ne m'aiment pas.
4. Je n'ai pas beaucoup d'amis intimes. On m'en veut rapidement et on rompt tout contact avec moi.

---

Vous avez sans doute remarqué que, comme on pouvait s'y attendre, Maurice n'a pas inclus dans les «Inconvénients» le tort et le mal qu'il causait aux autres. Cela ne sera possible qu'après une participation en psychothérapie.

Visualisez ces inconvénients pour en ressentir davantage les conséquences. Imaginez que votre être cher vous quitte, que vous perdez votre emploi. Par exemple, Nina a noté que: «Raymond pourrait me quitter et je ne saurais pas me débrouiller toute seule.»

Thérapeute:

*Fermez les yeux et imaginez cette situation.*

Nina:

*(Pause.) Je suis au téléphone avec ma mère, mes amis; je m'efforce de les convaincre de s'occuper de moi. C'est humiliant. J'ai l'impression de mendier et j'en veux à Raymond pour cela. Mais j'aurais beau lui en vouloir jusqu'à ce que mort s'ensuive, il ne reviendra pas.*

Prenez conscience du prix à payer pour vos prétentions excessives avant d'en subir les conséquences. Entre l'impulsion et l'acte, réfléchissez.

2. *Confrontez vos justifications au refus d'accepter des limites.*

Faites un inventaire de vos justifications. Dites en quoi chacune repose sur une rationalisation et n'a aucune valeur réelle. Combattez les pensées qui renforcent votre schéma.

Voici quelques-unes des justifications dont Maurice a pris conscience en cours de thérapie:

---

### Comment je justifie mon sentiment que tout m'est dû

1. On devrait m'accepter tel que je suis.
2. Je ne fais de mal à personne.
3. On fait une tempête dans un verre d'eau.
4. Je suis unique et je mérite de l'être.
5. Je m'en tire toujours.
6. Je m'occupe de moi; les autres n'ont qu'à s'occuper d'eux-mêmes.
7. J'ai raison de me mettre en colère: c'est sain.
8. Si je sais manipuler les autres, j'obtiens tout ce que je veux.

---

Les justifications de Nina étaient plutôt axées sur son manque de discipline personnelle.

---

### Comment je justifie mon impulsivité

1. Pourquoi ferais-je quelque chose d'ennuyeux?
2. Je pourrai toujours rattraper mon retard.
3. Je verrai à cela demain.
4. Mes dons naturels me suffisent.
5. Si quelqu'un d'autre se chargeait de cela pour moi, ce serait mieux fait.
6. Raymond ne me quittera jamais.
7. La vie est plus agréable quand je fais à ma tête.
8. Je n'y peux rien, je suis comme ça.

---

Vous niez la situation par vos justifications. Si vous persistez, vous devrez subir les conséquences de vos prétentions excessives et de votre impulsivité. Le fait d'être en train de lire ceci montre du reste que quelque chose cloche déjà. Ne laissez pas votre tendance à vous justifier vous faire perdre de vue les conséquences néfastes que peut entraîner votre schéma.

3. *Énumérez les manifestations de l'absence de limites dans votre vie quotidienne. Complétez le tableau intitulé «Limites».*

Nous aimerions que vous dressiez une liste très détaillée de toutes les manifestations de ce schéma dans votre vie. Faites-vous aider par vos amis et vos proches. Ils saisiront l'occasion de vous les signaler.

Tenez compte des différentes circonstances de votre vie: à la maison, avec votre conjoint, avec vos enfants, au travail, dans la voiture, au restaurant ou à l'hôtel, avec vos amis. Pour chacune, faites le tableau de vos limites personnelles. Vous verrez plus clairement en quoi vos attentes s'écartent de la norme.

Le principe fondamental en est un de réciprocité, d'interaction, tel que décrit par la règle d'or: «Fais aux autres ce que tu voudrais qu'ils te fassent.»

Voici, en guise d'exemple, un extrait du tableau de Maurice concernant la circonstance suivante: «Décider quel film Jeanne et moi irons voir.»

| Circonstances | Ce que je veux | Attentes raisonnables | Conséquences négatives |
|---|---|---|---|
| Décider quel film aller voir avec Jeanne | Imposer mon choix à Jeanne | Réciprocité — trouver un compromis | Nous irons au cinéma moins souvent; Jeanne m'en voudra toute la soirée |

Vos progrès ne seront pas immédiats. Vous devrez vous arrêter à chacune des circonstances de votre vie où ce schéma représente un problème. Il se peut qu'elles ne soient pas immédiatement perceptibles. Par exemple, lorsque Maurice dînait au restaurant, il fallait que la température ambiante soit parfaite, que la table soit bien située, etc. Son schéma s'insinuait dans les moindres détails de sa vie.

Si vous êtes en thérapie, votre thérapeute pourra vous venir en aide. Puisque vous n'êtes sans doute pas conscient de toutes les manifestations de votre schéma, nous vous conseillons également de faire appel à vos amis et à vos proches.

4. *Rédigez des fiches aide-mémoire pour vous aider à combattre vos prétentions excessives et votre manque de discipline personnelle.*

Combattez activement votre schéma. Chaque fois que se présentera une circonstance que vous aurez décrite dans le tableau qui précède, efforcez-vous de réagir selon la norme plutôt que de façon égocentrique, incontrôlée, sous le coup de l'impulsion.

Rédigez une fiche pour chaque situation. Elle vous secondera dans vos efforts. Consultez-la avant que la situation ne se produise afin de vous y préparer mentalement et pendant qu'elle a lieu (si possible) pour vous rafraîchir la mémoire sur l'attitude à prendre.

Tenez compte des points suivants:

---

## Complétez une fiche sur le sentiment que tout vous est dû

1. Soyez réceptif aux besoins de votre entourage. Efforcez-vous de comprendre ce qu'ils ressentent. Faites preuve d'empathie.
2. Faites de la réciprocité, de la justice et de l'équité les principes qui guideront vos actes.
3. Demandez-vous si votre gratification immédiate justifie les conséquences néfastes qu'elle pourrait entraîner (par exemple, la désaffection de vos amis, la perte d'emploi, etc.).
4. Apprenez à tolérer la frustration dans le but de réaliser vos ambitions à long terme.

---

Voici la fiche de Maurice concernant son désir d'une autre femme.

---

## Fiche sur le sentiment que tout m'est dû

Je sais qu'en ce moment, je désire cette autre femme et que je commence à échafauder des plans pour coucher avec elle. Si je le fais, Jeanne m'en voudra et en souffrira. Je ne voudrais pas que Jeanne me trompe; je devrais donc lui être fidèle. Faire l'amour avec cette femme n'est pas aussi important que mon mariage avec Jeanne. Si je persiste dans mes infidélités, elle me quittera. J'aime Jeanne et je veux rester auprès d'elle jusqu'à la fin de mes jours.

---

Maurice a bien failli perdre Jeanne. La rupture était imminente. La fiche a aidé Maurice à ne pas perdre de vue cette éventualité. Son amour pour Jeanne a été le levier de son désir de changement.

Préparez une liste de contrôle de chaque situation, notez-y le nombre de fois où votre réaction sera dictée par votre schéma et le nombre de fois où vous vous conformerez à la norme. Cette liste de contrôle vous aidera à mesurer vos progrès.

5. *Demandez à vos proches de commenter vos efforts et vos progrès.*

Il est important que les gens en qui vous avez confiance prennent une part active à votre volonté de changement. Demandez à vos amis, à vos collègues et à vos proches de commenter vos progrès. Ont-ils pu noter un changement? Dans quels domaines y a-t-il place à l'amélioration?

Le schéma «sentiment que tout nous est dû» fait partie de votre vie au point où vous êtes difficilement conscient de ses manifestations. Il n'en va pas de même de ceux qui vous observent de l'extérieur. Leurs commentaires vous aideront à mieux vous connaître.

Ils vous aideront également à mieux comprendre leurs attentes raisonnables. Que font habituellement les gens les uns pour les autres? Que signifie être juste, en quoi consiste une relation d'égal à égal? À quelles normes les gens se soumettent-ils dans l'ensemble? Réfléchissez à ces questions. Prenez conscience de ce que la plupart des gens comprennent d'emblée: les règles implicites de la vie en société.

6. *Efforcez-vous de manifester de l'empathie envers votre entourage.*
Votre manque d'empathie renforce votre schéma «sentiment que tout nous est dû».

JEANNE:
*On dirait que Maurice ne parvient pas à comprendre à quel point cela me fait souffrir. Il pense qu'il a le droit d'avoir des aventures, que ce n'est pas important. Il a beau me voir pleurer, ça ne change rien.*
THÉRAPEUTE:
*Votre souffrance ne suffit pas à l'arrêter.*
MAURICE:
*Je ne comprends pas pourquoi il faudrait en faire un tel plat. Pourquoi en fais-tu un tel plat?*

Maurice est imperméable aux sentiments des autres, comme la plupart des personnes qui estiment que tout leur est dû, tels des enfants gâtés. Leur égocentrisme est si profondément ancré qu'ils ne sont pas conscients de son effet sur leur entourage. Tout un pan des relations interpersonnelles leur échappe.

Les réactions de notre entourage constituent des indices importants dans notre vie sociale; elles nous éclairent sur l'attitude à avoir. Maurice vivait dans un vacuum, sans déceler ces indices, il n'était pas conscient des moments où son comportement outrepassait les limites de la décence. Puisqu'il était bien, tout était parfait.

En thérapie de couple, nous recourons à la technique du miroir pour aider les patients à développer de l'empathie. Cette technique est une forme d'écoute active. Elle comporte deux volets. Premièrement, vous reproduisez les propos de l'autre personne. Ensuite, vous essayez de décrire ses sentiments.

JEANNE:
*Je commence à en avoir assez de me faire bousculer par lui. Si nous regardons la télévision et qu'il a faim, il m'ordonne d'aller lui préparer quelque chose. Si je lui demande de patienter jusqu'à la pause commerciale, il devient sarcastique.*
THÉRAPEUTE:
*(À Maurice.) Pouvez-vous reproduire les propos de Jeanne et y réagir?*
MAURICE:
*Tu dis que je te bouscule trop, que je t'oblige à aller me chercher quelque chose à manger quand nous regardons la télévision. Comment te sens-tu? Tu es furieuse.*

Tenez compte des sentiments des autres. Efforcez-vous d'écouter leurs doléances et de vous intéresser à leurs problèmes. Essayez de comprendre ce qu'ils ressentent quand vous ne vous préoccupez pas de leurs besoins. Développez une certaine empathie sans être sur la défensive.

7. *Si votre schéma constitue une forme de contre-attaque, efforcez-vous de reconnaître les schémas fondamentaux qui sous-tendent une telle attitude. Mettez en application les techniques de changement appropriées.*

Si le schéma «sentiment que tout nous est dû» est ce qui vous permet de composer avec vos autres schémas, par exemple la «carence affective», le «sentiment d'imperfection» ou le sentiment d'exclusion», référez-vous aux techniques que nous préconisons dans les chapitres correspondants. Si vous n'apportez pas de remède à votre problème fondamental, il vous sera très difficile de changer.

Pour changer, vous devez avant tout ressentir votre vulnérabilité. Croire que tout vous est dû est pour vous une contre-attaque radicale à votre crainte de la souffrance. Mais tant que vous ne ressentirez pas pleinement vos carences, votre sentiment d'indignité, votre sentiment d'exclusion, vous ne changerez pas.

Lorsque quelqu'un estime que tout lui est dû, il pense en termes du tout ou rien. Soit que vous obteniez tout ce que vous voulez, soit que tout vous manque; soit que vous êtes parfait, soit que vous êtes inapte; soit qu'on vous adore, soit qu'on vous rejette. Vous avez besoin d'apprendre que le juste milieu existe, que vous pouvez faire en sorte que vos besoins soient comblés normalement.

Efforcez-vous de trouver des moyens plus appropriés de combler vos besoins fondamentaux, dans le respect des droits et des besoins d'autrui. Il n'est pas nécessaire d'être aussi exigeant, dominateur, convaincu que vous avez tous les droits. Renoncez à la contre-attaque. Donnez plus d'importance à vos relations affectives, trouvez votre satisfaction dans l'intimité de vos relations interpersonnelles. Apprenez à exprimer vos volontés sans rien exiger. Soyez plus franc avec vous-même, plus sincère. Sachez vous dévoiler au lieu de vous cacher, d'occulter votre vraie personnalité, de jeter de la poudre aux yeux.

Nous savons que ce n'est pas facile. Vous avez peur d'être vulnérable, impuissant, à la merci des autres, vous avez peur qu'on ne vous accepte pas et qu'on ne comble pas vos besoins. Mais, vous verrez, ce ne sera pas forcément le cas. Au contraire, votre vie s'enrichira. Les techniques de changement que nous préconisons dans les chapitres relatifs à vos schémas sous-jacents vous aideront à dominer la situation.

8. *Si vous manquez de discipline personnelle, énumérez les obstacles à franchir, par ordre d'importance, en vous fondant sur leur potentiel d'ennui ou de frustration. Gravissez ces échelons un à un.*

Cet exercice a pour but de vous inculquer une discipline personnelle. Vous devez vous fixer des buts et vous efforcer de les atteindre.

Ce sera difficile, nous en sommes conscients. Ce sera parfois ennuyeux, parfois frustrant. Dites-vous que vous êtes en phase d'apprentissage, que vous développez une tolérance à la frustration. Pour vous donner du courage, songez aux bienfaits à long terme que vous rapporteront vos efforts.

Décidez des obstacles que vous devrez franchir, par ordre de difficulté, au moyen de l'échelle ci-dessous. Évaluez le degré de difficulté de chaque épreuve en fonction de vos capacités à la surmonter. Ainsi, postuler un emploi est sans doute facile pour plusieurs personnes; pour Nina, c'est extrêmement difficile.

### Degré de difficulté

0   Très facile
2   Un peu difficile
4   Moyennement difficile
6   Très difficile
8   Presque impossible

Voici la liste de Nina:

| Tâches qui requièrent une discipline personnelle | Degré de difficulté |
|---|---|
| 1. Faire la vaisselle. | 2 |
| 2. Faire les emplettes une fois la semaine. | 3 |
| 3. Faire du conditionnement physique deux fois par semaine. | 4 |
| 4. Lire les petites annonces chaque jour. | 5 |
| 5. Préparer un budget familial. | 5 |
| 6. Téléphoner à d'éventuels employeurs. | 6 |
| 7. Rencontrer un employeur éventuel. | 7 |
| 8. Remplir un formulaire de demande d'emploi. | 7 |
| 9. Pendant une semaine, ne rien acheter pour moi avec l'argent du ménage. | 8 |
| 10. M'inscrire à un programme de formation professionnelle. | 8 |

Essayez de surmonter un obstacle par semaine. Certains d'entre eux pourraient faire partie intégrante de votre emploi du temps. Quand vous serez parvenu au bas de la liste, prenez l'habitude de vous fixer d'autres buts chaque semaine. Maintenez vos progrès en évitant de retomber aussitôt dans les mêmes ornières.

9. *Si vous avez de la difficulté à maîtriser vos émotions, recourez à la technique de la «période de pause».*

Cette technique s'avère particulièrement efficace dans le contrôle de la colère. Quand vous êtes sur le point d'éclater, elle vous aide à vous retenir et à quitter la situation avant d'exploser. Une fois calmé, vous pouvez plus facilement prendre rationnellement la décision d'exprimer ou non votre rancœur.

Nous aimerions que vous puissiez déceler le moment où s'impose une «période de pause», en vous servant de l'échelle ci-dessous.

### Niveau de colère

0 Inexistante
2 Faible
4 Moyenne
6 Grande
8 Extrême

Si votre colère atteint le niveau 4 sur une échelle de 0 à 8, ayez recours à la technique «période de pause». Excusez-vous et sortez (vous pouvez dire: «Pardonne-moi, il faudrait que je sois seul un moment pour réfléchir. Nous reprendrons cette discussion dans quelques minutes.»). Si cela s'avère impossible, comptez mentalement jusqu'à ce que votre colère atteigne un niveau inférieur à 4.

Quand vous pourrez vous contrôler, réfléchissez à la façon dont vous pourriez réagir à la situation. Vous déciderez peut-être d'exprimer votre mécontentement. Dans ce cas, faites-le correctement, avec fermeté, mais dans le calme et la pondération. N'attaquez pas. Dites ce que l'autre personne a fait pour vous bouleverser.

Vous pourriez aussi, après mûre réflexion, décider de ne pas manifester votre mécontentement. Après tout, combien de fois vous êtes-vous fâché pour le regretter ensuite?

10. *Si le schéma «sentiment que tout nous est dû» est jumelé à celui de la «dépendance», énumérez les obstacles à franchir par ordre de difficulté. Commencez à assumer les responsabilités que vous avez jusqu'à présent confiées à d'autres. Prouvez-vous à vous-même que vous êtes une personne capable.*

Vous devez développer vos compétences dans le but de contrer votre schéma «dépendance».

Énumérez les avantages et les inconvénients qu'entraîne la manipulation de votre entourage. Dites comment cela affecte votre image de vous-même et comment cela affecte la vie de vos proches.

Nina a aisément dressé une liste des avantages que lui procurait sa manipulation des autres. On faisait tout pour elle et mieux qu'elle ne l'aurait fait elle-même, et elle obtenait tout ce qu'elle désirait. Faire face aux inconvénients fut une tâche moins aisée.

NINA:

*Je traîne derrière. Des gens deux fois plus jeunes que moi accomplissent des choses que je ne parviens pas à faire. Rendez-vous compte, même les adolescents trouvent du travail et apprennent des tas de choses.*

La perte de l'estime de soi est une conséquence directe de ce schéma. Vous n'évoluez pas au même rythme que les autres. Votre dépendance épuise vos proches et vous nuit.

Demandez à votre entourage de cesser peu à peu de tout faire à votre place. Il est très important que les personnes qui contribuent à renforcer votre schéma participent à votre volonté de changement et vous épaulent dans vos efforts pour assumer vos responsabilités.

Fixez-vous des objectifs et mettez tout en œuvre pour les atteindre un à un, en commençant par le plus facile. Développez un sentiment de compétence et d'autonomie.

La «dépendance» et le «sentiment que tout nous est dû» sont vos deux schémas, et vous devez vous occuper des deux. Recourez également aux techniques décrites dans le chapitre sur la dépendance.

Les directives énumérées ci-dessous ont pour but de vous aider à seconder quelqu'un d'autre dans sa lutte contre le sentiment que tout lui est dû.

---

### Comment seconder quelqu'un d'autre dans sa lutte contre le sentiment que tout lui est dû

1. Identifiez vos leviers. Qu'apprécie-t-il en vous? Le respect que vous lui portez? Votre argent? Votre travail? Votre amour?

2. Jusqu'où êtes-vous disposé à aller pour favoriser un changement? Accepteriez-vous de rompre? De congédier un employé?

3. Abordez cette personne et exprimez-lui vos griefs sans agressivité. Demandez-lui si elle comprend ce que vous ressentez. Est-elle disposée à faire l'effort de changer?

4. Si oui, abordez ensemble les étapes menant au changement tel que nous les décrivons dans le présent chapitre.

5. Si elle se bute, faites-lui part des conséquences de son refus. Énumérez-les par ordre d'importance et concrétisez-les, une après l'autre, jusqu'à ce que cette personne accepte de collaborer avec vous. Exprimez-lui de l'empathie, soyez sensible aux difficultés qu'elle devra traverser, mais restez ferme.

6. N'oubliez pas qu'il est parfois impossible de convaincre une telle personne de changer. Si vos leviers sont insuffisants, vous échouerez sans doute. Acceptez de payer le prix de votre fermeté. Énumérez les avantages et les inconvénients qui pourraient s'ensuivre, si vous insistez pour que cette personne change. Soyez conscient des conflits qui pourraient surgir et même d'une éventuelle rupture. Prenez une décision éclairée.

Maurice et Nina font partie de ces rares personnes qui, tout en possédant le schéma «sentiment que tout nous est dû», sont néanmoins capables d'apporter des changements à leur vie. En quoi diffèrent-elles des autres? La personnalité du conjoint est un facteur non négligeable. Maurice et Nina aimaient des personnes prêtes à les quitter au besoin. L'amour a été pour eux un puissant levier.

N'attendez pas que votre partenaire change. Vous devez changer, apprendre à composer avec votre partenaire. Ce n'est pas une tâche impossible. Il s'agit avant tout de lui imposer des limites. Les personnes qui croient que tout leur est dû sont narcissiques. Elles n'ont pas d'empathie, elles sont accusatrices, elles s'estiment en droit de recevoir plus qu'elles ne donnent en retour. Elles ne savent pas se fixer des limites. Vous devez le faire pour elles.

En début de thérapie, Jeanne pensait que si Maurice prenait conscience du mal que lui causaient ses infidélités, il y mettrait fin. Elle lui montrait sans cesse combien il la faisait souffrir.

JEANNE:

*Je n'y comprenais rien. Je ne le ferais jamais souffrir comme ça; j'en serais incapable; je ne supporterais pas de le voir souffrir. Il y a eu des moments où j'ai pensé au suicide. Je ne parvenais pas à comprendre comment il pouvait me voir souffrir et continuer à me tromper avec d'autres femmes.*

Jeanne a dû admettre que sa souffrance n'arrêterait jamais Maurice. Vous devez l'admettre aussi. Cela ne sert à rien de montrer que vous souffrez à une personne qui croit que tout lui est dû.

Vous devez plutôt lui imposer des limites. Servez-vous de vos leviers. Lorsque Jeanne a prévenu Maurice qu'elle le quitterait s'il n'entrait pas en thérapie, sa menace a été le levier dont elle avait besoin. Bien entendu, tout n'était pas gagné, mais c'était un début. Tout au long de sa thérapie, Maurice a tout fait pour éviter de changer. Il rejetait le blâme sur Jeanne pour la pousser à capituler.

Jeanne a dû s'affirmer sans cesse, rester sur ses positions. Elle a dû apprendre à dire: «Ton comportement est inacceptable», et croire à ce qu'elle disait. Elle a dû fixer à Maurice toutes sortes de limites: de «Si tu me trompes une fois de plus, je te quitte» à «Si tu laisses traîner tes chaussettes sales, je ne les laverai pas». Elle a dû empêcher Maurice de la culpabiliser et cesser de lui demander la permission de vivre sa vie. Quand elle voulait voir des amis ou suivre des cours du soir, elle devait le faire, peu importe la réaction de Maurice.

Jeanne n'a pas été cruelle avec Maurice, mais elle a appris à se montrer ferme avec lui tout en conservant son calme. En fait, elle est devenue beaucoup plus aimable avec lui: le décalage entre ce qu'elle donnait et ce qu'elle recevait en retour s'est peu à peu estompé, ce qui a eu pour effet de l'apaiser.

Au fond, Maurice souhaitait que Jeanne lui impose cette discipline personnelle qui lui procurait un sentiment de sécurité. Il en est venu à respecter sa femme, ce qu'il souhaitait aussi.

## Le mot de la fin

Les études ont montré que plus la détresse du patient qui entre en thérapie est grande, plus il est susceptible de changer. Nous espérons, pour vous, que ce soit votre cas. Nous espérons que vous trouverez une raison de modifier votre schéma «sentiment que tout nous est dû», sans quoi votre épanouissement professionnel et votre épanouissement affectif continueront de vous échapper.

# 17

## UNE PHILOSOPHIE DU CHANGEMENT

### Sept postulats fondamentaux

Il n'est pas facile de changer. Tous les jours nous voyons des patients lutter pour briser des modes de comportement profondément ancrés en eux. Ce processus de changement est difficile pour tout le monde: pour nos patients, pour nous-mêmes, pour nos amis et nos proches.

Nous sommes conscients du fait que les ouvrages de développement personnel comme celui-ci font sans doute croire à la facilité d'un tel changement, et nous désirons vous mettre en garde contre ses hauts et ses bas. Attendez-vous que les transformations que vous êtes sur le point d'entreprendre ne soient pas de tout repos. Bon nombre de patients nous avouent avoir l'impression «d'avancer d'un pas et de reculer de deux». Vous devrez affronter un grand nombre d'obstacles en cours de route. Le chapitre 5 en décrit plusieurs et offre des éléments de solutions.

Notre philosophie du changement comporte un certain nombre de postulats fondamentaux que nous ne sommes toutefois pas en mesure de démontrer. Nous avons pu constater néanmoins que le fait de leur accorder foi facilite le processus de changement. Premièrement, nous pensons que tout être humain possède un côté qui aspire au bonheur et à l'épanouissement. C'est ce qu'on appelle souvent la réalisation de soi. Selon nous, ce moi sain est enfoui sous des années de négligence, de sujétion, d'abus, de critiques négatives et d'un tas d'autres forces destructrices. Le processus de changement consiste en partie à réveiller ce côté sain de l'être et à lui redonner espoir.

Deuxièmement, nous supposons que la satisfaction de nos besoins, ou désirs fondamentaux, va rendre la majorité d'entre nous plus heureux: le besoin d'établir des rapports significatifs avec autrui; le besoin d'indépendance et d'autonomie; le besoin d'acceptation et celui de se sentir apte, le besoin de réussir, d'être désirable, de compter, d'être apprécié par nos pairs; le besoin d'exprimer nos préférences et nos sentiments, et de nous affirmer; le besoin de nous amuser, d'être créateur, d'avoir des intérêts, des loisirs, des activités qui nous satisfont; le besoin d'aider notre prochain, de lui témoigner de l'attention et de l'affection. Nous aborderons chacun de ces besoins plus avant dans le présent chapitre.

Le troisième de nos postulats veut que chacun peut opérer en lui-même des transformations de base. Certaines personnes se montrent sceptiques à ce sujet et croient que notre personnalité de base est déterminée dans l'enfance, ou même plus tôt par notre bagage génétique, et qu'il est improbable, voire impossible, de transformer la personnalité d'un individu adulte. Nous rejetons catégoriquement cette notion. Tous les jours nous voyons des personnes se transformer radicalement. Mais nous convenons qu'il puisse s'avérer extrêmement difficile de modifier des modes de comportement profondément ancrés. Le tempérament inné, ainsi que les influences du milieu familial et du milieu social, opposent des forces considérables à la volonté de changement. Toutefois, si ces obstacles freinent la transformation d'un individu, ils ne l'empêchent pas. Plus les premières expériences de la vie auront été destructrices, plus cette tâche sera rendue difficile, et plus nous aurons besoin du soutien des autres.

Un quatrième postulat veut que nous résistions tous aux changements qui affectent notre personnalité profonde. Cette croyance a des implications importantes. Cela suppose qu'il est très peu probable que nous puissions surmonter nos schémas si nous ne prenons pas en toute conscience la décision d'y parvenir. Pour la plupart, nous vivons par automatisme. Notre pensée, nos sentiments, nos relations interpersonnelles et nos actes reproduisent les mêmes scénarios de toujours. Ces modes de fonctionnement nous sont familiers, nous nous y sentons à l'aise, et nous sommes peu susceptibles de les modifier si nous n'y mettons pas un effort concerté, délibéré et soutenu. Nous nous leurrons si nous attendons d'un tel changement qu'il survienne de lui-même, car nous sommes condamnés à répéter les mêmes erreurs, à revivre ce qui nous a été légué par nos parents et nos grands-parents si nous ne prenons pas la décision de faire le nécessaire pour remédier à la situation.

Un cinquième postulat veut que nous soyons tous portés à éviter de souffrir. Il y a du bon et du mauvais dans cette propension. Pour la plupart, nous recherchons les expériences qui nous apportent plaisir et gratification: c'est bien. L'autre côté de la médaille est que nous évitons les situations et les sentiments qui nous font souffrir, même lorsque le fait de les affronter nous aiderait dans notre évolution personnelle. Ce désir d'éviter la souffrance est un des obstacles majeurs à notre transformation. Pour vaincre nos schémas, nous devons accepter de faire face aux souvenirs qui réveillent en nous des émotions telles que la tristesse, la colère, l'anxiété, la culpabilité, la honte et l'embarras. Nous devons accepter d'affronter les situations que nous avons fuies toute notre vie par crainte de l'échec, du rejet ou de l'humiliation. Mais si nous refusons ces souvenirs et ces situations douloureuses, nous nous condamnons à reproduire sans cesse les scénarios qui nous font souffrir. Pour la plupart, nous fuyons ce qui nous fait de la peine; de nombreux patients renoncent à leur thérapie plutôt que d'affronter leurs émotions. Ils les fuient dans l'alcool ou les drogues. Pour qu'une transformation ait lieu, nous devons apprendre à regarder en face les causes de notre souffrance.

Sixièmement, nous ne croyons pas qu'une technique ou une approche thérapeutique spécifique puisse être efficiente avec tout le monde. Selon nous, les approches les plus efficaces font appel à une intégration de stratégies. Dans notre approche centrée sur les schémas, nous recourons à des techniques cognitives, béhaviorales, existentielles-humanistes, psychanalytiques, interpersonnelles et au travail sur l'enfant intérieur. L'intégration de plusieurs approches efficaces est plus productive, selon nous, qu'une méthode qui ne ferait appel qu'à un type ou deux d'interventions. Nous vous conseillons de consulter un thérapeute qui utilise un ensemble de techniques différentes. Nous reconnaissons que nous ne pouvons pas aider tout le monde, mais nous espérons que notre approche centrée sur les schémas puisse accroître sensiblement le taux de réussite.

## Développer une vision personnelle

Notre dernier postulat invoque le besoin de développer une vision personnelle. Le changement ne réside pas uniquement dans la résolution de nos problèmes, mais aussi dans la découverte de ce que nous désirons devenir et de ce que nous attendons de la vie. Cette orientation est, selon nous, essentielle dès le début du processus de changement. Nous aimerions vous voir dépasser le processus de transformation de vos schémas. Nous aimerions que vous parveniez à vous faire une idée claire de ce qui apporterait l'épanouissement, le bonheur et la réalisation de soi.

Nous sommes nombreux à traverser l'existence en semi-aveugles, ne possédant de notre point d'arrivée qu'une vague notion. Cela explique pourquoi nous parvenons parfois au mitan de la vie ou à la retraite avec tout un bagage de déceptions et de désillusions. Nous n'avons jamais eu de buts limpides pour nous servir de guides. Notre vie ressemble à une partie de football dont les joueurs n'auraient aucune d'idée de l'emplacement des buts, ou à un voyage en avion dont les passagers ignoreraient tout de la destination. Il est essentiel que nous nous munissions d'un plan d'action. Les onze schémas dont nous avons parlé sont des obstacles sur notre route; ils ne nous disent pas, par ailleurs, ce qui spécifiquement rendrait chacun de nous heureux. Quand vous parvenez à vous fixer des buts précis, vous êtes en mesure de franchir les étapes nécessaires à leur réalisation. Entamez votre processus de changement stratégiquement, et non pas au hasard.

Parvenir à se créer une vision personnelle suppose que l'on connaisse ses dispositions naturelles, à savoir, les intérêts, les relations et les activités qui nous procurent un épanouissement. Chaque individu, croyons-nous, possède un éventail inné de préférences, et son plus grand défi dans la vie consiste sans doute à les découvrir. Les indices qui peuvent le mieux nous renseigner sur nos dispositions naturelles sont nos émotions et nos sensations physiques. Lorsque nous nous adonnons à des activités ou que nous vivons des relations qui nourrissent ces dispositions, nous éprouvons une sensation de bien-être. Notre corps s'épanouit, nous faisons l'expérience de la joie ou du plaisir.

Malheureusement, l'éducation que nous avons reçue nous porte souvent à ne pas tenir compte de notre nature et à faire ce que l'on attend de nous. On nous oblige à la dureté quand nous sommes sensibles; on nous pousse vers des études de médecine quand nous sommes attirés par les activités d'extérieur; on nous inculque un comportement conventionnel quand tout nous incite au non-conformisme; on nous impose des tâches de routine quand le changement est ce qui nous stimule.

Nous pourrions continuer ainsi longtemps, multiplier les exemples de parents et d'enseignants qui, avec les meilleures intentions du monde, nous poussent à renier notre vraie nature. Bien entendu, il n'est pas question ici de poursuite égoïste du bonheur. Nous devons trouver un équilibre entre les exigences de la société et notre épanouissement personnel. Nous ne préconisons pas une philosophie de vie narcissique. Mais nous avons, pour plusieurs, été gauchis, amenés à obéir à des idées reçues. Nous avons été conditionnés à nous conformer de façon excessive aux attentes de la société qui nous entoure.

Pour bon nombre d'entre nous, la transformation passe par le renversement de ce processus. Nous devons découvrir qui nous sommes. Nous devons découvrir ce qui nous rend heureux, sans que cela repose uniquement sur ce qui rend les autres heureux. Nous ne pouvons pas créer cette vision de vous-même à votre place, mais nous pouvons vous guider dans le dédale de questions que vous devez vous poser pour y parvenir. Nous avons déjà parlé des besoins fondamentaux qui, si on les respecte, peuvent engendrer le bonheur (notre deuxième postulat). Nous allons maintenant les aborder un à un en détail.

Le premier champ de transformation est celui des relations personnelles. Comment les envisagez-vous? Sachez quels types de rapports vous voulez développer avec votre entourage. Réfléchissez à vos relations amoureuses. Quel type de relation amoureuse souhaitez-vous vivre? Qu'est-ce qui compte le plus pour vous, la passion et le romantisme, un compagnonnage heureux, une famille? Que cherchez-vous chez un partenaire? L'intimité affective a-t-elle plus d'importance à vos yeux que la sexualité?

Les relations personnelles constituent un échange. Si nous ne sommes pas conscients de nos valeurs et de nos dispositions, cet échange ne peut se fonder sur l'intelligence et l'équité. Il est rare que nous trouvions un partenaire qui comble l'ensemble de nos besoins; nous devons faire des choix. Qu'est-ce qui motive votre choix d'un partenaire? S'il ne possède pas toutes les qualités qui vous plairaient, quelles sont celles dont vous accepteriez de vous passer? Vous pourriez, par exemple, préférer vivre auprès d'une personne que vous aimez et dont vous vous sentez proche, mais pour laquelle vous ne ressentez pas une très grande passion. Nous ne croyons pas que tous les individus partagent une notion identique de la relation idéale. Vous devez décider par vous-même de ce qui vous convient.

Quelle genre de vie sociale vous conviendrait? Quels amis? Jusqu'où voulez-vous participer à la vie de la société? Dans quelle mesure désirez-vous faire partie de groupes ou de mouvements communautaires? Aspirez-vous à prendre part concrètement aux activités de vos coreligionnaires? Voulez-vous participer aux décisions du système d'éducation ou du gouvernement de votre région? Souhaitez-vous vous joindre à un groupe de soutien? Dans quelle mesure vous tentent les contacts sociaux avec vos collègues de travail? Vous devez vous laisser guider par vos dispositions naturelles pour prendre ces décisions.

La «carence affective», la «méfiance et l'abus», le «sentiment d'abandon» et le «sentiment d'exclusion» sont les schémas qui constituent des obstacles majeurs à vos relations personnelles. Si vous parvenez à surmonter ces schémas, vous établirez des rapports plus profonds et plus enrichissants avec vos proches. Ce que vous attendez d'une relation vous guidera dans votre volonté de transformation.

Le deuxième champ de transformation est celui de l'autonomie. Quel est votre niveau optimal d'indépendance? Bien entendu, vous désirez vivre de façon indépendante et compétente, en possédant une conscience nette de votre identité. Mais à quel partage d'autonomie et de contacts humains aspirez-vous? Certaines personnes s'épanouissent complètement dans la solitude, d'autres ont besoin d'une vie sociale plus mouvementée et ne trouvent que peu de satisfaction dans une existence solitaire.

L'autonomie vous procure la liberté de choisir des relations enrichissantes et d'éviter les relations néfastes. Vous êtes libre de préserver une relation par choix personnel, et non pas par obligation. Bon nombre de personnes présentant les schémas «dépendance» et «vulnérabilité» se sentent prisonnières de relations destructrices. Elles ont peur d'y mettre fin et d'affronter la vie seules. Ces deux schémas sont les obstacles majeurs au développement d'une autonomie saine.

L'autonomie est un élément essentiel dans la poursuite de vos intérêts personnels, car elle permet le développement de votre identité. Vous avez alors la liberté d'être vous-même. Que vous optiez pour une carrière en musique, dans les arts visuels, en littérature, dans les sports, la mécanique, les arts de la scène, ou que vous préfériez la vie familiale, les voyages, la nature, les professions de la santé ou la politique, l'autonomie vous procure l'entière liberté d'agir en ce sens. Vous ne craignez pas de vous aventurer dans la vie. Vous ne perdez pas votre identité en vous fondant à celle de votre partenaire, vous ne vivez pas votre vie par procuration.

Le troisième champ de transformation est celui de l'estime de soi. Tout comme l'autonomie, l'estime de soi débouche sur la liberté. Rien ne vous empêche de progresser. Les schémas «sentiment d'imperfection» et «sentiment d'échec» sont des obstacles à l'estime de soi. Les sentiments d'infériorité et de honte vous freinent, vous incitent à ne pas saisir les bonnes occasions qui se présentent. Votre honte vous couvre comme un nuage noir et vous paralyse. Vous êtes incapable de contacts enrichissants, vous ne savez pas vous exprimer, combler vos besoins, exceller dans votre domaine.

Vous voulez que votre vie rehausse votre estime de vous-même. Comment parviendrez-vous à vous apprécier, à vous accepter sans vous punir ou succomber à l'insécurité? Quelles sont vos forces et comment parviendrez-vous à les développer? Quelles faiblesses pourriez-vous corriger?

Le quatrième champ de transformation est celui de l'affirmation de soi et de l'expression de soi. Vous faites en sorte de combler vos besoins et d'exprimer vos sentiments. L'affirmation de soi permet l'actualisation de vos tendances naturelles et l'aptitude à tirer du plaisir de la vie. Quels sont vos moyens d'expression personnelle?

Les schémas «assujettissement» et «exigences élevées» sont des obstacles à l'affirmation de soi. L'assujettissement vous porte à renoncer à vos besoins et à vos gratifications propres par abnégation ou par crainte des représailles. Les exigences élevées vous poussent à renoncer à vos besoins et au plaisir dans le but de recevoir l'approbation et la reconnaissance d'autrui, ou pour éviter la honte. Vous vous donnez pour but de réussir et d'atteindre la perfection au détriment de votre bonheur et de votre épanouissement.

La passion, la créativité, l'esprit de jeu, le plaisir aident à rendre la vie plus intéressante. Il faut savoir lâcher prise de temps à autre et donner plus de place au plaisir et à l'excitation dans sa vie. L'existence devient lourde à porter et le désespoir guette ceux qui négligent de s'affirmer et de s'exprimer. Un déséquilibre s'instaure entre vos besoins et ceux de votre entourage. La transformation doit vous permettre de combler vos besoins et vos attentes sans nuire à votre entourage.

Le cinquième champ de transformation, et non le moindre, est celui du souci des autres. Un des aspects les plus gratifiants de la vie consiste dans l'apprentissage de la générosité envers autrui et dans l'empathie qu'on lui manifeste. Le schéma «sentiment que tout nous est dû» peut vous rendre insensible aux besoins des autres. Sachez qu'il est bon d'apporter quelque chose à autrui. S'impliquer socialement, faire la charité, mettre des enfants au monde et leur consacrer du temps, secourir ses amis, tout cela signifie accéder à quelque chose de plus grand que soi ou que sa vie personnelle. Comment pouvez-vous apporter votre contribution à la société?

La spiritualité et les convictions religieuses peuvent jouer une part importante dans notre sentiment d'intégration à l'univers qui nous entoure. La plupart des religions ou des formes de spiritualité préconisent le dévouement à des causes extérieures à soi et à sa famille et un plus grand souci du monde qui nous entoure. L'expérience religieuse nous donne souvent accès à cette autre dimension de soi et à l'épanouissement qui en résulte.

Analysez ces champs de transformation: ils ont pour but de vous aider à vous créer une vision personnelle de l'existence. Dans l'ensemble, tous les êtres humains partagent les mêmes aspirations: l'amour, l'expression de soi, le plaisir, la liberté, la spiritualité, l'altruisme. Mais ces aspirations sont parfois conflictuelles. Par exemple, la passion peut heurter notre stabilité, l'autonomie se trouver en conflit avec notre besoin d'intimité, l'expression de soi contrecarrer notre souci des autres. Vous devez établir vos priorités et trouver un équilibre qui vous convienne. Sachez intégrer ces aspirations plus vastes à vos aspirations personnelles et à vos priorités individuelles.

## L'autoconfrontation empathique

Cette expression de notre cru, autoconfrontation empathique, décrit une attitude saine face au changement. Soyez compatissant envers vous-même tout en vous incitant sans cesse à vous transformer. Bon nombre d'individus sont trop sévères envers eux-mêmes quand ils jugent leurs progrès trop lents, ou, au contraire, trop indulgents et portés à se justifier.

Le changement est un processus difficile, nous l'avons déjà dit. Avant tout, soyez compatissant: souvenez-vous que vous faites de votre mieux. Reconnaissez vos limites et vos lacunes. Rappelez-vous que les schémas sont tenaces. Il est essentiel que vous sachiez comment vous en êtes arrivé là. Ne perdez pas de vue les origines de ces schémas et efforcez-vous de manifester de l'empathie à l'enfant que vous avez été.

Il est tout aussi important que vous preniez la responsabilité de votre changement. De nombreux groupes de soutien ont été sévèrement critiqués pour avoir encouragé leurs membres à se poser en victimes de leur éducation familiale sans pour autant leur apprendre à se prendre en main. Nous pensons que cette façon de faire comporte de sérieux risques. Vous devez continuer à vous confronter. Persistez. Ne remettez pas au lendemain, n'attendez pas un moment plus opportun pour entamer le processus de changement. C'est maintenant que vous devez le faire. Les traumatismes de l'enfance ne doivent pas vous empêcher de prendre votre propre vie en main. Les traumatismes de l'enfance expliquent pourquoi le changement est si long et si ardu; ils ne justifient pas que vous laissiez vos modes de comportement destructeurs empoisonner votre existence sans vous efforcer de les modifier.

Faites preuve d'honnêteté envers vous-même. Faites face à la réalité. Tant de gens s'illusionnent sur ce qu'ils voudraient être et sur ce qu'ils voudraient que les autres soient. Ils s'accrochent à ces illusions, ils sont incapables de voir la réalité en face: leur froideur, leur chagrin, leur colère, leur angoisse. Évaluez objectivement votre situation. Vous mentir à vous-même ne débouchera que sur l'autodestruction et vous empêchera de connaître la joie que procurent des relations personnelles authentiques.

Sachez respecter votre capacité de changement: ne mettez pas la charrue avant les bœufs. Personne ne peut tout régler d'un coup; vous devez aborder chaque schéma de façon graduelle. Ayez confiance en vous-même; sachez que vous toucherez au but. Cette confiance vous aidera à surmonter les échecs et les déceptions qui parsèmeront votre itinéraire. Soyez patient. La persistance est un gage de succès.

Malheureusement, certains changements exigent une action plus énergique, un saut dans l'inconnu; ils comportent un facteur de risque élevé. Il est parfois nécessaire de prendre les grands moyens; par exemple, une rupture, un changement de carrière, un déménagement. Quand nos intérêts personnels nous deviennent clairs et que nous parvenons à surmonter certains schémas, il s'avère parfois nécessaire de tourner le dos au passé. Nous devons parfois renoncer à la sécurité des modes de comportement hérités de l'enfance pour devenir des adultes heureux.

## Le secours d'autrui

Changer sans l'aide d'autrui est une tâche ardue. Tendez la main à ceux que vous aimez. Laissez vos amis et votre famille prendre part à ce processus. Faites-leur part de vos projets et demandez-leur de vous venir en aide.

Les amis, les membres de notre famille peuvent parfois nous servir de guides ou de modèles. Ils sont en mesure de nous prodiguer des conseils, de nous orienter et de nous inspirer. Si une personne de votre entourage dont les aspirations sont semblables aux vôtres est parvenue à les concrétiser, elle sera peut-être en mesure de vous rassurer sur l'authenticité du processus que vous entamez et de vous encourager à avoir confiance dans votre aptitude à changer.

Nos amis et les membres de notre famille font parfois preuve d'une plus grande objectivité que nous. Ils peuvent nous aider à apprécier les faits à leur juste valeur et à affronter les difficultés que nous évitons. Il vous sera difficile de changer sans le secours de quelqu'un qui ait de vous une vision claire et réaliste, car vous ne serez pas toujours conscient des distorsions de votre propre point de vue.

Il est malheureusement possible que cette option ne vous convienne pas, parce que vous êtes seul, sans amis ni famille, ou parce que ceux-ci sont eux-mêmes trop handicapés par leurs schémas personnels pour vous être d'un quelconque secours. Les membres de la famille tendent souvent à renforcer nos schémas au lieu de nous aider à les surmonter. Si c'est votre cas, pensez à la thérapie.

La thérapie doit aussi être considérée dans d'autres cas. Par exemple, quand la gravité de vos symptômes vous rend dysfonctionnel; quand vous êtes victime de vos schémas depuis trop longtemps et que vous ne percevez aucune possibilité de changement; quand toute transformation vous semble sans espoir. Songez aussi à faire appel à un thérapeute quand vous traversez une crise personnelle, par exemple une rupture très douloureuse ou une perte d'emploi. De telles circonstances vous rendent sans doute plus vulnérable et plus réceptif au besoin de changement. Considérez la thérapie si vos traumatismes ont été causés par des abus mentaux, physiques ou sexuels. Enfin, la thérapie est très indiquée si vos problèmes sont une cause de souffrance pour votre entourage.

Si vos symptômes sont très graves, la médication psychiatrique pourrait s'avérer nécessaire. Dans les cas de dépression grave, par exemple, vous vous méprisez, vous souffrez de troubles alimentaires ou du sommeil, vous avez l'impression que tout vous pèse, vous ne parvenez pas à vous concentrer, les choses qui vous donnaient satisfaction ne vous intéressent plus, vous êtes devenu amorphe. Vous avez peut-être envisagé le suicide. Si vous souffrez de dépression grave, et surtout si vous avez des tendances suicidaires, consultez immédiatement.

Vous manifestez peut-être de graves symptômes d'anxiété: crises de panique, phobies multiples, obsessions et compulsions, anxiété généralisée sévère. Les contacts sociaux vous effraient au point où vous les évitez, semant ainsi le chaos dans votre vie sociale et professionnelle. Si ces symptômes d'anxiété vous caractérisent, une thérapie est conseillée.

Vous dépendez peut-être de l'alcool ou des drogues. Vous souffrez du «trouble de stress post-traumatique»: vous êtes hanté par le souvenir d'un événement de votre vie passée; vous avez des *flash-backs* et des cauchemars ou vous vous sentez engourdi et détaché. Peut-être souffrez-vous de troubles alimentaires sévères tels que la boulimie ou l'anorexie. Votre désir de perdre du poids vous entraîne dans un mouvement de balancier qui vous porte à vous gaver et à vous purger tour à tour, ou bien vous absorbez de moins en moins de nourriture jusqu'à ce que la maigreur menace votre vie. Dans de tels cas, une thérapie s'impose.

## Le choix d'un thérapeute

Lorsque vous avez décidé de consulter un thérapeute, il vous reste à choisir lequel. Tous ne conviennent pas au cas de chacun. Nos intérêts personnels et nos dispositions naturelles doivent intervenir dans le choix d'un thérapeute.

Optez pour un thérapeute reconnu sur le plan professionnel. Nous croyons préférable de consulter un thérapeute professionnel, car, après tout, vous mettez votre bien-être entre ses mains. Vous avez tout avantage à choisir une personne adéquatement formée et respectueuse du code d'éthique de la profession. Bien que nous soyons des psychologues, nous n'hésitons pas à vous conseiller de consulter certains travailleurs sociaux, psychiatres ou infirmières spécialisées, s'ils ont de l'expérience avec votre type de problème. Ces professions requièrent une formation universitaire et un permis de pratiquer. Vous trouverez plus sûrement parmi ces professionnels de la santé un thérapeute compétent, avec une formation clinique suffisante, membre d'associations professionnelles exigeantes sur le plan de la compétence, du code d'éthique et de la responsabilité envers le public. Plus vos symptômes sont sévères, plus il importe que vous optiez pour un professionnel de ce niveau.

Il existe plusieurs approches thérapeutiques. Nous avons déclaré plus tôt notre méfiance des thérapeutes qui s'en tiennent à une méthode unique. Selon nous, les meilleurs thérapeutes n'hésitent pas à intégrer plusieurs techniques et plusieurs stratégies en fonction des besoins du patient. Pour cette raison, notre préférence va aux praticiens de l'intégration psychothérapeutique.

Il est extrêmement important que vous trouviez un thérapeute avec lequel vous avez de l'affinité. Il doit être chaleureux et accueillant, et vous procurer un sentiment de sécurité. Il doit faire preuve d'empathie et de compréhension. Il doit vous inspirer confiance, être sincère. Il doit aussi ne pas se laisser dominer par vous, vous poser certaines limites et vous confronter quand vous vous égarez. Méfiez-vous d'un thérapeute qui se rangerait sans cesse à votre opinion, qui se montrerait complaisant, froid ou distant, qui vous jugerait avec trop de sévérité ou qui vous semblerait motivé par des desseins secrets.

Évitez les «sympathies» douteuses que votre schéma pourrait stimuler. Par exemple, le schéma «sentiment d'imperfection» pourrait vous pousser vers un thérapeute sévère et dominateur, même si une telle association s'avérerait nuisible. Vous auriez davantage intérêt à consulter un thérapeute qui vous apprécie et vous respecte. Si vous êtes trop isolé, un thérapeute froid et distant ne vous conviendrait pas. Optez plutôt pour une personne capable de vous aider à établir de bons rapports avec autrui. Bref, ne consultez pas un thérapeute en vous fondant sur la «chimie» affective qu'il vous inspire, mais parce qu'il saura créer autour de vous une ambiance propice à la solution de votre problème.

Le thérapeute doit, dans une certaine mesure, remplacer le parent qui vous a manqué. C'est ce que nous appelons le «reparentage», ou «expérience parentale corrective». La thérapie agit comme un antidote partiel aux traumatismes de l'enfance. Si vous avez manqué de soins, votre thérapeute s'occupe de vous. Si vous étiez jugé trop sévèrement, votre thérapeute vous appuie et vous apprécie. Si l'un de vos parents s'immisçait trop dans votre vie, le thérapeute respecte les limites de votre territoire. Si vous avez été victime d'abus, le thérapeute vous rassure et vous protège.

Bien entendu, vous ne devez pas attendre du thérapeute qu'il comble toutes vos carences. Ce ne serait pas réaliste. Le thérapeute ne peut reconstruire le rôle parental qu'à raison d'une ou deux heures par semaine. En fait, méfiez-vous des thérapeutes qui voudraient vous rendre trop dépendant, ou qui, sous prétexte de vous aider, outrepasseraient les bornes de leur profession et de la psychothérapie en général.

Votre thérapeute peut en outre vous servir de modèle là où vous rencontrez le plus d'obstacles. Par exemple, il peut s'affirmer là où vous êtes paralysé par la timidité, être ouvert là où vous avez tendance à vous fermer. Le thérapeute peut vous aider à résoudre vos problèmes par l'exemple.

Nous vous incitons également à vous joindre à un groupe de soutien. Les mouvements tels que les AA (Alcooliques Anonymes), AL-ANON (Parents d'alcooliques), ALATEEN (Jeunes avec un parent alcoolique) et NA (Narcotiques Anonymes) sont des mouvements bien établis et reconnus. Leurs programmes sont destinés à vous aider dans des domaines spécifiques.

Méfiez-vous des sectes et des mouvements charismatiques qui exigent que vous recrutiez des membres (prosélytisme) et qui vous réclament de vastes sommes d'argent. Les sectes encouragent la dépendance et la sujétion. Leurs membres se considèrent différents des autres, on leur fait croire qu'ils sont les dépositaires d'un secret. En fait, on les infantilise plutôt que de les inciter à faire face à leurs responsabilités d'adultes. Ils obéissent en aveugles aux règlements de leur chef et répriment leurs dispositions naturelles. Si vous êtes tenté de vous joindre à un groupe dont la réputation n'est pas établie, renseignez-vous auprès d'un des professionnels de la santé dont nous avons parlé précédemment ou auprès de leur association professionnelle respective.

Pour savoir quels thérapeutes de votre région pratiquent nos méthodes, n'hésitez pas à entrer en contact avec nous. Si vous souhaitez en outre nous faire part des résultats (positifs ou négatifs) de notre approche en ce qui vous concerne, nous serons heureux d'en prendre connaissance. Nous n'offrons pas de consultations par la poste, mais nous aimerions être tenus au courant de vos progrès. Vous pouvez communiquer avec nous aux adresses et numéros de téléphone ci-dessous:

Jeffrey Young, Ph.D.
Cognitive Therapy Center of New York
3 East 80th Street, Penthouse
New York, New York 10021
Tél.: (212) 472-1706

Janet Klosko, Ph.D.
Cognitive Therapy Center of Long Island
11 Middleneck Road
Great Neck, New York 11201
Tél.: (516) 466-8485

Au Québec:
Pierre Cousineau, Ph.D.
Tél.: (514) 387-4287

Nous aimerions conclure par ces vers de *Little Gidding*, de T. S. Eliot:

> *Nous n'aurons de cesse de tout explorer*
> *Et le terme de notre exploration*
> *Nous ramènera au lieu de notre origine*
> *Et nous le verrons pour la première fois.*

# BIBLIOGRAPHIE

BASS, Ellen et DAVIS, Laura. *The Courage to Heal: a Guide for Women Survivors of Child Sexuel Abuse*, New York, Perennial Library, 1988.

BECK, Aaron T., *Love Is Never Enough*, New York, Harper & Row, 1988.

—— (1976) *Cognitive Therapy and the Emotional Disorders*, New York, International University Press, 1976. Publié en format de poche par New American Library, New York, 1979.

BOWLBY, John, *La séparation, angoisse et colère.* (Vol. 2 de *Attachement et perte*), Paris, Presses universitaires de France, 1984.

BRADSHAW, John, *S'affranchir de la honte: libérer l'enfant en soi*, Montréal, Le Jour éditeur, 1993.

BURNS, David D., *Être bien dans sa peau*, Saint-Lambert, éditions Héritage, 1985.

FREUD, Sigmund, *Au-delà du principe de plaisir: Œuvres complètes. Psychanalyse* (Tome 15: 1916-1920), Paris, Presses universitaires de France, 1980.

HENDRIX, Harville, *Le défi du couple: l'amour apprivoisé*, Laval, Modus Vivendi, 1994.

PERLS, Frederick S., HEFFERLINE, R. F. et GOODMAN, P., dans W. S. SAHAKIAN, *Psychotherapy and Counseling*, New York, Rand McNally, 1969.

WINNICOTT, D. W., *Conversations ordinaires*, Paris, Gallimard, 1988.

YOUNG, Jeffrey E., *Cognitive Therapy for Personality Disorders: A Schema-Focused Approach*, Sarasota, Fla., Professional Resource Exchange, Inc., 1990.

# INDEX

# TABLE DES MATIÈRES

# Affaires et vie pratique

**J'aime les cactées,** Claude Lamarche
\* **J'aime les conifères,** Jacques Lafrenière
\* **J'aime les petits fruits rouges,** Victor Berti
**J'aime les rosiers,** René Pronovost
\* **J'aime les tomates,** Victor Berti
\* **J'aime les violettes africaines,** Robert Davidson
**J'apprends l'anglais…,** Gino Silicani et Jeanne Grisé-Allard
**Le jardin d'herbes,** John Prenis
\* **Jardins d'ombre et de lumière,** Albert Mondor
**Les jardins fleuris d'oiseaux,** France et André Dion
\* **Lancer son entreprise,** Pierre Levasseur
\* **La loi et vos droits,** M$^e$ Paul-Émile Marchand
**Ma grammaire,** Roland Jacob et Jacques Laurin
\* **Mariage, étiquette et planification,** Suzanne Laplante
\* **Le meeting,** Gary Holland
**La menuiserie,** Black & Decker
**Mieux connaître les vins du monde,** Jacques Orhon
**Le nouveau guide des vins de France,** Jacques Orhon
\* **Nouveaux profils de carrière,** Claire Landry
**L'orthographe en un clin d'œil,** Jacques Laurin
\* **Ouvrir et gérer un commerce de détail,** C. D. Roberge et A. Charbonneau
\* **Passage obligé,** Charles Sirois
\* **Le patron,** Cheryl Reimold
\* **Le petit Paradis,** France Paradis
\* **La planification fiscale étape par étape,** Diane Blais et Michel Lanteigne
\* **Prévoir les belles années de la retraite,** Michael Gordon
**Le principe 80/20,** Richard Koch
**Le rapport Popcorn,** Faith Popcorn
\* **Les secrets d'une succession sans chicane,** Justin Dugal
**La taxidermie moderne,** Jean Labrie
\* **Les techniques de jardinage,** Paul Pouliot
**Techniques de vente par téléphone,** James D. Porterfield
\* **Tests d'aptitude pour mieux choisir sa carrière,** Linda et Barry Gale
\* **Tout ce que vous devez savoir sur le condominium,** Robert Dubois
**Les travaux d'électricité,** Black & Decker
**Une carrière sur mesure,** Denise Lemyre-Desautels
**L'univers de l'astronomie,** Robert Tocquet
**Un paon au pays des pingouins,** B. Hateley et W. H. Schmidt
**La vente,** Tom Hopkins
**Votre destinée dans les lignes de la main,** Michel Morin

# Psychologie, vie affective, vie professionnelle, sexualité

**20 minutes de répit,** Ernest Lawrence Rossi et David Nimmons
**101 conseils pour élever un enfant heureux,** Lisa McCourt
**1001 stratégies amoureuses,** Marie Papillon
**À dix kilos du bonheur,** Danielle Bourque
**L'adultère est un péché qu'on pardonne,** Bonnie Eaker Weil et Ruth Winter
\* **Aider mon patron à m'aider,** Eugène Houde
**Aimer et se le dire,** Jacques Salomé et Sylvie Galland
**Aimer un homme sans se laisser dominer,** Harrison Forrest
**À la découverte de mon corps — Guide pour les adolescentes,** Lynda Madaras
**À la découverte de mon corps — Guide pour les adolescents,** Lynda Madaras
**L'amour comme solution,** Susan Jeffers
\* **L'amour, de l'exigence à la préférence,** Lucien Auger
\* **L'amour en guerre,** Guy Corneau
**L'amour entre elles,** Claudette Savard
**Les anges, mystérieux messagers,** Collectif
**Apprendre à dire non,** Marcelle Lamarche et Pol Danheux
**Apprenez à votre enfant à réfléchir,** John Langrehr
**L'apprentissage de la parole,** R. Michnik Golinkoff et K. Hirsh-Pasek
**L'approche émotivo-rationnelle,** Albert Ellis et Robert A. Harper
**Arrête de bouder!,** Marie-France Cyr
**Arrosez les fleurs pas les mauvaises herbes,** Fletcher Peacock
**L'art de discuter sans se disputer,** Robert V. Gerard
**L'art de parler en public,** Ed Woblmuth
**L'art d'être parents,** D$^r$ Benjamin Spock
\* **Astrologie 2000,** Andrée d'Amour
**Attention, parents!,** Carol Soret Cope
**Au cœur de l'année monastique,** Victor-Antoine d'Avila-Latourrette
**Balance en amour,** Linda Goodman
**Bébé joue et apprend,** Penny Warner

---

\* Pour l'Amérique du Nord seulement.

(2001/10)

danger
possible mais peu probable

p.19 un schéma englobe tous les moyens que nos prenons
pour recréer les scénarios qui ont marqué notre enfance.
schéma; croyances profondes par no-in on sur le monde
acquises dans la petite enfance

Cet ouvrage a été achevé d'imprimer
au Canada en janvier 2002.

Transcontinental
IMPRESSION
IMPRIMERIE GAGNÉ